Martin Fritz

Abc 4 Japan
Ein Kulturguide

Stämpfli Verlag

Für Maria, Eva und Tabea, denen Japan ein Zuhause gab,
und meinen Vater, der mich immer unterstützte.

Impressum

Bibliografische Information der Deutschen Nationalbibliothek: www.dnb.de

© Stämpfli Verlag AG, Bern, www.staempfliverlag.com · 2020

Idee und Konzept	Arthur Honegger, Zürich
Lektorat	Benita Schnidrig, Stämpfli Verlag AG, Bern
Umschlaggestaltung	Nils Hertig, clicdesign ag, Bern
Gestaltungskonzept	Patrick Savolainen, Bern
Gestaltungsumsetzung	Stephan Cuber, diaphan gestaltung, Bern
Foto Umschlag	Matsutaro Kanno, Isetan Photo Studio, Tokio
Abc-Illustrationen	Hachiro Kanno, japanischer Maler und Kalligraf

ISBN 978-3-7272-6047-6

Printed in Germany

Ein Abc für Japan

Als westliche Magazine und Zeitungen nach den Kernschmelzen von Fukushima im März 2011 eigene Reporter nach Japan schickten, strotzten ihre «exklusiven» Artikel von groben Sachfehlern zu Land und Leuten. Die Gesichtsmasken zum Beispiel, die viele Japaner damals trugen, interpretierten einige eingeflogene Berichterstatter als Beweis für eine Massenhysterie vor radioaktiver Verstrahlung. Doch der Zusammenhang existierte nur in der Fantasie der Reporter: Damals wie heute schützen sich viele Japaner zwischen Januar und März mit ihren Masken vor Zedernpollen, damit sie weniger an Heuschnupfen leiden. Generell weiss man in Europa erstaunlich wenig über Japan. Wenn ich dort jemandem sage, dass ich in Japan wohne, höre ich nicht selten die Frage, wie denn in Hongkong das Wetter sei.

Trotz unzähliger Berichte, Blogs und Bücher über Japan halten sich hartnäckig viele Klischees und Vorurteile, die schon Ende des 19. Jahrhunderts entstanden sind. Die Menschen im Westen hat es schon immer fasziniert, wie die japanische Gesellschaft es schafft, gleichzeitig tief traditionell und ultramodern zu sein. Zu den Belegen gehören das Kaiserhaus, die Teezeremonie, das Sumō-Ringen und der Zen-Einfluss auf Bauten, Kunst und Nahrung. Viele Berichte von Japankorrespondenten benutzen diesen Kontrast von «Tradition und Moderne» als Stilmittel und zementieren dadurch ein Japanbild, das mit der Wirklichkeit nur wenig gemeinsam hat: Oft sind vermeintliche Traditionen nämlich gar nicht alt, zum Beispiel die Kaiserverehrung (Tennō) oder der Sushi-Konsum, und viele angebliche Besonderheiten ergeben sich keineswegs aus exotischen Faktoren. Der Erfolg der Halbleiterindustrie etwa beruhte auf der Übernahme von ökonomischen Methoden aus dem Westen. In den vergangenen Jahrzehnten hat sich die Inselnation in Fernost noch weiter von unseren vorgestanzten Bildern entfernt. Zum Beispiel verzehren Japaner heute mehr Brot als Reis (shokupan), trinken eher Kaffee als Tee (matcha), bauen mehr mit Plastik als mit Holz (Fertighaus), und die Frauen arbeiten lieber, als zu heiraten (Feministin). Gesellschaft und Wirtschaft öffnen sich wie nie zuvor für ausländische Arbeiter, Touristen und Investoren, um mit der am schnellsten alternden und schrumpfenden Bevölkerung der Welt klarzukommen.

Die teilweise dramatischen, jedoch bisher weitgehend unbeachteten Veränderungen versuche ich in diesem Kulturführer transparent zu machen. Das stille Vorbild für meine Herangehensweise ist der Bestseller «Things Japanese» von Basil Hall Chamberlain aus dem Jahr 1890, der Japan ebenfalls in alphabetisch geordneten, thematischen

Häppchen beschrieben und untersucht hat: Warum haben japanische Katzen oft einen Stummelschwanz? (Wegen einer Anomalie der Knochen.) Wie verwenden Japaner Handtücher? (Ausser zum Abtrocknen zum Schweissauffangen, zum Putzen, zum Bedecken der privaten Zonen beim Baden und als Geschenk.) Und warum hatten die Fenster in der dritten Klasse der Eisen-Bahnen einen weissen Farbstreifen? (Damit die Passagiere sich ihre Köpfe beim Rausstrecken nicht blutig schlugen; damals kannten viele Japaner nämlich noch keine durchsichtigen Glasfenster.)

Es wäre schön, wenn Sie mit «Abc 4 Japan» ähnlich überraschende Erkenntnisse gewinnen würden. Einige interessante Einblicke sollten Sie in jedem Fall bekommen, da ich meine Aufgabe als Korrespondent darin sehe, eine andere Kultur respektvoll zu betrachten und fair zu erklären. Die Stichwortauswahl von meiner Lektorin Benita Schnidrig und mir soll den Blick auf den Wandel und die Widersprüche von Japan in den zwanziger Jahren des 21. Jahrhunderts richten, damit Sie möglichst viel Neues erfahren. Leider mussten wir uns aufgrund von Platzmangel inhaltlich beschränken. Daher sehen Sie uns bitte nach, dass Sie nicht zu jedem Thema einen eigenen Eintrag finden. So fehlen bekannte Schlagworte wie Kabuki, Tatami, Ginza, Ikebana, Anime, Haiku, Kimono, Tamagotchi, Doraemon, Origami, Shiatsu, Taifun, Mitsubishi, Office-Lady, Kapselhotel oder Washi. Auch mit dem schwierigen Verhältnis zu den USA befassen wir uns unter Baseball oder Okinawa nur indirekt, ebenso wie wir das intensive Erleben der Jahreszeiten als Merkmal der japanischen Kultur lediglich verstreut abhandeln, etwa unter hanami und Matsutake.

Alle Fakten habe ich gründlich selbst geprüft und bei meinen Bewertungen oft einen Experten zu Rate gezogen. Aber für sachliche Fehler und schiefe Darstellungen trage ich allein die Verantwortung. Schreiben Sie mir Ihre Anmerkungen und Kommentare per E-Mail (info@abc4japan.net) oder Twitter (@abc4Japan), damit wir sie in der nächsten Auflage berücksichtigen können. Abschliessend eine Bemerkung: Wundern Sie sich bitte nicht über «Tōkyō» statt Tokio und «Murakami Haruki» statt Haruki Murakami. Wir verwenden wie das Wörterbuch Wadoku.de die modifizierte Hepburn-Umschrift vom Japanischen ins Lateinische, damit Sie die korrekte Aussprache kennen, und stellen den Familien-Namen voran, wie es Japan seit Anfang 2020 in offiziellen Dokumenten auf Englisch praktiziert. Nun aber viel Spass beim Schmökern. Welches Stichwort fällt Ihnen zu diesem einmalig spannenden Land als Erstes ein? Schlagen Sie es nach ...

A

Abe Shinzō 安倍 晋三
Gomennasai, bitte entschuldigen Sie, dass dieses Buch mit einem Politiker beginnt, der die Gemüter mächtig spaltet. Für die einen symbolisiert Abe Shinzō das chauvinistische, ultrakonservative und rückwärtsgewandte Japan, weil er die dunkle Kriegsvergangenheit verschweigen und die pazifistische Verfassung ändern will. Sein Versprechen, ein «starkes und blühendes Japan» aufzubauen, erinnert an das imperialistische Motto einer «reichen Nation, starken Armee» der Meiji-Zeit. Die anderen betrachten ihn als pragmatischen Reformer, der die Wirtschaft und das Bündnis mit den USA gestärkt hat, «damit Japan niemals zu einer Nation zweiter Klasse absteigt», wie er es selbst formulierte. Unabhängig von diesen Blickwinkeln bleibt das Bild von diesem 1954 geborenen Mann widersprüchlich. Rechnet man alle Tage seiner zwei Amtszeiten zwischen 2006 und 2007 sowie ab Ende 2012 zusammen, dann hat kein Premierminister in Japan länger regiert als er. Jedoch verdankt Abe seinen Rekord der schwachen Opposition. Die Jahre zwischen 2009 und 2012, in denen erstmals seit 1955 eine andere Partei als die LDP für längere Zeit an der Macht war, waren aufgrund der Unerfahrenheit ihrer Politiker sowie der Atom- und Tsunamikatastrophe chaotisch. Danach wagten die Wähler keine Experimente mehr und hielten Abe die Treue, ohne an ihn zu glauben. Immerhin erlebte das Land unter ihm einen langen Konjunkturaufschwung sowie den Abschluss bedeutender Freihandelsverträge mit den Pazifik-Anrainerstaaten und der Europäischen Union. Zudem holte er wieder Olympische Spiele nach Japan. Trotz starken Widerstandes von liberalen Kräften verschaffte Abe den Streitkräften mehr Handlungsspielraum und vergrösserte die Aussenwirkung von Japan. Doch wichtige Projekte blieben stecken, etwa der erhoffte Friedensvertrag mit Russland, die Überarbeitung der Verfassung und die Aufklärung des Schicksals von nach Nordkorea entführten Japanern. Was Abe an die Spitze brachte, war seine Abstammung aus einer Familie mit tiefen Wurzeln in der japanischen Politik. Sein Grossonkel Satō Eisaku war ebenso Premier wie sein Grossvater Kishi Nobusuke, sein Vater Shintarō brachte es zum Aussenminister. Abe stammt aus begüterten Verhältnissen und musste in seinem Leben keine Schwierigkeiten überwinden, abgesehen vielleicht von seiner Darmkrankheit Morbus Crohn. Seine Frau Akie, eine Erbin des Schokoladenriesen Morinaga, lernte er beim Golfspielen kennen. Das rechtsnationale Denken des kinderlosen Ehepaares kam ans Licht, als es den Bau einer Grundschule unterstützte, in der Kinder zur Kaiser- und Vaterlandsliebe erzogen

A

werden sollten. Beamte schönen die Papiere über den dubiosen Grundstücksverkauf an den Schulbetreiber und verhinderten dadurch den Sturz von Abe. Am besten lässt sich dieser Politiker als Speerspitze für den Konsens der japanischen Elite verstehen, das weltpolitische Gewicht ihres Landes langfristig zu sichern.

Abenomics アベノミクス
Als ein unzerbrechliches Bündel von Pfeilen stellte Premierminister Abe Shinzō seine Wirtschaftspolitik dar, die er ab Ende 2012 betrieb. Die drei wichtigsten Pfeile standen für eine extreme Lockerung der Geldpolitik, eine Anhebung der Staatsausgaben sowie Strukturreformen. Später kamen die Corporate Governance (Aktionäre), mehrere Freihandelsabkommen, die Zulassung von Einwanderung und vieles andere mehr dazu. Letztlich handelte es sich bei Abenomics *(abenomikusu)*, ein Kofferwort aus Abe und Economics, um ein umfangreiches Massnahmenpaket gegen die Deflation und für die Rückkehr zum Wachstum. In Europa stiess diese Strategie auf breite Kritik. Tenor: Wer so hoch verschuldet sei wie Japan, sollte lieber sparen. Doch diese Ökonomen verstanden Japans spezielle Umstände nicht: Zum einen stagnierte die nominale Wirtschaftsleistung seit Mitte der 1990er Jahre, zum anderen strebte China nach Hegemonie in Ostasien. In diesem Kontext steht Abenomics für einen breiten Konsens, auf den sich Japans Elite mit der Ministerialbürokratie im Zentrum nach der Finanzkrise geeinigt hatte. Seine Entschlossenheit drückte Premier Abe in einem Versprechen aus: Japan soll niemals eine Nation zweiter Klasse sein, sagte er am Anfang seiner Amtszeit. Gemeint war: Japan darf kein Vasallenstaat einer Weltmacht China werden. Dafür galt es, Gesellschaft und Wirtschaft zu modernisieren und für das 21. Jahrhundert fit zu machen. Die gewählten Mittel der Abenomics lassen sich in einem Satz zusammenfassen: Wie nie zuvor öffnete sich Japan für Kapital, Waren und Menschen aus dem Ausland. Ungeachtet der lauten Unkenrufe, auch von vielen meiner Korrespondentenkollegen, war Abenomics unterm Strich eine Erfolgsgeschichte. Das Bruttoinlandsprodukt wuchs preisbereinigt wieder. Der Staat nahm dadurch mehr Steuern ein, sodass trotz Mehrausgaben die Schuldenquote nicht weiter anstieg. Löhne und Preise legten endlich wieder zu, die Zahl der Beschäftigten markierte neue Höchstwerte. Die Deflation schien besiegt und das Gespenst einer Staatspleite gebannt zu sein. Vor allem zeigte das Ergebnis dieser Strategie den Japanern, dass ihr Land trotz der alternden und schrumpfenden Gesellschaft eine positive Zukunft haben konnte. Im Rückblick lassen sich die Abenomics-Jahre als

A

wichtiger Wendepunkt der japanischen Geschichte betrachten.

Ainu アイヌ

Die ganze Tragik der Ureinwohner von Japan zeigt sich darin, dass ihre Sprache fast verloren gegangen ist. «Wenn ich unsere Sagen erzähle, muss ich jedes Wort auswendig lernen», hat mir ein Angehöriger dieser Volksgruppe berichtet. Experten haben zuletzt nur noch zwei Muttersprachler gezählt. Mit Beginn der Meiji-Zeit ab 1868 mussten die Ainu, wörtlich «Ich Mensch», nämlich Japanisch sprechen, japanische Namen benutzen und ihre Sitten und Gebräuche aufgeben. Forscher raubten Hunderte ihrer Gebeine aus Gräbern, um dieses uralte Volk zu studieren. Bereits im späten Mittelalter waren japanische Siedler von der Hauptinsel Honshū auf die Nordinsel Hokkaidō vorgedrungen und hatten die dort lebenden Jäger und Sammler der Ainu schliesslich in der Schlacht von 1789 besiegt. Im Meiji-Staat verloren sie ihre Jagd- und Fischgründe. Auf ihrem Land pflanzten stattdessen umgesiedelte Bauern Kartoffeln und Weizen an. Daher gehören die Ainu heute zu den wenigen Ureinwohnern weltweit ohne eigenes Siedlungsgebiet. Durch 150 Jahre Assimilierung unter Zwang halten nur noch wenige Zehntausend ihre indigene Identität hoch, der Rest verbirgt sie aus Angst vor Diskriminierung. Denn nach wie vor blickt manch ein Japaner auf die Ainu herab, weil sie häufig arm sind, viele Kinder bekommen und nicht so gebildet sind. Man hält sie für Untermenschen und vergleicht sie wegen ihres stärkeren Haarwuchses mit Bären. Erst seit 20 Jahren denkt die Regierung mit etwas Reue um. Seitdem dürfen die Ainu wieder Lachse fangen, allerdings nur für ihre kulturellen Bräuche und religiösen Zeremonien. Eine Stiftung erforscht ihre Geschichte. Seit 2019 erkennt der Staat sie offiziell als Ureinwohner an, jedoch ohne das übliche Recht auf Selbstbestimmung. Auch ihre Sprache darf kein Schulfach sein. Stattdessen entstand in Shiraoi auf Hokkaidō für 200 Millionen Franken ein «symbolischer Raum für ethnische Harmonie» *(upopoy)* samt einem Nationalmuseum über die Ureinwohner. Aber nach Ansicht einiger Ainu werden sie und ihre Kultur dort «wie in einem Zoo» ausgestellt.

AKB48 エーケービー フォーティーエイト

Jedes Jahr im Juni erlebt Japan eine bizarre Wahl. Die Fans der Mädchenband AKB48 stimmen darüber ab, welche 16 Sängerinnen die nächste Single aufnehmen. Das Mädchen mit den meisten Stimmen darf im Zentrum der Gruppe singen und tanzen. Was sich banal anhört, ist in Japan ein grösseres Ereignis als hierzulande das Finale von «Deutschland sucht den Superstar»

A

oder «Germany's next Topmodel». Weit über zwei Millionen Stimmen für Hunderte künftige, aktuelle und Exsängerinnen werden abgegeben. Das Ergebnis wird vor 70 000 Menschen in einem Stadion verkündet und live vom grössten Privatsender übertragen. Nach viereinhalb Stunden steht die Gewinnerin fest. Sie und ihre Bandkolleginnen sind populärer als alle Politiker. Google zeigt über 70 Millionen Treffer für AKB48 an. Praktisch jede Single schafft es an die Chartspitze. Die Band hat eine eigene Manga-Serie und Fernsehshow. Viele Marken werben mit den Mädchen. Egal ob sie den «Herz-BH» von Japans Dessous-Hersteller Peach oder den Dosenkaffee Wonda von Asahi promoten – der Umsatz zieht an. Im Guinness-Buch der Rekorde steht AKB48 mit dem Eintrag für die meisten Auftritte in TV-Werbespots an einem einzigen Tag – 90. Die Post widmete der Gruppe eine Briefmarke. Experten sprechen von 360-Grad-Marketing. Jeden Nachmittag tritt die Band in ihrem eigenen Klub im achten Stock eines Hochhauses im Tōkyōter Stadtteil Akihabara auf, abgekürzt AKB. Dort spulen 18 Teenager in Rüschenröcken und mit bunten Schleifchen im Haar ihr Programm von sopranhohen Melodien und choreografierten Tanzbewegungen ab. Die Outfits ähneln Schul-Uniformen, beim Tanzen imitieren die jungen Frauen kindliches Verhalten – AKB48 ist eine geballte Ladung Mädchen zum Träumen für Männer mit Lolita-Komplex. Im Video zum meistgeklickten Song «Heavy Rotation» füttern und küssen sich halbnackte Bandmitglieder in bonbonfarbener Unterwäsche gegenseitig. Aber ihre Fans behaupten, sie betrachteten die Sängerinnen als ihre Schwestern. AKB48-Erfinder Akimoto Yasushi hatte das Geschäftsmodell in den achtziger Jahren entwickelt. Beim «Kätzchenklub» liess er über 50 Teenager mit dünnen Stimmchen und ungeschliffenen Bewegungen in einer TV-Schau auftreten und sich langsam zu einer Popgruppe entwickeln. 2005 führte der Musikmanager diesen Coup mit AKB48 zur Perfektion. Die Mädchen von AKB48 sind «Idole zum Anfassen». Fans können sich ihren Liebling früh aussuchen und ihre Favoritin auf dem Weg nach oben begleiten. Der Pool von über 60 Mädchen ist in Teams eingeteilt, die ständig irgendwo auftreten. (Ursprünglich sollten es nur 48 werden, daher die Zahl im Bandnamen.) Über den Kauf einer CD nehmen ihre Anhänger an Verlosungen für «Handshake»-Treffen nach den Konzerten teil – mit ihrem Idol formen die Fans mit den Fingern ein Herzchen und lassen sich dabei fotografieren. Daher dürfen die AKB48-Mitglieder keinen Freund haben, um die Fanfantasie vom vermeintlich unschuldigen Mädchen nicht zu zerstören.

A

Aktionäre ストックホルダー
Was ist der Sinn und Zweck eines Unternehmens? Die Antwort in Japan lautete früher immer: Arbeitsplätze schaffen und erhalten. Diese Einstellung bestimmte das unternehmerische Handeln. Die Manager achteten auf Markt-Anteil und Umsatz statt auf den Gewinn, wie es sich im Kapitalismus eigentlich gehört. Doch wenn Japan wettbewerbsfähig bleiben und ausländisches Geld anziehen wollte, so überlegte sich die Regierung, als sie ihre Abenomics-Politik ausarbeitete, dann mussten die Unternehmen für potenzielle Besitzer attraktiver werden. Das bedeutete, dass sie stärker auf Gewinn und Rendite achteten, um über Dividenden und Aktienrückkäufe mehr Geld an ihre Aktionäre *(sutokku horudā)* ausschütten zu können. Dieses Umdenken wurde von oben verordnet. Dafür holte sich die Regierung die Börse, die Japan Exchange Group, in ihr Boot. Der «Stewardship Code» von 2014 verpflichtete institutionelle Investoren wie die Pensionsfonds, stärker auf die Eigenkapitalrendite ihrer Beteiligungen zu achten. Ein Jahr später folgte der «Corporate Governance Code» mit dem Ziel, die externe Aufsicht der Unternehmen zu verstärken. In den Verwaltungsräten sollen mehr unabhängige Direktoren sitzen. Bis dahin besetzten Exmanager und alte Kumpels die vermeintlichen Kontrollposten. Die wahren Herrscher waren offiziell ausgeschiedene Topmanager, die als «Berater» mit eigenem Büro und Firmenwagen aktiv blieben. Eine Überarbeitung des «Governance Codes» 2018 setzte die Firmen unter Druck, ihre traditionellen Beteiligungen an Geschäftspartner zu verkaufen. Sie waren ein akzeptiertes Symbol für eine langjährige Geschäftsbeziehung, aber banden Kapital und brachten keine Rendite. Die Taktik der Regierung ging auf. Die Eigenkapitalrendite kletterte auf knapp 10 Prozent und damit auf das Niveau von Europa. Ebenso zogen die Dividendenquote und die Summe der Aktienrückkäufe stark an. Aktivistische Investoren stiegen ein und zwangen manches Management zu Änderungen. Auch japanische Aktionäre trugen ihre Machtkämpfe nun mit offenem Visier aus und lieferten sich Übernahmeschlachten. Die Regierung stellte sich ausländischen Kapitaleignern nicht mehr in den Weg. Sogar eine Firmenikone wie Sharp durfte in chinesische Hände gehen. Doch gemach: Von einem Shareholder-Kapitalismus bleibt Japan Lichtjahre entfernt, dafür wurzelt der Finanzsozialismus zu tief. Der Abbau von Arbeitsplätzen bleibt weiter das letzte Mittel, um die Aktionäre zufrieden zu stellen.

Andacht, ewige 永代供養
33 Jahre benötigt die Seele eines Verstorbenen, bis sie die Buddhaschaft er-

langt und ins Nirwana eingeht. Dabei helfen die Nachkommen, indem sie jährlich Sūtras rezitieren. In der vergreisenden und kinderarmen Gesellschaft wird dieser religiöse Brauch zum Problem. Aber Japan wäre nicht Japan, wenn es auf einen Bedarf nicht schon bald mit einer Dienstleistung reagiert und die Marktlücke gefüllt hätte. Viele buddhistische Tempel bieten inzwischen an, sich anstelle der Angehörigen bis in Ewigkeit um das Seelenheil der Verstorbenen zu kümmern – der Service heisst *eitai kuyō,* von mir frei als «ewige Andacht» übersetzt. Für eine hohe Geldzahlung im Voraus bewahrt der Tempel die Urne auf und betet jährlich Sūtras. Das Arrangement gilt als Win-win-Situation: Die Auftraggeber sind fast immer Senioren, die ihren Weg ins Jenseits sicherstellen wollen, ohne ihren Kindern die Ahnenehrung und die Urnenpflege aufzubürden. Und die buddhistischen Tempel erschliessen sich eine neue Einnahmequelle, weil sich das alte System von festen Mitgliedern aufgelöst hat (Buddhismus). In ihrer Geschäftstüchtigkeit betreuen sie auch die Seelen von Verstorbenen anderer buddhistischer Sekten. Daher hat sich der neue Totenservice seit den 1990er Jahren in Windeseile im ganzen Land verbreitet. Die Zahl der Anlagen für *eitai kuyō* ist auf über tausend gestiegen. Darin bewahren die Tempel nur die Urne und ein Ahnentäfelchen auf, ein Grab auf einem Friedhof wird überflüssig. Nach der «Ewigkeit» von 33 Jahren kommt die Asche in einen Sammelbehälter. Die Dienstleistung kostet 5000 bis 10 000 Franken, allein ein Grabstein dagegen beläuft sich auf 20 000 Franken. Bei dem einen Tempel stehen die Urnen in einer Regalwand, ein anderer verwahrt sie in einem Keller. Will ein Angehöriger die Urne sehen, bringt ein Automat sie nach oben. Der Tempel Dentō in Tōkyō benutzt Räume voller Schliessfächer wie in einem Bahnhof, 8 Reihen mit jeweils 72 Stück. Jedes Fach trägt ein Metallschild mit einem eingravierten Namen. Die Türen sind mit edlen Hölzern verkleidet, Goldornamente schmücken die Ecken. «Seltsame Atmosphäre hier unten, nicht wahr?», meinte Verwalterin Yamaguchi Kaoru bei meinem Besuch. Hier ist ein Familien-Grab möglich, weil mehrere Urnen in ein Schliessfach passen. Auch für ganz Faule und Geizige ist gesorgt: Sie können die Urne per Post an einen Tempel schicken, der die Asche nach einem Totengebet in ein Sammelgrab kippt – für 300 Franken.

Arbeitsstilreform 働き方改革
Wenn die Bevölkerung so stark altert und schrumpft wie in Japan, dann handelt es sich volkswirtschaftlich um ein zweischneidiges Schwert: Einerseits droht der Wohlstand zu sinken – weniger Menschen erwirtschaften weniger. Andererseits bleibt der Wohl-

A

stand pro Kopf gleich oder wächst, solange die Wirtschaftsleistung nicht schneller sinkt als die Bevölkerung. Daraus hat die Regierung den Schluss gezogen, dass mehr Japaner erwerbstätig werden müssen. Das sichert den Wohlstand, ermöglicht Wachstum und füllt die Sozialkassen. Die Lösung: Mehr Frauen und mehr Senioren gehen arbeiten; zudem lockt man 345 000 Ausländer mit einem Arbeitsvisum an. Doch damit die Pläne aufgehen, muss die Arbeitswelt attraktiver werden – dazu dient die «Arbeitsstilreform» *(hataraki kata kaikaku)* von 2018. Dieses wichtige Massnahmenpaket setzt zwei grosse Hebel am Arbeitsmarkt an. Zum einen begrenzt es erstmals die Zahl der Überstunden auf maximal 45 in einem Monat beziehungsweise 360 im Jahr, inklusive Ausnahmen sind es maximal 720. Es verpflichtet die Unternehmen auch dazu, dass ihre Beschäftigten fünf Urlaubstage nehmen. Zudem steigt ab 2023 der Lohnzuschlag für exzessive Mehrarbeit in kleinen und mittleren Firmen deutlich an. Zum anderen zielen mehrere Gesetzesänderungen darauf ab, die Zweiteilung des Arbeitsmarktes abzubauen. Auf dem gleichen Arbeitsplatz mit identischen Aufgaben erhielten Zeitarbeiter bislang sehr viel weniger Gehalt und Sozialleistungen als Festangestellte. Aber seit 2020 gilt «gleicher Lohn für gleiche Arbeit». Die Arbeitgeber müssen beide Gruppen gleich behandeln und Zeitarbeitern die Unterschiede erklären. Meines Erachtens könnten diese Änderungen zu weniger Überstunden führen und die finanzielle Kluft zwischen regulären und irregulären Beschäftigten verringern. Beide Trends würden Erwerbsarbeit für Frauen, Senioren und Ausländer angenehmer machen. So könnte Japan aus der Not der alternden und schrumpfenden Gesellschaft eine Tugend machen.

Asyl 難民
So fest wie kaum ein anderes Industrieland hält Japan seine Türen für Flüchtlinge verschlossen. Die Anerkennungsquote für Asylbewerber von weniger als 0,1 Prozent gehört neben Südkorea zu den weltweit niedrigsten. Dabei verirren sich kaum Flüchtlinge auf die Inseln, bisher gab es in keinem Jahr mehr als 20 000 Asylanträge. «Die restriktive Ausländerpolitik wirkt sich auf die Asylverfahren aus», erläutert der Flüchtlingsanwalt Miyauchi Hiroshi und bestätigt damit die offizielle Einstellung. Gerade einmal zwölf Syrer erhielten seit Kriegsausbruch Asyl *(nanmin)*, davon gehörten drei zu einer Familie. Doch Premierminister Abe Shinzō schämte sich nicht, die Abschottungspolitik damit zu begründen, Japan müsse sich erst um die alternde Bevölkerung kümmern, bevor es Flüchtlinge aufnehmen könne. Auf Druck des UN-Flüchtlingskommissars musste Abe im-

A

merhin erlauben, 150 Syrer über fünf Jahre verteilt aufzunehmen, und sich verpflichten, ihnen einen Studienplatz zu geben. Zwar hat Tōkyō die Genfer Konvention von 1951 unterschrieben, die zur Aufnahme von Flüchtlingen verpflichtet. Nur reicht Japan die Herkunft aus einem Kriegsgebiet als Asylgrund nicht aus. Der Bewerber muss den schwierigen Nachweis erbringen, im Fall einer Rückkehr persönlich verfolgt zu werden. Wer wenig Aussicht auf Anerkennung als Flüchtling hat, wird sofort abgeschoben. Abgelehnte Asylbewerber, die nicht in ihre Heimat zurückwollen, landen in Abschiebezentren. Harte haftähnliche Bedingungen sollen sie zermürben. Dort sind schon 15 Menschen durch schlechte medizinische Versorgung oder bei einem Hungerstreik gestorben. Der kaltherzige Umgang mit Flüchtlingen schadet dem internationalen Ruf von Japan und trägt auch dazu bei, dass ausländische Arbeitskräfte einen grossen Bogen um die Inseln in Fernost machen.

Atomkraftdorf 原子力村
Nur einer starken Allianz von Ministerialbeamten, Wissenschaftlern, Strommanagern und Politikern konnte es gelingen, die zivile Nutzung der Atomenergie ausgerechnet in jenem Land durchzusetzen, auf das zwei Atombomben gefallen waren. Die extreme Verquickung führte dazu, dass sich die AKW-Betreiber selbst kontrollieren und an Sicherheitsmassnahmen sparen konnten. Die Behörde für Atomaufsicht zum Beispiel unterstand früher dem heutigen Ministerium für Wirtschaft, Handel und Industrie (METI), das es als ureigene Aufgabe betrachtete, die Atomkraft zu fördern. Hohe METI-Beamte durften auf gut dotierte Posten bei den Versorgern wechseln. Nuklearforscher erhielten Zuschüsse für Studien, Vorträge und Konferenzen, während atomkritische Wissenschaftler auf Assistenzstellen sitzen blieben. Den Städten in der Nähe der Atomkraftwerke schenkte man Sportstadien, Museen und Parks. Parlamentsabgeordnete in den AKW-Gebieten wurden mit Spenden bedacht. Diese Ausgaben konnten die Konzerne dann bei der Berechnung und Genehmigung des Strompreises geltend machen. Das landläufig als Atomkraftdorf *(genshiryoku mura)* bezeichnete Netzwerk funktionierte so effizient, dass der japanische Staat selbst nach den dreifachen Kernschmelzen im AKW Fukushima Daiichi an der Nuklearenergie festhielt. Im Stichjahr 2030 soll die Kernspaltung immer noch 20 bis 22 Prozent des Stroms liefern, so sieht es der offizielle Energiefahrplan vor. Das Beharrungsvermögen dieses unbelehrbaren Interessenkartells verblüfft. Kein anderes Land weltweit glaubt noch an einen geschlossenen Plutoniumkreislauf. Dabei kostete der Traum von end-

loser Energie – Atommeiler erzeugen Plutonium, das schnelle Brüter wiederaufbereitet verwerten – Japan bisher nur endlos viel Steuergeld. Erst sieben Jahre nach der Fukushima-Katastrophe legte die Regierung den Versuchsbrüter Monju still, der in 20 Jahren nur wenige Tage lief. Allein der Rückbau kostet 3,5 Milliarden Franken. Dennoch wird die Technologie weiter erforscht. In Rokkasho in Nordjapan errichtete eine Gemeinschaftsfirma der zehn grössten Stromversorger eine Wiederaufbereitungsanlage für Plutonium, die 17 Milliarden Franken verschlungen hat – ohne seit der Fertigstellung im Jahr 2006 jemals in Betrieb gegangen zu sein! Doch davon erfahren die Japaner nur wenig, weil die Elektrizitätsriesen früher wie heute viele lukrative Werbeanzeigen schalten und die Medien deswegen auf kritische Berichte verzichten. Zugleich beteten die Atomlobbyisten in Ministerien und Universitäten nach der Fukushima-Katastrophe weiter ihr Mantra von der angeblichen Energiesicherheit durch billigen Atomstrom herunter. Der Klimawandel lieferte ihnen ein neues starkes Argument. Meines Erachtens arbeitet das Atomkraftdorf jedoch nach dem Prinzip «Augen zu und nach uns die Sintflut» – bisher gibt es in Japan kein einziges Zwischen- und Endlager für Nuklearabfälle, die abgebrannten Brennstäbe liegen auf dem Gelände der Atomkraftwerke. Das Vorgehen des Atomkraftdorfes halten Kritiker deswegen für absolut verantwortungslos.

Automaten自動販売機
Japanische Dienstleistungen zielen auf hohe Bequemlichkeit und Effizienz: Das könnte erklären, warum die Automatendichte nirgendwo auf der Welt höher als in Japan ist. Dort gibt es 2,9 Millionen Maschinen, davon 2,4 Millionen für Getränke. Bequem bedeutet: Überall dort, wo sich viele Menschen aufhalten, an Bahnhöfen und anderen Orten mit Publikumsverkehr, kann man an einem einzigen Gerät aus mehreren Dutzend Sorten wahlweise eisgekühlte (5 Grad) oder heisse (55 Grad) Dosen- oder Flaschengetränke ziehen, mit Münzen, Scheinen oder Geldkarte bezahlen und den Durst sofort und spontan löschen. Die Anbieter wiederum geniessen die Effizienz: Die Automaten *(jidō hanbaiki)* brauchen kaum Personal und Platz (beides ist teuer in Japan), werben kostenlos für ihre Getränke und verteidigen die eigenen Markt-Anteile. Über diesen Verkaufskanal erreicht nämlich mehr als ein Viertel aller Getränke die Kunden. Branchenführer Coca-Cola zieht mit 980 000 Getränkespendern in die Schlacht, über eine App sammeln die Kunden Bonuspunkte. Der Rivale Suntory befehligt eine Armee von 750 000 Geräten. Abgeschlagen folgen Asahi, Kirin, Sapporo und Dydo Drinco.

A

Neuere Maschinen mit grossflächigem Bildschirm blenden (ungefragt) mehrere Getränkevorschläge ein, indem sie über eine Kamera das Alter und Geschlecht der Kunden analysieren und Wetter, Tages- und Jahreszeit berücksichtigen. Viele Automaten in Schulen, Krankenhäusern und öffentlichen Gebäuden werden nach einer Katastrophe ferngesteuert freigeschaltet, damit Überlebende sich kostenlos bedienen können. Ein Aufkleber mit der Standortadresse hilft dabei, einen Notfall an Polizei, Krankenwagen oder Feuerwehr schnell zu melden. Natürlich kommt man in Japan per Automat auch an Eiscreme, Snacks, Zeitungen, Taschentücher, Instant-Nudeln, Batterien, frisch gegrilltes Fleisch, Regenschirme, Blumen, Horoskope, Kondome und vieles mehr. Berühmt-berüchtigt sind Maschinen für gebrauchte Höschen, Büstenhalter und Sportkleidung von jungen Frauen. Viel Erfolg beim Suchen allerdings, solche Automaten sind schwer zu finden. Das Geschäft mit Fetischen läuft heutzutage übers Internet.

B

Bahn 電車
An einem Morgen im Mai 2018 fuhr ein Zug der Biwako-Linie in der Station Notogawa 25 Sekunden zu früh ab. Statt um 7 Uhr 12 setzte sich die Bahn *(densha)* um 7 Uhr 11 und 35 Sekunden in Bewegung. Das sei ein «wahrhaft unverzeihlicher Vorfall» gewesen, entschuldigte sich der Bahnbetreiber sofort. Ein Reisender hatte sich beschwert, dass er den Zug wegen der vorzeitigen Abfahrt verpasst hatte. Seine Empörung erklärt sich daraus, dass viele Japaner mit Hilfe von Smartphone-Apps ihre Fahrten auf die Sekunde planen. Darin legen sie fest, ob sie schnell oder langsam umsteigen wollen. Dann schlägt ihnen die Software passende Verbindungen vor. Die Apps wissen, in welchem Waggon man fahren muss, um beim Umsteigen den kürzesten Weg zum Anschlusszug zu haben. Stillschweigend wird vorausgesetzt, dass die Züge den Fahrplan exakt einhalten. Tatsächlich fahren die Züge der sieben Gesellschaften der Japan Railways (JR) so pünktlich, dass man die Uhr nach ihnen stellen kann – und dies unter grossem Druck: Auf einem vier Mal kleineren Netz als die Deutsche Bahn befördert zum Beispiel JR East jährlich mehr als drei Mal so viele Passagiere über eine fast doppelt so grosse Entfernung. Dennoch verspäten sich ihre Züge im Schnitt nur um 66 Sekunden. Ausschlaggebend dafür scheint mir der enorme Fokus darauf zu sein, die Motivation der Mitarbeiter zu schüren, ihr Selbstbewusstsein zu stärken und Freude und Leidenschaft bei der Arbeit zu erzeugen. Aus diesem inspirierten Regelbetrieb ergibt sich das Einhalten des Fahrplans ganz nebenbei. «Wir erziehen nicht zur Pünktlichkeit, es gibt weder Bonuszahlungen dafür noch Strafen für Verspätungen», erklärte mir der Ausbilder Kino Jiro. Zuvor hatte JR East meine Interviewanfrage monatelang abgelehnt, weil Sicherheit viel wichtiger als Pünktlichkeit sei. Ein Symbol für den Eifer fällt jedem Japanbesucher auf: Beim Ein- und Abfahren der Züge strecken JR-Mitarbeiter auf dem Bahnsteig und am Zugende einen weiss behandschuhten Arm aus, zeigen in die Fahrtrichtung und blicken prüfend nach vorn *(yubisashi)*. «Die körperliche Geste zwingt zur Konzentration, was flüchtige Fehler vermeidet», berichtete Kino. Daher studiert das Personal diese Sicherheitsgesten *(shisa kanko)* gründlich ein. Aus der gleichen Überlegung heraus fahren Auszubildende unter Aufsicht eines älteren Kollegen ihre künftige Strecke immer wieder ab. «Dadurch lernen sie jeden Meter in- und auswendig kennen», sagte Kino. Nach sechs Monaten hat der Lokführer jeden Beschleunigungs- und Bremsvorgang verinnerlicht, sodass er keinen Streckenplan mehr braucht. «Ab dann fahren wir mit dem Körper.» Die gleiche

Sorgfalt lässt JR East bei den Gleisen walten. Zwischen 1 Uhr nachts und 4 Uhr 30 morgens ruht der Verkehr. Dann rollen lange Bauzüge auf die Trassen und reparieren Schienen und Weichen. Tagsüber ermitteln Sensoren in regulären Zügen die Schwachstellen der Gleise. Sanierungsbedürftige Abschnitte werden komplett neu gebaut, auch wenn es jeweils nur wenige Meter sind. In Japan wäre es undenkbar, Strecken für Monate stillzulegen, wie es etwa die Deutsche Bahn macht. Als ich dies den japanischen Eisenbahnern erzählte, verstummten sie. Eine solche Missachtung der Kunden konnten sie sich nicht einmal in ihren Albträumen vorstellen.

Banken 銀行
Bekanntlich glänzt Japan durch rasantes Internet, winzige Elektronik und effiziente Supercomputer. Wer diese Welt einmal ganz schnell verlassen will, betritt einfach die Filiale einer beliebigen Bank (ginkō). Dort empfängt den Kunden das Ambiente einer Behörde. Eine freundliche Dame verteilt erst einmal eine Wartemarke. Nun ist viel Geduld gefragt, bis die eigene Nummer an der Reihe ist. An allen Schaltern sitzen junge Frauen in Einheitskleidung und mit Plastik-Schuhen an den Füssen. Der Kunde muss jedes Formular handschriftlich ausfüllen. Wer sich verschreibt, erhält ein neues Blatt und fängt von vorn an. Anschliessend gibt die Bankbedienstete die notierten Daten in ihren Computer ein. Die Alternative heisst auch in Japan Onlinebanking. Aber einen Dauerauftrag einrichten, eine Kreditkarte beantragen und viele andere Vorgänge erfordern einen, manchmal mehrere persönliche Filialbesuche. Der unzumutbare Service macht Japaner laut dem «World Retail Banking Report» zu den unzufriedensten Bankkunden weltweit. In mir keimt häufig der Verdacht, dass der Wahnsinn Methode hat. Aus der Sicht der Banken sind Privatkunden lästig, sie bringen kaum Geld ein. Alle Girokonten sind nämlich kostenlos und lassen sich nicht überziehen, sodass zwei wichtige Einnahmequellen wegfallen. Deswegen halten die Banken bei Überweisungen die Hand auf. Doch die Kunden sind schlauer: 70 Prozent der Japaner unterhalten Konten bei drei oder mehr Banken, zumal viele Behörden und Unternehmen nur mit bestimmten Geldinstituten zusammenarbeiten. Das Geld für das Schulmittagessen der Kinder zum Beispiel muss meistens von einem Postbankkonto kommen, weil die Schulen selbst bei der quasi staatlichen Postbank sind und so keine Überweisungsgebühren anfallen. Umgekehrt unterhalten viele Unternehmen Geschäftskonten bei verschiedenen Banken, damit ihre Kunden beim Bezahlen keine Gebühren zahlen müssen. Als Folge

dieses Systems sind zig Millionen «Schlafkonten» mit Minibeträgen entstanden – entweder haben ihre Besitzer sie vergessen, oder die Bank kann die Inhaber wegen Umzug oder Tod nicht mehr finden. Ob Japans Banken jemals im 21. Jahrhundert ankommen werden?

Baseball 野球
Baseball, schrieb der Spieler und Unternehmer Albert G. Spalding 1911 in seinem Buch «America's National Game», drücke alle Attribute des amerikanischen Charakters aus – Mut, Vertrauen, Disziplin, Kampfbereitschaft, Schwung, Entschlossenheit, Energie, Eifer, Begeisterung, Stärke und Virilität. Das sahen sicher bereits viele Amerikaner im 19. Jahrhundert so, dachten sie doch, dieser Ballsport sei für die als klein und schwach wahrgenommenen Japaner ungeeignet. Was für ein Anreiz für die erwachende japanische Nation, die USA in ihrem ureigenen Sport zu schlagen und zu beweisen, dass die 1854 von US-Kanonenbooten erzwungene «Konvention von Kanagawa» und andere Verträge «unfair» waren. In diesem Ehrgeiz liegen die Wurzeln dafür, dass Baseball der japanische Nationalsport wurde. Natürlich verlief dieser Prozess nicht so glatt, wie ich es hier verkürzt darstelle. Zunächst wuchs bei den japanischen Verantwortlichen für Bildung am Ende des 19. Jahrhunderts die Einsicht, dass Oberschüler und Studenten während ihrer akademischen Aufholjagd auf den Westen sich auch körperlich ertüchtigen müssten. Daher führten sie in den 1890er Jahren «Outdoor-Tage» ein. Zur gleichen Zeit schwappte eine Woge des Nationalismus übers Land. Die Idee des sozialen Darwinismus (die tüchtigste Nation überlebt) und die Nostalgie für das Japan der Edo-Zeit, schrieb der US-Historiker Donald Roden, vermischten sich mit dem kollektiven Verlangen nach einem «nationalen Spiel». Baseball symbolisierte jene Werte, die Japans Staat damals feierte – Ordnung, Harmonie (wa), Durchhaltevermögen und Selbstkontrolle. Fortan verkörperte das uramerikanische Spiel den Kriegergeist (bushidō) jener Zeit. Die Studenten sahen diesen Teamsport als Chance für ein neues Fundament ihres Nationalstolzes. Ihr Ehrgeiz mündete ab Juni 1896 in mehrere Siege der Tōkyōter Oberschule Ichikō über US-amerikanische Teams aus Yokohama. «Der aggressive Charakter unseres Nationalgeistes bewies sich im Sino-Japanischen Krieg und nun bei unseren grossen Siegen im Baseball», notierte damals eine Studentenzeitung. Diese Vorgeschichte erklärt auch, warum Baseball in Japan nicht Baseball heisst. Während man für den viel später eingeführten Fussball das ausländische Wort Soccer (sakkā) japanisierte, heisst Baseball seit den Anfangszeiten vor der Jahrhundertwende yakyū. Ein Mannschaftsführer

des Ichikō-Teams kombinierte zwei chinesische Schriftzeichen, um das Lehnwort *bēsubōru* zu vermeiden. Doch die amerikanische Geringschätzung überdauerte die Zeit. Als der Starspieler Suzuki Ichirō als erster japanischer Feldspieler 2000 in die US-Topliga ging, mokierten sich die Medien, als ob keine einhundert Jahre vergangen wären, über seine «kleine» Statur und hielten ihm vor, kein «richtiger» Spieler zu sein, weil er die häufigeren «Hits» gegenüber den eher seltenen «Homeruns» bevorzugte. Rassismus stirbt eben nie aus.

Baumkuchen バウムクーヘン
Auf der Verpackung stehen die deutschen Wörter «Juchheim» und «Meister», an den Kragen der Konditor-Uniformen prangt die schwarz-rot-goldene Flagge. Schliesslich ist auch das Produkt urdeutsch – Baumkuchen *(baumukūhen)*. Den grössten Hersteller aus Kōbe kennt jeder Japaner. Dort fing der Konditor Karl Joseph Wilhelm Juchheim neu an, nachdem sein erstes Geschäft in Yokohama durch das Erdbeben von 1923 zerstört worden war. Der Deutsche war im Ersten Weltkrieg in China in Gefangenschaft geraten und nach seiner Freilassung in Japan hängen geblieben. Seine Nachfahren setzen mit weit über 500 Angestellten mit dem Verkauf von Baumkuchen, Frankfurter Kranz, Apfelkuchen und Teegebäck inzwischen über 25 Millionen Franken jährlich um. Hier muss ich sagen: Der Baumkuchen von Juchheim schmeckt besser als alles, was ich je in Deutschland probiert habe. Der «König der Kuchen» ist nämlich durch das Auftragen von bis zu 20 Backschichten an einem sich drehenden Ofenspiess arbeitsaufwändig und somit teuer. Aber anders als viele Deutsche sind die Japaner bereit, für diese hohe Qualität mehr zu zahlen. Juchheim wirbt damit, nach deutscher Rezeptur zu backen. Das Zeichen für die deutsche Herkunft ist das Wort Baumkuchen selbst, das Juchheim absichtlich nicht ins Japanische übersetzt hat. Auch deswegen ist diese Leckerei in Japan viel verbreiteter als im Ursprungsland Deutschland.

Beamte 役人
Im Schnitt alle zwei Jahre hat Japans Demokratie seit 1885 den Regierungschef ausgewechselt. Allein in den drei Jahrzehnten der Amtszeit von Kaiser Akihito (Heisei) gaben sich die Premierminister 16 Mal die Türklinke ihres Amtsgebäudes *Kantei* in die Hand. Doch die Regierung funktionierte dank der Ministerialbürokratie tadellos. In der Sichtweise von Zynikern agieren Japans Politiker nämlich letztlich als Marionetten des Staatsapparates. Ganz falsch ist das nicht: Die Reformer der Meiji-Zeit entwarfen Japan als effizienten Verwaltungsstaat. Die Beamten *(yakunin)* regierten auf nationaler Ebene, viele Premierminister kamen aus der Verwal-

tung. Unterdessen kümmerten sich die Politiker um ihre Wahlbezirke. Die Nation sollte nämlich gedeihen, der Wettbewerb pluralistischer Ideen störte da nur. Das Misstrauen gegen spalterische Politiker ist der Grund, warum der Wahlkampf bis heute stark eingeschränkt abläuft. Die Kandidaten dürfen nur per Handzettel, auf Plakaten und mit Lautsprecherwagen für sich werben, und dies erst in den zwei Wochen vor dem Wahltermin. Fernsehen und soziale Medien sind als Werbekanäle verboten. Die knappe Zeit und die geringen Mittel reichen gerade, sein Gesicht und seinen Namen bekannt zu machen. «Inhalte spielen keine Rolle», stellte der in Japan tätige PR-Berater Jochen Legewie fest. Die zentrale Autorität, die der Journalist Karel van Wolferen 1989 als das «Rätsel der japanischen Macht» bezeichnete, war eine identisch denkende Beamtenelite, die zusammen mit Unternehmensgruppen die Staatsmaschine am Laufen hielt, um Wohlstand zu erzeugen. Jedoch missbrauchte die Bürokratie ihre Macht für eigene Privilegien. Der Apparat gebar Hunderte halbstaatliche Organisationen für die Beaufsichtigung und Lizenzierung vieler Bereiche von Gesellschaft und Wirtschaft. Das Ziel: gut dotierte Posten für hohe Beamte nach ihrer Frühpensionierung zu schaffen. Viele Spitzenbürokraten wechseln dann auch zu Unternehmen in dem Bereich, für den sie als Beamte zuständig waren. *Amakudari* (vom Himmel herabsteigen) nennt sich diese Selbstbedienung. Darauf reagierten die Politiker mit Reformen der Verwaltung. Inzwischen laufen viel mehr Machtfäden im Kabinett zusammen, die Beamten lenken weniger und verwalten mehr. Aber durch diese Entwicklung verlor die Ministerialbürokratie an Prestige. Weniger Absolventen der Topuniversitäten träumen von einer Staatskarriere. Zudem ist das Arbeitsumfeld so mies, dass Beamte selbst es als «Friedhof des Lebens» *(jinsei no hakaba)* beschreiben: Wegen totaler Überarbeitung stehe man als Staatsdiener permanent mit einem Bein im Grab.

bentō 弁当, Essensbox
Was wir höchstens beim Picknick im Grünen akzeptieren, ist für die Japaner Alltag – der Verzehr von kalten Mahlzeiten. In diesem Stil ernähren sich Millionen Schüler, Arbeiter und Angestellte ein Mal täglich. Die Rede ist nicht von einem Sandwich *(sando)* oder einem gefüllten Reisbällchen *(onigiri)*, sondern von einer *bentō* genannten Schachtel voller säuberlich voneinander getrennt liegender Speisen. Der weisse Reis, das gekochte Gemüse, das gebratene Fleisch, der gegrillte Fisch – alles kalt. Auch in der Bahn begnügen sich die Japaner damit. Vergeblich werden Sie nach einem Speisewagen suchen, stattdessen kauft man sich am

B

Abfahrtbahnhof eine Essensbox. Jede Stadt und Region hat ihre kulinarischen Spezialitäten, also zelebrieren die Japaner das lokale Angebot als *ekiben* (Bahnhof-*Bentō*). Sobald der Zug losgefahren ist und alle ihre Schachteln öffnen, verbreitet sich in den Grossraumwaggons der Geruch von kaltem Fett. Lange habe ich nach einer Erklärung für die Allgegenwart von *bentō* gesucht, bis ich eine überzeugende Antwort erhielt. «Eine Mahlzeit muss unbedingt vielfältig und vollständig sein, deshalb ist uns die grosse Auswahl in einem *bentō* viel lieber als ein einfaches Butterbrot», erklärte mir ein Freund. Viele Essensboxen liessen sich aufwärmen, kalt verzehre man den Inhalt nur, wenn es sich nicht vermeiden lasse, zum Beispiel unterwegs. Aha, verstanden. Für die Hausfrauen sind die fünf Mal die Woche anzufertigenden Lunchpakete für ihre Kinder und Ehemänner jedoch ein Albtraum, weil die Zubereitung vieler verschiedener Miniportionen sehr aufwändig ist und sie sich dafür sehr früh morgens in die Küche stellen müssen. Also achten viele Mütter schon bei der Auswahl der Schule darauf, dass ihr Kind dort eine warme Mittagsmahlzeit *(kyūshoku)* erhält und höchstens für Ausflüge ein *bentō* braucht. An staatlichen Schulen ist das meistens der Fall, an privaten eher selten. Und ihrem Ehemann drücken die Frauen am liebsten eine 500-Yen-Münze für eine Fastfood-Mittagsmahlzeit in die Hand. Andere erleichtern sich ihr Leben und füllen die Schachtel mit fertig zubereiteten Speisen aus den Garküchen der Supermärkte. Ja, es gibt die Vorzeigemütter, die einzelne Speisen in der Box zu niedlichen Figuren und Gemälden formen *(kyara bentō)*, aber der Normalfall ist das nicht.

Bequemlichkeit 便利

Chindōgu, so nennt man unnütze Erfindungen, zum Beispiel ein tragbarer Zebrastreifen zum Ausrollen. In Wirklichkeit sehnen sich Japaner nach Gadgets, die das Leben möglichst bequem und praktisch machen. Kaufhäuser und Versandhauskataloge sind voll davon. Erfinderisch ist man zum Beispiel, wenn es darum geht, der Winterkälte zu trotzen. Die Produkte reichen von Einlegesohlen für Schuhe, die stundenlang Hitze abstrahlen, bis zu Wärmekissen für die Hosen- und Manteltasche oder zum Kleben auf die Haut *(hokkairo)*. Das Öffnen der luftdichten Verpackung startet einen chemischen Prozess, der Wärme erzeugt. Bequemlichkeit *(benri)* hat auch in der Küche Vorrang. Der kleine Plastik-Behälter für kompostierbare Abfälle, notwendig wegen der strengen Mülltrennung, in einer Ecke des grossen Spülbeckens erspart das ständige Öffnen des Mülleimers. In die Behälter passen wasserdurchlässige Filtertüten, damit man die Essensreste dort direkt hineinspülen kann. Und wie wäre es mit einem Bügelbrett, das sich auf bequeme Sitzhöhe einstellen lässt? Oder mit einem kreisrunden Hängenetz für das praktische Trocknen von Pullovern? Oder der auf Brettdicke faltbaren Plastikkiste als Leiterersatz, damit die Hausfrau besser an die Oberschränke kommt? Oder den Tüten für Oberbetten, aus denen der Staubsauger platzsparend die Luft saugen kann? Ich könnte Hunderte Beispiele aufzählen, die von Japan aus in die Welt getragen wurden. Sogar gegen meine Schwitzflecken unter den Armen fand ich in Japan eine Lösung: Feuchtigkeit aufsaugende Pads, die ich in die Achselstellen meiner Hemden klebe. Also wundern Sie sich nicht mehr, warum Japaner nicht unter den Armen schwitzen ...

Bestattung 葬儀
Feste Rituale prägen weite Bereiche des japanischen Alltags. Am strengsten ist wohl eine Bestattung *(sōgi)* geregelt, die Japaner als «Reise» vom Diesseits ins Jenseits verstehen; die zahlreichen Striche der zwei Schriftzeichen betonen bereits die Bedeutung des Ereignisses. Der Verstorbene wird zunächst symbolisch zum Mönch geweiht. Als Symbol für eine Tonsur, die kreisrund kahl geschorene Stelle im Mönchshaar, berührt ein Rasiermesser den Kopf des Toten. Der Vorgang reinigt den Toten oder die Tote rituell, nur dann lässt er oder sie sich als Ahne verehren. Die Leiche ist nach Norden ausgerichtet, weil auch Buddha mit dem Kopf nach Norden starb – daher sollen Lebende in anderen Richtungen schlafen. Ein buddhistischer Priester gibt dem Verstorbenen einen neuen Namen und schreibt ihn auf eine kleine Tafel. Sonst käme der Tote jedes Mal zurück, wenn man den alten Namen ausspricht. Auf seiner Brust liegen sechs Münzen, um die Fähre über den Fluss in die Unterwelt zu bezahlen. Das weisse Leichengewand, ein Pilgerkimono, wird extra anders hergestellt als Kleidung für die Lebenden. Der Stoff wird gerissen statt geschnitten, die Fadenenden werden nicht vernäht, und der Kragen wird weggelassen. Die dreieckige Stirnbinde symbolisiert Totengeister. Der Tote wird in den Sarg gelegt und der Deckel zugenagelt. Dabei klopfen die Trauernden mit einem Stein auf einen Sargnagel, dadurch trennen sie sich von dem toten Körper. Das Feuer im Krematorium darf nicht zu lange und kräftig brennen, sonst bleiben nicht genug Reste für das letzte Ritual. Verwandte und Freunde nehmen mit langen Bambusstäbchen die grösseren Knochen aus der Asche, reichen sie untereinander weiter und stecken sie in die Urne. Weil sich bei diesem Ritual die Stäbchen von jeweils zwei Personen berühren, vermeiden Japaner dies bei einer Mahlzeit. Bei der Trauerfeier übergeben die Gäste in einem Umschlag

Geld «für Räucherstäbchen», tatsächlich beteiligen sie sich so an den Kosten der teuren Bestattung. Die Urne steht sieben Wochen auf dem Hausaltar, schliesslich setzen die Angehörigen sie auf dem Friedhof bei.

Bevölkerungsabnahme 人口減少
Auf den ersten Blick scheint die Sache einfach zu sein: Wenn die Zahl der Einwohner schrumpft, dann gehen auch Wirtschaftsleistung und Wohlstand zurück. Ergo kann eine solche Nation keine Zukunft mehr haben. Ein deutsches Buch über Japan brachte dies mit seinem Titel auf die Formel «Abstieg in Würde – wenn ein ganzes Land in Rente geht». Die ökonomische Wirklichkeit ist viel komplizierter. Pro Kopf kann der Wohlstand durchaus wachsen, solange die Wirtschaftsleistung langsamer als die Bevölkerung schrumpft. Bisher verursachte die Bevölkerungsabnahme *(jinkō genshō)* jedenfalls keinen Niedergang. Die Zahl der Einwohner sinkt bereits seit 2011, worunter vor allem ländliche Gegenden (inaka) leiden. Doch das Bruttoinlandsprodukt wuchs in fast jedem Jahr weiter. Weniger Menschen bedeutet nämlich nicht automatisch weniger Jobs. So ging die Zahl der Japaner in den zwei Jahren vor Anfang 2019 um 840 000 zurück. Dennoch stieg im gleichen Zeitraum die Zahl der Beschäftigten um 2,3 Millionen auf einen neuen Rekord. Viele Ökonomen beachten nur die sogenannte Erwerbsbevölkerung zwischen 15 und 64 Jahren. Aber die Japaner gehen im Schnitt effektiv erst mit rund 70 Jahren in Rente. Und selbst wenn die Zahl der Erwerbstätigen sinkt, lässt sich dies über eine höhere Produktivität ausgleichen. Tatsächlich automatisieren die japanischen Unternehmen seit Jahren massiv. Zudem verteilt sich die Lohnsumme auf weniger Schultern. Auch dies sollte den Japanern guttun. Immerhin verdingt sich noch mehr als ein Drittel der Beschäftigten als Teilzeit- und Zeitarbeiter für einen meist prekären Verdienst. Hier noch die historische Perspektive: Am Anfang der Meiji-Zeit gab es 35 Millionen Japaner, nach dem Zweiten Weltkrieg zählte man 72 Millionen, den Scheitelpunkt markierte das Jahr 2011 mit knapp 128 Millionen. Das offizielle Regierungsziel lautet, 100 Millionen Japanern ein gutes Leben zu ermöglichen. Dafür gibt es sogar einen eigenen Ministerposten. So düster, wie viele westliche Ökonomen meinen, ist die Zukunft von Japan also keineswegs.

bihaku 美白**, schönes Weiss**
Schon von alters her halten die Bewohner des japanischen Archipels eine makellos reine und helle Haut für besonders schön. Dieses Ideal hat also nichts mit der Hautfarbe von Kaukasiern zu tun. Die zwei Schriftzeichen von *bihaku* bedeuten «schön» und «weiss» und be-

stimmen das Verhalten der Frauen bis heute. Im Sommer schützen sie sich mit Sonnencreme, langen Handschuhen und Schirm vor der UV-Strahlung. Die Sorgfalt hat noch einen Grund: Auf der gelblichen Haut bilden sich relativ schnell Pigmentflecken aus, die man dann mit Weissmachern kaschieren muss. Daher erzeugte ab den 1970er Jahren die *Gyaru*-Subkultur von jungen Frauen mit gebräunter Haut und aufgehellten Haaren viel Aufsehen. Übrigens: Geishas und Kabuki-Schauspieler schminken sich nicht wegen der Schönheit weiss, sondern damit die Zuschauer ihre Gesichtszüge im künstlichen Licht leichter erkennen können.

Blasenwirtschaft バブル経済
Wer dabei war, beschreibt die Zeit zwischen 1985 und 1990 als eine lange, grosse Party. Eine Preisexplosion bei Aktien und Immobilien machte viele Einzelpersonen und Unternehmen reich. Darauf wich die Bescheidenheit dem Vorzeigekonsum. Zu den Anekdoten zählen Geschäftsgelage mit Kōbe-Rind-Fleisch, Champagner und Hostessen für Zehntausende Franken; Hausfrauen, die für einen mit Goldstaub bestreuten Milchkaffee 500 Franken bezahlten; die Mitgliedschaft in einem Tōkyōter Golfklub, die für 3,5 Millionen Franken verkauft wurde. In Scharen reisten die Japaner in den Westen und kamen mit Schmuck und Luxus-Handtaschen zurück. Mitsubishi Estate kaufte das Rockefeller Center in New York und Sony das Hollywoodstudio Columbia Pictures, die Versicherung Yasuda Fire ersteigerte das Gemälde «Sonnenblumen» von Vincent van Gogh. Der Preis spielte keine Rolle. Der Startschuss für diese Blasenwirtschaft *(baburu keizai)* fiel beim Plaza-Abkommen von 1985, das den Dollar schwächen sollte. Darauf kauften Ausländer und Einheimische japanische Aktien und Immobilien, während sich der Yen im Verhältnis zum Dollar in zwei Jahren verdoppelte. Doch die teure Währung schadete den Exporteuren, also halbierte die Notenbank 1987 den Leitzins, um die Aufwertung zu bremsen. Aber das billige Geld heizte die Spekulation erst richtig an. Viele Unternehmen erwarben nun Immobilien, die wiederum als Sicherheit für neue Kredite dienten. Die Banken vergaben freizügig Privatdarlehen für Immobilien zu Fantasiepreisen. Auf dem Höhepunkt dieses Rausches war das Grundstück des Kaiserpalastes im Zentrum von Tōkyō auf dem Papier so viel wert wie alle Immobilien von Kalifornien zusammen. Die Marktkapitalisierung der Tōkyōter Börse überstieg den Wert aller kotierten Unternehmen in den USA um das Dreifache. Das Ganze war eine der erstaunlichsten Massentäuschungen aller Zeiten, schrieb der Augenzeuge und Journalist Christopher Wood. Die Japaner hätten damals wirk-

lich geglaubt, sie seien immun gegen die Gesetze des Marktes. Doch 1990 erhöhte die japanische Notenbank wieder die Zinsen. Der Schritt liess die Luft aus der Blasenwirtschaft entweichen und läutete eine viel längere Periode der Deflation ein. Während dieser Zeit entstand der Witz unter Ökonomen, dass es vier verschiedene Sorten von Volkswirtschaften gebe – entwickelt, sich entwickelnd, Argentinien und Japan.

Blumenfest 花祭り
Was ist Folklore, was Religion? Das lässt sich in Japan nicht immer klar erkennen. Dafür liefert das Blumenfest *(hana matsuri)* ein anschauliches Beispiel. In Vorzeiten feierten es die Bauern, damit ihre Obst-Bäume länger blühten und mehr Früchte trugen. Aber nach der Ankunft des Buddhismus durch Chinesen und Koreaner im sechsten Jahrhundert vermischte sich der animistische Glaube mit dem Andenken an die Geburt von Buddha. Die Blumen von *hana matsuri* schmücken nun einen Altar, der den Garten im nepalesischen Lumbini darstellt, in dem Königin Maya ihre Wehen bekam. Der Priester stellt eine Statue des Säuglings Buddha in eine Pfanne und begiesst sie mit Hortensientee. Das Ritual *(kanbutsu-e)* soll an den «süssen Regen» erinnern, der bei der Geburt von Buddha vom Himmel fiel. Seit der Edo-Zeit wird überliefert, dass dieser Hortensientee die Gesundheit erhält, Augenleiden beseitigt und, vermischt mit Tusche, gar beim Lernen von Kalligrafie hilft. *Kanbutsu-e* findet in jedem buddhistischen Tempel statt, vor allem Familien mit kleinen Kindern nehmen gerne teil. Der Termin am 8. April fiel, zumindest vor dem Klimawandel, meist mit dem Beginn der Kirschblüte (hanami) in Tōkyō zusammen. Was wiederum an das ursprüngliche Blütenfest erinnert, wobei die Zierkirschen ironischerweise eben später keine Früchte tragen. Wer zu dieser Zeit als Tourist vor Ort ist, sollte diesen Einblick in die Kombination von Aberglauben, Religion und Volkstümlichkeit nicht versäumen.

Blutgruppe 血液型
Umfragen zufolge schätzt ein Drittel der Japaner die Erfolgschancen einer Beziehung anhand der Blutgruppe ein. Zum Beispiel passen angeblich Paare mit A und 0 gut zusammen. A-Menschen gelten als gut organisiert und hart arbeitend, 0-Menschen sollen optimistisch und führungsstark sein. Als Partner unbeliebt sind Menschen mit Blutruppe B (selbstsüchtig und rücksichtslos) und AB (exzentrisch und kompliziert). Der Rhesusfaktor wird ignoriert. 90 Prozent der Japaner kennen ihren Bluttyp. Diese Faszination stammt aus den Zeiten, als Japan andere Länder kolonisierte. Damals stellte der Psychologe Furukawa Takeji einen Zusammenhang zwischen dem «Volks-

charakter» und den Blutgruppen *(ketsueki gata)* her. Im Zweiten Weltkrieg wünschte sich die kaiserliche Armee Soldaten mit Blutgruppe 0, die man mit Stärke und Eigensinn verband. Wahrscheinlich machte der Journalist Masahiko Nomi 1971 auf der Basis dieser Tradition daraus eine Pseudowissenschaft für menschliche Beziehungen. Sofort wurde die Bluttypenlehre kommerzialisiert – von TV-Shows über Diäten bis hin zu speziellen Produkten. Etwa Kondome, die zur Blutgruppe der Frau passen, oder Softdrinks, die bestimmte Eigenschaften eines Bluttyps verstärken. Und das Blut musste herhalten, um Fehler und Mobbing (ijime) zu entschuldigen. So eine Ausrede wäre mir manchmal auch ganz recht.

bōnenkai 忘年会**, Jahresendparty**
Wenn es Dezember wird, dann gerät die japanische Arbeitswelt in Partystimmung. Bei den Jahresendfeiern blicken die Mitarbeiter gemeinsam auf das Jahr zurück, um es auf diese Weise abzuhaken. Das darf man wörtlich nehmen: Das japanische Pendant zur Weihnachtsfeier heisst nämlich *bōnenkai*, die «Feier zum Vergessen des Jahres». Meist sind es mehrere Partys – innerhalb der Abteilung, der Sparte, der Gruppe. Aber man feiert auch mit externen Händlern und Kunden. Die schöne Idee, eine Party zur Katharsis zu benutzen und mögliche Risse im Team durch Vergessen zu kitten, stösst aber nicht bei allen Beteiligten auf Gegenliebe. Viele Angestellte betrachten die Feiern als lästige Pflicht und wollen ihre geringe Freizeit nicht mit Kollegen und Chefs verbringen. Vor allem jüngere Japaner halten laut einer Umfrage des Uhrenherstellers Citizen wenig von dieser Tradition zum Jahresabschluss. Daher gibt es einen Trend weg vom abendlichen Ess- und Trinkgelage hin zum Lunch-*Bōnenkai* mit alkoholfreien Getränken. Statt im Restaurant zu sitzen, lassen sich die Teams das Essen an den Arbeitsplatz liefern. Darüber freuen sich besonders berufstätige Mütter, die für eine Abendparty sowieso keine Zeit haben.

Buddhismus 仏教
Wussten Sie, dass Japan zu den Ländern mit den meisten Buddhisten gehört? 87 Millionen Japaner betrachten sich als Buddhisten. Jeder siebte Buddhist weltweit lebt also in Japan. Mit einem feinen Unterschied: Die meisten Japaner folgen nicht den klassischen Buddhalehren. Und das kam so: Schon im 6. Jahrhundert brachten Chinesen und Koreaner den Buddhismus *(bukkyō)* nach Japan. Aber am Ende des 8. Jahrhunderts japanisierten die zwei «Supermönche» Saichō und Kūkai die eingewanderte Religion. Saichō begründete die Tendai-Schule im Enryaku-Tempel auf dem Berg Hiei nahe Kyōto; Kūkai hob im Kongobu-Tempel auf dem Berg

Kōya die Shingon-Sekte aus der Taufe. Während der Kamakura-Zeit (1192–1333) zweigten sich davon neue Gruppen ab. Heute gehören 75 Prozent der Buddhisten sechs japanischen Sekten an. Die zwei grössten heissen Jōdo (18 Millionen Mitglieder) und Nichiren (13 Millionen). Die Ursprünge der sechs Sekten lassen sich bis zum Enryaku-Tempel zurückverfolgen. Den Berg Hiei nennen die Japaner daher den «Mutterberg» des Buddhismus (genau, es ist nicht der Berg Kōya, wie Reiseführer oft sagen). Allerdings bezeichnen sich 91 Millionen Japaner auch als Shintō-Anhänger. Wie kann das sein? Ganz grob betrachtet, teilen sich die beiden Religionen die Arbeit – der eher aufs Jenseits orientierte Buddhismus kümmert sich um den Tod (Bestattung, Ahnenverehrung, Obon) und der mehr aufs Diesseits blickende Shintō um das Leben (Geburt, Prüfungen, Neujahr, Hochzeit, Geschäftseröffnung). Ein Japaner kommt im Shintō zur Welt und stirbt mit Buddha. Die Glaubensrichtungen vermischten sich schon ab dem 8. Jahrhundert. Die damaligen Machthaber erklärten dem einfachen Volk, dass die einheimischen Shintō-Götter ebenfalls unter weltlichen Begierden und Sorgen litten und gerade dabei wären, sich in buddhistische Heilige zu verwandeln. Durch die Verschmelzung und die Japanisierung verbreitete sich der Buddhismus stark. Seine Philosophie brachte vieles hervor, was wir mit Japan verbinden – von der Architektur für Haus und Garten über Ikebana, die Handwerkskunst und die Anrichtung von Essen bis zur Teezeremonie. Jedoch endete die friedliche Koexistenz in der Meiji-Zeit. Die damalige Regierung erklärte den Shintō zur Staatsreligion und trennte ihn per Gesetz strikt vom Buddhismus. Die Shintō-Schreine mussten ihre Buddhaaltäre abbauen, die buddhistischen Tempel durften keine Shintō-Rituale mehr vollziehen. Eine breite antibuddhistische Bewegung entstand. Ihr fiel Schätzungen zufolge die Hälfte der Tempel samt zahllosen Statuen und vielen Kulturschätzen zum Opfer. Der Staat schaffte auch das *Danka*-System ab, wonach jeder Bürger bei einem Tempel registriert sein musste. Im Laufe der Generationen schrumpfte mit der Zahl der Mitglieder die Menge ihrer Spenden stark, sodass viele Mönche ihren Lebensunterhalt verloren. Entvölkerung und Vergreisung beschleunigen inzwischen den Niedergang. Kaum jemand will noch buddhistischer Mönch werden, die Religion gilt als altmodisch. Das Aussterben droht: Bereits 20 000 der 76 000 Tempel stehen leer und geben oft ein trauriges Bild des Verfalls ab.

burakumin 部落民, **Ghettoleute**
Nicht nur das indische Kastensystem kennt «Unberührbare». Nippons Ausgestossene heissen Nichtmenschen

(hinin), Beschmutzte (eta) oder eben burakumin (wörtlich: Bewohner von Sondergemeinden = Ghettoleute). Nicht Hautfarbe, Aussehen oder Religion bilden ihren Makel, sondern ihre Familiennamen und ihre früheren Wohnorte. Einst übten sie «unreine» Berufe aus, verbrannten die Leichen, schlachteten Tiere und gerbten Leder. Dabei berührten sie Blut, das der Shintō im religiösen Sinne für «unrein» und «schmutzig» hält. In der Edo-Zeit befanden sich die *burakumin* unterhalb der vier Stände (Samurai, Bauern, Handwerker, Kaufleute). Die Behörden siedelten sie in abgetrennten Vierteln an und beschränkten ihre Bewegungsfreiheit. Ihre buddhistischen Totennamen enthielten das Schriftzeichen für Vieh, damit die übrigen Japaner Friedhöfe mit *burakumin* meiden konnten. Das moderne Japan unternahm einige Schritte, die Diskriminierung zu verhindern. Der Befreiungserlass von 1871 stellte die *burakumin* rechtlich gleich. Ihre Vertreter organisierten sich auch selbst und machten politischen Druck. Seit 1947 dürfen Unternehmen von Bewerbern keine Informationen über frühere Wohnorte abfragen. Die Melderegister sind seit 1976 nicht mehr öffentlich zugänglich, und *burakumin* dürfen ihren Namen ändern. Der Staat hat 2002 schliesslich gesetzlich festgelegt, dass es keine Benachteiligung mehr gibt. Aber die jahrhundertelange Ausgrenzung wirkt nach, wie ich vor einigen Jahren von dem *Burakumin*-Aktivisten Sugikaki Tamaki erfuhr, als ich ihn in seiner Siedlung nahe Kōbe besuchte. Viele Nachkommen blieben arm und schlecht gebildet, fänden oft nur als Tagelöhner Arbeit und seien als Ehepartner weiter unerwünscht. Die Banken taxierten den Wert der ihnen einst zugewiesenen Grundstücke wegen der schlechten Lage, etwa an steilen Hängen, auf null und gäben den früheren *burakumin* keinen Kredit. Die Lederindustrie von Himeji, ein wichtiger Arbeitgeber für diese Menschen, erhielt keine wirtschaftlichen Hilfen, als die Regierung die Schutzzölle senkte. Um die Jahrtausendwende mussten viele Fabriken schliessen. Aber wenn sich Sugikaki bei den Behörden über Nachteile beschwerte, hiess es unter Verweis auf das Gesetz von 2002, es gebe gar kein *Burakumin*-Problem mehr. «Japan möchte der Welt beweisen, dass es keine Menschenrechte verletzt, deshalb soll der Begriff verschwinden.» Doch im Briefkasten seiner Familie landeten weiterhin fast täglich Hassbotschaften wie «Ihr seid keine Menschen» und «Falls ich euch töte, ist das kein Verbrechen».

bushidō 武士道, Samurai-Kodex
Die Kriegerkaste der Samurai gibt es seit 150 Jahren nicht mehr, aber ihr Verhaltenskodex *bushidō* lebt im Japan des 21. Jahrhunderts weiter. Die Teenager,

die für die Aufnahmeprüfungen der Universitäten nonstop pauken (Prüfungshölle), und die Schülergruppen, die sich Stirnbänder mit Durchhalteparolen umbinden und in Ferienlagern Mathematik, Musik oder Sport bis zum Umfallen üben – sie praktizieren die Ausdauer und Hartnäckigkeit der Samurai. In der gleichen Tradition stehen Firmenangestellte (salarīman), wenn sie sämtliche Freizeit für den Arbeitgeber opfern. Manche arbeiten sich für ihr Unternehmen zu Tode (karōshi). Der totale Einsatz bis zur Erschöpfung zielt darauf, den Körper mit Kampfgeist zu durchdringen und ihn dem eigenen Willen zu unterwerfen. Diese typisch japanische Denk- und Handlungsweise entspringt der Welt der Samurai. Ich konnte das erst akzeptieren, als ich die Philosophie dahinter erkundete. Diese schwerttragenden Krieger wollten «richtig» leben und sterben und befolgten dafür sieben charakterliche Tugenden, die im Shintō, Buddhismus und Konfuzianismus ankerten. Das Fundament bildeten Ehrlichkeit und Mut; das eigene Leben bestimmten Ehrhaftigkeit und Loyalität, für Clan und Führer gaben sie ihr Leben; im Umgang mit anderen waren Mitgefühl, Höflichkeit und Aufrichtigkeit geboten. Die Verhaltensregeln des *bushidō* werden bis heute gelebt und gelehrt, ohne sich auf die Samurai zu berufen, und prägen den zwischenmenschlichen Alltag, das zeigt sich zum Beispiel in der Begrüssung mit Verbeugung und Visitenkarte oder der Gastfreundlichkeit gegenüber Ausländern (Höflichkeit). In der Welt der Unternehmen gilt das Versprechen des Chefs so viel wie ein Vertrag (Ehrhaftigkeit); eine einmal geschlossene Geschäftsbeziehung hält ewig (Loyalität).

C

Calpis カルピス**, Laktogetränk**
Beim ersten Schluck schmeckt Calpis wie verdünnter Joghurt. Tatsächlich entsteht dieses Getränk durch die Gärung von Laktobakterien und Hefe in Magermilch. Kinder lieben es wegen der Süsse, ich mixe es manchmal in einen Cocktail. Aber aufgepasst: Im Supermarktregal steht auch ein klebrig-süsses Konzentrat, das schmeckt scheusslich. Auf einen Teil Calpis *(karupisu)* fügt man vier Teile Wasser oder Milch hinzu. Fertig gemischt, wird es als Calpis Water und Calpis Soda verkauft. Der Erfinder Mishima Kaiun lernte 1904 bei einer Reise durch die Innere Mongolei (Nordchina) gegorene Stutenmilch kennen und entwickelte Calpis nach diesem Vorbild. Populär wurde das Getränk in Japan, weil es ungekühlt frisch blieb. Wissenschaftliche Studien – im Auftrag des Herstellers – wiesen in den siebziger Jahren positive Gesundheitseffekte nach. Daher darf die Calpis-Variante «Ameal S» mit staatlicher Genehmigung versprechen, den Blutdruck zu senken. Der Name Calpis ist eine Kreuzung aus dem Begriff Calcium und dem Sanskrit-Wort Sarpis (Butter). Ausserhalb von Japan wird es als «Calpico» vermarktet, weil die zweite Silbe unangenehme Assoziationen («piss») erzeugen könnte. Die Polka-Punkte auf der Flasche symbolisieren Sterne: Der Verkauf begann nämlich am 7. Juli 1919, am Tag des Sternenfestivals *(tanabata),* wenn sich nach chinesischer Überlieferung die ineinander verliebten Sterne Wega und Altair das einzige Mal im Jahr treffen.

Carsharing カーシェアリング
Japanische Unternehmen bauen fast jedes dritte Auto weltweit, aber immer weniger Japaner wollen ein Auto besitzen. Vielmehr boomt das Carsharing *(kā shearingu)* mit weit über 1,5 Millionen registrierten Nutzern, jedoch mit zwei gravierenden Unterschieden zu Europa. Erstens dürfen Autos nicht irgendwo auf der Strasse parken, sondern müssen an festgelegte Standorte zurück. Daher ist Carsharing-Marktführer Times24 gleichzeitig der grösste Betreiber von Bezahlparkplätzen, auf denen seine Sharing-Autos stehen. Zweitens bewegen geschätzte 15 Prozent der Nutzer ihr Fahrzeug keinen Meter, sondern machen darin einfach nur Pause. Wie Umfragen der Carsharing-Unternehmen ergaben, halten solche Mieter gerne ein Nickerchen, nehmen einen Imbiss ein oder telefonieren. Andere stellen in dem Auto ihre Einkäufe ab oder ziehen sich darin um. Für eine Gebühr ab 1.20 Franken für zehn Minuten sichern sich diese Nutzer also ein bisschen Privatsphäre im öffentlichen Raum. Diese geistige Beweglichkeit hat mich spontan beeindruckt. Allerdings lassen einige Carsharer für die Klimaanlage, die Heizung oder den im Navi-

gationsgerät mit eingebautem Fernseher den Motor im Stand laufen. Das kostet nichts extra, weil die Mietgebühr das Benzin enthält. Die Unternehmen sind hilflos: Für die Autos wäre es am besten, wenn damit gefahren würde, meinte ein Sprecher des Anbieters Orix.

chikan 痴漢, **Grapscher**
Wer wie ich seit Jahrzehnten die Berichte aus Japan verfolgt, stolpert regelmässig über das Wort *chikan* (Grapscher). Es bezeichnet Männer, die in vollgestopften S- und U-Bahnen Frauen unsittlich anfassen oder sich an ihnen zwecks sexueller Befriedigung reiben. Das Phänomen ist so verbreitet, dass es zu einem Genre in der Pornografie in Japan wurde. Umgekehrt geben manche japanischen Frauen zu, dass sie sich in ihrer Fantasie damit sexuell stimulieren, im Zug belästigt zu werden. In der harten Realität ist *chikan* äusserst unangenehm. In den total überfüllten Bahnen können die belästigten Frauen weder ihren Peiniger erkennen noch den Platz wechseln. Aus Scham unterlassen sie Hilferufe. Ihre Gegenmittel sind begrenzt. Zum Beispiel tragen manche eine Plakette auf der Handtasche mit der Warnung «Ich dulde es nicht schweigend». Oder sie lösen über eine App der Tōkyōter Polizei auf ihrem Smartphone einen «Stopp»-Alarm aus. Dann erscheint auf ihrem Bildschirm die Botschaft «Ich werde begrapscht, bitte helfen Sie mir!». Andere benutzen einen Stempel mit Tinte, die nur bei UV-Licht sichtbar ist, um den Angreifer für eine spätere Identifizierung zu markieren. Angesichts ihrer Hilflosigkeit steigen Frauen in reservierte Waggons, die während der Rushhour für Männer verboten sind. Die Kehrseite der Medaille bilden fingierte Beschuldigungen, da bei Grapschen eine Geldstrafe von 500 000 Yen (4500 Franken) und bis zu zehn Jahre Gefängnis drohen. Kriminelle Banden schicken Mädchen in die Züge, die neben wohlhabend aussehenden Männern um Hilfe rufen. Die umstehenden Mitglieder der Bande drängen den Beschuldigten am nächsten Bahnhof aus dem Zug und erpressen Geld von ihm. Daher ergreifen viele Männer für alle sichtbar mit beiden Händen eine Halteschlaufe, damit sie niemand als *chikan* bezeichnen kann.

China 中国
Ausser der Badewanne hätten fast alle japanischen Institutionen ihre Wurzeln in China, schrieb der britische Japanologe Basil Hall Chamberlain 1890 halbironisch. Sein Urteil war berechtigt: Die Lehren von Buddha und Konfuzius, das Konzept der Himmelskaiser, die Verwaltung, die Schriftzeichen und viele Technologien – alles stammt aus dem Reich der Mitte. Aber diese tiefe Verbindung bereitet Japan ein Wechselbad der Gefühle, vor allem noch mehr, seitdem

C

China *(Chūgoku)* zur Wirtschaftsmacht aufstiegen ist und die Vorherrschaft in Asien anstrebt. Der Politologe Michael Yahuda beschreibt die Beziehung beider Länder als «unbehaglich», weil sie nie zuvor in ihrer Geschichte gleichzeitig Grossmächte gewesen seien, der Historiker Ezra F. Vogel nennt das Verhältnis «angespannt, gefährlich, tief und kompliziert». Den Zwiespalt spürt auch die Bevölkerung: Viele Japaner tadeln die chinesischen Touristen in ihrem Land als laut, ungehobelt und billig gekleidet. Aber die Geschäfte umwerben die neureichen Besucher aus dem Nachbarland, weil sie in Massen japanische Waren einkaufen. Die widersprüchlichen Emotionen haben tiefe Wurzeln: Schon in der Meiji-Zeit wandte sich Japan vom einstigen Übervater ab und orientierte sich fortan am Westen. Das imperiale Nippon beendete 1875 Chinas Vorherrschaft über Korea, besetzte 1894/95 die chinesischen Territorien Taiwan und Mandschurei und eroberte ab 1937 die Küsten von China. Der Krieg ging verloren, ein Friedensvertrag kam jedoch erst 1978 zustande. Damals war China arm und hilfsbedürftig, grosszügig leistete Japans Staat Entwicklungshilfe, viele Unternehmen bauten Fabriken. Doch nach drei Jahrzehnten Ultrawachstum übertrumpfte China 2010 Japans Wirtschaft. Schon zwei Jahre darauf kam es zum ersten handfesten Streit, nämlich um eine Inselgruppe im Ostchinesischen Meer. Als Japans Regierung zwei der Inseln verstaatlichte, griffen Demonstranten in China japanische Autos, Geschäfte und Restaurants an. Auf Transparenten standen Sprüche wie «Tötet alle Japaner», auch weil die staatliche Propaganda die Erinnerung an das Massaker von Nanking und andere japanische Kriegsverbrechen wachhält. Mit einem Besuch von Staatspräsident Xi Jinping in Japan endete die Eiszeit vorerst. Aber die Beziehung bleibt komplex: Einerseits sind die Volkswirtschaften eng miteinander verflochten, andererseits rüsten beide Staaten auf und bereiten sich auf eine militärische Konfrontation vor, etwa um die umstrittenen Inseln. Denn Japans Elite fürchtet nichts mehr, als dass ihr Land unter die Fuchtel von China gerät.

chūhai 酎ハイ, Alkopops

Wer in Japan einen Wodka Lemon trinken möchte, bestellt einen Sour *(sawā)*. In einer guten Kneipe bekommt der Gast dann ein Glas mit zwei Fingerbreit japanischem Wodka *(shōchū)* und Eiswürfeln, zudem zwei Zitronenhälften und eine Presse. Für die Bequemeren warten im Kühlregal von jedem Supermarkt zahlreiche Dosen mit den verschiedensten Mischgetränken aus Wodka und Limonade. Was man bei uns Alkopops nennt, heisst in Japan *chūhai*. Das Kunstwort setzt sich aus der zwei-

C

ten Silbe von *shōchū* und der ersten Silbe von *haibōru* (Highball) zusammen, wobei Highball den bekannten Cocktail Whisky Soda meint. Die Hersteller vermarkten chūhai als Frauengetränk – wegen des fruchtigsüssen Geschmacks und des niedrigen Alkoholanteils. Der Markt ist so bedeutend, dass der Getränkeriese Coca-Cola in Japan sein weltweit einziges alkoholhaltiges Getränk (Lemon-Do) entwickelt hat. Was mich bis heute erstaunt: Eine Dose *chūhai* kostet bei einem Alkoholgehalt von bis zu 9 Prozent nur zwischen 1 und 1.50 Franken und damit etwa halb so viel wie eine Dose Bier (happōshu). Auch die ebenfalls beliebten, fertig gemixten Highball-Cocktails in Dosen sind nicht teurer. Es gibt also kein Problembewusstsein dafür, dass solche Billigdrinks zum übermässigen Alkoholkonsum verführen könnten. Ein weiteres Indiz für die staatliche Sorglosigkeit ist die allgegenwärtige Werbung für alkoholische Getränke. Dabei schätzt das Gesundheitsministerium auf der Basis einer Umfrage die Zahl der Alkoholsüchtigen auf eine Million und die Zahl der Gefährdeten auf bis zu zehn Millionen. Die japanischen Autofahrer müssen jedoch aufpassen: Am Steuer sind maximal 0,3 Promille erlaubt.

Cosplay コスプレ
Science-Fiction-Anhänger in den USA kostümierten sich als Erste wie die Helden von populären Comics und Filmen und frönten auf «Conventions» gemeinsam ihrer Leidenschaft. In den 1960er Jahren erreichte diese Bewegung Japan. Als im nächsten Jahrzehnt Manga und Anime das Land überschwemmten, verkleideten sich Fans als ihre Lieblingsfiguren und verabredeten sich mit Gleichgesinnten. Studenten gründeten 1975 einen Markt für nicht kommerzielle Fanvariationen beliebter Werke. Der Comiket (Comics Market) entwickelte sich zum Treffpunkt für die Rollenspieler. In einem Artikel über das bunte Treiben prägte der Regisseur und Verleger Takahashi Nobuyuki 1983 schliesslich den Begriff Cosplay *(kosu pure)* als Kurzform von «costume play». Über das Fernsehen breitete sich die Subkultur weltweit aus und steckte – wie in Japan – vor allem junge Frauen an. Der Comiket ist heute Japans grösste Messe für Manga und Anime und findet halbjährlich statt. Ein «World Cosplay Summit», vom Aussenministerium mitorganisiert, zeichnet die besten Kostüme aus. Cosplayer verkleiden sich gerne als Superhelden, realistische Roboter und attraktive Frauen. Eine kleine Industrie bedient diese Kunden: Läden bieten Kostüme von der Stange an, in Studios fotografieren sich die Cosplayer vor dem passenden Hintergrund. Ihre Rolle halten sie bis ins Detail durch, sie tauschen sogar Visitenkarten für die eigene Figur mit einem Bild

von sich aus. Eine jüngere Variante von Cosplay bilden die «Maid-Cafés». Dort bedienen als Dienstmädchen verkleidete Frauen und sprechen ihre männlichen Gäste mit «Meister» an.

Cup Noodle(s) カップヌードル
Getrocknete Nudeln, mit heissem Wasser übergossen, nach drei Minuten essfertig – die Instant-Nudeln von Andō Momofuku (1910–2007) revolutionierten die menschliche Ernährung. Der geniale Einfall des taiwanesischen Erfinders: gegarte Nudeln durch kurzes Frittieren haltbar und schmackhaft machen. Das heisse Fett lässt das Wasser aus winzigen Löchern in den Nudeln austreten. Seine ersten Instant-Rāmen kamen im August 1958 in Blockform mit einer Gewürzmischung für Hühnchengeschmack auf den Markt. Bald trocknete sein Unternehmen Nissin Foods die Nudeln mit Heissluft und besprühte sie anschliessend mit Fett, wegen der Kalorienmenge. Mit 60 Jahren bekam Andō, inzwischen japanischer Staatsbürger, die nächste Eingebung: Er steckte die Nudeln in einen hitzefesten Becher aus Polyesterschaum, damit man sie unterwegs essen konnte. Die Cup Noodle *(kappu nūdoru,* ein Markenname) war geboren und ging 1971 in den Verkauf. Bequemer und günstiger lässt sich eine warme Mahlzeit nicht zubereiten. Heute essen die Japaner jährlich mehrere Dutzend Milliarden (!) Becher leer, die Hälfte davon kommt aus Nissin-Fabriken. In hauseigenen Museen in Ōsaka und Yokohama erfahren Fans alles über das Produkt. Bei einer Umfrage im Jahr 2000 wählten die Japaner Instant-Nudeln als ihre beste Erfindung im 20. Jahrhundert aus. Heute deckt Nissin 15 Prozent des Weltmarktes ab. Im reinen Auslandsgeschäft allerdings liegt Rivalin Tōyō Suisan mit der Marke Maruchan Seimen vorn. 1200 Instant-Sorten hat Nissin entwickelt, sogar eine Astronautenversion mit Nudelbällchen in dicker Sosse. Dadurch lässt sich der Packungsinhalt trotz der Schwerelosigkeit in einer Raumstation mit einer Gabel essen.

Curryreis カレーライス
Man könnte vermuten, dass diese bei Jung und Alt beliebte Speise vor anderthalbtausend Jahren mit dem Buddhismus nach Japan gekommen ist – Buddha lebte und lehrte in Nordindien, dort waren Currygerichte verbreitet. Jedoch geht die Geschichte vom japanischen Curryreis *(karē raisu)* etwas anders. In der Meiji-Zeit suchte die junge Nation nach einer einfachen Verpflegung für ihre Soldaten. Ausser Reis wollte die Armee noch Kartoffeln verwenden. Die Regierung erschloss nämlich gerade die Nordinsel Hokkaidō, wo diese gut gedeihen. Als fester Abnehmer sollte die Armee den neu angesiedelten Bauern den Start erleichtern. Da entdeckten die

C

japanischen Planer auf dem Speisezettel der britischen Soldaten, damals als grösste Kolonialmacht ein Vorbild, das indische Currygericht, das sich einfach und schnell mit Kartoffeln zubereiten liess. Aus den Blechnäpfen der kaiserlichen Soldaten wanderte *karē raisu* langsam in die zivile Alltagsküche. Als nach dem Zweiten Weltkrieg eine Instant-Sosse auf den Markt kam, entwickelte sich Curryreis im zunehmend verstädterten Japan zu einem Standardgericht. Man kocht Zwiebeln, Kartoffeln, Möhren und kleine Stücke Schweinefleisch in einem Topf in Wasser, die Fertigwürze dickt die Mischung an. Ein, zwei Kellen Curry an eine Portion Reis – fertig ist ein leckeres (oishii) Schnellgericht. Dazu verzehrt man in eine Soja-Sosse eingelegte, zerkleinerte Gemüsemischung *(fukujin zuke)*, nämlich japanischer Rettich *(daikon)*, Gurken, Lotuswurzeln und Auberginen. Verglichen mit dem indischen Original ist das japanische Curry dickflüssiger und weniger ölig. Für Kinder wird es milder zubereitet, für Erwachsene schärfer. Dank der Instant-Würze lässt sich kein «japanisches» Gericht leichter kochen.

D

daiku 第九, die Neunte
Die 9. Symphonie mit der «Ode an die Freude» – von Dezember bis in den März hinein taucht dieses Werk von Ludwig van Beethoven alljährlich auf den Konzertspielplänen auf. Die Japaner haben den Opus-Namen auf *daiku*, die Neunte, verkürzt, aber eigentlich müsste die Symphonie «Die Unvermeidliche» heissen, so allgegenwärtig ist sie zum Jahreswechsel. Das Lied gehört bei den vielen tausend Hobbychören zum Pflichtprogramm. Auf Deutsch. Früher lernten die Japaner den Originaltext gar in der Schule. Inzwischen besucht manch ein Amateurchorsänger einen Deutschkurs, um die Worte von Friedrich Schiller richtig auszusprechen. Am Ende des Ersten Weltkrieges führten deutsche Kriegsgefangene die Neunte erstmals auf japanischem Boden auf. Danach wuchs die Popularität der Hymne immer mehr. Dank *daiku* ist Beethoven der bekannteste Deutsche im Land. Zugleich erklärt sich die hohe Wertschätzung für den Komponisten mit seinem starken Lebenswillen, hat er doch trotz seiner Taubheit weiter Musik geschrieben. Wenig wird in Japan mehr geachtet als ein Mensch, der sich mit ganzer Energie darum bemüht, trotz widriger Umstände seine Ziele zu erreichen. Die melodische Musik von Beethoven spreche die Japaner an, sagte mir der Unternehmer und Musikfreund Sumino Hiroshi: «Wir Japaner mögen auch die Melodien von Brahms, Tschaikowsky, Mozart und Chopin, aber Beethovens Musik ist dazu sehr logisch aufgebaut. Melodie und Logik – das ist für uns genau das Richtige.»

dashi だし, Brühe
Hier ist es endlich, das Geheimnis der japanischen Küche. Merkwürdigerweise schreibt fast niemand über die elementare Bedeutung von *dashi* für den überzeugend leckeren (oishii) Geschmack von japanischen Speisen. Doch die berühmte Misosuppe, die Tunke für Soba-Nudeln und viele andere japanische Gerichte basieren auf einer Basisbrühe. Im Westen kochen wir Fleischreste und Tierknochen, Fischabfälle oder kleingehacktes Gemüse zu einem Fonds aus und stellen daraus eine Sosse her. Das machen die Japaner auch, zum Beispiel für die Rāmen-Nudelsuppen. Aber für die Grundbrühe der einheimischen Küche verwenden die Köche hauchdünne Scheiben von getrocknetem und geräuchertem Bonitofisch *(katsuo bushi)*, einen speziellen Seetang *(konbu)* sowie Shiitakepilze. Diese Zutaten enthalten besonders viel natürliche Glutamate und schmecken dadurch mehr umami, würziger. Dazu addieren die Köche je nach Zweck etwas *mirin* (süsser Sake als Zuckerstoff) und Kochsake zum Kochen, fertig ist die *dashi*. Allerdings machen sich die meisten Hausfrauen nicht die Mühe, diese Brühe jedes Mal von

Hand anzusetzen, und verwenden eine fertig abgepackte Dosis *Dashi*-Pulver. Für die Misosuppe gibt es eine Streumischung aus Miso und *dashi*. Falls Sie zuhause japanisch kochen wollen und wenig Zeit haben, greifen Sie ruhig zu diesem Trick. Das ist ganz normale Praxis.

Deflation デフレ
Stellen Sie sich vor, das Feierabendbier am Stammtisch, der Schüblig am Lieblingsimbiss, die Bahnfahrt zum Arbeitsplatz kostet noch immer genauso viel wie zur Jahrtausendwende. Stellen Sie sich ausserdem vor, dass Ihr Einkommen in dieser Zeit immer gleichgeblieben ist und dass die Bank Ihnen nur minimale Guthabenzinsen fürs Ersparte überwiesen hat. So geht es mir und den Japanern seit zwei Jahrzehnten. *Defure* – kurz für Deflation – heisst das Wort dazu. Und diese «Geldaufwertung» prägt unser ökonomisches Verhalten. Gegen Preissprünge von Benzin (Opec!) und frischen Lebensmitteln (Wetter!) sind wir machtlos. Aber sonst langen wir nur im Schlussverkauf zu, greifen zu Sonderangeboten, legen aber keine Vorräte an. Warum auch? Alles kostet morgen ja genauso viel. Das sei eine «deflationäre Mentalität», klagen die Geldpolitiker. Aber sie wirkt: Die wenigen Hersteller, die wagemutig einen Preis erhöhen, verlieren so viele Kunden, dass sie ihn oft wieder senken. Die Deflation folgte auf die «Preiszerstörung» *(kakaku hakai)* nach dem Ende der Blasenwirtschaft; Aktien und Immobilien verloren bis zu 90 Prozent an Wert. Wertpapierhändler kollabierten, Banken kriselten. Deflation setzten die Japaner mit einer schwachen oder schrumpfenden Wirtschaft gleich. Die Wende kam im Frühjahr 2013. Die Notenbank kaufte für gigantische Summen Staatsanleihen und Aktien, der Yen verlor an Wert, die Firmengewinne markierten Rekorde, die Investitionen nahmen zu. Das Personal wurde so knapp, dass sich Japan erstmals ausländische Arbeitskräfte ins Land holte. Damit schien die Deflation aus der Sicht der Politiker überwunden. Allerdings stiegen die Verbraucherpreise nicht stärker als ein Prozent, und die jährlichen Lohnzuwächse blieben dahinter oft zurück. Daher trauen die Japaner und ich dem Braten nicht, wir bleiben deflationär eingestellt. Nur wer genug Geld für Aktien und Immobilien hat, entkommt der trübseligen *defure*. Denn wegen der gelddruckenden Notenbank herrscht bei diesen Vermögenswerten eine eindeutige Inflation *(infure)*.

Deutsch ドイツ語
«Braunes Heim» steht an einem Wohngebäude, «Bauhaus» heisst ein Makler, «Heimat» ein Hotel, «Frieden» ein Schweinewürstchen, «Tante Marie» eine Konditorei und «Bitte» ein Keks – auf manchmal unabsichtlich komische

D

Weise benutzen Japaner deutsche Wörter in der Originalschrift. Sie gelten als cool, werden aber nicht immer als Deutsch *(doitsugo)* erkannt. Das war bei der ersten «deutschen Welle» ins Japanische anders, als der Meiji-Kaiser Beamte und Wissenschaftler zum Studium von Medizin, Technik, Erziehung und Polizei ins deutsche Reich schickte. Dadurch gelangten viele deutsche Fachwörter nach Japan. Bis tief ins 20. Jahrhundert hinein notierten japanische Ärzte ihre Patientenberichte auf Deutsch und benutzten Wörter wie *kuranke* (Kranke), *karute* (Patienten-Karte), *noirōze* (Neurose), *orugasumu* (Orgasmus), *gipusu* (Gips-Verband) und *purotēze* (Prothese). Japanisch ist eine Silbensprache, daher fügt man zwischen zwei Konsonanten einen Extravokal ein. Die Ankunft von Bergsteigen und Skifahren in Japan importierte deutsche Wörter wie *anzairen* (Anseilen), *hyutte* (Berghütte), *hāken* (Haken), *pikkeru* (Pickel), *gerende* (Piste, Gelände), *yōderu* (Jodler) und *ēderubaisu* (Edelweiss). Heute gebraucht man *arubaito* (Arbeit im Sinn von Gelegenheitsjob), *messe* (Waren- und Fachmesse), *wāgen* (Volkswagen), *masuku* (Maske) und *kapuseru* (Kapsel). Japanisch verfremdetes Deutsch ist auch beim Thema Essen zu hören – etwa *burusuto* (Wurst), *torute* (Torte), *bāmukūhen* (Baumkuchen), *shutoren* (Christstollen), *gumi* (Fruchtgummi) und *guryūwain* (Glühwein).

Drogen 麻薬
Auf die erste Frau und Ausländerin im Vorstand war Toyota ganz besonders stolz, doch nach nur wenigen Monaten im Amt sass Julie Hamp im Juni 2015 plötzlich in japanischer Untersuchungshaft. Ihr Vater hatte ihr aus den USA 57 Tabletten eines starken Schmerzmittels mit der Post geschickt. Doch das Opiat Oxycodon stuft Japan als illegale Droge *(mayaku)* ein, solange keine ärztliche Verschreibung vorliegt; ein Import von mehr als einem Monatsvorrat erfordert eine offizielle Vorabgenehmigung. Auch die ungenehmigte Einfuhr von einigen anderen im Westen üblichen Medikamenten untersagt Japan, zum Beispiel, wenn sie mehr als 10 Prozent Pseudoephedrin enthalten. Die japanische Aversion gegen stimulierende Drogen wurzelt in der Furcht vor ihrer zerstörerischen sozialen Wirkung. Als die Kanonenboote der USA 1853 die Öffnung des abgeschotteten Insellandes erzwangen, beugte sich der letzte Shōgun den Ausländern und unterschrieb ähnliche Knebelverträge wie China und Korea. Mit einer Ausnahme: Japan setzte ein Importverbot für Opium durch, weil das Beispiel China die verheerenden Folgen dieses Rauschmittels auf die Gesellschaft aufgezeigt hatte. Dieses Denken hält immer noch an. Der Besitz von Amphetaminen, Haschisch, Kokain und anderen Modedrogen ist streng verboten und hat extrem harte

D

Strafen zur Folge. Viele Ausländer sitzen deswegen in japanischen Gefängnissen. Für Japaner kann sogar der Konsum von Drogen im Ausland zum Straftatbestand werden. Die inhaftierte Julie Hamp kam jedoch nach drei Wochen frei und durfte ausreisen. Konzernchef Akio Toyoda hatte sie als eine Freundin und «unschätzbaren» Bestandteil von Toyota bezeichnet. Zudem war sie von ihrem Posten zurückgetreten. Für die Staatsanwälte war dies womöglich schon Strafe genug, sodass sie ausnahmsweise Gnade vor Recht ergehen liessen. Gewöhnlichen Sterblichen rate ich für ihren Japanbesuch jedoch: Hände weg von allen Drogen, der kurze Kick wird mit langer Haft bestraft.

Edo-Zeit 江戸時代
Von 1603 bis 1868 durchlebte Japan eine ungewöhnlich lange Epoche der Stabilität. Die Shōgune des Tokugawa-Clans einten nach der gewonnenen Schlacht von Sekigahara im Jahr 1600 das zersplitterte Reich und beendeten die Bürgerkriege, indem sie die Macht der rund 300 Fürsten *(daimyō)* schwächten. Wichtige Clanführer mussten dem Militärherrscher in der neuen Hauptstadt Edo (Tōkyō) regelmässig Rechenschaft ablegen und dort Residenzen für ihre Familien unterhalten. Durch die hohen Kosten dieser Verpflichtungen konnten sie sich einen Krieg nicht mehr leisten. Die Militärherrschaft *(bakufu)* basierte auf einem Polizei- und Spitzelstaat: Überall gab es Sperren mit Kontrollen, Fahrzeuge mit Rädern waren ebenso verboten wie Schusswaffen. Nur die Samurai durften Langschwerter tragen. Gleichzeitig schotteten die insgesamt 15 Tokugawa-Herrscher der Edo-Zeit *(edo jidai)* das Land nach aussen ab. Ab 1635 durfte niemand Japan mehr verlassen oder betreten *(sakoku)*, die Christen mussten ihren Glauben aufgeben oder wurden hingerichtet. Die Shōgune befürchteten, dass europäische Seefahrer und deren Religion die neue Ordnung stören würden. Der Kontakt zur Aussenwelt lief über eine künstliche Insel vor Nagasaki, auf der Holländer lebten, da die auf Missionierung verzichteten. Sonst durften nur noch Schiffe aus China und Korea anlegen. Über die Holländer informierten sich die Japaner weiterhin über die Entwicklungen in Wissenschaft, Technik und Medizin im Ausland *(rangaku)*. Ein Ständesystem sorgte für strikte Ordnung. 80 bis 90 Prozent der Bevölkerung bauten Reis an. Unter den Bauern standen die Handwerker und Kaufleute, über ihnen die Samurai und Fürsten. Die arbeitslos gewordenen Krieger lebten von den Abgaben der Bauern, aber behielten ihre Privilegien, durften die Angehörigen der unteren Stände ungestraft töten und wurden von den Militärherrschern mit dem Studium der neuen Staatslehre des Neo-Konfuzianismus beschäftigt. Unter buddhistischem Einfluss blühten Kunst und Kultur auf, auch gefördert von einer soliden Allgemeinbildung durch ein gutes Schulsystem. Doch nach 250 Jahren mehrten sich die Krisenzeichen: «Samurai und Bauern rebellierten wegen ihrer zunehmenden Armut, neue Denkschulen stellten die konfuzianische Ordnung und das Shōganat durch nationalistisches Denken und Tennō-Verehrung in Frage», erläutert der Historiker Torsten Weber. Die erzwungene wirtschaftliche Öffnung durch die «schwarzen Schiffe» der Amerikaner 1853 zeigte der Bevölkerung auf, dass der Shōgun das Land nicht mehr schützen konnte, das Ende der Edo-Zeit war eingeläutet.

E

Einwanderung 移民
Es gibt keine Immigration in Japan, wirklich! Das i-Wort *(imin)* ist nämlich tabu, zumindest für Politiker. Schliesslich haben sie den Mythos vom homogenen Volk der Japaner gepflegt und deswegen Ausländer ferngehalten. Ausser Fachkräften, Ehepartnern von Einheimischen sowie «Praktikanten» aus Schwellenländern durfte bis vor kurzem niemand zum Arbeiten kommen. Bei internationalen Krisen nahm Japan keine Flüchtlinge auf, Einzelbewerber erhielten fast nie Asyl. Auch als Touristen durften Ausländer aus vielen Ländern nur einreisen, wenn sie ein hohes Einkommen nachwiesen. Dann standen sie nicht im Verdacht, in Wirklichkeit Arbeit zu suchen. Diese Atmosphäre erklärt vielleicht, warum viele Japaner zumindest früher einen Ausländer nach dem Kennenlernen bald fragten, wann es denn wieder zurück in die Heimat gehe. Jedoch zwang der starke Mangel an Arbeitskräften, eine Folge der alternden Gesellschaft, die Regierung, die Grenzen für Migranten zu öffnen. Seit 2019 vergibt sie dafür spezielle Arbeitsvisa, 345 000 Ausländer sollen bis 2024 kommen. Weniger Qualifizierte dürfen bis zu fünf Jahre lang arbeiten; wer Erfahrung in bestimmten Berufen wie Altenpfleger oder Bauer hat, darf mit Angehörigen einreisen und erhält nach zehn Jahren ein Dauerwohnrecht. Ein klarer Fall von Einwanderung. Doch das i-Wort darf nicht fallen. Dass man Arbeitskräfte holt, aber Menschen kommen, wie Max Frisch einst anmerkte, davon wollen Japans Politiker nichts wissen. Dessen ungeachtet hat die Regierung die vorausschauende Taktik verfolgt, die Japaner rechtzeitig an die Anwesenheit von Ausländern zu gewöhnen. Zunächst lockerte sie die Visumanforderungen für asiatische Touristen. Dadurch explodierte binnen eines Jahrzehnts die Zahl der Auslandsbesucher um das Fünffache auf 40 Millionen jährlich, vor allem aus China, Korea und Taiwan. Die Flut der Ausländer schockte die Bewohner von Touristenzielen wie Kyōto, sie protestierten. Aber die Medien berichteten auch über geschaffene Arbeitsplätze und gestiegene Grundstückspreise. Ausserdem liessen die Behörden viele Japanisch-Studenten ins Land. Kein Zufall: Ihr Visum erlaubt ihnen Erwerbsarbeit. Bald standen an den Kassen vieler Läden junge Leute aus Nepal, Indonesien oder den Philippinen und bedienten die Japaner auf Japanisch – ein neuerlicher Schock. Dank dieser kreativen Visapolitik verdoppelte sich die Zahl der ausländischen Arbeiter in Japan in nur fünf Jahren auf 1,5 Millionen. Langsam setzte die Gewöhnung ein. Zugleich wuchs bei der Bevölkerung die Einsicht, dass man Ausländer tatsächlich brauchte, da immer mehr Betriebe und Geschäfte kein Personal

fanden. Umfragen belegen dieses Umdenken: Die Mehrheit ist von mehr Ausländern im Land nicht begeistert, aber sieht keine Alternative dazu.

Eiscreme アイスクリーム
Wenn es um Wassereis geht, bevorzugen Japaner traditionell *kakigōri,* eine Anhäufung von geschabten Eisflocken, übergossen mit süssem Sirup. Aber für Eiscreme *(aisu kurīmu)* mit Milch und Sahne gilt häufig das Motto «herzhaft statt süss». Vom westlichen Geschmack her müsste es eher «ekelhaft statt süss» heissen. Oder was sagen Sie zu Eiscreme aus rohem Pferde- oder gekochtem Ziegenfleisch? Verwöhnte Gaumen gönnen sich Eis so cremig wie Seide. Das muss man wörtlich nehmen. Vor dem Krieg war Seide eine beliebte Ausfuhrware, inzwischen landet sie nicht mehr im Kimono, sondern in der Eiscreme. Vielleicht glänzen wenigstens die Zähne hinterher seidenmatt sauber. Auch ein Eis aus Kartoffeln und grünem Salat kommt in Japan auf den Tisch. Näher am deutschen Geschmack könnte Eiscreme aus dunklem Starkbier sein. In einigen Schweizer Landstrichen wäre vielleicht die Sorte mit Wodka ein Hit, was jedoch kaum für die Geschmacksnoten aus Tulpen- oder Kirschblüten gelten dürfte. Auch eiscremige Kreationen mit Walfleisch, Austern, Schildkröten, Seetang oder Meeresschnecken werden in Japan geschleckt. Andere Varianten sind Knoblauch, Spinat, Hühnchen und Garnele. Alles geht, Hauptsache nicht süss! Das trifft garantiert auf die ultimative Nachtischidee zu: Eiscreme aus Tiefseewasser, so frisch und salzig wie eine Meereswelle, die sich beim Schwimmen unfreiwillig in Mund und Rachen drängt.

Eiszeit-Arbeitsmarkt 就職氷河期
Jedes Land teilt seine Bevölkerung anders ein. Japan macht es so: Die ersten Baby-Boomer *(dankai no sedai)* kamen Ende der 1940er Jahre auf die Welt, die «neue Menschensorte» *(shinjinrui)* Anfang der 1960er Jahre und die «Blasen-Generation» zwischen 1965 und 1969. Diese Gruppen profitierten davon, dass Japan wie ein Phönix aus der Kriegsasche zur zweitgrössten Wirtschaftsmacht aufstieg. Einkommen und Lebensstandard wuchsen stetig. Doppelt Pech dagegen hatten die 17 Millionen Japaner, die zwischen 1971 und 1982 geboren wurden. Viele fielen Anfang der 1990er Jahre dem Eiszeit-Arbeitsmarkt *(shūshoku hyōgaki)* zum Opfer, als die Wirtschaft durch das Ende der Blasenwirtschaft in eine lange, tiefe Rezession rutschte. Darauf stellten die Unternehmen viel weniger Schulabgänger und Universitätsabsolventen als zuvor üblich ein. Vor allem die Jahrgänge 1972 bis 1974 waren jedoch besonders stark, weil sie die Kinder der ersten Baby-Boomer repräsentierten. Die Folge: Für

sie gab es so wenige Jobs, sodass viele junge Leute in ihrer Verzweiflung für längere Zeit ins Ausland gingen. Wie man dort überlebte, erläuterte der Bestseller «Wie man in der Welt klarkommt» *(Chikyū no Arukikata)*. Nur 53 Prozent dieser «Gletscher-Generation» erhielten eine Festanstellung, rund 6 Prozentpunkte weniger als die nächste Alterskohorte. Dieser Abstand liess sich nicht mehr aufholen, weil die Unternehmen immer den neuen Abgangsjahrgang einstellen. Wer es damals nicht durch die Eintrittstür schaffte, musste sich fortan als Gelegenheits- und Zeitarbeiter durchschlagen, und die verdienen im Schnitt nur halb so viel wie ein Festangestellter. Aufgrund ihres geringen Einkommens blieben viele Angehörige dieser Generation bei ihren Eltern wohnen und gründeten keine Familie (Parasiten-Singles). Daher tickt im Sozialversicherungswesen eine Zeitbombe: Wenn die «Eiszeitopfer» ab dem Problemjahr 2040 aus dem Erwerbsleben ausscheiden, werden sie kaum Rente beziehen, nichts gespart und keine Kinder haben, die sie unterstützen und pflegen könnten. Ergo werden sie der Allgemeinheit auf der Tasche liegen.

Empörung 怒り
Das neowestliche Phänomen der «Wutbürger» lässt sich Japanern nur schwer verständlich machen. Von früher Kindheit an lernen sie nämlich, Ärger und Empörung *(ikari)* nicht zu zeigen. Wut gilt als kindisches und unmoralisches Verhalten, ob am Arbeitsplatz oder in der Partnerschaft. «Empörung ist der schlimmste Feind», sagte schon der Gründer der Edo-Zeit, der Shōgun Tokugawa Ieyasu. Die verbreitete Einschätzung unter Westlern, dass Japaner ihre Gefühle nicht zeigen, hat also einen wahren Kern. Ihre negativen Emotionen schlucken sie hinunter und stecken sie, wie sie selbst sagen, in einen «Geduldssack» *(kannin bukuro)*. Aber auch Japaner können ihren Unwillen irgendwann nicht mehr zügeln. Dann ignorieren sie jemanden, nörgeln herum oder machen spitze Bemerkungen. Die Tradition, die Empörung zu unterdrücken, ändert sich aber allmählich. Dafür haben die Japaner das Zauberwort *mukatsuku* erfunden. Es kommt vom Ausdruck *mukamuka suru* (sich unwohl fühlen) und drückt Widerwillen aus, aber nur so viel, dass es nicht nach Empörung riecht. Über 90 Prozent der Schüler und Studenten benutzen das Wort laut einer Untersuchung täglich. So können die Japaner ihre negativen Gefühle anderen heutzutage doch zeigen, zumindest mittels Sprache.

en 縁**, Schicksalsbeziehung**
Wer mit Japanern Geschäfte machen will, der muss erst einmal die Geduld dafür aufbringen, dass die andere Seite zunächst eine persönliche Beziehung

aufbaut. Man spricht, isst, trinkt, lacht, diskutiert – die Japaner wollen das Zwischenmenschliche erspüren. In ihrer spirituellen Kultur sind alle Dinge und Menschen auf unsichtbare Weise miteinander verbunden und werden als Ergebnis von unzähligen Beziehungen verstanden. Eine Begegnung mit einem anderen Menschen betrachten Japaner über das reine Ereignis hinaus als schicksalhaft. Diesen Hintergrund wollen sie ausloten und spüren. Die fixe Idee von Schicksalsbeziehungen *(en)* leitet sich vom Karma-Konzept *(engi)* des Buddhismus ab. Für Menschen mit dem Gefühl, dass sie ein schlechtes *en* mit einer anderen Person haben, gibt es extra Schreine und Tempel, um dieses Unheil loszuwerden. In der Regel betrachten Japaner jedoch *en* als Schicksal und Wunder im positiven Sinne. Daher verwenden sie die Vorsilbe *go* und benutzen den Ausdruck *go-en*, um ihre jeweilige Beziehung zu dieser schicksalhaft guten Person zu ehren.

Englisch 英語

In der Rangliste des Schweizer Bildungsanbieters EF für Englischfähigkeiten steht Japan unter 100 Ländern knapp vor Indonesien nur an 53. Stelle, die Schweiz übrigens auf Platz 19. Das verblüffend niedrige Englischniveau in einem Land, das so viel Wert auf gute Bildung legt, erklärt sich daraus, dass die Schüler nur Vokabeln und Grammatik pauken, weil die Aufnahmetests für die Universitäten genau diese Bereiche abfragen. So lernt man Englisch *(eigo)* natürlich genauso wenig sprechen wie Basketball spielen, wenn man keinen Ball hat. Die eigentliche Lernhürde liegt jedoch woanders: Japanisch ist mit keiner anderen Sprache eng verwandt. Daher brauchen Amerikaner und Briten über fünf Mal mehr Lernzeit, um im Japanischen das gleiche Sprachniveau wie im Deutschen oder Französischen zu erreichen. Umgekehrt benötigen Japaner im Schnitt 5000 Stunden Englischunterricht, um in Grossbritannien oder den USA alleine klarzukommen, und 15 000 Stunden Unterricht für das Verständnis von Filmen ohne Untertitel. Aber zwischen der dritten und zwölften Klasse erhalten Schüler nur insgesamt 950 Stunden Englischunterricht, also fünf Mal weniger, als sie bräuchten, um die Sprache mit Selbstvertrauen anwenden zu können. Darüber hinaus haben Japaner wenig Kontakt zur englischen Sprache. Die meisten verlassen ihre Inseln nicht, hören wenig englische Musik und schauen kaum Hollywoodfilme und US-Fernsehserien im Original – Japan hat lediglich 4 Mal mehr Netflix-Abonnenten als die Schweiz, obwohl es fast 15 Mal mehr Einwohner hat. Auch haben Japaner beruflich und privat wenig Kontakt zu westlichen Ausländern. Englisch zu sprechen, ist für die Insulaner also keine erlebte Notwendigkeit, was ihre Lernmotivation nicht gerade fördern dürfte.

Entschuldigung 謝罪
Wenn ein Politiker eine schwarze Wahlkampfkasse unterhalten, ein Unternehmensführer seine Kunden betrogen oder ein Schauspieler Drogen genommen hat, dann suchen sie in Japan ziemlich bald den Weg an die Öffentlichkeit und bitten mit grosser Inbrunst, todernstem Gesicht und einer tiefen, langen Verbeugung um Entschuldigung *(shazai)*. Bei der stärksten Variante knien sie sich wie der Popstar Taguchi Junnosuke hin, stützen die Unterarme auf und berühren mit der Stirn den Boden. *Dogeza* heisst diese Geste. Im Westen verstehen wir eine Entschuldigung sozial wie juristisch als Geständnis einer Schuld; Japaner betrachten eine Entschuldigung als Nachweis für Selbstreflexion *(hansei)* und somit den ersten Schritt zur Besserung und zur Rückkehr in die Gesellschaft. Wer als Schüler etwas ausgefressen hat, muss oft in einem kurzen Reflexionsaufsatz *(hansei bun)* seine Nachdenklichkeit beweisen und schriftlich versprechen, aus seinem Fehler zu lernen. Bei einem schweren Unfall erwartet die Öffentlichkeit, dass ein hoher Verantwortlicher baldmöglichst sein tiefes Bedauern ausdrückt. Als 2006 ein Jugendlicher in einem Aufzug des Schweizer Herstellers Schindler tödlich verunglückte, untersuchte das lokale Management den Vorfall zunächst tagelang. Die japanischen Medien empörten sich, dass kein Schweizer Manager die betroffene Familie besuchte und sie vor laufenden Fernsehkameras um Verzeihung bat. Die Entschuldigung kam erst nach Wochen. Vor Gericht stellte sich später heraus, dass Schindler keine Mitschuld trug. Aber seit dem Todesfall erhielten die Schweizer keinen einzigen Auftrag mehr und mussten ihr Japangeschäft schliesslich an den Rivalen Otis abgeben. Die Unkenntnis einer japanischen Eigenheit hat Schindler viel Geld gekostet.

Erdbeben 地震
Wenn der Riesenwels Ōnamazu, der im Schlamm unter der Oberfläche lebt, seinen Schwanz bewegt, bebt und ruckelt die Erde. Vor sehr langer Zeit erklärten sich die Japaner so das Phänomen Erdbeben *(jishin)*. Inzwischen wissen wir alle es besser: Die japanischen Inseln entstanden entlang des pazifischen Feuerrings, auf dem die Hälfte aller weltweit aktiven Vulkane liegt. Dort verhaken sich die Erdplatten mehrerer Kontinente. Wenn sich die aufgestaute Spannung ruckartig löst, bebt die Erde. Im Schnitt 8,3 Zentimeter jährlich schiebt sich zum Beispiel die Pazifische Kontinentalplatte unter die Nordamerikanische und mit ihr unter die Eurasische Scholle, eine von vielen tektonischen Bewegun-

gen unter und an der Inselnation. Jedes weltweit fünfte Erdbeben mit einer Magnitude über 6,0 auf der Richterskala ereignet sich dort. Das entspricht 1500 deutlich spürbaren Erschütterungen pro Jahr. Wie alle Japaner bin ich daran gewöhnt und reagiere eher phlegmatisch darauf, weil die Beben meist schnell vorübergehen. Aber am 11. März 2011 um 14.46 Uhr war alles anders, obwohl wir in Tōkyō rund 400 Kilometer vom Epizentrum entfernt waren. Diesmal bewegte sich der Untergrund langsam und lange auf und ab, das war, wie ich wusste, am gefährlichsten. Die Schwankungen von «3/11» dauerten gefühlt ewig, während ich mich im Büro gegen ein unbefestigtes Hochregal stemmte. In den nächsten drei Tagen folgten Hunderte Nachbeben, davon 44 stärker als 6,0. Jedes Mal reagierte mein Körper mit Panik. Zum Glück klären das Warnsystem J-Alert und das Fernsehen schnell über die Stärke von Erdbeben auf. Anders als die nach oben offene Magnitudenskala nach Richter reicht die japanische *Shindo*-Skala nur bis 7, beschreibt dafür jedoch die potenziellen Schäden in den Gebieten rings um das Epizentrum. Ein objektiv starkes Erdbeben kann nämlich ungefährlich sein, zum Beispiel wenn es sich in sehr grosser Tiefe ereignet. Die *Shindo*-Skala umgeht dieses Problem. Die höchsten Stärken 6 minus, 6, 6 plus und 7 signalisieren schwere Schäden bis zur totalen Zerstörung. Das Megabeben vom 11. März, mit 9,0 auf der Richterskala das stärkste jemals aufgezeichnete in Japan, hatte in Miyagi eine Kraft von 7 und in Fukushima von 6 plus. So etwas möchte ich selbst nie erleben.

Ernährung 食生活
Ein heimliches Motto der Japaner könnte «Gute Ernährung, langes Leben» lauten. Inhaltlich stimmt das nur auf den ersten Blick. Zwar werden Männer im Schnitt 81,3 und Frauen 87,3 Jahre alt. Aber der Abstand zu anderen reichen Ländern ist nicht gross. Schweizer Männer werden sogar etwas älter als japanische. Die hohe Lebenserwartung beruht wohl eher auf dem guten Gesundheitssystem als auf der Ernährung *(shoku seikatsu)*. Aber bei der «gesunden Lebenserwartung», also der Lebenszeit ohne schwere Krankheit und Pflegebedürftigkeit, liegt Japan deutlich vorn. Japanische Männer erleben im Schnitt 72,1 und japanische Frauen 74,9 gesunde Jahre, Schweizer Männer dagegen nur 67,7 und Frauen 67,9 Jahre. Japaner haben also bis zu sieben gesunde Lebensjahre mehr als Schweizer. Einen Hinweis auf die Ursache liefert der Body-Mass-Index von 22,6 für Japan und 25,3 für die Schweiz. Das legt einen Zusammenhang mit Ernährung nahe. Was also sind die Geheimnisse der japanischen Küche? Am meisten fällt auf, dass die tägliche Nahrung viel weniger Fett enthält – etwa weil Japaner weni-

ger Käse und Wurst essen. Weitere Unterschiede: Sie konsumieren mehr Fisch, weniger tierisches Eiweiss (Fleisch), dafür mehr pflanzliches (durch Soja-Produkte wie Tōfu, nattō und Miso). Mit 15 Prozent Eiweiss, 25 Prozent Fett und 60 Prozent Kohlenhydraten, als Brot und Reis, entspricht die japanische Nahrungsmischung den Empfehlungen von Experten. Als Zusatzbonus gilt der geringe Pro-Kopf-Verbrauch von Salz und Zucker, was ebenfalls die Gesundheit schont. Und dann ist da noch die antioxidative Wirkung von Grüntee (matcha). Weniger bekannt ist ein weiterer Faktor: Die Japaner essen vielfältig, eine typische Mahlzeit besteht aus fünf bis sechs Speisen, darunter sehr viel Gemüse. Die japanische Küche ist eigentlich eine Gemüseküche. Für Abwechslung sorgt auch die Natur: Japan ist das Land mit der grössten Vielfalt an Nahrungsmitteln, die Erde und Wasser hergeben, also sowohl bei Zitrusfrüchten sowie Gemüse und Pilzen als auch bei pflanzlichen und tierischen Meeresfrüchten, und bringt diesen Reichtum auch auf die Teller. Das breite Angebot enthält viele gesundheitswirksame Stoffe. Zudem sind die Zutaten erschwinglich, sodass sich die ganze Bevölkerung gesund ernähren kann.

Erziehungsmama 教育ママ
Die japanische Version der chinesisch-amerikanischen «Tigermutter», die sich obsessiv um die Leistung ihrer Kinder kümmert, heisst Erziehungsmama *(kyōiku mama)*. Sie treibt ihr Kind zum Nachlernen und Pauken an, um es auf die Aufnahmeprüfungen von Schulen und Universitäten vorzubereiten (Prüfungshölle). Sobald im April das Schuljahr beginnt, sind diese Mütter an ihrem dunklen, hochgeschlossenen Kostüm mit weisser Bluse, einer mittelgrossen, unauffälligen Handtasche sowie einer grösseren Plastik-Ledertasche (für Papiere und Hausschuhe) leicht zu erkennen. Die «Einheitskleidung» tragen sie bei ihren Besuchen von Privatschulen. Dort zieht man am Eingang die Schuhe aus, daher die Pantoffeln. Der Andrang auf die wenigen begehrten Plätze – in Tōkyō etwa 5000 – ist so gross, dass die Schulen den Bewerbungsprozess als Hindernislauf gestalten, um die Zahl der Anmeldungen zu drücken. Als Voraussetzung für die Teilnahme am Aufnahmetest müssen die Mütter an vielen Vorträgen und Veranstaltungen teilnehmen sowie Anträge und Papiere persönlich vor Ort ausfüllen. Wer einen einzigen Termin verpasst, hat schon verloren. All diese Aktivitäten sind unter Müttern ein Tabuthema. Schliesslich will eine *kyōiku mama* nicht als Versagerin dastehen. Also verheimlicht sie ihre Ambitionen, gibt nicht preis, welche Schule ihr Kind besuchen soll, und erzählt natürlich auch nicht, wenn es beim Aufnahmetest durchgefallen ist.

F

Familie 家族
Dass nur 2 Prozent aller Kinder in Japan unehelich geboren werden, lässt sich als Indiz für konservatives Denken und die grosse Bedeutung von Familie *(kazoku)* verstehen. Das erste der beiden Schriftzeichen von *kazoku* bedeutet entweder Haus *(uchi)* oder Haushalt *(ie)*. Hinter dem *Ie*-System verbirgt sich das frühere zivilrechtliche Konzept einer patriarchalischen Familie in konfuzianischer Tradition. Bis zu seiner Abschaffung durch die US-Besatzer 1947 hatte der männliche Vorstand eines Haushaltes uneingeschränkte Macht über seine Ehefrau und die Kinder. Der älteste Sohn erbte allen Besitz und führte den Haushalt weiter, die anderen Kinder zogen aus. Traditionell wohnten drei Generationen unter einem Dach. Dadurch stand die Ehefrau des künftigen Erben unter der Fuchtel der Schwiegermutter. Die Gleichstellung der Frau nach dem Zweiten Weltkrieg beerdigte das *Ie*-System, aber es hat tiefe Spuren in der Gesellschaft hinterlassen. Jede Familie muss ein Register *(koseki)* für alle Mitglieder führen und einen Haushaltsvorstand benennen. In 98 Prozent der Fälle ist dies ein Mann. Aufgrund der starken Stellung der Familie mischt sich der Staat auch nur ungern in ihre Belange ein. Zum Beispiel erlauben die Behörden, dass Eltern die Schulpflicht nicht durchsetzen. Dadurch werden manche Kinder zu hikikomori. Ebenso tun sich die Ämter schwer, misshandelte Kinder ihren Eltern wegzunehmen. Das Elternrecht, ein Kind zu disziplinieren, geht vor. Erst mehrere spektakuläre Fälle, bei denen Eltern ihr Kind verhungern liessen oder körperlich quälten, lösten ein Umdenken aus. Seit 2018 verpflichtet ein Gesetz die sogenannten Kinderberatungszentren dazu, bei einem Hinweis auf Misshandlung die Wohnung der Familie binnen 48 Stunden zu inspizieren. Jedoch fehlt den Zentren bislang das Personal, um ihren gesetzlichen Auftrag umzusetzen, zumal das wachsende Problembewusstsein die Zahl der Meldungen stark steigen lässt.

Fax ファックス
Eine Nation mit dem Ruf, besonders technikaffin zu sein, hält krampfhaft an einer Technik von gestern fest – das sollte diesen Ruf eigentlich zerstören. Nur ist im Ausland eben kaum bekannt, dass Japan sich auch im dritten Jahrzehnt des 21. Jahrhunderts nicht vom Faxgerät verabschieden will. Sicher, die Erfindung war ein Segen für ein Land mit drei Schriftsorten und zahllosen identisch ausgesprochenen Wörtern mit unterschiedlichen Bedeutungen. Der Fernkopierer setzte sich in Japan ab 1974 rasant durch, weil der zuvor gebräuchliche Fernschreiber nur rund 60 Zeichen übertragen konnte. Daher musste man jeden japanischen Schriftsatz in das lateinische Alphabet über-

tragen. Die Einsparung dieser aufwändigen Arbeit machte die bildliche Übertragung des Originaldokuments extrem attraktiv. Ein Fax verhinderte Missverständnisse bei der Transkribierung; Dokumente und Nachrichten liessen sich in Sekunden statt in Tagen übermitteln. Doch Computer stellen alle Schriftzeichen schnell und perfekt dar, was das Faxen völlig überflüssig macht. Warum also hält Japan daran fest? Warum bestehen Weltkonzerne noch heute darauf, dass Journalisten ihre Fragen per Fax *(fakkusu)* schicken, obwohl die eigenen Mitarbeiter intern per Mail kommunizieren? Vielleicht steckt die Liebe zum geschriebenen Wort und zu Dokumenten auf Papier dahinter. Wie auch immer, für mich gehört die Faxbesessenheit zu meinen ungelösten Japanrätseln.

Feministin フェミニスト
Wer das deutsche Wort Feministin in das Japanisch-Wörterbuch Wadoku.de eingibt, erhält die Rückmeldung «keine Treffer gefunden». Für «Frauenrechtlerin» findet sich eine Übersetzung, aber eine Japanerin, die sich als solche versteht, würde sich nicht als Feministin bezeichnen – Japan tut sich offenbar schwer mit dem klassischen Feminismus. Dessen (konstruierter) Antagonismus der Geschlechter widerspricht wohl dem japanischen Harmoniebedürfnis. Zugleich überschneiden sich die sozialen Sphären der Geschlechter weniger, die zahlreichen Mädchen- und Jungenschulen sind ein Indiz dafür. Diese Umstände erschweren den Frauen den Weg zu mehr gesellschaftlicher Teilhabe. Beim Bildungs- und Gesundheitsniveau halten sie längst mit den Männern mit. Aber in der Länderrangliste des World Economic Forum bezüglich der Gleichheit der Geschlechter liegt Japan im letzten Drittel von 153 Ländern. Die Soziologin Ueno Chizuko nannte dies eine «menschliche Katastrophe». Japanerinnen verdienen 27,5 Prozent weniger als Männer; mit knapp 57 Prozent arbeiten doppelt so viele Frauen auf Zeit oder in Teilzeit; nur 10 Prozent der Abgeordneten im Unterhaus und nur jeder fünfte Studierende an der Universität Tōkyō sind weiblich. Der rechtskonservative Premierminister Abe Shinzō versprach 2013 eine Gesellschaft, in der Frauen «leuchten» könnten. Er verlängerte den Mutterschutz, liess mehr Kindergärten und Tagesstätten bauen, schaffte die Gebühren dafür ab. Seine Rhetorik drehte sich um die «Ermächtigung» der Frauen. Aber der notwendige gesellschaftliche Wandel interessierte ihn nicht. Die Frauenquote für Manager blieb freiwillig, bald senkte er die Zielvorgabe von 30 auf 10 Prozent. Er selbst holte nur ganz wenige Frauen in sein Kabinett. Abe ging es immer nur um ihre stärkere Beteiligung am Erwerbsleben. Die Erziehung der Kinder soll

F

weiterhin Frauensache bleiben – ähnlich wie in Deutschland und der Schweiz. Der neue Nationalstaat am Ende des 19. Jahrhunderts definierte die gesellschaftliche Rolle der japanischen Frau als «gute Ehefrau, weise Mutter» *(ryōsai kenbo)*. Die Frauen sollten häusliche Fähigkeiten wie Kochen beherrschen und starke, intelligente Söhne (für Armee und Fabriken) aufziehen. Die Machthaber wollten den westlichen Trend zu mehr Frauenrechten von Japan fernhalten. Das Frauenideal von damals spukt weiter in den Köpfen vieler Konservativer herum, die das Kinderkriegen als nationale Pflicht betrachten, und beeinflusst die Suche der Japanerinnen nach einem neuen Selbstbild fürs 21. Jahrhundert. An vielen Arbeitsplätzen wie am Empfang und im Service gelten sie als Schmuck («Blumen des Büros») und müssen sich hübsch kleiden und schminken. Oft sind Pumps mit Rock oder Kontaktlinsen statt Brillen vorgeschrieben. Jeder Schüler in Japan erhält eine Nummer – dabei kommen zuerst alle Jungen und danach die Mädchen dran. Bei der gemischtgeschlechtlichen Doppelmoderation im Fernsehen ist die Frau der Stichwortgeber und Bewunderer für die schlauen Erklärungen des Mannes. Nach meinen Erfahrungen wollen Japanerinnen Karriere machen, Macht haben und modern sein, ohne dabei männlicher oder unweiblicher zu werden. Sie achten auf Schönheit und kleiden sich gern feminin. Ein deutscher Anbieter sagte mir, für den japanischen Markt müsse er eine Rüsche und Schleife extra an seine Textilien nähen. Unter den Japanerinnen herrsche Chaos, weil die traditionelle Moral nicht mehr gelte, aber kein neuer Standard zustande komme, meinte die Präsidentin der Shōwa-Frauenuniversität, Mariko Bandō. Ihr Buch «Die Würde der Frauen» zählt 66 Regeln auf, wie ihre Geschlechtsgenossinnen «widerstandsfähig, herzensgut und schön» sein und dennoch in der Gesellschaft und Arbeitswelt vorankommen können. «Das halte ich für notwendig, weil die Frauen ihre gute Seite – den sorgsamen Umgang mit Menschen – in Gesellschaft und Arbeitswelt hineintragen können», meint Bandō. Eine Auflage von über drei Millionen Exemplaren in zwei Jahren beweist, dass viele Japanerinnen nach einem neuen und eigenen Bild für ihr Geschlecht suchen.

Fernsehen テレビ

Und ist der Ruf erst ruiniert … Irgendwie hat sich herumgesprochen, dass japanische TV-Shows total schräg und oft niveaulos sind. Games wie «Takeshi's Castle»; Comedys mit Wortwitzen und Streichen; Reality-Formate; Variety-Shows mit spielenden und quizzenden B-Promis; schliesslich endlose Formate über Essen, das die gleichen Promis unter ewigen Lecker-Seufzern probieren.

F

Das häufige Einblenden von Aussagen und Ankündigungen in greller Schrift soll die Zuschauer vom Umschalten abhalten. Japans TV-Macher schlachten alle menschlichen Abgründe als Unterhaltung aus, etwa wenn sie jemand andere und sich selbst quälen lassen. In einer Show soll ein Team Kandidaten stören, die sich schlafend stellen. Also wirbelt man sie auf ihrer Liege herum, berührt sie mit heissen Speisen und wirft sie in kaltes Wasser, damit sie «aufwachen». Oder eine Domina-Darstellerin peitscht Männer aus und reisst ihnen die Beinhaare mit Klebeband aus, ohne dass sie dabei eine Miene verziehen dürfen. Ihrer Fantasie setzen die Produzenten keine Grenzen. Zum Beispiel lassen sie Frauen um die Wette weinen und ihre Tränen in Reagenzgläsern sammeln. Damit sie mehr weinen, schlagen sie sich gegenseitig, reizen mit einem voll aufgedrehten Ventilator ihre Augen oder sperren sich trotz Platzangst in eine Toilette ein. Andere Kandidaten müssen in einer Einzimmerwohnung einen Monat mit 10 000 Yen (90 Franken) auskommen. Wer am meisten übrig hat, gewinnt. Also duschen und heizen sie nicht, eine Frau züchtet Soja-Sprossen in der Kommode, die Männer fangen Frösche im Wald. Auf kostenpflichtigen Kanälen laufen pornografische Spielshows, in denen Frauen erniedrigt werden. Beim Zappen stösst man auch auf seriöse Information, aufklärende Talkshows und anspruchsvolle Dramaserien. Aber tendenziell lotet das japanische Fernsehen *(telebi)* in der Tat eher die Tiefpunkte des Geschmacks aus.

Fertighaus 建売
In der westlichen Vorstellung leben die meisten Japaner in Hochhäusern. Die Wirklichkeit sieht anders aus: 60 Prozent aller Haushalte sind in einem Einfamilienhaus *(kodate)* untergebracht. Jede japanische Familie träumt davon, ein eigenes Haus zu besitzen. Die Eigentumsquote inklusive Wohnungen liegt bei 62 Prozent, deutlich über den 52 Prozent der Schweiz und den 43 Prozent von Deutschland. Aber wenn bei einem jungen Paar das erste Kind unterwegs ist, reicht in einer Metropole das Geld eines Salarīman-Alleinverdieners allerhöchstens für ein vorgebautes Fertighaus *(tate-uri)*. Dabei zerschneidet ein Bauunternehmen ein grosses Grundstück in Parzellen von wenigen Dutzend Quadratmetern und errichtet darauf eine Reihe identischer, einfacher Häuser. Wie Dominosteine stehen sie Wand an Wand dicht nebeneinander, viel weniger ansehnlich als eine Zeile Reihenhäuser in der Schweiz. Aber die jungen Familien schauen sich ein Haus an, unterschreiben den Kaufvertrag und ziehen ein – Traum erfüllt. Solche zwei- bis dreistöckigen Fertigbauten unter 100 Quadratmetern Wohnfläche basie-

ren auf einem Holzgerüst und bieten maximal drei winzige Zimmer plus Einbauküche, ein Badezimmer als Kunststoffeinheit und ein Washlet. Einen Keller haben japanische Häuser nicht. Die Aussenwand besteht aus «neuen Materialien» *(shinkenzai)*, schwer entflammbaren Kunststoffen von undefinierbarer Farbe, die oft eine Ziegelstein- oder Aussenmauer imitieren. Wegen der geringen Qualität ist ein solches Haus nach drei, vier Jahrzehnten abgewohnt. Aber diese Bauweise ermöglicht niedrige Preise von rund 1900 Franken je Quadratmeter Wohnfläche. Das Haus selbst darf nämlich nicht viel kosten, weil Grund und Boden so teuer sind. In Metropolen kostet der Quadratmeter je nach Bahnhofsnähe ab 3000 Franken aufwärts. Wenn später die Familie oder zumindest ihr Einkommen wächst, rückt ein «bestelltes» Haus *(chūmon jutaku)* in Reichweite: mit etwas mehr Abstand zum Nachbarn, auf einem selbst gekauften, grösseren Grundstück, mit grösserer Wohnfläche, besserer Ausstattung und schöneren Materialien – und deswegen zwei bis drei Mal so teuer wie ein *tate-uri*. Aber auch dies ist fast immer ein Fertighaus, errichtet von einem grossen Anbieter wie Sekisui oder Daiwa. Das hat den Vorteil, dass das Haus nach drei Monaten Bauzeit bezugsfertig ist. Die Kehrseite der Medaille: Japan fehlen fähige Bauhandwerker vom Maurer bis zum Dachdecker, weil alle Hausteile aus einer Fabrik kommen. Daher finden ausländische Besucher keine schönen Holzhäuser mehr, die westliche Zeitschriften so gern abbilden.

Fettnäpfchen どじ

«Man sollte die Röhrenmenschen möglichst rasch sterben lassen» – so verächtlich sprach Finanzminister Asō Tarō 2013 über pflegebedürftige, künstlich ernährte Alte. Premierminister Nakasone Yasuhiro trat 1986 ins rassistische Fettnäpfchen *(doji)*: «Wegen der vielen Schwarzen, Mexikaner und Leute aus Puerto Rico ist das Intelligenzniveau in den USA viel niedriger als in Japan.» Regierungschef Mori Yoshiro wiederum beleidigte 2003 kinderlose Frauen: «Es ist absurd, dass wir für die Betreuung dieser Egoistinnen im Alter Steuergeld [für ihre Volksrente] ausgeben.» Der Bürgermeister von Nagoya, Kawamura Takashi, behauptete 2012, die kaiserliche Armee hätte im Zweiten Weltkrieg keine Zivilisten getötet und keine Frauen vergewaltigt. Anfangs überraschten mich die Fehltritte: Japaner unterscheiden sorgfältig zwischen öffentlichen und privaten Äusserungen (honne-tatemae). Zudem schreiben Beamte alle Reden von Politikern vor. Daher sollte es eigentlich keine politisch unkorrekten Aussagen geben. Dann erfuhr ich von den Wächterreportern *(bankisha)*, die Politiker und Minister rund um die Uhr begleiten, in der Hoffnung auf peinliche Sprüche und Witze, die sie in kleiner Runde und unter Gleichgesinnten machen. Tagelang tritt die Presse die Sätze breit und analysiert jedes Wort auf Fehler. Alle paar Monate muss ein Minister oder Politiker den Hut nehmen. Das bringt die Regierung oft aus dem Tritt. Selbst schuld: Ins Kabinett kommt man aufgrund der Zugehörigkeit zu einer Gruppe in der Partei und der Dauer der Parlamentszugehörigkeit, nicht wegen seiner Kompetenz. Daher verteilte die Liberaldemokratische Partei (LDP), die den Premier am häufigsten stellt, vor der Oberhauswahl 2019 ein Anti-Ausrutscher-Papier an Abgeordnete und Kandidaten. Zu meiden seien die Fettnäpfchen Weltkrieg, Gender und Homosexuelle, Opfer von Naturkatastrophen sowie Kranke und Alte. Auch sollte man sich selbst nicht unnötig blossstellen. Also nicht wie Sakurada Yoshitaka: Als Vizechef für das Cybersicherheit-Kabinettsbüro gab er zuerst zu, er habe noch nie einen Computer benutzt, und als Olympia-Minister bedauerte er die Krebserkrankung einer Athletin – dadurch werde Japan eine Medaille weniger gewinnen. Auch er musste seinen Posten aufgeben.

Finanzsozialismus 金融社会主義
Erstaunlich oft stelle ich mir bei meinen Recherchen für Wirtschaftsberichte die Frage, wie kapitalistisch Japan eigentlich ist. Was sollte ich zum Beispiel davon halten, dass die staatliche Post jahrzehntelang einen riesigen Schattenhaushalt finanziert hatte? Dafür lockte die Post-Bank die Bürger mit günstigen Konditionen, Sparbücher anzulegen, und erwarb mit diesen Einlagen nach Anweisung des Finanzministeriums Staatsanleihen für den Bau von Brücken, Strassen und Staudämmen. So schaffte die Regierung in ländlichen Gebieten Arbeitsplätze und gewann manch eine Wahl. Diese Praxis endete erst mit der Privatisierung der Post. Und wie ist zu bewerten, dass die japanische Notenbank zwischen 2013 und 2020 rund die Hälfte aller Staatsanleihen erwarb? Seitdem schuldet sich der Staat die Hälfte seiner Verbindlichkeiten selbst. Damit nicht genug: Die Bank of Japan stieg über massive Käufe von Indexfonds zum grössten Anteilsigner der frei verfügbaren Aktien vieler kotierter Konzerne auf. Und ein Staatsfonds sanierte mit Steuergeld Unternehmen, die das Wirtschaftsministerium (METI) für unersetzlich hält. Jedenfalls beeinflussen und koordinieren die Regierung und die Notenbank makro- und mikrowirtschaftliche Angelegenheiten. Dieses System bezeichnen die Japaner als «Finanzsozialismus» *(kinyū shakai shugi)*, der britische Ökonom Brian Reading spricht von «Kommunismus mit Leberflecken, kein Kapitalismus mit Warzen». Hat Japan einen

eigenen Weg gefunden, den Kapitalismus zu zügeln? Immerhin ist in keinem anderen Industrieland der Reichtum so gleichmässig verteilt, trotz einiger Armut. Allerdings arbeitet diese Wirtschaftsordnung nicht besonders effizient. Wenn der Staat als «Babysitter» agiert, dann schränkt dies den Wettbewerb ein. Bankrotte Unternehmen leben als Zombies weiter. Schumpeters kreativer Prozess der Zerstörung – alte Industrien sterben und neue Branchen blühen auf – findet in Zeitlupe statt. Solche Schwachpunkte haben zu der Wirtschaftspolitik der Abenomics geführt: Private Unternehmen sollen ihr Kapital besser nutzen und für mehr Dynamik sorgen. Aber der Ausgang dieser Reformen ist offen: Japans mächtige Beamte trauen dem Kapitalismus nämlich nicht.

Fischmarkt 魚市場
Durch seinen Umzug im Herbst 2019 hat der Fischmarkt *(sakana uriba)* von Tōkyō leider seinen berühmten Charme verloren. Am alten Standort Tsukiji durften Touristen auf dem Markt herumspazieren und selbst Fisch und andere Waren einkaufen. Besonders beliebt waren die morgendlichen Auktionen von ganzen Thunfischen. Wer früh genug kam, konnte aus nächster Nähe beobachten, wie die Einkäufer mit einem Haken aus der Stelle, wo die Schwanzflosse abgeschnitten war, Fleisch pulten und probierten. Dann versteigerte der Auktionator jeden frischen und gefrorenen Thunfisch einzeln und benutzte dabei bestimmte Zahlwörter, die nur Eingeweihte verstanden. Doch in den sterilen Neubauten von Toyosu erhielt die Hygiene absoluten Vorrang. Touristen können den Markt und die Auktionen nur noch hinter Glasscheiben beobachten. Immerhin gibt es – wie früher in Tsukiji – die Möglichkeit, den frischen Fisch in einigen Restaurants zu geniessen. Hier noch ein paar Fakten zu den Auktionen: Die Ware kommt per Luftfracht aus aller Welt nach Japan und wird dann mit dem Lastwagen nach Toyosu transportiert. Japan konsumiert 80 Prozent der grössten Art, des Blauflossenthunfischs, der jedoch weltweit knapp ist. Im Mittelmeer ist er fast weggefischt, die Bestände im Pazifik sind gefährdet. Die Auktionen befinden sich in der Hand von Kooperativen, die für das Versteigern 5,5 Prozent Provision erhalten. «Gute» Einkäufer schätzen die Gesamtmenge an verwertbaren Teilen relativ zum Gewicht ein und bieten entsprechend. Je nach Zustand und Saison wechselt ein Thunfisch für sieben bis acht Franken je Kilogramm den Besitzer. Ignorieren Sie die Berichte in Zeitungen über rekordhohe Preise für den ersten Thunfisch des Jahres. Der Käufer betrachtet den Zuschlag als Werbeausgabe für sein Unternehmen. Die höchste Summe legte Kimura Kiyoshi, der

F

Chef der Sushi-Restaurantkette Zanmai, auf den Tisch, als er 2019 einen 278 Kilogramm schweren Thun für fast 333 Millionen Yen (rund drei Millionen Franken) ersteigerte, also rund 1600 Mal mehr je Kilogramm als üblich. Aber Kimura wollte seinen Beinamen «Thunfisch-König» verteidigen, weil er die Neujahr-Auktion mit seinen Geboten seit vielen Jahren dominiert.

Fotografieren 写真を撮る
Zu den unausrottbaren Klischees von den seltsamen Japanern gehört, dass sie unaufhörlich fotografieren *(shashin o toru)*. Als Erklärung von ihnen selbst höre ich fast immer die gleiche Antwort: Die Menschen wollen den Augenblick festhalten, um ihn später noch einmal zu durchleben, egal ob es sich um die Bilder der aufblühenden Kirschbäume oder die Gruppenfotos mit Kollegen handelt. Bei ihren kurzen Auslandsreisen hetzen japanische Reisegruppen von einem Highlight zum nächsten, hier dienen die vielen Schnappschüsse ebenfalls als Erinnerungshilfe. Seit Instagram hat sich die japanische Fotomanie jedoch längst weltweit ausgebreitet. Mit dem Smartphone hat nun jeder eine Kamera dabei – was wiederum die japanischen Hersteller verzweifeln lässt: Es macht die preisgünstige Kompaktkamera überflüssig. Daher brach der Absatz von Fotoapparaten binnen eines Jahrzehnts um 90 Prozent ein. Die beliebtesten Kameras sind heute Instant-Knipsen, anders als das Smartphone können sie ihre Fotos sofort ausdrucken. Die acht grossen Kamerahersteller haben nur überlebt, weil sie ihr Wissen über Elektronik und Optik auf anderen Feldern zu Geld machen – Olympus mit Endoskopen, Sony mit Bildsensoren, Canon mit Tomografen. Für ihre Digitalkameras bleibt nur noch eine Nische.

Fugu ふぐ
In der Schweiz dürfen Restaurants keine Kugelfische servieren. Das Tetrodotoxin in einem einzigen Fugu kann nämlich 30 Menschen töten. In Japan kommt die lebensgefährliche Delikatesse jedoch auf den Tisch. Eine nationale Prüfung für Köche stellt sicher, dass sie die Kugelfische sauber zubereiten können. Sie zerlegen den Fugu so, dass das Gift nicht austritt. Je nach Art steckt es in Haut, Leber, Eierstöcken oder anderen Organen. Auf den Teller kommt vor allem Sashimi vom Muskelfleisch. Das Entfernen scheint nicht ganz einfach zu sein: Nur ein Drittel der Teilnehmer besteht die Prüfung. Die Gefahr liesse sich allerdings vollständig beseitigen: Gezüchteter Fugu enthält kein Gift, da die Fische es offenbar über ihre Nahrung im Meer aufnehmen. Doch die Behörden halten an der Lizenz für die Fugu-Zubereitung fest, solange der Ursprung des Tetrodotoxins nicht eindeutig geklärt ist. Böse Zungen be-

F

haupten dagegen, der Nervenkitzel beim Verzehr solle die hohen Preise in den Fugu-Restaurants rechtfertigen.

Fuji-san 富士山
Aus dem Flugzeug wirkt der Fuji-san unberührt. Das stimmt sicher im Winter, wenn der majestätische Vulkankegel seine Schnee-Kappe aufsetzt. Aber in der kurzen Klettersaison herrscht auf dem Fuji-san – wie beim Montblanc gehört die Bezeichnung Berg (san) zum Namen – ein Gedränge wie in einem Umsteigebahnhof. Im Juli und August erklimmen 5000 Wanderer täglich den seit 1707 schlafenden Vulkan, viele davon nachts, um den Sonnenaufgang über dem Pazifik vom Gipfel aus zu erleben. Also geht es auf den letzten Metern im Früh(s)tau zu Berge. Der Fuji-san sei erbärmlich, schrieb der Schriftsteller Dazai Osamu 1939 und spielte damit auf den extrem breiten Sockel und den flachen Gipfel an. Trotz 3776 Meter Höhe ist der Vulkan daher leicht zu bezwingen. Busse fahren bis auf 2300 Meter, von da kraxelt man trotz dünner Luft in wenigen Stunden hoch. Ich sah dort Kleinkinder und hochbetagte Senioren. Notfalls erfrischen sie sich unterwegs mit Sauerstoff aus der Dose. Wer diesen Berg besteigt, gilt als weise (wer es zwei Mal tut, als Idiot). Da er eine Shintō-Göttin beherbergt, dient ein Besuch der Unsterblichkeit – bis 1868 durften jedoch keine Frauen auf den Gipfel. Die Farbholzschnitte von Hokusai Katsushika machten den Fuji-san zum Weltkulturgut. Früher war dieser einmalige Berg in jedem öffentlichen Bad *(sentō)* an die Wand gemalt. Leider ist Japans Wahrzeichen nur von weitem schön. Graue Asche und schwarze Lava stumpfen die Augen der Wanderer bald ab. Es herrscht Kommerz pur: Jeder WC-Besuch, jeder Stempel auf dem hölzernen Wanderstab kostet Geld. Je höher die Hütte, desto teurer die Schlafpritsche. Und als ich im Morgendunkel durch das Schrein-Tor am Gipfel schritt, sah ich als Erstes nicht die Sonne, sondern einen Getränke-Automaten für heissen Dosenkaffee taghell leuchten.

Fukushima 福島
Bald nachdem der Tsunami vom 11. März 2011 auch die Küste von Fukushima (wörtlich: Glücksinsel) überschwemmt und vier der sechs Kraftwerke des AKW Fukushima Nummer 1 zerstört hatte, lernte ich ein neues japanisches Wort kennen – *sōteigai,* unvorstellbar, ausserhalb der Vorstellung liegend. Mit diesem Begriff lehnten der AKW-Betreiber The Tokyo Electric Power Company (Tepco, japanische Abkürzung: *Tōden)* und die Regierung jede Verantwortung für die grösste zivile Atomkatastrophe seit dem Reaktorunglück von Tschernobyl ab. Das stärkste Erdbeben und der höchste Tsunami seit eintausend Jahren seien einfach jenseits des

F

Vorstellbaren gewesen. Dafür hätte niemand Vorsorge treffen können, also gebe es keinen schuldigen Beamten, Manager und Politiker. Die Gerichte folgten diesem Argument und sprachen die wenigen Angeklagten frei. In Wirklichkeit ist diese Katastrophe auf absichtlich ignorierte Risiken und bewusst gewählte Strukturen zurückzuführen. Japans erster Reaktor, der Reaktor 1 im AKW Fukushima Nummer 1, ging im Frühjahr 1971 in Betrieb. Mit der Anlage des US-Herstellers General Electric übernahm Japan auch die US-Sicherheitsvorschriften, jedoch mit zwei Ausnahmen. Erstens errichtete man die Atomanlage nicht in einem wenig besiedelten Gebiet. Im Gegenteil: Bis zur grössten Metropolregion der Welt mit 38 Millionen Bewohnern waren es nur 250 Kilometer, allein im Umkreis von 50 Kilometern lebten bei dem Unfall zwei Millionen Menschen. «Wenn man uns heute sagt, dass diese Entscheidung verantwortungslos war, dann kann ich nichts dagegen sagen», räumte Itakura Tetsurō, Ende der 1960er Jahre Mitglied der Atomsicherheitskommission, im japanischen Fernsehen ein. Aber er hatte eine Erklärung: «Das Wichtigste war eben, dass die Bevölkerung die Vorteile des Atomstroms bekam.» Die zweite Ausnahme: Japan verzichtete auf die US-Vorschrift, alle Anwohner eines Kraftwerks bei einem Unfall sofort zu evakuieren. «Wenn wir über die Möglichkeit einer Evakuierung gesprochen hätten, dann wären die Anwohner bestimmt gegen den Bau der Kraftwerke gewesen», gestand der Exatomaufseher Satake Hirofumi. «Das hätte die Verbreitung der Atomenergie gestoppt.» Also behaupteten Stromversorger und Regierung, japanische Atommeiler seien die sichersten der Welt. Im Laufe der Zeit entwickelte sich daraus ein Mythos, der die Betreiber selbst blind für die Unfallgefahren machte. Das bestätigte die offizielle Untersuchung der Katastrophe. «Es hat ein zigfaches Wegschauen an allen Ecken und Enden gegeben», erklärte Kommissionschef Yanagida Kunio. Von wegen *sōteigai*. Japans Nuklearindustrie wollte sich viele Unfälle einfach nicht vorstellen, um die Atomkraft gesellschaftsfähig zu machen. Also kam im Handbuch der Tepco-Techniker jenes Szenario gar nicht vor, das sich in Fukushima ereignete: Erst unterbrach ein Erdbeben die Stromleitungen zum Kraftwerk, dann zerstörte ein Tsunami die Notstromaggregate und ihre Schalttafeln. Ohne Strom liessen sich die Reaktoren nicht mehr steuern. Und nach Ausrufung des atomaren Notstandes dauerte es mehr als einen Tag, bis die Behörden die ersten Anwohner aus dem Umkreis von 20 Kilometern evakuierten. Nur Glück im Unglück bewahrte Japan vor der ganz grossen Katastrophe: Ablandige Winde bliesen den Grossteil der radioaktiven

F

Wolken aufs Meer, während mutige Feuerwehrleute und US-Soldaten verhinderten, dass Tausende verbrauchte Brennelemente in Reaktor 4 in Brand gerieten. Ein solches Feuer hätte die gesamte Ostküste auf Jahrhunderte hochradioaktiv kontaminiert.

Fukuzawa Yukichi 福沢諭吉
Sein Porträt hält jeder Japaner seit den achtziger Jahren fast täglich in der Hand, weil es den 10 000-Yen-Schein ziert. Damit ehrt das Land einen seiner wichtigsten Intellektuellen und Reformer. So radikal modern wie Fukuzawa Yukichi dachte nämlich kaum ein Landsmann in der zweiten Hälfte des 19. Jahrhunderts, als Japan seinen riesigen Rückstand auf den Westen rasant aufholte. Während seiner Lebensspanne von 1835 bis 1901 schaffte die Inselnation den Sprung von der Isolation der Edo-Zeit zu einer imperialistischen Nation. Als junger Mann brachte er sich selbst Englisch bei und dolmetschte für den Leiter von Japans erster diplomatischer Mission in die USA. Ein Foto von ihm mit einer Amerikanerin, aufgenommen 1860 in San Francisco, findet sich in jedem Buch über japanische Geschichte. Die Eindrücke der Reise in das individualistische Amerika prägten ihn lebenslang: Er lehnte die hierarchische Gesellschaft der Feudalzeit ab, plädierte für mündige Bürger und forderte kritisches Denken. Das brachte ihm den Beinamen «Vater der japanischen Demokratie» ein. In der von ihm gegründeten Schule, aus der Japans beste Privatuniversität Keio hervorging, mussten sich die Schüler nicht mehr vor ihren Lehrern verbeugen. Seine zentrale Forderung bestand darin, dass Japan sich nicht nur die überlegene Technik und Wissenschaft sowie die Sitten der Westler aneignen sollte, sondern auch ihre Denkweisen. «Japan soll die Reihe der asiatischen Nationen verlassen und sich auf die Seite der zivilisierten Staaten des Abendlandes stellen», schrieb Fukuzawa in dem Essay «Abschied von Asien». Bis dahin betrachtete man China als kulturellen Lehrmeister. Zur Tragik dieses Denkers gehört, dass die Nachahmung des Westens in die Niederlage im Zweiten Weltkrieg mündete: Japan tat es den damaligen Kolonialmächten gleich und eroberte halb Asien. Zugleich missachtete die Elite die Vision von Fukuzawa. Unter der neuen Ordnung mit einem Gottkaiser feierten rassistisches und totalitäres Denken fröhliche Urständ. Am Japan des 21. Jahrhunderts hätte Fukuzawa sicher mehr Freude: So individualistisch und eigenständig wie heute waren die Japaner noch nie. Seine Mission wäre also erfüllt. Daher erscheint es nicht unpassend, dass an der Stelle von Fukuzawa ab 2024 Shibusawa Eiichi (1840–1931) die 10 000-Yen-Banknote schmückt.

F

futon 布団

Noch 1990 schlief erst jeder vierte Japaner in einem westlichen Bett mit Matratze, drei Jahrzehnte später ist es schon mehr als jeder zweite. Der starke Trend überrascht: Schliesslich löst die traditionelle Schlafstätte *(futon)* das Platzproblem in den oft kleinen Wohnungen. Die mit Baumwolle gefütterte, ein- bis zweischichtige Liegeunterlage *(shiki buton)* und das mit Daunen oder Federn gefüllte Oberbett *(kake buton)* verstauen die Bewohner tagsüber in einem extragrossen Einbauschrank *(oshire)*, was ein Schlafzimmer überflüssig macht. Wenn nun mehr Japaner in einem Bett schlafen, bedeutet dies, dass sie im Schnitt mehr Platz zum Wohnen haben? Nicht unbedingt. Der Grund dürfte woanders liegen: Viele neue Wohnhäuser und Wohnungen haben aus Kostengründen kein «japanisches Zimmer» *(washitsu)* mehr, wie man die mit Matten aus Reisstroh *(tatami)* ausgelegten Räume bezeichnet. Doch in die Einbauschränke in den «ausländischen Zimmern» *(yoshitsu)* passen die klassischen Schlafutensilien nicht. Auf deren Holz- und Kunststoffböden liegt man mit einem *futon* auch nicht besonders gut. So verschwindet ein prägendes Element des japanischen Lebensstils: Ein Baby schläft nach der Geburt als Erstes auf einem *futon* – nicht in einer Wiege oder einem Gitterbett. Ein Verstorbener erhält ein neues, extraweiches Exemplar, auf dem er oder sie verbrannt wird, um möglichst bequem ins Totenreich zu reisen. Und Eltern schlafen mit ihren Kindern oft bis zum Grundschulalter auf einem gemeinsamen Riesenfuton in der «Flussposition», also parallel nebeneinander, so wie die Linien im Schriftzeichen für Fluss 川 *(kawa)*. Diese Angewohnheit junger Familien ist übrigens mit ein Grund dafür, warum Ehepaare mit Kleinkindern kaum noch Gelegenheit für Sex haben (Sexlosigkeit).

G

gacha ガチャ, **Spielzeugautomaten**
In vielen Spielhallen und Kaufhäusern stehen Reihen von Automaten, gefüllt mit faustgrossen Plastik-Kapseln, in denen Spielzeugfiguren zum Sammeln stecken. Die Kinder werfen drei Mal 100 Yen (knapp 1 Franken) in den Münzschlitz und drehen eine Handkurbel, damit eine Kapsel herausfällt. Das Kurbelgeräusch beschreiben die Japaner mit dem lautmalerischen Ausdruck *gacha-gacha,* daher heisst der Automat *gachapon.* Was man bekommt, lässt sich nicht beeinflussen. Also müssen die Kinder mehr Kapseln kaufen, als ihnen lieb ist, um ihre Sammlung zu vervollständigen. Die Sammelbildchen für Fussballer, die es seit Jahrzehnten in der Schweiz gibt, funktionieren nach dem gleichen *Gacha*-Prinzip. Die Absicht dahinter ist leicht zu durchschauen: Die Sammler verbringen mit ihrem Hobby mehr Zeit und geben mehr Geld dafür aus. Daher kam das Unternehmen Konami Ende der neunziger Jahre auf die naheliegende Idee, das *Gacha*-Element in die ersten Spiele für Mobiltelefone einzubauen. Die Spieler können Extras wie schnelle Autos oder besondere Waffen kaufen, um im Game leichter und schneller voranzukommen. Aber was sie für ihr Geld erhalten, entscheidet ein Zufallsgenerator. *Gachagacha.* Bald integrierten fast alle Handy- und später Smartphone-Spiele solche Zufallskäufe, weil sich die eigentlich kostenlosen Angebote auf diese Weise am besten monetarisieren lassen. Die Taktik ging auf: Pro Kopf generieren japanische Onlinespieler weltweit die höchsten In-Game-Umsätze. Allerdings bleibt das *Gacha*-Prinzip, das inzwischen auch ausserhalb von Japan in Smartphone-Spielen auftaucht, wegen seines glücksspielähnlichen Charakters umstritten. Belgien verbot mehrere Handyspiele mit *Gacha*-Elementen. Wie viele andere Internetfirmen nutzen eben auch die Spielehersteller die Schwächen des Menschen aus.

gai(koku)jin 外(国)人
Nach langem Aufenthalt in Japan vergesse ich manchmal meine Herkunft – wäre da nicht ab und zu ein Kleinkind, das sich schnell abwendet und an der Mutter festhält, wenn ich es anblicke. Liegt es daran, dass ich ein Ausländer bin – oder ist es nicht gewohnt, dass ein Fremder in seine Augen schaut? Auch sind ausserhalb der Grossstädte Ausländer immer noch so selten, dass die Einheimischen mich heimlich anstarren und die Schulkinder mir laut *hana ga takai* (er hat eine lange Nase) hinterherrufen. Das lange gebräuchliche Wort für Ausländer – *gaijin* (Mensch von draussen) – lässt sich bis ins Mittelalter zurückverfolgen, hat jedoch eine abwertende und geringschätzige Note. Daher benutzen offizielle Stellen und die Medien schon lange den poli-

G

tisch korrekteren Ausdruck *gaikokujin* (Mensch aus dem Ausland). Als weisser Europäer stehe ich weit oben in der Rangliste der Wertschätzung, vor allem weil Japan seine Leistungen seit dem 19. Jahrhundert mit dem westlichen Ausland vergleicht. Zudem besitzen viele Kaukasier körperliche Merkmale wie lange Beine, grosse Augen und keine flache Nase, was Japaner attraktiv finden. Angesichts dieser positiven Diskriminierung halte ich es auch aus, wenn ich für mein stark akzenthaltiges Japanisch ebenso übertrieben gelobt werde wie für meine Fähigkeit, mit Stäbchen essen zu können. Wegen des grundsätzlichen Wohlwollens für Menschen aus meinem Kulturkreis kann es mir egal sein, ob man mich als *gaijin* oder *gaikokujin* bezeichnet. Angehörige anderer Nationen, vor allem Chinesen und Koreaner, können da ein ganz anderes Lied singen.

Galapagos-Syndrom ガラパゴス現象
Auf den abgelegenen Galapagos-Inseln entwickelte sich eine eigene Flora und Fauna. Diesen evolutionären Effekt erlebten auf Japans Inseln elektronische Geräte. Der scharfe Wettbewerb erzeugte hochgezüchtete Produkte mit der modernsten Technik. Doch sie waren auf Japan zugeschnitten und ausserhalb nicht «lebensfähig». Zum Beispiel konnten neue Mobiltelefone ab 2005 reguläre Fernsehprogramme über eine eingebaute Antenne empfangen. Aber exportieren liessen sich die Geräte nicht, weil es die speziellen TV-Signale in kaum einem anderen Land gab. Wenige Jahre zuvor entwickelte NTT Docomo den Service i-mode als Vorläufer des mobilen Internets. Die Expansion ins Ausland scheiterte nicht zuletzt daran, dass die für i-mode notwendige Hard- und Software in den Handys von Nokia und Ericsson fehlte. Die Japaner nehmen das Galapagos-Syndrom *(garapagosu genshō)* zu meiner Verwunderung mit Selbstironie. Die Klapp- und Schiebemobiltelefone aus der Zeit vor dem Smartphone, bis heute im Handel, heissen *galakei,* verkürzt für «Galapagos» und «tragbares Telefon» *(keitai denwa).* Die Zahl ihrer Hersteller schrumpfte durch den iPhone-Erfolg drastisch. Der japanische Markt war vor fremden Arten halt nicht so geschützt wie die Galapagos-Inseln.

ganbaru 頑張る**, sich anstrengen**
Die drei gefühlt meistbenutzten Wörter in Japan stehen für zentrale Aspekte der Gesellschaft: kawaii für den Niedlichkeitskult, oishii für die Freude am leckeren Essen und *ganbaru* für den Kampfgeist im Alltag. Schon bei seinen ersten erfolgreichen Schritten auf zwei Beinen hört ein Kleinkind, wie toll es sich angestrengt hat. In der Schule schreiben die Lehrer «Du hast dich angestrengt» *(ganbatta)* unter eine gute

Klassenarbeit. Anders als in Europa zielt das japanische Lob in diesem Satz also auf den Prozess und nicht auf das Ergebnis. Auf Japanisch klingt die westliche Aussage «Das hast du gut gemacht» *(yoku dekita)* fremd. Von früher Kindheit an lernen die Menschen diese unterstützende Parole für die Bereitschaft zu Leistung und Verbesserung. Als Ergebnis verspricht jeder Einzelne, sein Bestes für eine Sache zu geben – bei einem Test oder Wettkampf, für die Familie oder das Unternehmen. Den Geist des *ganbaru* bezeichnete der Autor Boyé Lafayette De Mente als die Urphilosophie der Japaner. Die Aufforderung «Anstrengen!» *(gambare, ganbatte)* sei Ermutigung, Hingabe, Gebet und Schlachtruf zugleich. Die Kehrseite: Die Bereitschaft zum Durchhalten steht oft über der Einsicht, dass übermässige Anstrengung eigentlich kontraproduktiv wirkt – wenn Schüler zu viel lernen, Sportler zu viel trainieren und Angestellte zu viel arbeiten. Erst seit einiger Zeit rückt diese Gefahr in das öffentliche Bewusstsein. Ein unterstützend gemeintes *ganbatte* verstärkt auch den Leistungsdruck, unter den sich der Einzelne ohnehin schon selbst setzt. Daher verwenden aufgeklärte Japaner diese Formulierung inzwischen sparsamer.

Geduld 辛抱

Wir Europäer haben es meistens eilig, unser Leben fühlt sich kurz an, «Zeit ist Geld», heisst es. Japaner richten sich weniger nach der Uhr, leben stärker im Rhythmus der Jahreszeiten und der menschlichen Lebensstadien, *ishi no ue ni mo sannen*. Das bedeutet wörtlich: drei Jahre auf einem Stein. Im übertragenen Sinne ist gemeint: Es dauert sehr lange, einen kalten Stein zu wärmen. Man soll also geduldig sein, auch ohne Aussicht auf baldige Besserung. Wer sich beeilt, stört Abläufe und macht Fehler. Ein Interview zusagen und noch am selben Tag geben? Das habe ich bei Japanern fast nie erlebt. Tendenziell nimmt man sich mehr Zeit – für Begegnungen, Essen, Nachdenken, Entscheidungen. Die Lehrzeit bei einem Sushi-Meister dauert zehn Jahre, für uns eine absurd lange Dauer. Aber mit Ungeduld lässt sich die angestrebte Perfektion eben nicht erreichen. Auch ihre eigene Not ertragen viele Japaner mit stoischer Geduld *(shinbō)*. Der grosszügige Umgang mit Zeit hat auch zur Folge, dass Japan am Bewährten lange festhält. Die fünf ältesten Unternehmen der Welt sind alle in Japan zuhause, darunter ein Tempelbauer, ein Papierhersteller und ein Thermalhotel; das Kaiserhaus existiert seit anderthalb Jahrtausenden; das heutige Regierungs- und Verwaltungssystem ist fast das Gleiche wie bei der Einführung 1889. Leider ist der Lauf der Zeit nicht auf der Seite der Japaner. Im 21. Jahrhundert ist Geduld eher ein Handicap als eine Tugend. Die Digitalisierung und die Globalisierung verändern die Geschäftswelt so schnell, dass die Manager vieler japanischer Unternehmen nicht mitkommen. Die Geduldigen sitzen heute vergeblich auf ihrem Stein.

Gefängnis 刑務所
Ein Leben wie in einer Militärkaserne: Um 6 Uhr 55 schreit ein Wärter zum Morgenappell, ein anderer zählt mit mechanischer Stimme die 150 Häftlinge im Trakt ab. Eine Viertelstunde später bilden die Gefangenen dreireihige Züge auf dem Hof. Die Aufseher bringen mit einem Megafon Ordnung in das Getrappel der Füsse: «Im Gleichschritt, marsch, *itchi, ni, san, shi* – eins, zwei, drei, vier …» Das Regiment in der grössten Haftanstalt Fuchū im Westen von Tōkyō ist so streng wie in jedem japanischen Gefängnis *(keimusho)*: Arbeiten von 8 bis 17 Uhr, danach bis 21 Uhr lesen, spielen und fernsehen, um 22 Uhr geht das Licht aus. Bei der Arbeit und beim Mittagessen dürfen die Gefangenen nicht sprechen. Alkohol und Rauchen sind verboten. Sechs Häftlinge teilen sich eine zwölf Quadratmeter grosse Zelle. Wer nicht arbeiten will, kommt in Einzelhaft und muss bis zu 60 Tage auf dem Boden sitzend die Wand anstarren. Der drakonische Strafvollzug atmet preussischen Geist und zielt auf die Läuterung der Häftlinge ab. Beamte des deutschen Kaiserreiches berieten Japan Ende des 19. Jahrhunderts beim Aufbau des Gefängniswesens. Aber die meisten der 2000 Insassen von Fuchū gehören organisierten Banden an (Yakuza) und sitzen zum wiederholten Male ein. Wärter Koyama Kazuaki hält Disziplin für unabdingbar: «Wenn wir gegenüber den Häftlingen zu sehr nachgeben, werden sie mehr und mehr fordern.» Angesichts von nur knapp 11000 Kapitalverbrechen jährlich ist die Zahl von landesweit 53000 Strafgefangenen in Japan überraschend hoch. Offenbar hängen auch die Richter dem preussischen Glauben an, ein Gefängnisaufenthalt werde einen Verbrecher schon zum ehrbaren Bürger bekehren.

Geiseljustiz 人質司法
Die mehrmalige Verhaftung von Carlos Ghosn ab November 2018, damals Chef der Autoallianz Renault-Nissan-Mitsubishi, lenkte das Augenmerk auf die japanische Praxis der «Geiseljustiz» *(hitojichishihō)*. Das Wort beschreibt die Strategie der Polizei, Verdächtige so lange in Untersuchungshaft zu behalten und zu verhören, bis sie ein Geständnis ablegen. Ohne dieses «Lösegeld» kann die «Geisel» schwer auf Kaution freikommen. Die fortgesetzte Inhaftierung wird damit begründet, dass die Beschuldigten fliehen, Beweise manipulieren und Zeugen einschüchtern könnten. Zugleich reagiert

die Justiz auf die Erwartung der Gesellschaft, vor Kriminellen geschützt zu werden. Viele Japaner halten das Eingestehen eines Fehlverhaltens für eine soziale Pflicht. Dabei hilft der Staat jedoch kräftig nach, indem er die Habeas-Corpus-Rechte (Grenzen für willkürliche Verhaftung) eingeschränkt hat. In der Schweiz dauert eine vorläufige Festnahme maximal 24, in Deutschland 48 Stunden. In Japan findet die Haftprüfung erst nach 72 Stunden statt, aber ohne den Grundsatz «im Zweifel für den Angeklagten». Der Haftrichter hinterfragt das Vorgehen der Strafverfolger nicht. Erst 20 Tage nach dem Haftbefehl muss die Anklage stehen. Bei keinem Verhör ist ein Anwalt zugegen. Gesteht der Beschuldigte nicht, wird er häufig wegen eines ähnlichen Vorwurfs erneut festgenommen, und das Verfahren wiederholt sich. Aus Karrieregründen erheben japanische Staatsanwälte nur Anklage, wenn sie den Prozess gewinnen können. Dafür soll die Polizei ihnen möglichst ein Geständnis liefern. Wegen dieser Umstände landen bloss knapp 40 Prozent der mutmasslichen Täter vor Gericht, wodurch wiederum 99,97 Prozent der Verfahren mit einer Verurteilung enden. 86 Prozent davon haben gestanden. Die Kehrseite des Systems: Jeder zehnte Verurteilte könnte unschuldig sein. Aber wer weiss, vielleicht ist diese Quote im Westen nicht besser. Immerhin sassen 2016 nur 45 von je 100 000 Japanern hinter Gittern – die Schweizer Rate betrug 82 und die deutsche 77.

Geisha 芸者

Das Wort *ookini* erklingt, das Wort für «Gruss und Dank» im Kyōto-Dialekt. Die Schiebetüren öffnen sich, und als drei Geishas das Zimmer betreten, sich auf die Reisstrohmatten knien und tief verbeugen, erleben die Gäste eine Farbenexplosion. Auf den Seidenkimonos der Frauen leuchten bunte Gräser und Schildkröten, rosa Stoffblumen schmücken ihr schwarzes Haar, aus ihren kalkweiss geschminkten Gesichtern strahlen tiefrot die Lippen. Eine Geisha stimmt die dreisaitige Laute *(shamisen)* an, die anderen beginnen mit einem pantomimischen Tanz im Stil des mittelalterlichen Nō-Theaters. Es gibt sie noch, die Welt der «Blumen und Weiden» *(karyukai)* so der poetische Ausdruck für die Welt der Geishas. In Kyōto arbeiten nach wie vor etwa 200 «Frauen der Kunst» (*geiko* in Kyōto, sonst *geisha* genannt) und «Frauen des Tanzes» *(maiko)*. Wie in vergangenen Zeiten lassen Firmenbesitzer und Konzernmanager ihre Geschäftsfreunde in den Teehäusern im Stadtviertel Gion bewirten, während mehrere Geishas eine entspannte und harmonische Atmosphäre schaffen. Sie schenken Bier und Sake nach, unterhalten sich gepflegt mit ihren Gästen und veranstalten Trink-

G

spiele. Doch auch wenn die Geisha-Welt der Form nach weiter existiert: Ihr Inhalt ist längst nicht mehr der Gleiche. Nur bis zum Zweiten Weltkrieg verkörperten diese Artisten der vornehmen Unterhaltung den Lebensstil ihrer Zeit. Die Familien verkauften ihre Töchter schon als Fünf- oder Sechsjährige an die Geisha-Häuser in den Vergnügungsvierteln von Kyōto, Tōkyō und anderen Städten. Bis zu zehn Jahre lang lernten sie Tanz, Gesang, Anmut und Konversation, damit sie bei Banketten eine spezielle Atmosphäre von Harmonie, Kultur und Sinnlichkeit erzeugen konnten. Der Kultur-Beamte Ito Osamu erklärte mir: «Entweder waren es reiche Leute, die in den Teehäusern ihre Gäste empfingen, oder es handelte sich um solche Männer, die einfach Spass haben wollten.» Wohlhabende Händler und Unternehmen traten als Patron *(danna)* einzelner Geishas auf, bezahlten ihren Lebensunterhalt und ihre teure Garderobe voller edler Kimonos. Dafür bekamen sie manchmal auch ihren Körper. Doch diese Welt ist verschwunden. Wer nun Geisha wird, tut dies freiwillig und aus eher romantischen Motiven. So wie die 18-jährige *maiko* Takachisa: «Ich hatte Sehnsucht nach der Welt der japanischen Traditionen, dem Tragen eines Kimonos. Deshalb wollte ich *maiko* werden», erzählt sie mir. Während eine Geisha früher das Ziel hatte, einen wohlhabenden Mann als Gönner zu gewinnen, entscheiden sich ihre Nachfolgerinnen aus freiem Willen für einen Mann. Ihre Jungfräulichkeit brauchen sie nicht zu verkaufen, ein Thema, das der Amerikaner Arthur Golden in den Mittelpunkt seines Romans «Memoiren einer Geisha» gestellt hat. Die 28-jährige Geisha Fumikazu betont: «Wir wurden nicht verkauft, deshalb müssen wir auch unseren Körper nicht verkaufen.» So stehen japanische Mädchen heute Schlange für eine Lehrstelle als Geisha, viele davon bewerben sich per Mail bei den Ausbildungshäusern *(okiya)*. Die Wirklichkeit zerstört ihre verklärten Erwartungen jedoch schnell. Im ersten Lehrjahr müssen die Mädchen das Haus putzen und die älteren Geishas bedienen. Im zweiten lernen sie tanzen und singen, die Teezeremonie, das Handwerk des Blumensteckens *(ikebana)* und die Kunst der Unterhaltung. Im dritten Jahr besuchen sie bis tief in die Nacht Bankette und Partys, führen Tanz und Gesang auf und bedienen. *Maiko* Takachisa gesteht: «Ehrlich gesagt, es gibt nicht nur gute Sachen – diese Welt ist härter, als ich es mir vorgestellt habe.» Wegen dieses Schocks geben viele *maiko* noch während der Lehre auf. Um ihre Investition in die Mädchen nicht zu verlieren, senken die Ausbildungshäuser ihre Anforderungen, berichtet Teehaus-Besitzerin Hayakawa Etsuko: «Wir müssen weich zu ihnen sein.» Die Qualität der Geishas habe sich sehr verschlechtert, meint auch die 1949 geborene Iwasaki Mineko, lange Zeit die berühmteste Geisha von Japan. In den 1960er und 1970er Jahren bediente sie den damaligen Kronprinzen Akihito, Chinas Führer Deng Xiao Peng, Prinz Charles, Boxweltmeister Muhammad Ali und die Leiter von Honda und Sony. Nach langen Gesprächen mit ihr schrieb Arthur Golden seinen Roman. Im Exklusivinterview mit mir in einem Teehaus von Kyōto gibt Iwasaki den modernen Geishas nur zehn von hundert Punkten: «Zu meiner Zeit haben sich die Mädchen vor Angst in die Hose gemacht, so streng waren die Lehrer.» Zum Beispiel könnten heutige Geishas mit ihren weissen Strümpfen nicht mehr richtig vornehm schlurfen und ihre Schultern nicht mehr weich und fliessend bewegen. «Von ihrem Tanz bin ich so verblüfft, dass ich mich frage, ob man dafür überhaupt Geld kassieren darf», empört sie sich. «Ihre ganze Tanzgestalt ist eine Niete. Eigentlich müssten sie den Kunden ein Schmerzensgeld zahlen.» Allerdings sind wohl auch die Geisha-Kunden nicht mehr das, was sie einmal waren. Japanische Unternehmer bereiten ihre Geschäfte und Verträge heutzutage lieber auf dem Golfplatz vor, und die Neureichen wissen traditionellen Gesang und Tanz sowieso nicht zu schätzen.

Geldschale 会計盆
Zu den Besonderheiten des japanischen Alltags, die ausländischen Besuchern auffallen, gehören die Schalen für Bargeld. Im Laden und im Restaurant legt man seine Münzen und Geldscheine in eine Plastik-Schale oder auf ein Ledertablett, der Kassierer gibt auf dieselbe Weise Wechselgeld und Quittung zurück. In der Edo-Zeit gab es Geldschalen *(kaikei bon)* noch nicht, damals kaufte man meist auf Kredit und feilschte später um die Summe. Den Warenverkauf zu Festpreisen gegen sofortige Barzahlung führte der Vorläufer des heutigen Kaufhauses Mitsukoshi im 18. Jahrhundert ein. Die Geldschalen dürften sich ab dem späten 19. Jahrhundert verbreitet haben, weil sie gut zu Japan passen: Sie sind kundenfreundlich – der Betrag der ausgebreiteten Münzen und Scheine lässt sich schnell überprüfen –, und sie erhalten eine höfliche Distanz, weil sich die Hände bei der Geldübergabe nicht berühren.

Geschenke 贈り物
Die lästigsten Zeiten des Jahres durchleben viele Japaner Anfang Juli und Anfang Dezember. Dann gehen sie ins Kaufhaus und wählen aus einem vielfältigen Sortiment Geschenke *(okurimono)* für Familie, Freunde und Vorgesetzte aus. Die spezielle Saison für das Geschenkritual im Sommer heisst *(o)chūgen*, jene im Winter *(o)seibō*. Die oft

G

mit der Post verschickten Präsente sollen Dank ausdrücken oder Wertschätzung zeigen für Personen, die einem im vergangenen Halbjahr geholfen oder einen unterstützt haben. Das können Angehörige, Mentoren, Gönner, Lehrer und gute Freunde sein. Üblich sind fertig abgepackte Waren von Dosenbier über Speiseöl und Räucherfisch bis zu Keksen und Reiscrackern im Wert zwischen 30 und 100 Franken. Diese Geste ist häufig der Auftakt zu einem längeren Pingpong von Geben und Nehmen, weil sich viele Beschenkte mit einem Präsent in ähnlichem Wert revanchieren (wollen und müssen), worauf der anfängliche Schenker erneut etwas kauft. Diese Kultur existiert seit Jahrhunderten. Geschenke knüpfen und fördern soziale Kontakte, weil sie freundlich stimmen. Wer zum Beispiel ein Einfamilienhaus baut, der entschuldigt sich bei den direkten Nachbarn mit einem Geschenk für den zu erwartenden Dreck und Lärm. Wenn das Haus dann fertig ist, stellen sich die Neuankömmlinge mit einem weiteren Geschenk vor. Eine beliebte Gabe sind kleine Handtücher, die sich beim Baden und Putzen gebrauchen lassen. Auch ich nehme ein Geschenk mit, wenn ich zum Interview mit Leuten gehe, die ihre Zeit für mich opfern. Dadurch verstehen sie, dass ich ihre Anstrengung anerkenne. Falls Sie einmal in die Verlegenheit kommen sollten, Japanern ein Geschenk mitzubringen, zum Beispiel als Vertreter eines Unternehmens, dann vergessen Sie diese elementare Geste nicht. Ignorieren Sie alle Bedenken bezüglich Compliance und Korruption, und verschenken Sie einen Kugelschreiber, einen USB-Stick oder einen Laserpointer mit dem Logo Ihres Arbeitgebers. Auch nationale Spezialitäten eignen sich hervorragend, weisen Sie dabei am besten auf den typischen Charakter hin. Süssigkeiten und andere Lebensmittel sollten einzeln verpackt sein, weil Japaner sie meist unter Kollegen verteilen. Und achten Sie unbedingt auf eine edle und unbeschädigte Verpackung, und überreichen Sie das Präsent in einer Tragetüte.

Gespenst お化け
Geister, Kobolde, Monster, Zwerge, Zombies und Gespenster existieren im Westen wie im Osten. Wesen aus dem Reich der Fantasie und des Jenseits gehören wohl zu unserer menschlichen Existenz dazu. Aber Japans «andere Welt» *(ikai)* weist wegen ihres religiösen Umfeldes einige Besonderheiten auf: Im Shintō-Glauben verläuft die Grenze zum Jenseits nämlich fliessend; Ahnen, Geister und Götter bevölkern diesen Kosmos zu Abermillionen. Auch beim Kabuki- und Nō-Theater gehören Geister fast immer dazu. Und gemäss der buddhistischen Lehre müssen sich die Lebenden um die Seelen der Toten

kümmern. Das schafft ein anderes Umfeld für Geister als im christlich geprägten Westen. Kinder benutzen das Wort *obake* für traditionelle Gespenster, aber es deckt alle Wesen des Volksglaubens ab. Das O von *obake* drückt die Achtung vor ihnen aus, *bake* kommt vom Verb «sich wandeln». *Obake* sind also «Verwandelte», sie teilen sich grob in *yokai* und *yurei* auf. Letztere sind ruhelose Geister von Verstorbenen. Als klassische Gespenster schweben sie ab Mitternacht umher und jagen anderen einen Schrecken ein. Meist handelt es sich um Frauen im weissen Totengewand (Bestattung). Eine Variante der *yurei* sind rachsüchtige *onryo*, die ihre Verwandten und Nachfahren bestrafen. «Unser Land ist feucht und bemoost, in der Luft bleibt der Hass kleben», sagte mir der Horrorfilmregisseur Ochiai Masayuki einmal. Die zweite Sorte – *yokai* – gleicht unseren Fabelwesen. Aber in Japan können sich auch Haushaltsgeräte und Musikinstrumente nach 100 Jahren in Geister verwandeln. Viele *yokai* haben die Gestalt eines Tieres, etwa eines Fuchses *(kitsune)* oder eines Frosches *(kappa, tengu)*. Anders als im Westen entstammen sie oft nicht der Mythologie, sondern sind der Fantasie von Künstlern ihrer Zeit entsprungen. Das gilt übrigens bis hin zu heutigen Manga-Figuren und Anime: So arbeitet die zehnjährige Hauptfigur im Zeichentrickfilm «Chihiros Reise ins Zauberland» von Kultregisseur Miyazaki Hayao in einem von zahlreichen *yokai* bevölkerten Badehaus.

Ginko 銀杏

Wenn Japaner von einem Ausländer das Wort Ginko hören, denken sie garantiert nicht an den Baum. *Ginkō* bedeutet nämlich Bank im Sinne von Geldinstitut, der Baum heisst auf Japanisch *ichō*, weil man die chinesische Aussprache nicht übernahm. Mutmasslich schon in der Heian-Zeit gelangte diese besondere Samenpflanze aus China auf die japanischen Inseln. Seitdem spenden die grossen, fächerartigen Blätter der schnellwachsenden, hohen Bäume viel Schatten an Schreinen und Tempeln, die mirabellenartigen Früchte erfreuen die Gaumen der Einheimischen. Nur während des Reifens verbreiten die schmackhaften «Nüsse» den Geruch von Erbrochenem, weil sie dann Butter- und Capronsäure bilden. Nach der Ernte passen sie – knackig gegrillt – perfekt zum Sake. Der älteste Ginko-Baum wächst schon seit über 750 Jahren und steht im Tempel Zenpuku im Tōkyōter Stadtteil Azabu Jūban. Heute sind Ginkos als Strassenbäume verbreitet. Als im September 1923 die japanische Hauptstadt durch das Kantō-Erdbeben niederbrannte, im März 1945 dann nochmals durch die Napalmbomben der US-Amerikaner, überstanden viele Ginkos als einzige Bäume die Feuer-

G

stürme. Darauf stellten Forscher fest, dass die Blätter und der Stamm besonders viel Wasser enthalten. Aus Angst vor Feuer werden in japanischen Grossstädten seitdem möglichst viele Ginkos gepflanzt. Oft stehen sie an befahrenen Strassen, weil ihnen auch Abgase und Staub wenig anhaben können. Dabei bevorzugen die Stadtplaner männliche Bäume. Nur die weiblichen Ginkos tragen nämlich die stinkenden Früchte.

Godzilla ゴジラ

Erst röhrt sein berühmter Urschrei aus der Kehle, dann macht sich Godzilla ans Werk der Zerstörung. Gerne verwüstet das feuerspeiende Monster die Innenstadt von Tōkyō und knabbert am Fernsehturm, bevor es ihn wie ein Streichholz zerbricht. Das Kunstwort Godzilla *(gojira)* kombiniert Gorilla *(gorira)* und Wal *(kujira)*. Godzilla ist das kommerziell erfolgreichste Filmmonster. Alle 29 Filme schrieben in Japan schwarze Zahlen. Besonders populär war der Film von 1962, in dem die Echse (= Japan) King Kong (= USA) besiegte. Auch Hollywood verfiel dem Mythos. 1998 liess Roland Emmerich das Monster in New York wüten, bei Gareth Edwards rettete es 2014 San Francisco, Michael Dougherty drehte 2019 die Fortsetzung. Den Dauererfolg in Japan erklären Kenner damit, dass Godzilla ein Mutant des Nuklearzeitalters ist, dessen Schrecken die Japaner durch die Atombomben auf Hiroshima und Nagasaki am besten kennen. Die Echse erwacht zum Leben, weil der Mensch das nukleare Feuer missbraucht und die Umwelt radioaktiv verseucht hat. Die Idee zu Godzilla kam einem Produzenten nach einer Massenhysterie in Japan: Ein japanisches Fischerboot geriet 1954 aus Versehen in den Fallout eines US-Atomtests auf dem Bikini-Atoll, ein Fischer starb an der radioaktiven Strahlung. Für den westlichen Geschmack wirkt das entartete Reptil schwerfällig und billig. Das liegt an der lange eingesetzten Suitmation-Technik: Man steckte menschliche Darsteller in schwere Gummikostüme, die durch eine massstabsgerechte Kulisse stapften.

Goodwill 暖簾

Sie mögen sich wundern, was ein Begriff aus dem Rechnungswesen in einem Kulturguide zu suchen hat – der Goodwill beziffert den Wert eines Geschäfts oder einer Marke in einer Bilanz. Nun, Japaner benutzen für Goodwill das gleiche Wort wie für den zweigeteilten Stoffvorhang über der Eingangstür eines Ladens oder Restaurants: *noren*. Darauf stehen der Geschäftsname und eine kurze Beschreibung des Angebots. Im japanischen Verständnis von Goodwill verkörpert der *noren* also die Marke und den Geschäftswert eines Unternehmens, auch wenn der Vorhang ursprünglich nur Staub und Schmutz abhielt. Als Markenzeichen kann ein *noren* so wertvoll sein, dass ein Ladenkäufer dafür extra bezahlen muss. Die Teilung des *noren* symbolisiere heute wie früher das Wachstum eines Geschäfts oder einer Marke, erzählte mir Hans-Peter Musahl, ein Experte für japanisches Steuerrecht. Wenn zum Beispiel ein Lehrling nach zehn Jahren bei einem Sushi-Meister ausgelernt hatte, erhielt er die Erlaubnis, den *noren* seiner Ausbildungsstätte zu kopieren und vor sein eigenes Restaurant zu hängen. Sein Meister zahlte ihn statt mit Geld also mit einem Anteil am immateriellen Unternehmenswert aus. Der identische *noren* signalisierte den Kunden die gleiche Qualität wie das Ursprungsrestaurant, dessen Goodwill dadurch stieg. Der Exlehrling musste sich lediglich verpflichten, sein Restaurant ausserhalb eines bestimmten Umkreises zu eröffnen, damit man sich nicht gegenseitig die Gäste wegnahm – und dadurch den Goodwill wieder schmälerte.

Grasfresser 草食男子

Der männliche Japaner hat offenbar nicht viele Fans, jedenfalls gemessen an den Zerrbildern, die es von ihm gibt. Der Angestellte, der sein Leben seiner Firma opfert (salarīman) und sich zu Tode arbeitet (karōshi). Der unbeholfene Sonderling, der seltsamen Hobbys wie dem Fotografieren von Zügen nachgeht (otaku). Der menschenscheue Einsiedler, der sich jahrelang in sein Zimmer zurückzieht (hikikomori). Der androgyne Jungmann, der sich feminin schminkt und kleidet *(jendaresu)*. Und eben das Gegenteil eines männlichen Fleischfreundes, der Gras- oder Pflanzenfresser, der lieber alleine bleibt, als Frauen zu erobern, mit ihnen zu schlafen und sie zu heiraten *(sōshoku danshi)*. Mit ihnen einher geht das Phänomen *soine fure* – als Mann miete ich mir eine Frau, die sich einfach nur neben mich legt. Den Service bieten spezielle Cafés an (Kuschelfreund). Die Zahlen wirken dramatisch: Fast 70 Prozent der unverheirateten Männer zwischen 18 und 34 haben keine Freundin, jeder zehnte Japaner zwischen 35 und 39 ist laut der Universität Tōkyō noch «Jungfrau». Solche Softies scheuten grosse Gefühle und fürchteten eigene und fremde Verletzungen, analysierte der Philosoph Morioka Masahiro in seinem Buch «Liebeslektionen für herbivore Jungs». Allerdings tritt der «japanische Mann» ohnehin weniger machomässig auf als ein Schweizer Angehöriger dieses Geschlechts, tendiert mehr zu Schüchternheit als zum Muskelzeigen, schweigt lieber, als Komplimente zu machen. Aufgrund der geringen Koedukation in den Schulen fehlt vielen jungen Männern schlicht die Übung im Umgang mit dem anderen Geschlecht. Aber mir als Mann fällt es schwer, einen Grasfresser anhand seines Verhaltens von einem «normalen»

Japaner zu unterscheiden. Der elementare Faktor scheint jedoch nicht die männliche Flirtbereitschaft zu sein, sondern der anhaltend hohe Erwartungsdruck auf die Männer, eine Familie weitgehend allein ernähren zu müssen. Viele bindungswillige Frauen achten auf Bildung und Geld bei ihrem potenziellen Partner. Ein Drittel sucht einen Mann mit einem Jahreseinkommen von über 5 Millionen Yen (46 000 Franken), fast doppelt so viel, wie der Durchschnitt verdient. Davon kann also die Mehrheit der Männer nur träumen. Als Grasfresser entkommt man(n) den hohen weiblichen Ansprüchen, aber muss dafür eben auf Sex und eine Beziehung verzichten. Die Mehrheit der männlichen «Jungfrauen» ist übrigens arbeitslos, hat Teilzeitjobs oder lebt in ländlichen Gebieten. Vermutlich sind sie deswegen weder als Sex- noch als Heiratspartner attraktiv.

H

Haare 髪の毛

Wenn Japaner nach Europa umziehen, kämpfen sie bald mit einem unerwarteten Problem: Die Friseure kommen mit dem japanischen Kopfhaar nicht gut klar, weil es dicker und glatter ist als bei kaukasischen Europäern. Daher schneidet man diese Haare *(kaminoke)* anders, zudem sind andere Schnitte möglich. Zugleich wirken europäische Shampoos, Spülungen und Pflegemittel nicht so, wie es sich die japanischen Anwender wünschen. Viele Japaner färben ihre Haare auch – die Männer verstecken graue Haare; die Frauen wollen etwas anderes als das Standardschwarz auf ihrem Kopf sehen. Doch europäische Mittel färben das dicke, glatte und pechschwarze Haar schlechter als japanische Produkte. Die Lösung ist einfach: In Städten mit relativ vielen Japanern wie Düsseldorf existieren mehrere Friseursalons mit japanischen Mitarbeitern und Pflegeprodukten. Europäern wie mir ergeht es in Japan übrigens umgekehrt: Mancher hiesige Friseur gerät bei meinen dünnen Haaren ins Schwitzen, auch das Ergebnis überzeugt mich nicht immer. Dafür sind in Japan Kopfmassage, Plastik-Schützer für die Ohren und ein feuchtes Handtuch gegen Schnittreste auf dem Gesicht im Preis inbegriffen.

hāfu ハーフ, **Halbjapaner**

Während der Edo-Zeit schottete sich Japan drei Jahrhunderte von der Aussenwelt ab. Danach machten die Meiji-Reformer die Inselbewohner, die sich bis dahin Clans und Regionen zugehörig gefühlt hatten, zu Untertanen eines gemeinsamen Kaisers und propagierten zum Zwecke der nationalen Einheit eine ethnische und kulturelle Homogenität. Diese Indoktrinierung geschah mit fremdenfeindlichem Unterton. Das entstandene Selbstbild einer einheitlichen und besonderen Rasse gilt bis heute, kollidiert jedoch immer mehr mit einer veränderten Wirklichkeit. Ausländer kommen zum Arbeiten und Leben nach Japan (Einwanderung), und die Zahl der Beziehungen zwischen Japanern und Zugewanderten steigt stark. Dadurch kommen viele «gemischte» Kinder auf die Welt. Die Japaner nennen sie «Halbe» *(hāfu)*, weil nur die Hälfte der Eltern japanisch ist. Die Regisseurin Nishikura Megumi, halb Amerikanerin und halb Japanerin, drehte einen Dokumentarfilm über die «Halben», weil Japaner ihr immer wieder sagten, sie sehe gar nicht aus wie eine Megumi. Solche Sätze und der Ausdruck *hāfu* klingen diskriminierend, aber sind vermutlich nicht so gemeint – darin zeigt sich nur die naive Selbstbezogenheit vieler Einheimischer. Haben *hāfu* eine dunkle Hautfarbe, fällt es vielen Japanern noch schwerer, sie als ihresgleichen anzunehmen. Das zeigte sich zum Beispiel bei der Tennisspielerin Ōsaka Naomi, der ersten Asiatin an der

Spitze der Weltrangliste. Darauf feierten die japanischen Medien sie als Japanerin. Die Reporter bedrängten sie mit Fragen auf Japanisch, aber sie wechselte nach ein paar japanischen Brocken immer wieder ins Englische. Ihre japanische Mutter und ihr aus Haiti stammender Vater waren aus Japan in die USA emigriert, als Naomi drei Jahre alt war – die Grosseltern hatten die junge Familie wegen des schwarzen Ehemannes verstossen. Daher war es eine grosse Überraschung, dass die Sportlerin an ihrem 22. Geburtstag ihre US-Staatsangehörigkeit abgab und den japanischen Pass behielt. Zwei Nationalitäten erlaubt Japan nach diesem Stichtag nämlich nicht. Man ist entweder ganz oder gar nicht ein Japaner, was das Problem der *hāfu* genau trifft.

Halbleiter(industrie) 半導体(産業)
Es war einmal eine Zeit, als die Begriffe Computer und Japan fast synonym waren, so marktbeherrschend waren seine Hersteller bei Prozessoren, Speicherchips und Rechnern. Von den grössten zehn Herstellern der globalen Halbleiterindustrie kamen 1989 sechs aus Japan. Schon 1985 übernahm NEC die Weltmarktführung von Texas Instruments. Und Mitte der 1990er Jahre war Tōshiba der weltgrösste Produzent für tragbare Computer. Auch Hitachi, Fujitsū, Matsushita und Mitsubishi Electric mischten mit. Chips nannte man den «Reis der Industrie». Ihren Aufstieg verdankte Japans Halbleiterindustrie *(handōtai sangyō)* der frühen Einführung von Transistoren und integrierten Schaltungen sowie staatlich finanzierter Forschung (METI). Mit dem Transistorradio von Sony fiel der Startschuss für das rasante Wachstum der Konsumelektronik. Erst kauften die Japaner die «drei göttlichen Haushaltsgeräte» Fernseher, Kühlschrank und Waschmaschine. Danach holten sie sich die drei Waren mit dem englischen Anfangsbuchstaben C: Car, Colour TV, Cooler. Der Heimatmarkt verschaffte den Produzenten genügend Grösse, um auch international zu dominieren. Japanische Radios, Fernseher, Kameras, Kassetten und andere Konsumelektronik überfluteten den Weltmarkt. Aber bald holten die USA auf, Korea stiess dazu, während Japans Industrie den Siegeszug von Desktop-Computer und Flachbildschirm verpasste. Die einzelnen Hersteller waren zu klein, um die hohen Investitionen in die nächste Halbleitergeneration zu stemmen. Die Konzentration erfolgte zu spät: Elpida entstand 1999 aus den Speicherchipsparten von NEC und Hitachi, Renesas Technology aus den Systemchipdivisionen von NEC, Hitachi und Mitsubishi. Aber diese Hersteller globalisierten nicht genug. Nach der grossen Finanzkrise ging Elpida pleite und dann an Micron, Renesas schrammte knapp an der Insol-

H

venz vorbei. Halbleiter blieben eine japanische Domäne – aber statt Geräte für den privaten Endkunden stellt die Industrie heute hochqualitative Bauteile für ausländische Hersteller wie Samsung Electronics und Huawei her. Einzige Ausnahme: die Supercomputer von Fujitsū. Immerhin blieb Toshiba mit Micron die Nummer drei für Nand-Speicherchips, in vielen Highend-Smartphones sitzen Bildsensoren von Sony, Chemikalien und Maschinen für die Waferproduktion kommen ebenfalls oft aus Japan. Statt «Made in Japan» gilt nun «Japan inside» – so lautet die simple Formel für diesen grundlegenden Wandel.

hanami 花見**, Blütenschau**

Dass der Frühling näher kommt, merkt man Anfang Februar, wenn die Pflaumenblüten aufgehen, ab Mitte März blühen dann die Kirschblüten. Im Wetterbericht des Fernsehens verfolgen die Japaner täglich, wie die «Front» der aufgehenden Blüten mit den steigenden Temperaturen nach Norden wandert. In Tōkyō dienen die Kirschbäume *(sakura)* im Yasukuni-Schrein als Signalgeber, dass die Blütenschau *(hanami)* beginnt. Die Tradition, dann nach draussen zu gehen, kam ursprünglich aus China an den Kaiserhof von Japan und galt daher zunächst Pflaumenblüten. Aber schon im 8. Jahrhundert wechselte die Leidenschaft zu den dezenteren Blüten von Kirschbäumen. Sie gehen zwei Monate später als Pflaumenblüten auf und passen jahreszeitlich besser zum Frühling. Die anmutige und schnell vergängliche Kirschblüte, die je nach Baumart und Wetter nur wenige Tage dauert, löst bei den Betrachtern ein Gefühl der Traurigkeit ob der Vergänglichkeit der Dinge aus, *mono no aware* genannt. Was diese Empfindung noch verstärkt: Die Kirschblüte fällt zeitlich mit vielen persönlichen Anfängen und Enden zusammen. Am 1. April beginnt das neue Schul- und Studienjahr und bei den Unternehmen das neue Geschäftsjahr. In einer feierlichen Zeremonie stellen sie ihre neuen Mitarbeiter ein. Viele Jahresverträge fangen am 1. April an, dann fliesst bei den Subunternehmen und Zulieferern endlich wieder Geld. Daher stimmt die Kirschblüte Geschäftsleute und Verbraucher doppelt froh. Die Supermärkte schnüren spezielle *Sakura*-Angebotspakete; Nestlé Japan lanciert Schokoriegel mit *Sakura*-Geschmack, die Kaffeekette Starbucks Japan würzt ihre Frappuccinos und Lattes mit *Sakura*-Note, bunte Blütenblätter auf Bierdosen und Softdrinks verführen zum Kauf. Die genaue Vorhersage im Fernsehen und Internet, wann die Bäume ihre Pracht voll entfaltet haben, hilft Arbeitskollegen, Familien und Freunden, ihre *Hanami*-Party unter den Blütenwolken zu planen. Die Gruppen schicken schon am Morgen eine Vorhut in den Park, die eine wetterfeste Plane auslegt und den Platz tagsüber sichert. Wenn die Blüten dann abends im Licht von Scheinwerfern rosa und weiss leuchten, vergessen viele Japaner die eigentliche Blütenschau, weil sie vor allem mit Essen, Trinken und Flirten beschäftigt sind.

Handtasche ハンドバッグ
Es war einmal eine Zeit, da flogen japanische Hausfrauen nach Italien und schmuggelten ein halbes Dutzend Gucci-Handtaschen durch den Zoll, um sie in ihrem Heimatland mit hohem Gewinn zu verhökern. Daraufhin begrenzte Gucci ausserhalb von Japan den Verkauf an Japanerinnen. Die Privatimporte während der 1980er Jahre entstanden durch die (Sehn-)Sucht von japanischen Konsumentinnen nach einer Handtasche *(hando baggu)* einer ausländischen Luxusmarke. Im Prinzip hat sich daran wenig geändert. Die Handtasche bleibt für eine Japanerin ein Ausdrucksmittel ihrer gesellschaftlichen Position und ihres persönlichen Geschmacks. Modelle von Gucci, Yves Saint Laurent, Hermes, Chanel und Prada sind so beliebt wie eh und je. Zur Jahrtausendwende ging weltweit geschätzt die Hälfte (!) aller Luxushandtaschen nach Japan. Inzwischen haben Chinesinnen diese Rolle übernommen. Bald kapierten die Japanerinnen den Mechanismus auf ihrem Heimatmarkt, dass eine Nobeltasche sofort nach dem Kauf stark an Wert verliert, wie übrigens alle hochwertigen Konsumgüter vom Auto bis zum Fertighaus. Ihre Einsicht hatte Konsequenzen: Viele Frauen kaufen ihre Handtaschen entweder selbst während einer Auslandsreise ein oder erwerben sie aus zweiter Hand, zum Beispiel im Internet über eine Auktion im marktherrschenden Portal Yahoo Japan (Ebay hat sich in Japan nicht durchgesetzt), in einer Pfandleihe oder einem Secondhand-Shop. Der anhaltend hohe Stellenwert der *hando baggu* in Japan zeigt sich darin, dass die Preise für Gebrauchttaschen deutlich über denen in westlichen Ländern liegen.

happōshu 発泡酒, **Billigbier**
Wer als Ausländer in Japan vor dem Kühlregal im Supermarkt steht und ein Bier sucht, dem versetzt die Angebotsvielfalt einen Schock. Was ist Bier, was Imitat? Meine Faustregel: Je teurer die Dose, desto eher handelt es sich um «richtiges» Bier. Zwei Franken sollte das Produkt schon kosten, dann ist es wahrscheinlich «echt». Denn der japanische Staat besteuert Bier nach dem Malzgehalt. Ab mehr als zwei Drittel Malzanteil vor dem Fermentieren gilt das Getränk als Bier. Diese Malzmenge erfüllt westliche Geschmacksansprüche recht gut. Das meine ich gar nicht abschätzig: Von gutem Bier verstehen Japans Getränkeriesen wirklich viel. Der Branchenzweite Asahi zum Beispiel be-

H

sitzt die ausländischen Leckerbiere Pilsener Urquell (Tschechien), Grolsch (Belgien) und Victoria Bitter (Australien). Aber 2.50 Franken für eine Dose richtiges Bier ist vielen Japanern zu teuer. Also haben die Brauer die Sorte *happōshu* erfunden, wörtlich übersetzt heisst das Schaumwein. Gemeint ist ein bierähnliches Getränk mit einem Malzanteil von weniger als einem Viertel. Für eine europäische Zunge schmeckt dieser Bölkstoff schon erheblich gewöhnungsbedürftiger. Aber es hat sich am Markt so schnell durchgesetzt, dass die Hersteller – ungebremst durch ein deutsches Reinheitsgebot – schliesslich nicht davor zurückgeschreckt sind, ganz ohne Malz zu «brauen», um die Steuer komplett zu umgehen. Diese Kaltschalen firmieren als «drittes Bier» *(daisan)*. Danach haben sich die Brauereien in ihrem Neuerungsgeist gar nicht mehr aufhalten lassen. Seit 2009 kamen «Biere» auf den Markt, die weder Malz noch Alkohol enthalten. Dadurch fällt die Steuer garantiert auf null Yen. Zum Beispiel das All-Free von Kirin. Auf der Dose steht Alkohol 0,00 Prozent, Kalorien 0,00 Prozent, Kohlenhydrate 0,00 Prozent und Purine 0,00 Prozent. Aber es finden sich ein Symbol für Gerste sowie die Aufschriften «Aus der Bierfabrik» und «Getränk mit Biergeschmack». Das klingt verdächtig nach viel Chemie. Doch bei einem Preis von unter einem Franken bleiben die Dosen trotz aller Verdachtsmomente nicht lange im Regal stehen, sodass sich diese Kategorie von «Bier» inzwischen ebenfalls etabliert hat.

Heidi ハイジ
Das Mädchen aus dem Kinderbuch von Johanna Spyri schuf vor über hundert Jahren eine frühe emotionale Bindung zwischen Japan und der Schweiz und trug erheblich zu dem idealisierten und positiven Bild bei, das viele Japaner von der Schweiz als Alpenland immer noch haben. Sie können den Kontrast der Welten, zwischen denen sich die Hauptfigur bewegt, mit ganzem Herzen nachvollziehen. Wie Heidi *(haiji)* leiden sie unter ihrem Leben in der abweisenden, kalten Betonwüste der Stadt, was nach dem Zweiten Weltkrieg zum Standard wurde, und sehnen sich zurück in die Natur und nach der Ruhe der ländlichen Berg- und Dorfidylle. Daher halte ich es für keinen Zufall, dass die berühmte 52-teilige Zeichentrickserie «Alpenmädchen Heidi» 1974 in Japan entstand. Zwei der vier Japaner hinter der Serie – der heute weltweit bekannte Miyazaki Hayao sowie Takahata Isao – reisten in die Schweiz und hielten sich einen Monat in Heidis «Heimatdorf» Maienfeld im Kanton Graubünden auf, um das Umfeld des Romans realistisch darzustellen. Sie beobachteten die unberührte Natur, fotografierten Häuser, Hütten und Wiesen und nahmen typi-

H

sche Geräusche in den Schweizer Alpen auf. Ausserdem studierten sie Ferdinand Hodlers Landschaftsmalerei in Schweizer Museen. Die detailgetreue Nachbildung der alpinen Landschaft löste in Japan einen regelrechten Heidi-Boom aus. Die bunten Bewegtbilder vom vorindustriellen Bergleben spiegelten die Nostalgie vieler Japaner, ihr verklärtes Bild einer Vergangenheit in der Natur wider. Als Referenz an die eigene Heimat gaben die Anime-Macher dem Schweizer Mädchen Heidi übrigens die niedliche, puppenhafte Gestalt von japanischen Kleinkindern. Diese versteckte Kulturnote fiel mir allerdings erst nach längerem Aufenthalt in Japan auf.

Heisei 平成**, Ära 1989 bis 2019**
Die Regierungsperiode *(nengō)* von Januar 1989 bis April 2019 erfüllte die Bedeutung ihres Namens Heisei (Frieden schaffen, Frieden überall) insofern, als dass Japan in dieser Zeit keinen Krieg führte oder in keinen verwickelt war. Jedoch kennzeichneten Katastrophen und Krisen die Ära von Kaiser Akihito. Zum Auftakt der Heisei-Zeit hatte Japan gerade den Höhepunkt einer unvorstellbar grossen Spekulationsblase aus Aktien und Immobilien überschritten (Blasenwirtschaft). Das Wirtschaftswunder und die Jahre der Dauerparty endeten. Es folgte ein «verlorenes Jahrzehnt» *(ushinawareta jūnen)*, in dem die Wirtschaft nicht mehr wuchs. Der Aktienindex Nikkei 225 verlor bis zu 82 Prozent, sein Höchststand von Ende 1989 ist bis heute in weiter Ferne geblieben. Die Preise von Grundstücken schrumpften noch stärker. Eine ganze Generation Japaner erlebte nur fallende Löhne und Preise. Mit dem Eiszeit-Arbeitsmarkt endete der Sozialvertrag der Nachkriegszeit, viele erhielten keine Jobs auf Lebenszeit mehr. Die breite Mittelschicht schrumpfte, eine von Armut bedrohte Bevölkerungsschicht aus Teilzeit- und Zeitarbeitern entstand. Die Unsicherheit wuchs auch an anderen Fronten: Die Sekte Ōmu, auf Deutsch immer falsch als Aum geschrieben, zerstörte 1995 mit ihrem Giftgasanschlag in einer U-Bahn nicht nur Menschenleben, sondern auch das Gefühl von Sicherheit im öffentlichen Raum. Das Erdbeben von Kōbe zwei Monate zuvor entlarvte den Mythos des hohen eigenen Ingenieurswesens – in der Stadt hielten aufgestelzte Strassen sowie zweistöckige Betonhäuser den Erschütterungen nicht stand. Und die Atomkatastrophe von Fukushima 2011 strafte die Behauptung der sichersten Atommeiler der Welt Lügen. Dennoch radikalisierte sich die japanische Gesellschaft nicht. Der Grund war jedoch keineswegs die angeblich hohe Resilienz der Japaner, wie gerne behauptet wird, sondern die «populistische» Reaktion von Staat und Politik. Der Bau von Strassen, Eisen-Bahnen

und Staudämmen, von denen viele nicht notwendig waren, und die Wiederaufbauprogramme schafften so viele Jobs, dass die Japaner nicht auf die Strasse gingen. Ein Konjunkturprogramm folgte auf das nächste. Dabei verschuldete sich der Staat wie kein anderer (Staatsschulden). Und darin liegt das eigentliche, leider dunkle Erbe der nicht gerade einfachen Heisei-Zeit.

Hello Kitty ハローキティ
Die weisse Katze mit der roten Schleife ist aus Kinderzimmern kaum wegzudenken, zumindest nicht, wenn darin Mädchen wohnen. Wer eine Tochter hat (ich habe drei), weiss, wovon ich spreche. Portemonnaies, Zahnbürsten, T-Shirts, Stifte oder Schreibhefte – das Sortiment umfasst 50 000 Artikel in über 60 Ländern. So erzeugt das japanische Kätzchen, das auf «Hello» hört, einen globalen Umsatz von fünf Milliarden Franken. Der Sensationserfolg erklärt sich aus einer Kultur der Verniedlichung (kawaii). «Mit Hello Kitty können Erwachsene Seiten zeigen, die ihnen in manchen Bereichen ihres Lebens nicht gestattet sind», meinte die US-Anthropologin Christine Yano. Das gilt vor allem in Japan, zudem ist Hello Kitty japanisch genug, um im Rest der Welt exotisch zu sein, aber so neutral, dass sie in jedem Kulturkreis ankommt. Ihr regungsloser Minimund macht es einem leicht, seine Gefühlslage auf die kleine Katze zu projizieren. Hinter dem niedlichen Tier steht das Unternehmen Sanrio. Dessen Designerin Shimizu Yūko erfand Hello Kitty *(harō kiti)* 1974 als Geldbörse, inspiriert von der glücksbringenden Stummelschwanzkatze (Winkekatze). Dazu kreierte Sanrio eine eigene Biografie: Hello Kitty wurde am 1. November 1974 in Südengland geboren und lebt in einem Vorort von London, ihre Zwillingsschwester heisst Minny White. Sanrio war intelligent genug, im Ausland auf Lizenzpartner zu setzen. So verwandelte sich Hello Kitty in eine weltweit funktionierende Marke.

hentai 変態**, Perversion**
Hentai ist eines der wenigen japanischen Wörter, die ausserhalb von Japan eine ganz andere Bedeutung angenommen haben als im Land selbst. Vor allem im westlichen Ausland bezeichnet der Begriff pornografische Manga und Anime, die in Japan als «erotisch» *(ero manga)* durchgehen. Allerdings scheint es auch in Japan einen Bezug zu der ausländischen Wahrnehmung zu geben, da diese Variante der Pornografie auch «H Manga» *(etchi manga)* heisst. Der Buchstabe H dürfte für *hentai* stehen. Dessen ungeachtet hat gezeichnete Erotik eine lange Tradition. So stellten die sogenannten Frühlingsgemälde, -drucke und -bilder *(shunga)* der Edo-Zeit sexuelle Handlungen und Stellungen ganz explizit dar. Nach der Öffnung Japans wurde

H

diese Tradition der Regierung zunehmend peinlich, sodass sie gegen Ende der Meiji-Zeit solche *shunga* verbot. Es dauerte fast 100 Jahre, bis diese Werke wieder öffentlich ausgestellt wurden. Die heutigen Anime und Manga zeigen das ganze Spektrum intimer Beziehungen, von Sex mit vorpubertären Mädchen *(lolicon)* über Homosexualität *(bara)* bis zur Intersexualität *(futanari)*.

Heuschnupfen 花粉症
Wenn im Februar in Ostjapan der Frühling naht, blühen in den Bergen rings um die Metropolen Hunderttausende Zedernbäume auf. Gegen ihre Pollen sind zwanzig Millionen Japaner allergisch. Bis tief in den April hinein leiden sie an heftigem Heuschnupfen *(kafunshō)*. Dann schützen sie sich mit einer Maske aus Stoff oder Zellulose über Mund und Nase vor dem Blütenstaub und setzen seitwärts geschlossene Plastik-Brillen auf. In Wohnungen summen rund um die Uhr die Luftreiniger, und die Wartezimmer von Hals-Nasen-Ohren-Ärzten quellen über – viele Japaner schlucken Antihistaminika. Die Plage ist ein hausgemachtes Problem. Jahrzehntelang pflanzte der Staat massenhaft Zedern. Die schnell wachsenden Bäume sollten das traditionelle Baumaterial Holz für neue Häuser liefern. Aber die Industrie importierte lieber Billigholz, sodass die Zedern stehen blieben. Zwar fanden Forscher Mittel gegen die Pollen – etwa das Versprühen von fetthaltigem Wasser oder Schimmelpilzen über den blühenden Bäumen. Aber billiger ist abwarten. Zedern blühen im Alter zwischen 20 und 40 Jahren am stärksten. In absehbarer Zeit wird die Pollenmenge also auf natürliche Weise wieder abnehmen. So lange müssen Japans Allergiker leiden.

hikikomori ひきこもり
Satō Yuto – Jeans, T-Shirt, kurzes Haar, Brille – schaut mich freundlich an und giesst mir einen Tee ein. Dabei war er vor kurzem noch ein *hikikomori*. Das Wort aus den neunziger Jahren bezeichnet den «Rückzug aus der Gesellschaft». Ihre Zimmerhöhle im Elternhaus verlassen *hikikomori* kaum. «Nach Mitternacht machte ich mir in der Küche etwas zu essen oder kaufte im 24-Stunden-Supermarkt Instant-Nudeln ein», erzählt mir Sato, ein schüchterner Endzwanziger, im Büro einer Selbsthilfegruppe. Tagsüber surfte er im Internet und schaute Fussballspiele. Nach dem Schulabschluss wechselte er mehrmals den Job, bald bewarb er sich nicht mehr. «Meinem Motor ging der Treibstoff aus, ich verlor das Selbstvertrauen», berichtet er. «Ich wollte meine Eltern nicht mehr sehen und sprechen. So wurde mein Zimmer zum Gefängnis.» Die Behörden definieren als *hikikomori*, wer länger als sechs Monate lang isoliert lebt, nicht arbeitet und keine per-

H

sönlichen Kontakte ausserhalb seiner Familie pflegt. Knapp zwei Drittel dieser hochgerechnet 1,1 Millionen Einsiedler sind männlich, fast vier Fünftel sondern sich im Alter zwischen 15 und 24 Jahren ab. Gewalt ist die Ausnahme. Doch stach im April 2010 ein 30-jähriger *hikikomori* fünf Familienangehörige nieder, weil das Internet nicht funktionierte. Sein Vater und seine einjährige Nichte starben. Bei einem Amoklauf mit Messern im Mai 2019 tötete ein 51-jähriger Einsiedler an einer Haltestelle für einen Schulbus eine Sechstklässlerin und einen Vater, bevor er sich selbst richtete. Die Ursachen für ihre Isolierung sind vielschichtig: Der Erfolgs- und Leistungsdruck der Eltern überfordert einige Kinder. Andere halten dem Gruppenzwang und den Hänseleien von Mitschülern nicht stand. Eher selten sind rein psychische Krankheiten als Ursache. «Wir Japaner ziehen uns gerne zurück, damit wir keine Entscheidung treffen müssen», erklärte der Psychologe Watanabe Takeshi. Die Abschottung nach aussen wird dadurch erleichtert, dass die Behörden Schulabbruch dulden und viele Kinder im Erwachsenenalter zuhause wohnen bleiben. Die ökonomischen Folgen wiegen schwer: Den Unternehmen gehen in Zeiten grossen Personalmangels nicht nur zahlreiche Arbeitskräfte verloren, auch gibt es das «80/50-Problem». Viele Eltern von *hikikomori* sind über 80, die von ihnen abhängigen Kinder über 50. Nach dem Tod der Eltern werden sie zu Betreuungsfällen – sie können sich nicht selbst versorgen. Zum Glück hat Satō die Kurve gekriegt. Er schrieb seinen Eltern so lange Briefe und Mails, bis sie seine Forderung nach einer eigenen Wohnung erfüllten. Nach drei Jahren fand er über eine Selbsthilfegruppe langsam ins Leben zurück.

Hiroshima 広島

Wenn im August die Zikaden *(semi)* ohrenbetäubend in den Bäumen röhren, gedenkt Japan des schwärzesten Momentes seiner jüngeren Geschichte – der ersten im Krieg eingesetzten Atombombe, die am 6. August 1945 um 8 Uhr 15 über Hiroshima explodierte. «Ich hörte ein Motorengeräusch, aber der einzelne Flieger beunruhigte mich nicht», erzählte mir der Augenzeuge Klaus Luhmer. «Urplötzlich erschien südlich von unserem Haus ein grellheller Kreis wie ein Dom, dann kam ein ganz heisser Windstoss, das Haus zitterte und bebte, es war viel Staub in der Luft, und die ganze Stadt stand in Flammen», erinnerte sich der deutsche Jesuitenpater und langjährliche Kanzler der Sophia-Universität in Tōkyō, der 2011 mit 94 Jahren gestorben ist. Hitzesturm und Strahlung töteten Zehntausende sofort. Bis Ende 1945 stieg die Opferzahl auf 140 000. In einem Radius von zwei Kilometern um das Hypozentrum –

H

den Punkt Null, über dem die Bombe explodierte – wurde jedes Gebäude zerstört, selbst Eisenstrukturen hielten dem Sturm nicht stand. Von der Kuppel der Produktausstellungshalle der Präfektur Hiroshima blieb nur das Stahlskelett. Als «Atombombendom» bildet die Ruine seitdem das Wahrzeichen der Stadt. Japan schrieb sich den Pazifismus auf die Fahnen – mit Hiroshima und dem Friedenspark im Stadtzentrum als Hochburg. «Wir schwören, das Land ohne Streit und das Licht des Friedens zu sein», singen alle Schüler im «Lied vom Phönixbaum», von dem Symbol der Erinnerungskultur von Hiroshima; einige dieser Bäume hatten die Atomexplosion wie durch ein Wunder überlebt. Aber je länger das Ereignis zurückliegt, desto schwieriger gestaltet sich die Erziehung zum Frieden. Die überlebenden Atombombenopfer *(hibakusha)* vergreisen und verstummen. An ihre Stelle treten ehrenamtliche Überlieferer *(denshōsha)*, die die Berichte der Zeitzeugen nun weitergeben, aber halt weniger beeindrucken. Die Schulklassen laufen durch das «Friedensgedächtnismuseum» mit dem Schatten eines verglühten Menschen auf einer Steintreppe – und fahren zum Vergnügungspark Universal Studios in Ōsaka weiter. Vor allem bleiben die inhaltlichen Widersprüche unaufgelöst: Die Inschrift am Mahnmal für die *hibakusha* bezeichnet den Bombenabwurf als «Fehler» *(ayamichi)*, aber übersetzt das Wort auf Deutsch mit «Katastrophe» und auf Englisch mit «evil». Die japanische Obrigkeit liess die Überlebenden lange allein und schaute ihrer sozialen Diskriminierung zu. Schon 1954 begann Japan, die Atomkraft zu erforschen, später baute es in grossem Stil Atomkraftwerke. Bis heute behält sich die Inselnation die Option vor, sich selbst nuklear zu bewaffnen. Dafür haben die Stromversorger über 40 Tonnen Plutonium gehortet. Verschiedene Tabus verhindern einen selbstkritischen Umgang mit dem Trauma. Die Atombomben auf Hiroshima und Nagasaki haben die Japaner zu Opfern gemacht, was davon ablenkt, dass das Land den Krieg selbst begonnen hat. Die verdrehte Perspektive passt der konservativen Elite. Die Jugend erzieht sie lieber zum Patriotismus als zum Frieden, sonst kämen die Frage der Kriegsschuld und die eigenen Gräueltaten auf den Tisch. Das grösste Paradoxon: Japan fordert eine atomwaffenfreie Welt und lässt sich gleichzeitig von den Nuklearwaffen der USA beschützen. Ebenfalls zur Ironie des Gedenkens zählt, dass das Design von Friedenspark und Gedächtnismuseum auf den Entwurf von Stararchitekt Tange Kenzō (1913–2005) für einen riesigen Shintō-Schrein zurückgeht – als staatsreligiöse Jubelstätte sollte die Anlage am Berg Fuji eigentlich Japans Kriegserfolge verherrlichen.

H

honne-tatemae 本音と建前,
privat-öffentlich
Ein geflügeltes Wort in Japan lautet: «Lügen dienen auch einem Zweck», *uso mo hōben*. In einem ARD-Tatort aus München wurde dies übersetzt mit: «Eine Lüge ist manchmal die bessere Wahrheit.» Der Kerngedanke des Sprichworts ergibt sich aus dem Konzept von *honne-tatemae*. Japaner unterscheiden zwischen ihrem öffentlichen Verhalten und ihren privaten Meinungen. *Tatemae* entspricht Aussagen, die Harmonie (wa) bewahren und Gesichtsverlust vermeiden. Die echte Meinung *(honne)* wird verborgen und höchstens unter dem Einfluss von Alkohol preisgegeben. Geben wir es zu: Auch im Westen sind wir im Gespräch nicht immer ehrlich. Aber Offenheit gilt bei uns als Tugend, während Japaner sie eher als verletzend und unpassend empfinden. Bei Konferenzen diskutiert man selten kontrovers. Der Zusammenhalt der Gruppe steht über dem Interesse des Einzelnen, seine Position durchzusetzen. Das heisst nicht, dass Japaner mehr lügen. Meist spricht man unangenehme Wahrheiten einfach nicht aus, getreu einem anderen Sprichwort, dass auf einen stinkenden Eimer ein Deckel gehört. Als nach dem Tsunami im März 2011 im AKW Fukushima Daiichi ein Reaktor nach dem anderen explodierte, vermied der Betreiber Tepco, die Regierung und die Medien monatelang das Wort Kernschmelze, um die Bevölkerung mit den mutmasslichen Konsequenzen nicht zu beunruhigen.

host ホスト, **Toy-Boy**
Kleine Cocktailtische, gelbe Ledersessel, verspiegelte Wände, eine lange Theke und die unvermeidliche Karaoke-Maschine. Aber der Lady-Klub «Zeus» im Tōkyōter Vergnügungsviertel Kabukichō bietet mehr als die übliche nächtliche Unterhaltung: Hier lassen sich Frauen von Männern verwöhnen. «Für die Frauen ist das eine Traumwelt, als Mann kümmere ich mich um alles», erzählt der 36-jährige Maki vor seiner Nachtschicht. Er ist schlank, smart, gegeltes Haar und trägt ein Armani-Jackett. «Wir schenken ihnen die Getränke ein, hören ihren Sorgen zu, begleiten sie zur Toilette. Hier fühlen sie sich wie Königinnen.» 70 Männer arbeiten in diesem Klub als *host*. Das englische Wort für Gastgeber bezeichnet in Japan einen Mann, den man mieten kann. Gemeint ist: Der *host* schenkt der Kundin beim Klubbesuch die volle Aufmerksamkeit, schmeichelt ihr, liest ihr jeden Wunsch von den Augen ab. Besonders anspruchsvolle Frauen erwarten tagsüber einen Anruf oder lassen sich zum Einkaufsbummel oder einer Party begleiten. Auch echter Liebesdienst gehöre zum vollen Service, gesteht der 20-jährige Ken auf Nachfrage, sei aber eher die Ausnahme. «Sex ist unsere Privatsache, ich verlange kein Geld fürs Bett.» Was anderes darf er

auch nicht sagen: Geschlechtsverkehr gegen Bezahlung ist in Japan verboten, alle Vorstufen sind es nicht. Am Eingang vieler Lady-Klubs hängt eine Rangliste mit den Porträtfotos der Toy-Boys. Je höher ein *host* steht, desto beliebter ist er bei den Frauen und desto mehr Geld bringt er in die Kasse. Die Stars verdienen 100 000 Franken im Jahr. Sonderangebote zwischen 50 und 100 Franken – per Flugblatt, Inserat oder übers Internet verbreitet – locken frustrierte Hausfrauen, naive Studentinnen und erfolgreiche Geschäftsfrauen in die Klubs. Aber schon beim nächsten Besuch können sich die Kosten für Eintritt, Tisch, Getränke und die *Host*-Dienste schnell auf mehrere tausend Franken summieren. Manche Frauen, die sich eine teure Verwöhnung gönnen, arbeiten selbst als *hostess* in Klubs, in denen Frauen die Männer verwöhnen; andere wollen einfach mal die traditionelle Geschlechterrolle tauschen. Was wir Westler dabei nur schwer verstehen: Die Kunden, egal ob Mann oder Frau, die für solche Dienste viel bezahlen, lassen sich auf die Illusion ein, dass der *host* oder die *hostess* es mit der emotionalen Zuwendung wirklich ernst meint. Alle spielen das Spiel mit, damit sich ein Traum für kurze Zeit in Realität verwandelt.

Hunde 犬
Auf den ersten Blick scheint die Liebe der Japaner zum Hund *(inu)* grenzenlos zu sein. Ob Bäckerei, Café, Massagesalon oder Vorschule, jeder Service für die Vierbeiner findet sofort begeisterte Abnehmer. Die Verwöhnung der Tiere springt jedem Japanbesucher bald ins Auge. Frauchen und Herrchen tragen ihre Lieblinge herum oder fahren sie im Kinderwagen spazieren, verwöhnen sie mit Leckerbissen, lassen sie frisieren und ziehen ihnen im Winter warme Leibchen an. Jedoch bedeutet dies auch, dass die meisten Halter von artgerechter Haltung keinen blassen Schimmer haben. Sie behandeln ihre Vierbeiner wie ein Kleinkind, finden aber jede Erziehung lästig. Viele werden ihres lebenden Spielzeugs bald überdrüssig und setzen es aus. Zehntausende Hunde landen jedes Jahr in den Sammelzentren der städtischen Gesundheitsämter. Aber Adoptionen sind selten: «Gebrauchte» Hunde will niemand haben, weil sie nicht so niedlich sind wie die Welpen aus dem Kaufhaus. Daher werden die meisten herrenlosen Tiere mit Kohlendioxid getötet. Ein Hund in Japan ist leider meist ein industriell hergestellter Wegwerfartikel und keineswegs der beste Freund des Menschen.

Hundertjährige 百歳の人
«Mit 70 bist du ein Kind, mit 80 ein Jugendlicher, mit 90 rufen dich deine Ahnen in den Himmel – dann sag ihnen, sie sollen warten, bis du 100 bist.» Dieses Sprichwort steht auf einem Stein

H

im berühmten Altendorf Ogimi und stammt von der Insel Okinawa. Dort leben – gemessen am Anteil der Gesamtbevölkerung – weltweit die meisten Hundertjährigen *(hyakusai no hito)*. Und die meisten Hundertjährigen in absoluten Zahlen gibt es in Japan. Mit Stand September 2019 waren es deutlich über 70 000. Die unerfreuliche Nachricht für die männlichen Leser: Fast alle sind weiblich. Auf sieben Japanerinnen über 100 kommt nur ein einziger Mann. Interessanterweise haben alle Superalten ein gemeinsames medizinisches Merkmal – die Entzündungswerte in ihrem Körper sind niedrig. Was eigentlich nur bedeutet: Sie sind so alt geworden, weil sie gesund geblieben sind (haha!). Sterben werden sie also wohl an Altersschwäche. Einer Untersuchung zufolge hält sich jeder zweite japanische Hundertjährige durch Bewegung fit und geht täglich spazieren, um den Tod hinauszuschieben. Das biblische Alter fordert allerdings einen speziellen Tribut: Mehr als die Hälfte der Steinalten leidet an Demenz in verschiedenen Stadien. Auch Japans Staat sieht die vielen Superalten zunehmend als Belastung. Zum 100. Geburtstag eines Bürgers spendiert der Premierminister nämlich stets eine flache Silberschale. Aber weil immer mehr Japaner diese Schwelle erreichen, spart der Staat konsequent am teuren Edelmetall: 2009 wurde die Schale verkleinert, und seit 2016 besteht sie aus versilbertem Blech. Das hat die Kosten auf rund 35 Franken je Stück halbiert.

I

Ich 自分
Subjekt, Prädikat, Objekt, fertig ist ein deutscher Satz. Aber auf Japanisch lassen sich Sätze ohne Subjekt und Objekt bilden. Die Aussage «Ich mag dich» *(ski desu)* enthält weder «ich» noch «dich», die Bedeutung erschliesst sich allein aus der Situation. Nicht einmal die grammatische Form des Verbs verrät etwas über die handelnde Person. In der altjapanischen Literatur fehlt das Subjekt so häufig, dass die damaligen Leser die Welt wohl ganz anders erlebt haben dürften. Im Westen betrachten wir unser Ich *(jibun)* als separate Einheit, aber Japaner trennen einzelne Ichs eher vage. Je nach Kontext benutzt man ein anderes Wort, wenn man sich selbst meint. In ihrer Heimat fühle sie sich mehr als ein Teil des Ganzen denn als unabhängiges Individuum, so als ob alle Japaner unter einem Dach lebten, gesteht die in Deutschland arbeitende Filmemacherin Miyayama Marie. Auf dieser Wahrnehmung baute der Psychoanalytiker Kawai Hayao (1928-2007), ein Anhänger des Schweizers Carl Gustav Jung, eine «Japaner-Theorie» (nihonjinron): Danach ist das westliche Bewusstsein patriarchalisch, es analysiere und trenne Dinge; das japanische Bewusstsein dagegen sei matriarchalisch, hebe Unterschiede auf und wolle alles in sich einschliessen. Für mich klingt das recht konstruiert und eher nach westlichem als japanischem Denken.

ijime いじめ, **Mobbing**
Als Korrespondent habe ich mehrmals über die Zahl von japanischen Kindern und Jugendlichen berichtet, die sich das Leben nehmen. Nach der Durchsicht meiner Texte muss ich zugeben, dass ich dabei wohl nicht fair genug war: Japans Suizidquote von 2,8 je 100 000 10- bis 19-Jährige ist nicht auffällig hoch, bei den 15- bis 19-Jährigen ist sie laut OECD-Statistik kaum höher als in der Schweiz. Zu meiner Ehrenrettung: Bei den 600 Kinder und Jugendlichen, die sich in Japan jährlich selbst töten, ist jeder Einzelne einer zu viel. Und aus journalistischer Sicht bleibt interessant, dass die Zahl und Quote dieser Selbstmorde über einen längeren Zeitraum angestiegen ist, obwohl der japanische Staat aktiv gegen die Ursachen vorging. 2011, nach der Selbsttötung eines 13-jährigen Achtklässlers, akzeptierten die Behörden nämlich endlich, dass verbale und physische Ausgrenzung *(ijime)* die Hauptursache für den Trend ist und die Lehrer dagegen zu wenig unternehmen. Zwar leiden japanische Kinder im internationalen Vergleich weniger unter der Gewalt von Mitschülern. Aber der hohe Anpassungsdruck durch das Gruppendenken verursacht ähnliche seelische Verletzungen. Laut einer Statistik des Innenministeriums machten direkte Hänseleien mehr als 60 Prozent der Mobbingfälle der jährlich über eine halbe Million gemeldeten Fälle aus. Über

20 Prozent der Kinder wurden scheinheilig in die Gruppe geholt und dann geschlagen oder getreten, weitere 15 fühlten sich vom Kollektiv ignoriert oder ausgeschlossen. Verleumdungen über Facebook und andere soziale Medien spielten nur in 3 Prozent der Fälle eine Rolle. Seit 2011 müssen die Schulen jeden Mobbingverdacht gründlich untersuchen und präventive Gegenmassnahmen ergreifen. Jedoch spielen sie nicht richtig mit, weil sie aufgrund fallender Schülerzahlen um ihre Existenz fürchten. Fast ein Drittel der Schulen meldet keinen einzigen Fall von Mobbing – kaum glaubwürdig. Und wo es dazu kommt, schieben sie die Schuld auf die falsche Erziehung der Eltern oder eine pubertäre Depression. Daher hat der Staat 2018 an Grund- und Mittelschulen eine wöchentliche Lehrstunde zu «Ethik» als moralische Erziehung gegen *ijime* eingeführt. An den Erfolg glaubten die Beamten jedoch selbst nicht, sie gaben den Gemeinden gleichzeitig über zwei Millionen Franken für digitale Hotlines. Nun können Schüler über die Messenger-App LINE Mobbing melden. Nicht nur als Vater von drei Kindern wünsche ich mir, dass diese Massnahmen die Zahl der jungen Selbstmörder in Japan verringern.

ikigai 生き甲斐, Lebenssinn

Wir alle stellen uns irgendwann die Frage, wofür wir leben. Wer eine Antwort, einen Lebenssinn *(ikigai)*, gefunden hat, der steht morgens leichter auf und freut sich auf den Tag und das Leben. Arbeit, Familie, Haustier, Hobby, soziales Engagement – der Lebenssinn kann aus verschiedensten Quellen stammen. In Japan ist die Philosophie hinter *ikigai* jahrhundertealt. Vielleicht zählt sie deshalb in Europa zu den fernöstlichen Weisheiten, die inzwischen Manager in Seminaren lernen. Die japanische Gesellschaft diskutiert das Thema *ikigai* seit den 1960er Jahren unter zwei Blickwinkeln. Die einen sehen den Lebenssinn eher darin, sich einer Gruppe zugehörig zu fühlen *(ittaikan)*. Die anderen betrachten *ikigai* als eine individuelle Angelegenheit, die man über Selbstverwirklichung *(jiko jitsugen)* findet. Meiner Meinung nach hat die japanische Gesellschaft eine interessante Balance zwischen diesen Polen gefunden. Die Mehrheit lehnt ein auf die Gruppe bezogenes *ikigai* wie die Nation oder den Kaiser ab. Anders war das nämlich zwischen 1868 und 1945 gewesen, und das hatte in die Katastrophe des Zweiten Weltkrieges geführt. Dennoch erlernen japanische Kinder in erster Linie das Gruppenleben *(shūdan seikatsu)*, ihre eigene Persönlichkeit wird weniger gefördert als in westlichen Ländern. Doch als Jugendliche und Erwachsene leben viele ihre Individualität stark aus, indem sie eine Menge Energie und Zeit in eine Aufgabe, ein

Sachgebiet oder ein Hobby investieren. Die Bandbreite reicht von besessenen Forschern in Unternehmen und Universitäten bis zu leidenschaftlichen Bergsteigern, Gamern und Sammlern (otaku). Bei Interviews begegneten mir immer wieder Japaner, die auf einem selbst gewählten Feld viel Engagement und Freude zeigten. Dass sie ihr *ikigai* gefunden hatten, konnte ich gut spüren.

inaka 田舎, ländliche Gegend
Wie überall auf der Welt existiert auch in Japan ein tiefer Graben zwischen Stadt *(machi)* und Land *(inaka)*. Doch seit einigen Jahren wächst der Abstand: Der dörfliche Charakter vieler Städte verschwindet, gleichzeitig geht die Verstädterung der ländlichen Gebiete zurück. Dort verfallen immer mehr öffentliche Gebäude und Privathäuser. In Einkaufsstrassen verrosten die heruntergelassenen Rollläden einer wachsenden Zahl von Geschäften. Zu sehen sind nur alte Leute, die Jungen wandern in die Metropolen ab. Der nächste Supermarkt und Bahnhof, der nächste Arzt und das nächste Krankenhaus rücken für den Landbewohner immer weiter weg. Die Zweiteilung verschärft sich also: Japan A ist der 500 Kilometer lange urbane Gürtel von Tōkyō bis Ōsaka, Japan B der vernachlässigte Rest. Die Zahl der Bewohner von Japan B wird in den 2020er Jahren um 17 Prozent schrumpfen, mehr als doppelt so schnell wie etwa in Deutschlands ländlichen Teilen. Viele Siedlungen werden wie Altersheime aussehen, die Natur wird manches Dorf zurückerobern. Soweit das düstere Szenario der Demografen. Doch viele Japaner sehnen sich nach ihrer ländlichen Heimat *(furusato)* mit sauberer Luft, sattgrünen Reis-Feldern und angenehmem Lebenstempo. Ich könnte mir eine Renaissance von *inaka* vorstellen, falls dank neuer Technologien der Abstand zur Stadt verringert wird, zum Beispiel durch autonom fahrende Busse, das Arbeiten im Home-Office und Telemedizin. Womöglich hat Japan B doch eine Zukunft.

Inamori Kazuo 稲盛和夫
Der einflussreichste Manager von Japan, Inamori Kazuo, predigt das schlichte Motto «Respektiere das Göttliche und liebe die Menschen». Sein Heimatland achtet den 1932 Geborenen als moralische Autorität, weil er als Unternehmer extrem erfolgreich war. Er gründete den Elektronikspezialisten Kyōcera, schmiedete das zweitgrösste Telekomunternehmen KDDI, ist Milliardär, stiftete den Kyōto-Preis für Spitzenleistungen in Kultur und Wissenschaft und wandelte sich im Rentenalter zum buddhistischen Priester. Er schwört auf Weisheiten, die das westliche Denken irritieren, zum Beispiel wenn er eine «Herzensverbindung» zwischen Arbeitgeber und Arbeitnehmer fordert: «Wer Eier möchte,

muss für die Hennen sorgen», empfiehlt er. Einerseits gibt sich Inamori als gewinnorientierter Kapitalist: Jedes Team im Unternehmen soll wie eine Amöbe selbständig handeln und kalkulieren, damit eine Atmosphäre wie in einem Start-up herrscht. Jeder Mitarbeiter handelt wie ein Manager, maximiert Einnahmen und minimiert Ausgaben. Andererseits will Inamori den Kapitalismus mit Selbstlosigkeit und Familiengeist zähmen. Bei Entscheidungen stehe man immer vor derselben Frage: «Was muss ich als Mensch tun, damit die Sache richtig ist?» Dabei müsse man sein Ego kontrollieren, damit es das altruistische Selbst nicht verdränge. Bei unserem Interview gesteht er mir, dass sein Denken von sozialistischen Standpunkten gefärbt sei. Hohe Boni für Topmanager lehnt er ab, weil auch die Mitarbeiter die Leistung erbringen. Bei Kyōcera zücken die Angestellten und Werktätigen bei jeder Morgenbesprechung ein dünnes, in blaues Plastik gebundenes Büchlein von Inamori. Neben seinen Managementprinzipien enthält es Aussagen über die gesellschaftliche Bedeutung der Arbeit und die richtige Lebensweise. Viele Mitarbeiter wählen einen Lehrsatz für sich aus, schreiben ihn auf und stecken den Zettel hinter das Namen-Schild der Firmen-Uniform. Dadurch wollen sie sich daran erinnern, sich mit dem Inhalt auseinanderzusetzen und ihr Selbst zu verbessern.

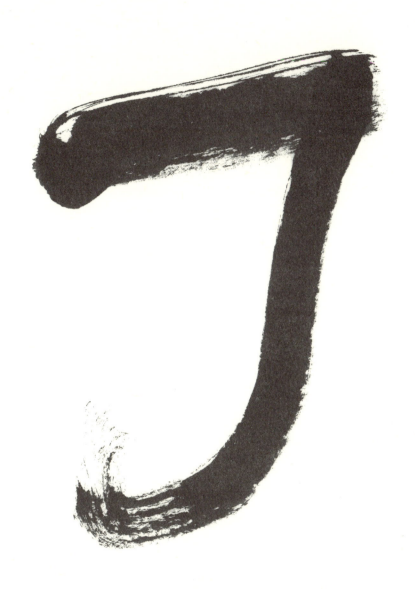

J

J-Alert ジェイアラート
Wenn plötzlich eine Sirene auf dem Smartphone, im Radio und Fernsehen oder aus dem Lautsprecher im Wohnviertel losheult, dann schrecken die Japaner hoch – eine grosse Gefahr bedroht sie unmittelbar. Welche, erfahren sie über eine eingeblendete oder vorgelesene Nachricht. Das System namens J-Alert *(jē arāto)* warnte zum Beispiel die Bewohner von Hokkaidō vor einer Rakete aus Nordkorea, die über die Hauptinsel im Norden hinwegflog. Deswegen sollten sie schnell einen geschlossenen Raum aufsuchen und sich von den Fenstern fernhalten. Auch ein Erdbeben, ein Vulkanausbruch, ein Tsunami und extremes Wetter lösen einen J-Alert aus, damit die Betroffenen möglichst rasch flüchten und sich schützen. Nicht alle Nutzer zeigen sich jedoch zufrieden, weil nicht jede Warnung aussagekräftig und zuverlässig ist. Die Flugbahn der nordkoreanischen Rakete zum Beispiel zielte gar nicht auf Hokkaidō. Ausserdem fehlten dort Bunker und andere sichere Gebäude. Die Warnnachrichten kommen in fünf verschiedenen Sprachen. Allerdings benötigen Smartphones mit einer ausländischen Telefonnummer eine spezielle App, um den Alarm anzuzeigen.

Japan AG 日本株式会社
Diesen Begriff haben Sie wahrscheinlich schon einmal in einem Zeitungsartikel gelesen. Nur meinen die Berichterstatter nicht immer das Gleiche: Die einen setzen die Japan AG *(nihon kabushiki gaisha)* mit grossen Unternehmensgruppen (keiretsu) gleich, die anderen meinen die enge Kooperation zwischen staatlicher Bürokratie und privater Wirtschaft. Bei der letzteren Perspektive kommt es meiner Ansicht nach oft zu dem Missverständnis, dass die Beamten darüber entscheiden, in welche Richtung die Unternehmen sich bewegen. In der Nachkriegsepoche war es jedoch eher umgekehrt, und die Ministerialbürokratie hörte auf die Wünsche der Manager. So oder so – die Japan AG gibt es nicht mehr. Zwar entwirft die Regierung immer noch Visionen von Japans wirtschaftlicher Zukunft (Society 5.0). Aber die Unternehmen kämpfen zu sehr ums Überleben, als dass sie sich daran orientieren würden. Beispiel Atomkraft: Der Energieplan der Regierung sieht für 2030 vor, dass 20 bis 22 Prozent des Stroms aus Atommeilern stammen. Aber für die grossen Versorger ist Strom aus Flüssiggas oder Kohle preisgünstiger als Atomstrom. Daher schalten sie viele Atomkraftwerke dauerhaft ab und bauen lieber hocheffiziente Kohle- und Gaskraftwerke. Und wenn wichtige Unternehmen in Schwierigkeiten geraten, zum Beispiel Sharp und Toshiba, dürfen inzwischen ausländische Kapitalgeber die Rettung übernehmen.

J

Japanglish 和製英語
Schon vor 120 Jahren mokierte sich der Japanologe Basil Hall Chamberlain über unverständliche und unfreiwillig komische Übersetzungen vom Japanischen ins Englische, zum Beispiel «Head Cutter» auf dem Schild an einem Friseursalon im Hafen von Yokohama. An dieser Tradition hat sich bis heute wenig geändert, was viele ausländische Touristen amüsiert und deren Blogs füllt. Heutzutage erzeugen schlechte Übersetzungsprogramme manchen Fauxpas. Andere Übertragungen ignorieren die Wirkung auf Muttersprachler, etwa das Sportgetränk mit dem Markennamen «Pocari Sweat». Weniger lustig finden Nichtjapaner den verfremdeten oder sinnentstellenden Gebrauch von englischen Wörtern. Dieses Japanglish *(wasei eigo)* besteht aus Scheinanglizismen, also englisch aussehenden, aber japanisch ausgesprochenen Wörtern. Einige sind leicht verständlich wie «Rail Pass» *(rēru pasu)* oder «Contents» *(contentsu)*. Die Originalwörter ändern ihre Form, weil Japanisch eine Silbensprache ist und zwischen zwei Konsonanten einen Vokal schiebt. Daher wird McDonald's zu *makku donarudo*, abgekürzt zu *makku(do)*, Google zu *gūgeru*, Toilette zu *toiretto*, der Schokoriegel Kitkat zu *kitto katto*, der Hamburger zu *hanbāgā*, Juice zu *jūsu* und Sandwich zu *sandoitchi*. Wer das Muster durchschaut, kann «Japanisch» sprechen. Andere Anpassungen sind schwerer zu erkennen. Zum Beispiel wird Personal Computer zu *pāsonaru konpyūtā*, kurz *pasokon*. Oder bei *puragomi*, zu Deutsch Plastikmüll, verbindet sich das japanisierte Englisch für Plastik *(purasuchikku)* mit dem original japanischen Wort für Abfall *(gomi)*. Und dann sind da noch die Abkürzungen: DV für Domestic Violence heisst *dīvī* und CM für Commercial Message (Werbespot) *shī emu*. Jeden Tag kommen neue Kürzel und Wörter aus dem Englischen in Gebrauch, was auch unter Japanern ein ziemliches Verständigungschaos verursacht.

Japanisch 日本語
Mit zwei Schriftarten *(hiragana, katakana)* und bis zu 5000 Schriftzeichen (kanji) kann diese Sprache einen Ausländer ganz schön verzweifeln lassen. Immerhin bestehen sämtliche Wörter nur aus fünf Vokalen und etwas mehr als hundert kurzen Silben. Diese Menge ist sehr viel kleiner als im Deutschen, allein die sieben Buchstaben des Wortes Schweiz bilden eine einzige Silbe. Dagegen müssen Japaner sogar auf *ti* und *di* verzichten: Aus Haiti macht ein Japaner *haichi,* und Heidi wird zu *haiji.* Auch fehlen die Buchstaben c, f, q, v, x und l – «laufen» und «raufen» klingen aus japanischem Mund gleich. Die geringe Zahl an Kurzsilben im Japanischen *(nihongo)* hat drei Konsequenzen. Erstens sprechen die Japaner im internationalen

J

Vergleich extrem schnell, weil jede ihrer fast acht Silben pro Sekunde wenig Informationen enthält. Chinesisch, Englisch und Deutsch klingen viel langsamer: Die längeren und komplexeren Silben enthalten mehr Informationen und drosseln das Sprechtempo. Zweitens bewegen Japaner beim Sprechen kaum die Lippen und artikulieren ihr Silbenstakkato weniger deutlich. Drittens enthält Japanisch mehr gleiche Wörter mit verschiedenen Bedeutungen als andere Sprachen. Und der japanisch Lernende steht noch vor einer vierten Barriere. Im Deutschen verraten Subjekt, Prädikat, Objekt und Konjugation die Anzahl und das Geschlecht der Handelnden, die Zeit der Handlung und das Geschehen. Japanisch vermittelt diese Inhalte oft nicht. Sätze brauchen kein Subjekt; Singular und Plural bleiben oft unerwähnt. Manche Aussage bleibt unklar, der Zuhörer muss Ungesagtes mitdenken. Wegen dieser Neigung zum Nonverbalen führe ich Interviews mit Japanern am liebsten auf Englisch oder Deutsch. Die Grammatik dieser Sprachen zwingt sie zu deutlichen Aussagen, sodass ich ein inhaltlich stärkeres Zitat bekomme.

Jeans ジーンズ
Zu den Parallelen zwischen Japan und der Schweiz zählt der Niedergang einer einst glorreichen Textilindustrie. Aber in einigen Nischen lebt diese starke Tradition in Japan weiter. Der Kunststoffspezialist Toray zum Beispiel stellt spezielle Fasern für Funktionskleidung her, die bei Uniqlo reissenden Absatz finden. Und aus der Region um die Stadt Kurashiki (zwischen Ōsaka und Hiroshima) kommen heute die wohl besten Denim-Jeans der Welt. Dafür legen Liebhaber, ohne mit der Wimper zu zucken, umgerechnet 300 Franken auf den Tisch. In Kurashiki lässt sich beobachten, wie Japaner ein ausländisches Produkt wieder einmal so verbessern, dass der Rest der Welt sich danach die Finger leckt. Die japanischen Denim entstehen auf hölzernen Webstühlen in Handarbeit, altmodische Techniken färben den Stoff indigoblau. Dem Amateur fallen die Jeans von Marken wie Momotaro, Kapital und Warehouse auf den ersten Blick kaum auf. Aber Kenner lieben die Tattoo-ähnlichen Stickereien und das Patchwork-Design von Kapital oder das absichtlich ungleichmässige Garn von Warehouse, das den Hosen ihren Vintage-Charme verleiht. Momotaro wiederum achtet auf die perfekte Alterung der blauen Farbe und empfiehlt tägliches Tragen statt häufiges Waschen. Ein schönes Detail sind die Nieten, die bei einer Levi's auf dem Stoff sitzen, aber von den Momotaro-Meistern mit der Hand vernäht und dadurch unsichtbar werden. Die japanische Liebe zum Detail zeigt sich darin, dass die sichtbaren Fäden pfirsichgelb sind – einem

J

populären Märchen zufolge schlüpfte der Junge Momotarō nämlich aus einem Pfirsich.

JK Business ジェーケー ビジネス
Manche Erscheinungen in Japan sind für uns Korrespondenten nicht einfach zu erklären, besonders wenn wir selbst sie durch eine westliche Moralbrille betrachten. Zum Beispiel, dass minderjährige Mädchen in Schuluniform gegen Geld doppelt so alte Männer massieren, mit ihnen Selfies machen und händchenhaltend spazieren gehen. Dabei riskieren sie, dass sie womöglich begrapscht und vergewaltigt werden. Es ist schon passiert, dass sich ein Mädchen so sehr dafür geschämt hat, dass es sich selbst getötet hat (Schamkultur). Trotzdem finden sich immer wieder neue Teenager, die auf diese Weise schnelles Geld verdienen wollen, ohne auf den Gedanken zu kommen, dass sie sich prostituieren. JK Business *(jeikei bijinesu)* heissen diese Geschäfte, JK steht für Oberschülerin *(joshi kōsei)*, also Teenager im Alter zwischen 15 und 18. Dass Schulmädchen zu Fetischen wurden, begann wohl 1985 mit dem Song «Lass mich nicht meine Schuluniform ausziehen» der Girlsband Onyanko Club. Darin heisst es, die Zeit (für Sex) sei noch nicht reif genug, der Mann solle geduldig sein, bislang hätte das Mädchen nur geküsst. Bis dahin waren die Office-Ladys – Berufsanfängerinnen im Alter von Anfang 20 in standardisierter Kleidung – das Objekt männlicher Träume gewesen. Nun begannen Oberschülerinnen, ihre getragenen Uniformen und gebrauchte Unterwäsche und Badeanzüge zu verkaufen. Bald verbreitete sich unter den weiblichen Teenagern die Praxis von «Dates mit Gegenleistung» *(enjo kōsai)*: Die Mädchen verbrachten Zeit mit älteren Männern, die ihnen Handtaschen und andere Luxusartikel kauften und sich davon sexuelle Gefälligkeiten erhofften. Seitdem entwickeln Agenturen das Konzept von JK Business und suchen sich dafür gezielt arme und psychisch schwache Mädchen aus. Die Schuluniform und Accessoires wie Stofftiere sollen die sexuelle Attraktivität der Kindsfrauen steigern. Das Ganze finden absichtlich in der Grauzone zur Prostitution statt, da Sex gegen Bezahlung verboten ist, dazu käme bei Minderjährigen der Tatbestand von Menschenhandel. Immerhin hat die Stadt Tōkyō im Vorfeld von Olympia 2020 versucht, den Schmuddelgeschäften einen Riegel vorzuschieben. Die Mädchen müssen jetzt älter als 18 Jahre alt und die Treffpunkte 200 Meter von Schulen, Kindergärten und Krankenhäusern entfernt sein. Die Polizei warnte in Mittel- und Oberschulen vor den Gefahren von JK Business. Doch laut Sozialarbeitern suchen sich die Agenturen neue Deckmäntelchen wie Maid-Cafés und benutzen das Internet,

um naive Mädchen weiter an ältere Männer zu vermitteln. Die Sexualisierung von Minderjährigen lässt sich offenbar nur schwer zurückdrehen.

J-Pop ジェーポップ
Perfume und AKB48. Arashi und SMAP. Kyary Pamyu Pamyu und Yonezu Kenshi. Nie gehört? Kein Wunder. Solche Gallionsfiguren des J-Pops sind ausserhalb von Japan unbekannt, obwohl es sich um einen der grössten Musikmärkte der Welt handelt. Ausser in TV-Zeichentrickfilmen wie «Pokémon», «Sailor Moon» und «Dragon Ball Z» ist japanische Popmusik, kurz J-Pop, im Ausland kaum zu hören. Ein Grund ist sicher, dass die Popsongs, abgesehen von englischen Einsprengseln, auf Japanisch gesungen werden. Vor allem gibt J-Pop seine japanischen Wurzeln nicht auf. Der Erfolg von Korea-Pop (K-Pop) erklärt sich damit, dass die Produzenten die Sänger, die Musik und die Videos auf ein globales Publikum ausrichten. J-Pop passt sich nicht an, sodass Ausländer die Musik nicht leicht konsumieren können. Zum Beispiel fehlen für unsere Ohren eingängige Melodien zum Mitsingen, weil weite J-Pop-Bereiche in ihrer Tonalität anspruchsvoller als westliche Lieder sind. Der Beatles-Hit «Let it be» zum Beispiel besteht aus nur vier Akkorden, viele J-Pop-Songs hingegen brauchen für ihre musikalische Entwicklung ähnlich wie der Jazz viele schnell wechselnde Akkorde, die sich schliesslich harmonisch auflösen. Die Melodie wird in der Folge komplexer und klingt dadurch für Ausländer fremder und schwieriger. Der J-Pop entwickelte sich aus den gefühlsbetonten *Kayōkyoku*-Schlagern der Shōwa-Zeit (1926–1989), westliche Popmusik kommt aus dem Blues. Zudem werden die J-Pop-Melodien in erster Linie gesungen und nicht frei interpretiert, wie das Stars wie Adele oder Justin Bieber tun. Der Begriff J-Pop grenzt dieses Musikverständnis vom Ausland ab. Doch zusammen mit der oft süsslich-hohen Tonlage hören sich viele Lieder für westliche Ohren dünn an. Die japanische Preisbindung für künstlerische Produkte behindert die Verbreitung im Ausland zusätzlich. Die Verlage vertreiben die J-Songs über CDs mit einem hohen Festpreis von bis zu 25 Franken, der bis zu zwei Jahre lang gilt. Damit vermeiden die Produzenten Downloads und Streaming. Daher existieren in Japan fast 2000 Geschäfte, die CDs und DVDs mit Musik verleihen.

juku 塾**, Paukschule**
Wer der Meinung ist, dass Kinder nicht pauken sollten, damit sie eine entspannte Kindheit haben, der liest jetzt bitte nicht weiter. Ich möchte nämlich eine Lanze für die *juku* brechen. Das deutsche Wort Paukschule erzeugt den Eindruck, als ob die Kinder dort unter brutalem

Zwang sässen und Lernstoff endlos wiederkäuten. Dagegen spricht, dass ein Drittel der Schüler von öffentlichen und fast die Hälfte von privaten Oberschulen eine *juku* besuchen. Dann wären entsprechend viele Eltern Sadisten, die ihren Kindern keine Freizeit gönnen. Neutral betrachtet, übernehmen die fast 50 000 Paukschulen in Japans Bildungssystem eine sinnvolle Funktion. Wenn Aufnahmetests über den Zugang zu Privatschulen und Universitäten entscheiden und ein Kind die bestehen möchte, dann entsteht automatisch eine Nachfrage nach einer guten Vorbereitung auf diese Prüfungen. Hier setzen die Paukschulen an, sie üben mit den Kindern gezielt jene Aufgaben, die bei den Tests gestellt werden; dort gibt es nämlich keineswegs nur Multiple-Choice-Fragen. Viele *juku* passen ihre Übungen genau an den Aufnahmetest einer einzelnen Schule an und vergrössern dadurch die Chance, dass ihre Schüler bestehen. Die meisten Tests setzen die Kinder nämlich durch eine grosse Menge an Aufgaben unter hohen Zeitdruck, damit die Unterschiede in der Leistungsfähigkeit klarer herauskommen. Zum Überlegen bleiben den Prüflingen nur wenige Sekunden. Wenn sie diese Aufgaben vorher gut gepaukt haben, können sie die Antworten und Lösungen wie im Schlaf ausspucken. Diese Aussicht motiviert die Kinder zum intensiven Lernen und die Eltern zum Zahlen der hohen *Juku*-Gebühren.

K

kaizen 改善**, ständige Verbesserung**
«Die können doch nur kopieren und billiger produzieren» – so jammerten die deutschen Hersteller von Fernsehern und Kameras in den 1960er und 1970er Jahren, als neue Rivalen aus Japan sie immer mehr aus dem Markt drängten. Der Vorwurf des Imitierens war nicht ganz falsch. Aber auf so etwas folgt in Japan meistens eine Anpassung an die eigenen Anforderungen und schliesslich eine stete Verbesserung in kleinen Schritten. Dieser Prozess der ständigen Optimierung *(kaizen)* ist beispielsweise ein wichtiges Managementprinzip von Toyota. Doch auch viele andere Unternehmen sind überzeugt, dass sich jedes Produkt und jeder Ablauf besser machen lässt. «*Kaizen* ist einer der japanischen Beiträge zur weltweiten Unternehmens- und Produktionskultur», meint denn auch der deutsche Unternehmensberater Roman Ditzer. Die Anwendung dieses Prinzips beobachte ich in meinem japanischen Alltag immer wieder. Zum Beispiel erhielten die S-Bahn-Waggons mehr Türen, um das Ein- und Aussteigen zu beschleunigen. Oder Rosenkohl. Dieses Gemüse baut man in Japan erst seit einigen Jahren an. Als es sich anfangs schlecht verkaufte, züchteten die Bauern einen Rosenkohl, der feiner und weniger bitter schmeckt als das Original. Optimierung gilt als Daueraufgabe. «Für ein *Kaizen*-Unternehmen hört der Verbesserungsprozess nie auf» *(kaizen ni kiri ga nai)*, berichtet Ditzer. Japanische Fabrikwerker und Büromitarbeiter machen mehr Verbesserungsvorschläge als ihre europäischen Kollegen – und dies, obwohl die finanziellen Anreize in Form von Prämien dafür geringer sind. Den Unterschied erklärt der Experte Ditzer damit, dass Unternehmen wie Toyota dem Potenzial ihrer Mitarbeiter mehr vertrauen: «Die wirklich guten *Kaizen*-Unternehmen in Japan entwickeln ihre Mitarbeiter mittels der Verbesserungsaktivitäten und betreiben Empowerment im Sinne von Ermächtigen, Ertüchtigen, Ermuntern und Begleiten.» Jedoch birgt der Fokus auf Detailverbesserungen an Prozess und Produkt die Gefahr, Marktänderungen zu verpassen. So optimierte Sony zu lange den Röhrenfernseher und holte dadurch den Rückstand bei Flachbildschirmen nie wieder auf.

Kamakura 鎌倉
Von Tōkyō aus braucht die S-Bahn nur knapp eine Stunde zu meinem Lieblingsort, der wegen der vielen Schreine und Tempel zu Recht Klein Kyōto heisst. Im Mittelalter bildete diese Samurai-Stadt das politische und religiöse Zentrum des Landes und gab der Kamakura-Zeit (1185–1333) ihren Namen. Dort steht der gewaltige Grosse Buddha *(daibutsu)* im Freien, ein Tsunami schwemmte 1498 den Tempel um die Bronzestatue

weg. Die traditionsbewussten Bewohner von Kamakura haben bis heute eine dichte und hohe Bebauung der Stadt verhindert und bekämpfen Auswüchse des Tourismus. Das Vermieten von Wohnungen auf kurze Zeit ist verboten und die kommerzielle Nutzung von Wohnhäusern eingeschränkt. Dank der bewaldeten Berghänge und den unbebauten Flächen der religiösen Anlagen leuchtet Kamakura grün. Zudem bietet die Bucht auch noch einen Badestrand. Kurz gesagt: In dieser anmutigen Stadt kann man gut leben, weshalb sich dort viele Rentner niederlassen.

kamikaze 神風, Selbstmordpiloten
Genauso wie beim Berg Fujiyama (anstatt Fuji-san) beruht der ausländische Gebrauch des Wortes *kamikaze* auf einer anderen Lesart der dazugehörigen Schriftzeichen (kanji). Die jungen japanischen Selbstmordpiloten, die sich in der Endphase des Zweiten Weltkrieges mit ihren Zero-Kampfbombern auf US-amerikanische Schiffe und andere Ziele stürzten, gehörten der *Shinpū*-Spezialangriffstruppe an. Da Japaner die Schriftzeichen von *Shinpū* normalerweise als *kamikaze* lesen, setzte sich damals im Westen dieses Wort durch. Aber unabhängig von der Lesart blieb die japanische Absicht hinter der Wahl der Schriftzeichen dieselbe. Die kaiserlichen Militärs wollten die Piloten an historische Ereignisse im 13. Jahrhundert erinnern und dadurch motivieren, ihr Leben für das Vaterland zu opfern. Damals hatte der Mongolenführer Kublai Khan Japan zwei Mal schon fast erobert, aber ein Taifun hatte jeweils seine Flotte zerstört. Daraufhin sprachen die Japaner von «Götterwinden», die wörtliche Bedeutung von *kamikaze*, die sie in letzter Minute vor der Niederlage bewahrt hatten. Als «Schutzpatron» der Selbstmordpiloten musste der Samurai Kosunoki Masashige herhalten. Seit der Meiji-Zeit stilisierten ihn die imperialistischen Ideologen zum Nationalhelden, weil er sich 1336 nach einer verlorenen Schlacht aus Loyalität zum Kaiser den Bauch aufgeschlitzt hatte (Selbstmord). Seine Worte vor dem letzten Kampf lieferten den Leitspruch für die Piloten: «Falschheit kann Wahrheit nicht besiegen; Wahrheit das Gesetz nicht überwinden; das Gesetz kann die Macht nicht besiegen; und die Macht den Himmel nicht überwinden.» Die Militärführung manipulierte die *Kamikaze*-Piloten also mit allen erdenklichen Psychotricks. Geschätzte 3000 starben bei ihren Einsätzen. Wenn Japaner heute davon sprechen, benutzen sie übrigens nur das Wort *tokkō-tai*, die Abkürzung für die *Shinpū*-Spezialangriffstruppe.

kampō 漢方, Heilkunde
Fast jeder kennt TCM, die traditionelle chinesische Medizin, fast niemand das japanische Gegenstück, die Pflanzen-

K

heilkunde namens *kampō*. Zwar bedeutet der Begriff wörtlich «chinesische Methode», aber ab dem 16. Jahrhundert ging diese aus China importierte Naturmedizin in Japan eigene Wege. Sie bildet neben der Akupunktur und Moxibustion (Erhitzung von Nervenpunkten) sowie der Shiatsu-Massage die dritte Säule der traditionellen Medizin in Japan. Längst steht der Begriff für ein eigenes, anerkanntes Medizinsystem. Die staatliche Krankenversicherung erstattet die Kosten für rund 150 Fertigpräparate nach der *Kampō*-Lehre. Die Ärzte verschreiben diese Medikamente auf der Basis einer schulmedizinischen Diagnose, das chinesische Konzept von Yin und Yang müssen sie nicht verstehen. Dagegen stimmen «echte» *Kampō*-Mediziner ihre Rezeptur auf die Konstitution des Kranken ab, beispielsweise unterschiedlich bei zwei Patienten mit Durchfall, wenn der eine schmächtig und der andere eher kräftig gebaut ist, erläutert Tobias Ahrens, der diese Heilkunde zwei Jahre lang an der Kitasato-Universität in Tōkyō studiert hat. Der deutsche Arzt und Naturmediziner geht davon aus, dass sich die *Kampō*-Medizin wegen ihrer pragmatischen Einsatzmöglichkeiten in den nächsten Jahren auch in Europa stärker verbreiten wird. In Japan sind einige Präparate frei käuflich, etwa gegen Erkältung und Husten. Jede Mischung trägt eine Nummer, damit sich der Konsument die Medizin leicht merken kann. Die Nummer 54 zum Beispiel hilft bei Schlaf-Störungen.

kanji 漢字, Schriftzeichen
Eine häufige Frage an mich lautet, wie viele Schriftzeichen man kennen muss, um eine Zeitung lesen zu können. Die Antwort ist nicht einfach. In ihren zwölf Schuljahren lernen die Japaner rund 2100 Schriftzeichen *(kanji)*, davon rund die Hälfte in den sechs Jahren der Grundschule. Für die reguläre Zeitungslektüre reicht das Schulwissen normalerweise aus. Aber für Spezialbegriffe aus Jura oder Medizin braucht es schon einige tausend Zeichen mehr. Bis zu 5000 *kanji* mit bis zu 23 Einzelstrichen muss man passiv kennen, um anspruchsvolle Literatur zu verstehen. Das Lesen der Zeichen hat jedoch seine Tücken, weil es verschiedene Lesarten gibt. Die On-Lesung orientiert sich an der ursprünglich chinesischen Aussprache der Schriftzeichen, die Kun-Lesung ordnet einem Zeichen einen japanischen Laut zu. Daher werden Wörter mit denselben *kanji* komplett anders ausgesprochen und bedeuten entsprechend etwas ganz Anderes. Am schlimmsten sind Vornamen. Wegen der vielfältigen Lesarten eines Zeichens müssen selbst Japaner nachfragen, wie ein Name auszusprechen ist. Ein weiteres Problem: Japanisch besteht aus relativ wenigen Silben, sodass es sehr viele

gleichlautende Wörter mit verschiedenen Bedeutungen gibt. Zur Unterscheidung verwendet die Schriftsprache im Wortstamm jeweils ein anderes *kanji*. Aber beim Sprechen kommt es schnell zu Verständigungsproblemen beziehungsweise zur Frage, welches Wort gemeint ist. Daher kann man oft beobachten, wie Japaner mit dem Finger ein *kanji* in ihre Handfläche schreiben, um dem Gesprächspartner zu erklären, welches Wort sie eigentlich meinen. Nicht wenige Ausländer fragen sich, warum Japan an dieser aufwändigen Schrift festhält. Hier fällt die Antwort relativ einfach. Erstens passt das Schriftsystem perfekt zu den Besonderheiten der japanischen Sprache. Zweitens ermöglichen die *kanji* das schnelle Erfassen eines Textes, weil sie immer am Wortanfang stehen. Japaner sind Meister im Schnelllesen. Drittens erfahren japanische Kinder und Jugendliche beim Lernen der Zeichen, wie wichtig Pauken und Wiederholen sind. Dagegen hat man im Westen bereits weitgehend die Fähigkeit verloren, ein Gedicht oder einen Text auswendig zu lernen.

kanreki 還暦, 60. Geburtstag
Ein effektiveres «Anti-Aging-Programm» gibt es nicht: Am 60. Geburtstag kehrt ein Japaner schlagartig zu seiner Geburt zurück und beginnt sein Leben von vorne. Bei der Feier von *kanreki* erhält der Senior eine rote Mütze, eine gefütterte rote Weste und ein Sitzkissen. Die Farbe Rot symbolisiert die Hautfarbe eines Neugeborenen – das japanische Wort für Baby *(aka-chan)* entspricht einem verniedlichten Rot, heisst also so viel wie «Rotchen». *Kanreki* bedeutet «Rückgang zum Beginn des Kreises», was sich auf den chinesischen Kalender bezieht. Dessen Zyklen aus zwei mal fünf Himmelsstämmen und zwölf irdischen Zweigen fangen erst nach sechzig Jahren wieder gemeinsam von vorne an. Innerhalb dieser Zeit kamen alle sechzig möglichen Kombinationen von Stämmen (Holz, Feuer, Erde, Metall, Wasser jeweils als Yin und Yang) und Zweigen (Ratte, Tiger, Drache, Pferd, Affe, Hund, Büffel, Hase, Schlange, Ziege, Hahn und Schwein) je ein Mal zustande. Traditionell beendeten Männer im Alter von 60 Jahren die Erwerbsarbeit und waren fortan von den Pflichten als Haushalts- und Familien-Vorstand befreit. Der Nachfolger – in der Regel der älteste Sohn – übernahm das Familienunternehmen und versorgte seine Eltern bis zum Tod. Natürlich wurde und wird dies nicht so strikt gehandhabt. Andere wichtige Lebensmarken sind der 70. *(koki)* mit violetter Mütze und der 88. Geburtstag *(beiju)* mit goldener Mütze. Das besonders respektierte Violett soll vor Krankheiten und Schmerzen schützen, das Gold symbolisiert Reichtum. Diese Traditionen wurzeln

K

im Konfuzianismus, der während der Nara-Zeit aus China nach Japan kam. Diese Philosophie lehrt den Respekt vor dem Alter und zelebriert das Erreichen bestimmter Meilensteine. Allerdings begingen Japaner bis vor wenigen Jahrzehnten ihren Geburtstag nicht. Zum 1. Januar wurde man einfach ein Jahr älter. Auch *kanreki* und die anderen besonderen Geburtstage feierte man am glücksbringenden Neujahr-Tag.

Karaoke カラオケ
Viele Hunde sind des Hasen Tod. Eine Variante dieses Sprichworts im 21. Jahrhundert könnte lauten: Die Vielfalt an Freizeitangeboten bedeutet das Aus für Karaoke. In der Nähe von Bahnhöfen und in Vergnügungsvierteln findet man immer noch viele Karaokebars. Aber ihre schalldicht isolierten Räume für das gemeinsame Singen von bekannten Musiktiteln füllen sich nicht mehr. Karaoke, wörtlich «leeres Orchester», entwickelte sich in den vergnügungssüchtigen 1980er Jahren zur beliebtesten Freizeitbeschäftigung der Japaner. Ausser gemeinsam fernzusehen und Essen zu gehen, gab es damals keine Möglichkeiten zum zwanglosen Miteinander und Feiern. Heute beanspruchen soziale Medien wie Twitter, Smartphone-Games wie Dragon Ball, Streaming-Fernsehsender wie Netflix und natürlich Spielekonsolen wie Playstation und Switch die freie Zeit der Japaner. Tapfer wehren sich die Karaokeanbieter mit neuen Technologien gegen das wachsende Desinteresse. Mit einem Headset für virtuelle Realität zum Beispiel können die Sänger den Platz von Queen-Leadsänger Freddie Mercury auf der Bühne von Live Aid 1985 oder von Operntenor Luciano Pavarotti in der Mailänder Scala einnehmen und ihre Lieder vor einem «Livepublikum» aufführen. Bei *Boku-Kara* – ein Kunstwort aus Boxen und Karaoke – setzen sich die Sänger ebenfalls eine VR-Brille auf und ziehen sich Boxhandschuhe mit Bewegungssensoren an. Je lauter ein Spieler die auf dem Bildschirm eingeblendeten Liedtexte singt, desto härter fällt in einem virtuellen Boxring der Schlag gegen seinen «Gegner» aus. Aber ich fürchte, dies sind die letzten Zuckungen eines Freizeitpasses, der in seiner kommerziellen Form zumindest in Japan vom akuten Aussterben bedroht ist.

karōshi 過労死**, Tod durch Überarbeitung**
«Ich werde sterben, ich bin so müde», schrieb die 24-jährige Takahashi Matsuri auf Twitter, dann sprang sie in ihrer Verzweiflung vom Dach des firmeneigenen Wohnheims. In dem Monat vor ihrer Selbsttötung hatte sie 105 Überstunden für Japans grössten Werbekonzern Dentsu geleistet. Auch die Abschiedsnotiz eines namenlosen Bauarbeiters war kurz: «Ich habe meine physischen

und mentalen Grenzen erreicht», schrieb der 23-Jährige, bevor er seinem Leben ein Ende setzte. Zuvor hatte er für den Bauriesen Taisei in einem Monat 200 Überstunden auf der Baustelle des neuen Olympia-Stadions gemacht. Arbeitsgerichte stuften beide Todesfälle als *karōshi* ein. Die drei Schriftzeichen bedeuten «Sterben durch ein Übermass an Arbeit». Das amtliche Kriterium dafür liegt bei 100 Überstunden und mehr in dem Monat direkt vor dem Tod oder durchschnittlich 80 Überstunden in den sechs Monaten davor. Infolge der Überarbeitung sterben die Opfer entweder an Herzinfarkt, Gehirnblutung und Schlaganfall, oder sie bekommen Depressionen und nehmen sich das Leben. Lässt sich ein Zusammenhang nachweisen, erhalten die Angehörigen eine staatliche Hinterbliebenenrente sowie eine Entschädigung vom Arbeitgeber. Mehrere hunderttausend Franken können es werden. Im Schnitt erkennen die Gerichte aber nur jeden dritten Fall als *karōshi* an, 2018 waren es 158. Wie das erste Weissbuch der Regierung zu dem Phänomen von 2016 enthüllt hat, verlangt mehr als jedes fünfte Unternehmen zumindest von einigen Mitarbeitern Überstunden im Extrembereich. *Karōshi* fallen überwiegend junge Männer zwischen 20 und 40 zum Opfer. In grösseren Unternehmen bürden ihre Chefs ihnen viele zeitaufwändige Arbeiten auf, zum Beispiel umfangreiche Unterlagen für Sitzungen vorzubereiten. Sie lassen sich wegen ihres Ehrgeizes am Anfang ihrer Karriere leicht ausbeuten. Das Prestige seiner Abteilung hänge davon ab, wie viel er und sein Team arbeiteten, berichtete mir ein junger Angestellter. Die Regierung hat das Weissbuch veröffentlicht, weil die übermässige Arbeit volkswirtschaftlich problematisch geworden ist. Der «Arbeitsstil» soll sich ändern und Erwerbsarbeit attraktiver werden, damit mehr Frauen und mehr Senioren arbeiten gehen. Nur so kann die Wirtschaft den akuten Mangel an Personal beheben, nur so lässt sich bei einer alternden und schrumpfenden Bevölkerung der Wohlstand erhalten. Doch dafür müssten wohl jene Beschäftigten in Rente gehen, die den Ethos von überlangen Arbeitszeiten mit der Muttermilch eingesaugt haben. Aber die Vertreter dieser Generationen halten in vielen Unternehmen noch das Zepter in der Hand und sehen nicht ein, dass die jungen Mitarbeiter es besser haben sollen als sie selbst früher einmal.

Käse チーズ
Es dürfte manchen Leser überraschen, dass die Japaner bis zum Ende der Edo-Zeit kaum Fleisch gegessen und Milch getrunken haben. Infolge des buddhistisch veranlassten Verbots, Tiere zum Verzehr zu töten, hielt man nur wenige Schweine und Rinder, auch wenn Metz-

K

ger existierten und einige Restaurants Fleisch auftischten. Man wusste jedoch um dessen Wirkung, Fleisch bezeichnete man als «medizinische Nahrung» *(kusurigui).* Ab 1868 definierte das Inselland sein Verhältnis zur Viehhaltung neu, als die Meiji-Regierung eine nationale Ernährung-Strategie entwarf, damit die Japaner so kräftig und robust wurden wie die Amerikaner. Ihre Massnahmen zielten darauf, den Konsum von Fleisch, aber auch von Milch zu steigern – als Bestandteil von Schulmittagessen zum Beispiel. Demonstrativ liess man die Medien berichten, dass der Kaiser täglich Milch trank. Auf der Nordinsel Hokkaidō siedelte die Regierung Bauern an, die Kühe hielten. Ihre Milch verarbeiteten neue Unternehmen wie Meiji und Yukijiroshi auch zu Joghurt und Käse *(chīzu).* Aber der Durchbruch von Letzterem kam erst in den 1960er und 1970er Jahren, als sich Blauschimmelkäse und Camembert verbreiteten. Inzwischen findet man diese Sorten auf den Speisekarten vieler Kneipen, fast jeder Supermarkt besitzt ein Käseregal mit Cheddar, Gouda und Streukäse für Pizza und Toast. Auch die Zahl der auf Fondue spezialisierten Restaurants stieg deutlich an. Doch die Sensation geschah 2019, als japanische Käsemeister erstmals bei den World Cheese Awards antraten. Auf Anhieb schaffte es ein halbharter, vier Monate lang gelagerter Waldkäse *(mori no chīzu)* unter 3800 Bewerbern auf Platz 10, weitere 17 Medaillen gingen in den Fernen Osten. Japan kann also auch Käse. Die Milch für den prämierten Käse stammte übrigens von Schweizer Braunvieh, das in Japan immer noch recht selten ist. Aber beim Konsum von Käse bleibt der Abstand riesig: Ein Japaner verzehrt im Schnitt nur 2,6 Kilogramm jährlich, acht Mal weniger als ein Schweizer.

Kasino カジノ
Kennen Sie das moderne Wahrzeichen von Singapur, das Hotel Marina Bay Sands mit dem «Boot» auf seinem Dach? Das sogenannte «integrierte Resort» bildet das Vorbild für die Kasinokomplexe, die ab Mitte der 2020er Jahre in Japan eröffnen. Dabei handelt es sich um riesige Gebäudekomplexe mit Hotels, Konferenzzentrum, Freizeitpark und Einkaufsmeilen, die zunächst durch ihre Errichtung und dann als dauerhafte Attraktion für ausländische Touristen die Wirtschaft ankurbeln sollen. Ein einzelner Komplex kostet mehrere Milliarden Franken. Das meiste Geld verdienen die Resortbetreiber mit dem Kasino *(kajino)* innerhalb der Anlage. Die gesetzliche Zulassung dieser Resorts hat sich in Japan jedoch über viele Jahre hingezogen, weil Glücksspiel aus Sorge vor den Auswirkungen von Spielsucht verboten ist. Doch die Regierung von Abe Shinzō definierte ein Kasino als einen Geschäftsbetrieb im

öffentlichen Interesse und nutzte damit das gesetzliche Schlupfloch für eine Zulassung. Ein zweites Gesetz räumte die Angst vor Spielsucht aus dem Weg: Wer einen japanischen Wohnsitz hat, darf ein Kasino nicht mehr als drei Mal pro Woche oder zehn Mal pro Monat betreten und muss jeweils 6000 Yen (55 Franken) Eintritt bezahlen. Ausländische Besucher dagegen haben unbegrenzt und kostenlos Zugang zu den Glücksspieltempeln. Die Lizenzen für die drei erlaubten «Resorts» gehen an private Betreiber, in der Regel ein japanisches Unternehmen aus der Pachinko-Branche und einen ausländischen Kasinokonzern. Die Investmentbank CLSA schätzte das Marktpotenzial auf über 27 Milliarden Franken jährlich, weil die Japaner als fanatische Glücksspieler gelten. Damit würde Japan hinter der chinesischen Insel Macao zum grössten Kasinomarkt der Welt.

kata 型**, Form**
Die Japaner seien sehr berechenbar, stellte einst der Japanexperte Boyé Lafayette De Mente (1928–2017) fest. Damit spielte der US-Amerikaner auf das Konzept der kata an und erklärte damit Etikette, Höflichkeit und Ästhetik in Japan. Wer Kampfkünste wie Judo ausübt, versteht, was er meint, nämlich einen Bewegungsablauf nach festem Muster. *Kata* ist die «richtige» Art, etwas zu tun: wie lange und wie tief man sich verbeugt; wie man Visitenkarten austauscht; wie eine glaubwürdige Entschuldigung aussieht; wie man Tee zubereitet und Essen anrichtet. Die vielen Verhaltensmuster bestätigen die westliche Wahrnehmung von Japan als Theaterstaat, dessen Bewohner auf der öffentlichen Alltagsbühne viele ritualisierte Rollen spielen (honne-tatemae). Abseits dieser Auftritte könne man Japaner auch schreien, weinen und um sich schlagen sehen, schrieb der frühere Korrespondent Uwe Schmitt. Bei Trinkgelagen und Rockkonzerten, in Love-Hotels und Karaoke-Bars dürften die Japaner wieder Kind sein. Doch der US-Experte De Mente würde diese Verhaltensweisen ebenfalls als berechenbar einstufen, weil es für sie eben keine sozialen Normen gibt. Mein bescheidener Kommentar dazu: Auch andere Gesellschaften kennen viele Vorschriften für den zwischenmenschlichen Umgang, sie haben sie nur etwas schneller gelockert. Jüngere Japaner sind jedenfalls zunehmend weniger bereit, die sozialen Erwartungen zu erfüllen und die richtigen Formen einzuhalten.

Katzencafé 猫カフェ
Die Idee für ein Café mit freilaufenden Katzen *(neko kafe)* entstand in Taiwan, doch von Anfang an waren viele Geschäftsreisende und Touristen aus Japan unter den Besuchern. Dies inspirierte Hanada Norimasa dazu, 2004 das

K

erste Café dieser Art im Grossraum Tōkyō zu eröffnen. Jedoch stellte er bald fest, dass es nicht genug Katzenfreunde gab. Erst als er gezielt Pärchen als Gäste ansprach, hatte er Erfolg. «Beim Dating finden es junge Japaner einfacher, gemeinsam Katzen anzufassen, als zusammen ins Kino zu gehen», erklärt er. Bald ahmten andere Kleinunternehmer das Konzept nach und eröffneten Tiercafés mit Hasen, Minischweinen, Schildkröten, Igeln, Eulen und sogar Zwergottern. Was bei mir die Frage auslöste, warum diese Cafés nur in Japan boomen. Meine Erklärung: Wegen ihrer zurückhaltenden Art tun sich viele Japaner mit der zwischenmenschlichen Kommunikation vergleichsweise schwer. Leichter fällt es ihnen unter Alkoholeinfluss, daher treffe ich mir sympathische Japaner am liebsten zum Bier. Eine andere Option für eine unverkrampfte Atmosphäre bietet die Beschäftigung mit Tieren. Viele Japaner entspannen sich dabei so sehr, dass sie sich benehmen, als ob sie im eigenen Wohnzimmer sässen. Daher mein persönlicher Tipp an alle, die Japanern näherkommen möchten: Geht mit ihr oder ihm in die Kneipe oder ins Katzencafé.

kawaii かわいい**, niedlich**
Oberflächlich betrachtet meint dieses Wort alles, was niedlich und süss wirkt. Das kann eine Frisur sein, der Chihuahua der Nachbarin, der Lolita-Look eines Teenagers, ein Maskottchen wie Kumamon, Hello Kitty, ein rosa Bagger oder sogar ein Dirndl. Angeblich löste eine jugendliche Subkultur der 1970er Jahre die *Kawaii*-Welle aus. Aber die Wurzeln reichen – wie oft in Japan – viel tiefer. Schon vor mehr als tausend Jahren entzückten jene Hofdamen der Heian-Zeit (794–1192) am meisten, die klein, zerbrechlich, dünn und mitleiderregend aussahen *(amae)*. Der Psychoanalytiker Doi Takeo stellte in seinem Buch «Die Anatomie der Abhängigkeit» (1973) die These auf, das absichtlich kindähnliche Verhalten zur Erzeugung von Zuwendung sei der Schlüssel zum Verständnis der japanischen Psyche und der ganzen Gesellschaft. Jedenfalls verbinden die Japaner dieses uralte Ideal von niedlicher und Zuwendung auslösender Schönheit heutzutage mit dem Begriff *kawaii*. Bei Youtube lernen die jungen Frauen, wie sie maximal *kawaii* wirken – runde Augen, kleines Kinn, pausbäckige Wangen, magere Arme, flacher Busen und Schleife im Haar. Beim Kichern halten sie sich die Hand vor den Mund, und sie sprechen mit hoher kindlicher Stimme. Manche laufen absichtlich x-beinig, schminken ihre Augen grösser, zeigen schiefe Zähne oder operieren sich eine zweite Oberlidfalte dazu (Manga-Look). Heute differenziert frau zwischen eklig-niedlich *(kimo-kawaii)*, erotisch-niedlich *(ero-kawaii)*, hässlich-niedlich *(busu-kawaii)*

und dezent-niedlich *(shibu-kawaii)*. Leider fördert diese Interpretation von weiblicher Attraktivität das sexistische Denken. Wenn die Frauen absichtlich hilflos und schwach wirken, dürfen sich die Männer überlegen und stark fühlen. Das zementiert traditionelle Rollen von Frau und Mann und bremst die Gleichberechtigung der Geschlechter in Beruf und Familie.

Kei-Car 軽自動車
Die Idee war ziemlich genial: Nach dem verlorenen Zweiten Weltkrieg wollte die Regierung die eigene Industrie ankurbeln und den Kauf von Autos erschwinglicher machen. Dafür schuf sie 1949 eine neue Klasse von Leichtfahrzeugen *(kei jidōsha)*. Der Hubraum war so niedrig wie bei einem kleinen Motorrad, die Aussenmasse waren geringer als bei einem normalen Auto, die Kaufsteuer fiel weg. Bald stiegen die Japaner vom Motorrad auf diese Miniautos um – eine Megaerfolgsgeschichte begann. Die heutigen Kei-Cars sind kürzer als 3,40 Meter, niedriger als 2 Meter, schmaler als 1,48 Meter und haben weniger als 660 Kubikzentimeter Hubraum. In der Folge sind die japanischen Hersteller auf diesem Markt mit jährlich 1,8 Millionen Neuwagen unter sich, weil kein ausländischer Import die Vorgaben erfüllt. Selbst der Smart war anfangs breiter als erlaubt. Dennoch sind diese Autos für die Branche zum Bumerang geworden.

Vier von zehn Neuwagen in Japan gehören inzwischen dieser Klasse an, man kann sie an ihren gelben Nummernschildern mit schwarzer Schrift erkennen. Auch die meistverkauften Automodelle kommen jedes Jahr aus den Reihen der Kei-Cars. Hausfrauen und Senioren lieben die Blechwinzlinge, weil sie in den engen Strassen praktisch, in der Ausstattung grosszügig und im Unterhalt, von Benzinverbrauch bis Autobahngebühr, günstig sind. Gewerbe und Kleinbetriebe benutzen sie für Transporte und Kundenbesuche. Nicht einmal der inzwischen auf rund 13 000 Franken gestiegene Durchschnittspreis und höhere Steuern liessen die Liebe der Japaner zu den Leichtautos abkühlen. Darunter leiden die Produzenten jedoch gleich doppelt: Statt eines Kei-Cars würden sie lieber einen regulären und teureren PKW verkaufen. Und der auf Japan beschränkte Markt begrenzt die Stückzahl je Modell, sodass sie damit kaum Geld verdienen können. Der Export als naheliegende Lösung scheidet aus, weil die Autos die ausländischen Normen nicht erfüllen. Daher sind die Kei-Cars zu einem Galapagos-Produkt geworden, das ihre Hersteller insgeheim verfluchen.

keiretsu 系列**, Firmengruppen**
Der wirtschaftliche Aufstieg von Nippon in der zweiten Hälfte des 19. Jahrhunderts beruhte auch auf der Stärke

K

von familiendominierten Unternehmensgruppen *(zaibatsu)*. Die grössten vier hiessen Mitsubishi, Mitsui, Sumitomo und Yasuda. Die Gruppenfirmen waren kapitalmässig untereinander beteiligt *(mochiai)*, finanzierten sich über eine Haus-Bank und organisierten Absatz und Vertrieb im In- und Ausland mit Hilfe eines Handelshauses *(sōgō shōsha)*. Entweder erstreckten sich die Gruppen horizontal über mehrere Branchen, oder sie unterhielten in vertikaler Richtung eigene Zulieferketten. Nach deren Zerschlagung durch die US-Besatzer ab 1945 formierten sich die alten Gruppen in gelockerter Form neu. Zum Beispiel treffen sich die Chefs der Mitsubishi-Unternehmen bis heute in einem eigenen Klub. Diese Wirtschaftsverbünde *(keiretsu)* hatten jedoch den Nachteil, den Wettbewerb zu verschärfen und die Gewinnmargen zu drücken. Aufgrund der Kultur einer «geschlossenen Festung» gingen gescheiterte Unternehmen nicht pleite, sondern lebten durch Subventionen ihrer Gruppe als Zombies weiter. Deswegen gab es ein Dutzend Autobauer, fünf Stahlfabrikanten und zehn Halbleiter-Hersteller. Und deswegen strebten die *keiretsu* eher nach Umsatz und Marktanteil als nach Ertrag und drängten ins Ausland. Auf den ersten Blick sieht Japans Wirtschaft noch heute aus, als ob diese Gruppen sie dominierten. Aber das Klischee ist überholt: Die Überkreuzbeteiligungen, die in den 1980er Jahren rund ein Drittel sämtlicher Aktien betrafen, sind je nach Berechnung auf 5 bis 10 Prozent der Anteile geschrumpft. «Die Gruppe hat sich von einem geschlossenen Klub mit streng kontrollierter Mitgliedschaft zu einer geschäftsorientierten Struktur gewandelt», meint der Ökonom Jesper Koll. Das Undenkbare sei eingetreten: Vermögenswerte würden verkauft, Gruppenfirmen ausgegliedert oder mit Firmen anderer *keiretsu* verschmolzen sowie Führungskräfte und Verwaltungsräte von aussen geholt, bilanziert der deutsche Japankenner. Das Umdenken zeigte sich in dem Slogan «Auswahl und Fokus» *(sentaku to shūchū)*. Und statt sich abzuschotten und nach innen zu orientieren, öffnen sich japanische Unternehmen verstärkt für neue strategische Partner im In- und Ausland ausserhalb der Gruppe. Dieser dramatische, weitgehend unbemerkte Wandel soll ihr wirtschaftliches Überleben langfristig sicherstellen.

Kerosin 灯油
Wenn ab November die Tage kürzer und kälter werden, fährt ein kleiner Tankwagen durch mein Viertel. Über ein Megafon preist der Fahrer sein Kerosin *(tōyu)* an. Den Brennstoff leitet der fliegende Verkäufer in Plastik-Kanister, die seine Kunden in ihr Haus tragen. Dort füllen sie das Flugbenzin in einen mo-

K

bilen Heizofen in ihrem Wohnzimmer. Kaum zu glauben: 60 Prozent der Haushalte in Einzelhäusern wärmen sich im Winter an einem Kerosinbrenner! Nach einigen Aufenthalten im kalten Norden verstehe ich, warum Kerosin im Japan des 21. Jahrhunderts ein beliebter Brennstoff geblieben ist. So ein Heizofen springt nämlich auf Knopfdruck an und strahlt sofort eine spürbare, viel angenehmere Wärme aus als die heisse Luft, die eine elektrische Klimaanlage von der Decke herunterpustet. Dazu muss man wissen: Die Zentralheizung hat Japan nie erreicht. Die Inselbewohner tragen im Winter zwiebelmässig viele Kleidungsschichten und heizen nur das Wohnzimmer. Dafür ist ein Kerosinofen perfekt geeignet. Aber ich will die Nachteile nicht verschweigen: Sein gasiger Dunst riecht nach Tankstelle und verursacht Kopfschmerzen. Beim Verbrennen entsteht das giftige Kohlenmonoxid, deswegen schaltet sich der Ofen nach zwei Stunden automatisch ab. Also stehen die Fenster immer einen Spaltbreit offen, sodass die halbe Wärme gleich wieder abzieht. Na ja, die Häuser sind sowieso ganz schlecht isoliert. Dank dieses frugalen Lebensstils brauchen Japaner 75 Prozent weniger Heizenergie als Schweizer. Das ist gut für ihren Geldbeutel: Den Liter Kerosin gibt es schon für 0.80 Franken, für die gleiche Wärme kostet die Klimaanlage mehr. Aber irgendwann wird Kerosin nicht mehr auf der Strasse verkauft werden: Die neuen Einfamilienhäuser heizen alle mit Strom.

Kindesentführung 児童誘拐
Wer im Ausland einen Partner aus Japan heiratet und Kinder bekommt, geht im Fall einer Trennung oder Scheidung das Risiko ein, den Nachwuchs nie wieder zu sehen. Über 100 Fälle sind bekannt, bei denen der japanische Elternteil, meist die Mutter, die Kinder nach Japan entführte *(jidō yūkai)* und jeden Kontakt des Expartners zum Nachwuchs blockierte. Erst nach heftiger internationaler Kritik unterzeichnete Japan 2014 das «Haager Übereinkommen zum Kinderschutz». Seitdem müssten die japanischen Behörden solche entführten Kinder ins Ausland zurückführen. In der Realität geschieht dies jedoch selten. Ein Grund dürfte das japanische Inseldenken sein – was kümmert mich der Rest der Welt, uns redet hier keiner rein! Auch betrachten Japaner nach meiner Beobachtung eine Familie unter juristischem Blickwinkel anders als Westler. Die Richter kennen kein gemeinsames Sorgerecht, und den Besuchswunsch beurteilen sie als nachrangig. Daher raten Rechtsanwälte bei Eheproblemen – ob in Japan oder im Ausland – zum Auszug von Mutter und Kind. Die Behörden dulden das «getrennte Wohnen» *(kozure bekkyo)*, das den anderen Elternteil abschneidet.

K

«Bei einem Familienstreit bleibt das Gesetz aussen vor», lautet die unausgesprochene Regel. Die grausame, vom Staat sanktionierte Trennung vom eigenen Kind betrifft nicht nur Ausländer. Im offiziellen Familienstammbuch *(koseki)* steht der Vater stets als der «Herr» der Familie. Die Scheidung verwandelt auch japanische Väter in eine Persona non grata. Sechs von zehn Trennungskindern in Japan, so eine Schätzung, sehen den anderen Elternteil nicht wieder, solange sie minderjährig sind. Wer weiss, was der alleinerziehende Partner dem Nachwuchs erzählt, warum das andere Elternteil sich nie mehr blicken lässt.

kirei(na) きれい(な)**, sauber**
Bei jeder Fussballweltmeisterschaft sorgen die japanischen Fans für globale Schlagzeilen, weil sie nach dem Spiel ihre Sitzränge aufräumen und allen Abfall mitnehmen. Auch das Nationalteam lässt in seiner Kabine nach dem Spiel nichts liegen. Natürlich verhalten sich die Japaner im eigenen Land genauso, selbst auf Hardrock-Festivals fliegt kaum Müll herum. Die Innenreinigung eines Shinkansen-Zuges, ein Renner auf Youtube, in kurzen sieben Minuten ist möglich, weil die Passagiere nichts zurücklassen. Raucher treten ihre Kippen nicht auf dem Boden aus, sondern tragen einen faltbaren, hitzefesten Aschenbecher bei sich. Neben jedem Getränke-Automaten steht ein Sammelbehälter für leere Dosen und Flaschen. Häufig verweisen Japankenner darauf, dass das Wort *kirei(na)* sowohl sauber als auch schön bedeutet. Zum Beispiel verwendet man für Bar-Geschenke immer neue frische und glatte Geldscheine. Ein zweiter Aspekt: Sauberkeit bringt im Shintō-Glauben Glück (Reinigung). So säubern bereits die Schüler ihre Klassenzimmer, die Flure und die Toiletten mit einfachen Mitteln selbst, von der ersten Klasse der Grund- bis zur zwölften der Oberschule. Genauso fegen Ladenbetreiber vor ihrem Geschäft und Hausbesitzer die Strasse vor ihrem Grundstück. Kehrfahrzeuge sind in privaten Wohnvierteln nicht zu sehen. Auch städtische Abfalleimer sucht man vergeblich, wenn auch aus einem anderen Grund: Nach dem Giftgasanschlag von 1995 auf die Tōkyōter U-Bahn (Ōmu-Sekte) verschwanden die Behälter aus Angst vor weiterem Terror aus dem öffentlichen Raum, sie sind seitdem nicht mehr auf die Strassen zurückgekehrt.

Kitano Takeshi 北野 武
«Wen bewundern Sie am meisten?» – «Bei wem möchten Sie sich am liebsten ausweinen?» – «Mit wem würden Sie sich am liebsten betrinken?» Bei allen drei Fragen ging der Allround-Künstler Kitano Beat Takeshi (*1947) als Sieger hervor. Das verrät seine Popularität und die Sehnsüchte seiner Fans. Die erste

K

Inkarnation «Beat Takeshi» steht für seine Zeit als Komiker, die zweite «Kitano Takeshi» für sein späteres Schaffen. Im Ausland kennt man den Japaner entweder als «Fürsten» in der TV-Gameshow «Takeshi's Castle» oder als Autor, Hauptdarsteller, Produzent und Regisseur von Komödien und Gangsterfilmen. Seine Yakuza-Ballade «Hana-Bi» (Feuerwerk) gewann 1997 den Goldenen Löwen der Venedig-Biennale für ihre minimalen Dialoge und langen Einstellungen. Auf einen tiefen Blick in die Kamera des 1,65 Meter grossen Antihelden folgte ein unerwarteter Ausbruch an Gewalt. Kitano kann noch viel mehr. Er wäre fast Profiboxer geworden, studierte ein bisschen Maschinenbau, witzelte sich als Stand-up-Comedian in Radio und Fernsehen zum Star, schrieb schräge Kolumnen und satirische Ratgeber, betrieb eine Agentur für Komödianten, kommentierte Sportereignisse, moderierte TV-Shows, verlegte Manga und malte Bilder. Er sei ein Schwamm, der alles aufsauge und sich für einen neuen Film wieder ausdrücke, beschrieb sich das Multitalent einmal selbst. Kitanos schillernde Facetten faszinieren viele Japaner bis heute. Sie finden ihn verstörend unheimlich – sein Vater war selbst bei der Yakuza – und schaudern bei seinem anarchistischen und subversiven Humor, etwa dem berüchtigten Satz: «Wenn alle bei Rot über die Strasse gehen, ist es ungefährlich.» Niemand hielt der japanischen Gesellschaft so oft und intelligent einen entlarvenden Spiegel vor wie Kitano. Das macht ihn zu einem unerreichten Phänomen.

kiwa 際**, Rand, Grenze**
Die japanische Ästhetik wird von uns unbekannten Konzepten beeinflusst und ist daher für unser westliches Auge schwer zu erkennen. Die tief wahrgenommene Unterscheidung von drinnen und draussen (uchi-soto) zum Beispiel schärft das japanische Bewusstsein für die Übergänge zwischen den Dimensionen. *Kiwa* bezeichnet den Rand und die Grenze von Sachen und Räumen. Im Westen ist die Trennung scharf, in Japan fliessend. So verbindet bei traditionellen Häusern eine umlaufende, offene Veranda die Innenräume und die Aussenwelt. Der separate Kragenteil des Kimonos und die mustermässig passenden Stoffriemen der Holzsandalen *(geta)* bilden weiche Übergänge zwischen Kleidung und Umgebung. Auch die Vorliebe der Japanerinnen für künstliche Augenwimpern und dekorierte Fingernägeln wurzelt in dem Konzept von *kiwa* – der Körper wird in die Umgebung hinein verlängert. Ähnlich die Küchenmesser, deren Klingen nur auf einer Seite scharf sind, damit die Schnittkante schöner wird. Die Erfindungen von Emoji für digitale SMS und Stickerfiguren für den Instant-

K

Messaging-Dienst LINE lassen sich ebenfalls im Sinne von *kiwa* interpretieren: Beide vertiefen die gefühlsmässige Bedeutung der Textnachricht und bringen Sender und Empfänger näher zusammen. Seit dieser Erkenntnis betrachte ich meine SMS-Nachrichten aus einem ganz anderen Blickwinkel.

Kōbe-Rind 神戸牛
Möglicherweise haben Sie schon einmal Rindfleisch aus Kōbe gekostet. Die mit Fett marmorierte Köstlichkeit zergeht auf der Zunge und steht schon länger auf westlichen Speisekarten, weil man diese Japanrinder auch in Australien, Europa und Nordamerika züchtet. Der Name Kōbe-Rind *(kōbe gyū)* bezieht sich auf einheimische *Wagyū*-Rassen aus der gleichnamigen Region. Es mag sie vielleicht überraschen, aber das Rindfleisch aus dem Nachbargebiet Matsuzaka ist viel leckerer (*oishii*), jedoch im Ausland bekommt man es nirgendwo. Ein Unterschied: Kōbe-Fleisch stammt vom Ochsen, Matsuzaka-Fleisch von der jungfräulichen Kuh. Und mit 400 Franken je Kilogramm ist die «Königin des Rindfleischs» viel teurer als Kōbe-Fleisch. Die Ursache: Während das Fett anderer Schwarzrindkühe zu etwa 60 Prozent aus ungesättigten Fettsäuren besteht, enthält jenes von Matsuzaka-Rindern genetisch bedingt 70 Prozent. Das hat geschmackliche Folgen: Je höher der Anteil ungesättigter Fettsäuren ist, bei desto niedrigeren Temperaturen schmilzt das Fett, in diesem Fall schon bei 15 Grad. Daher scheint dieses Fleisch auf der Zunge zu zergehen. Kommt dazu, dass es wegen seiner von Zucker unterstützten Süsse überhaupt nicht nach Fleisch schmeckt. Die Bauern von Matsuzaka lassen ihre Kühe drei Jahre lang leben und behandeln sie besser als die meisten Männer ihre Ehefrauen. Jede bewohnt eine eigene Stallbox, geräumige zehn Quadratmeter gross, gut gepolstert mit frischem Stroh. Im Sommer stellen die Bauern vor jedes Tier einen Ventilator, um es in der Hitze zu kühlen. Doch im dritten Jahr fressen die Kühe nicht mehr so richtig, obwohl das Fleisch erst dann seine richtige Reife erhält. «Daher füttern wir sie mit Bier, um ihren Appetit zu fördern, und lindern ihren Stress durch Massagen», haben mir zwei Rinderbauern in der Stadt Matsuzaka berichtet. Eine einzelne Kuh bringt im Schlachthof 14 000 Franken ein, aber wegen des hohen Aufwandes können die Bauern im Schnitt nur zehn Tiere mästen. Daher verdienen sie, auch weil die Kälbchen- und Futterpreise so hoch sind, unterm Strich nicht mehr als ein- bis zweitausend Franken je Tier – für drei Jahre Vollpension mit ganztägiger Intensivpflege ein kläglicher Ertrag, weshalb es immer weniger traditionelle Rinderbauern gibt.

K

Kohaku 紅白, TV-Sendung
Jeden Silvesterabend versammelt sich halb Japan seit 1951 (!) vor dem Fernseher und verfolgt im öffentlich-rechtlichen TV-Sender NHK den Gesangswettbewerb *Kohaku Uta Gassen*. *Kohaku* bedeutet wörtlich «Rot-Weiss» – Rot ist in Japan die Farbe der Frauen und Weiss jene der Männer. Bei *Kohaku* tritt ein rotes Team von weiblichen gegen ein weisses Team von männlichen Künstlern an. Rot und Weiss absolvieren im Wechsel je 23 Auftritte. Dafür vergibt das Publikum im Saal und an den Bildschirmen Punkte, nach viereinhalb Stunden steht der Sieger fest. Mit Gruppenwettkämpfen sind die Japaner seit den Sportfesten ihrer Grundschulzeit tief vertraut. Das ist ein Grund für die Popularität. Der andere: Alle Stars in Japan treten in der Sendung auf, Zuschauer jeden Alters kommen auf ihre Kosten. Schmalzige Boygroups locken junge Frauen vor die Bildschirme, mittelalte Männer erfreuen sich an zuckersüssen Mädchenbands in Lolita-Kostümen, die Senioren geniessen altmodische Enka-Schlager. Wenn um 15 Minuten vor Mitternacht Rot oder Weiss zum Sieger gekürt ist, schaltet NHK live von einem Tempel zum nächsten. In Japan gibt es in der Silvesternacht kein Feuerwerk, dafür läuten 108 Schläge der Tempelglocken den Jahreswechsel ein. Jeder Schlag steht für eine der 108 weltlichen Versuchungen im Buddhismus. Der Gedanke gefiel mir von Anfang an – 108 Laster kennen wir meines Wissens im Westen nicht ...

koi 鯉, Karpfen
Einst düngten sie die Reis-Felder und ergänzten die Ernährung der Bauern. Aber seit Anfang des 19. Jahrhunderts züchtet man in Japan die Karpfenfische, die *koi*, nach Farbe, Muster und Form. Dadurch entstand im Verlauf von 200 Jahren die ornamentale Pracht der Farb- oder Brokatkarpfen *(nishikigoi)*. Diese «Könige der Gartenteiche» sind ausgewachsen etwa einen halben Meter lang, fühlen sich im 15 bis 25 Grad warmen Wasser am wohlsten und erreichen ein Alter von 50 bis 70 Jahren. Im Einzelhandel kostet ein einjähriger *nishikigoi* zwischen 50 und 500 Franken. Bei Wettbewerben um den schönsten Brokatkarpfen vergeben die Gutachter 60 Prozent ihrer Punkte für eine möglichst symmetrische und konische Körperform, 30 Prozent für die Lebendigkeit der Farben und 10 Prozent für Anmut und Ausdruck der Bewegungen. Drei «Designs» dominieren die Siegerlisten. Der weisse Körper mit roter Zeichnung auf dem Kopf der Sorte Tanchō Kōhaku erinnert an die japanische Flagge, die Art Shōwa Shanshoku besitzt einen schwarzen Leib mit roten und weissen Flecken, und Taishō Sanke sehen aus wie mit Tinte besprützt. Die 26 Arten können insgesamt nur sechs Farben

K

ausdrücken – Rot, Gelb, Schwarz, Weiss, Blau und Metallisch. 90 Prozent der japanischen Produktion gehen ins Ausland. Noch eine weitere Karpfenart hat die einheimische Kultur beeinflusst. Den ebenfalls aus China importierten Goldfisch *(kingyo)* besassen am Anfang der Edo-Zeit zunächst die Adeligen. Aber schon im 18. Jahrhundert erfreute sich fast jeder Haushalt daran. Damals begann auch die Zucht von *kingyo* mit auffälligen Merkmalen. Am bekanntesten dürfte die Variante namens Büffelkopf *(ranchū)* sein. Im heutigen Alltag sieht man Goldfische vor allem auf Schul-, Stadt- und Volksfesten. Dort können Kinder gegen einen kleinen Obolus goldglänzende Babyfische aus einer Wasserwanne schöpfen *(kingyo sukui)*. Vor dem 5. Mai wiederum hissen junge Familien von ihren Balkonen aus bunte Windsäcke in Karpfenform *(koi nobori)*, damit der Nachwuchs gesund und stark heranwächst – ein Karpfen muss fit sein, um gegen den Strom schwimmen zu können. Galt der Brauch früher nur für Jungen, flattern inzwischen auch Banner für jedes Mädchen der Familie, der frühere «Jungentag» heisst nun «Kindertag». Schliesslich gibt es auch weibliche Karpfen.

Konbini コンビニ
Die Turboversion des Tante-Emma-Ladens kommt als Alleskönner daher: In den *Konbini*-Geschäften gibt es Fertigmahlzeiten für den kleinen und grossen Hunger, auf Wunsch aufgewärmt, dazu frisch gebrühten Kaffee; alltäglich benötigte Lebens- und Haushaltsmittel wie Brot, Bananen, Milch, Süssigkeiten, Toilettenpapier, Rasierschaum, Lippenstift, Batterien, Kugelschreiber und so weiter; Getränke vom Softdrink bis zu Dosenbier und Wein, dazu Magazine, Zeitungen und Videos. Doch die *Konbini*, eine japanisierte Abkürzung für ihren US-Vorläufer, den «convenience store», locken ihre Kunden mit noch mehr Bequemlichkeit an: Dort kann man auch kopieren, Fotos ausdrucken, an der Kasse Barcode-Rechnungen für Strom, Wasser, Lokal- und Autosteuer bezahlen, am Automaten Geld abheben und einzahlen, Karten für Konzerte und Sportveranstaltungen ausdrucken, Briefmarken kaufen und Pakete abgeben. Zudem bietet jeder der weit über 50 000 *Konbini*, meist auf Franchise-Basis von den drei Hauptmarken 7-Eleven, Lawson und FamilyMart, eine frei zugängliche, saubere Toilette an. Dank einer ausgeklügelten IT-gestützten Logistik fahren mehrmals täglich Lieferwagen mit Nachschub vor, sobald sich in den Regalen Lücken auftun. Der extrem durchorganisierte Service hat seinen Preis, der Aufschlag zum Discounter beträgt 10 bis 30 Prozent. Dafür eignen sich diese Läden perfekt für schnelle Minieinkäufe und lästige Erledigungen, zumal alle *Konbini* rund um die Uhr geöffnet sind. Oder

waren: Durch den Arbeitskräftemangel ist diese Extrabequemlichkeit inzwischen nicht mehr überall garantiert.

Konfuzius 孔子
Wenn Japaner einander begegnen, verbeugen sie sich nicht nur voreinander, sondern sie bezeugen sofort auch sprachlich Respekt voreinander. Dies geschieht jedoch nicht durch Siezen statt Duzen. Vielmehr drückt sich der Sprecher so aus, als ob der Angesprochene über ihm steht. «Geben Sie mir einen Apfel» *(ringo o kudasai)* bedeutet wörtlich «Geben Sie mir einen Apfel von oben herunter». Umgekehrt übersetzt man «Ich gebe Ihnen einen Apfel» *(ringo o agemasu)* von der Wortherkunft her als «ich reiche einen Apfel hoch zu Ihnen». Das Beispiel zeigt, wie stark soziale Hierarchien das Denken in Japan beeinflussen, insbesondere im Verhältnis von Vorgesetzten und Untergebenen, Lehrern und Schülern, Eltern und Kindern, Ehemann und Ehefrau, Brüdern und Schwestern sowie älteren und jüngeren Kollegen *(sempai-kōhai)*. Strikter als in westlichen Gesellschaften beachten Japaner diese Beziehungen und verhalten sich danach. Ein Vorgesetzter sollte sorgsam und weise sein, ein Untergebener loyal und gehorsam, ein Vater fair, ein Kind respektvoll, ein Freund verlässlich und so weiter. Dieser soziale Kode geht auf den chinesischen Philosophen Konfuzius *(Kō Fūshi)* zurück, dessen Gedanken mit den chinesischen Schriftzeichen nach Japan kamen. In der Edo-Zeit erlebte seine Lehre einer auf Moral basierten Ordnung eine neue Blüte. Die damaligen Tokugawa-Herrscher wollten ausgewogene und harmonische Beziehungen zwischen den gesellschaftlichen Gruppen erreichen. Die berühmte japanische Höflichkeit basiert daher stark auf einer formalisierten und standardisierten Kommunikation und der Beachtung von informellen Verhaltensregeln. Nach dieser Schlaumeierei kommen wir zum Aber: Der konfuzianische Einfluss im heutigen Japan ist viel weniger zu spüren als in China und Korea. Als schablonenhafte Erklärung für das soziale Verhalten der Japaner taugt die Lehre von Konfuzius nur bedingt.

konkatsu 婚活**, Heiratsaktivität**
Wenn es ums Heiraten und um Kinder geht, zeigt Japan seine tiefkonservative Seite. Bereits wilde Ehen sind selten: Wenn Paare zusammenwohnen, sind sie fast immer verheiratet. Und nur jedes fünfzigste Kind wird unehelich geboren – in der Schweiz ist es jedes vierte. Die traditionelle Denkweise erklärt die nationale Obsession mit dem Heiraten. Bis über die achtziger Jahre hinaus fanden viele junge Leute per *omiai* (wörtlich: «einander betrachten») einen Ehepartner. Eltern, Verwandte, Nachbarn oder der Firmenchef vermittelten «geeignete» Kandidatinnen und Kandida-

K

ten für ein persönliches Treffen zum Kennenlernen. Aber der soziale und wirtschaftliche Druck zum Heiraten hat auch in Japan nachgelassen. Das durchschnittliche Heiratsalter ist bei Männern auf 31,1 Jahre und bei Frauen auf 29,4 Jahre gestiegen. Doch die traditionelle Ehe ist ein attraktives Lebensmodell geblieben. Daher suchen viele Japaner nun per *konkatsu* nach dem passenden Partner. Das Kunstwort setzt sich aus jeweils einem Schriftzeichen von Heirat *(kekkon)* und von Aktivität *(katsudō)* zusammen. Das bedeutet: Anders als bei Onlinevermittlern oder Daten-Apps zielen die Treffen direkt auf eine Heirat. Die Männer suchen eine Frau zum Kinderkriegen und -aufziehen und verlangen vor allem ein hohes Bildungsniveau. Die Frauen achten auf finanzielle Absicherung und lebenslange Versorgung. Daher fordern sie von ihrem Mann den Abschluss einer anerkannten Universität, eine Festanstellung bei einem Grossunternehmen oder eine gut dotierte Position, zum Beispiel als Arzt oder Beamter. Die Suchenden finden über Agenturen zueinander, die betreiben Klubs, in denen man sich am Wochenende organisiert treffen kann. Solche Begegnungen verlaufen so unromantisch, wie es klingt. «Aber viele Japaner misstrauen dem Gefühl der Liebe sowieso», meint der Soziologe Yamada Masahiro, der 2007 dem Phänomen *konkatsu* seinen Namen gab. Inzwischen gehen sogar die alten Eltern von immer noch ledigen 40- bis 50-Jährigen zu den Treffen und nehmen anhand eines Fotos und der Biodaten eine Vorausauswahl für ihr Kind vor, damit es vielleicht doch noch heiratet.

Konmari こんまり
Zu den wenigen Japanerinnen, die im Ausland bekannt sind, zählt die Ordnungskönigin Kondō Marie (*1984). Ihre Bestsellerbücher über «Magic Cleaning» liegen seit einigen Jahren auf Deutsch vor. Später machte eine eigene Netflix-Serie sie noch prominenter. Ihre als *Konmari* vermarktete Methode basiert darauf, seine Habseligkeiten durchzugehen und nur zu behalten, was das Herz schneller klopfen lässt *(tokimeku)*. Was übrigbleibt, erhält nach Kategorien getrennt einen festen Platz. Als eine Inspiration für dieses Vorgehen nennt Kondō den Shintō, da sich dieser Glaube mit dem göttlichen Wesen von Dingen und dem richtigen Lebensweg befasse. Während ihres Soziologiestudiums arbeitete sie fünf Jahre als Priesterassistentin in einem Schrein. «Sachen wie wertvolle Lebewesen statt als Wegwerfartikel zu behandeln, muss für Menschen aus anderen Kulturen einzigartig sein», erklärt Kondō sich die starke Auslandsresonanz auf ihre Methode. In ihrer Heimat ist Kondō nur eine von vielen Verfechterinnen von mehr Ordnung. Denn einerseits emp-

finden Japaner Wegwerfen als Verschwendung (mottainai). Andererseits sind Häuser und Wohnungen meist zu klein für allzu viel materiellen Besitz. Daher bieten Kauf- und Versandhäuser seit je Behälter und Verfahren für das platzsparende Aufbewahren an. Insofern ist es wohl kein Zufall, dass eine Aufräumqueen aus Japan kommt.

Korea 韓国
Buddhismus, Porzellan, Metallurgie, Schriftzeichen und vieles mehr kamen ab dem 4. Jahrhundert mit einwandernden Gelehrten, Handwerkern und Künstlern aus Korea nach Japan; koreanische Adelige heirateten sogar ins Kaiserhaus ein. Aber diese Nähe ist längst vergessen. Stattdessen sorgt die japanische Kolonialzeit in Korea, die Jahre zwischen 1910 und 1945, bis heute für böses Blut zwischen beiden Ländern. In Nord- wie Südkorea gilt sie als dunkle Epoche, der Widerstand gegen die Besatzer forderte zahlreiche Opfer. Während des Zweiten Weltkrieges mussten viele Koreaner in japanischen Bergwerken und Fabriken als Sklaven schuften und Koreanerinnen sich in Bordellen der Kaisertruppen missbrauchen lassen. Zehn Jahre lang dauerten die Verhandlungen, bis Südkorea und Japan ihre Beziehungen im Vertrag von 1965 endlich normalisierten. Darin zog Japan einen endgültigen Schlussstrich unter seine Kriegs- und Kolonialvergangenheit in Korea. Von einem damals bitterarmen Agrarland entwickelte sich Südkorea jedoch zu einer wohlhabenden Industrienation. Die brutale Militärdiktatur wich einem demokratischen Rechtsstaat. Überlebende Zwangsarbeiter und -prostituierte («Trostfrauen») erhoben ihre Stimme und forderten Entschädigungen. Japans konservative Elite nahm diesen Groll der Opfer nie ernst und setzte auf ihr Wegsterben. Völkerrechtlich darf sich die Regierung in Tōkyō im Recht fühlen – ihre Reparationszahlung von 1965 deckte Entschädigungen mit ab. Aber ein solch kaltherziger Formalismus reizt das nationale Selbstwertgefühl vieler Südkoreaner noch immer, sie wünschen sich von Japan mehr Empathie und weniger Arroganz. Also bleibt das Verhältnis kompliziert. Regiert ein Konservativer im Präsidentenpalast in Seoul, verbessern sich die Beziehungen mit Tōkyō meistens, bei einem Liberalen oder Linken verschlechtern sie sich. Die offene koreanische Frage, die sich bei einem Friedensvertrag für den Koreakrieg neu stellen würde, giesst Öl ins Feuer. Bei einer Wiedervereinigung wäre Korea eine Wirtschaftsmacht mit 74 Millionen Menschen und könnte endlich die verhasste Existenz als «Garnele zwischen den Walen» China und Japan hinter sich lassen. Dagegen möchte Japan lieber den Status quo erhalten. Ein wiedervereinigtes Korea wäre ein neuer starker Rivale vor der eigenen Haustür,

K

der sich zudem eng an China anlehnen dürfte. Zu einer Aussöhnung, wie sie zwischen Deutschland und Frankreich stattgefunden hat, scheinen weder Japan noch Südkorea bereit zu sein.

Koreaner in Japan 在日韓国人・在日朝鮮人
Wenn zwei Nationen sich zu nahe kommen, geraten garantiert einige Menschen zwischen die Fronten. So könnte man auch das Schicksal der heutigen *zainichi kankokujin* (Südkoreaner) und *zainichi chōsenjin* (Nordkoreaner) betrachten, deren vorige Generationen durch die japanische Kolonialisierung von Korea und im Zuge des Zweiten Weltkriegs meist unter Zwang in Japan landeten und unter teilweise grausamen Bedingungen in Fabriken und Bergwerken schufteten. Als die Kolonialzeit endete und bald darauf der Koreakrieg ihre Heimat verwüstete und teilte, blieben viele trotzdem in Japan. Dadurch waren sie rechtlich betrachtet weder Japaner noch Koreaner. Als Staatenlose konnten die japanischen Behörden sie leicht diskriminieren, zumal viele von ihnen der Unterschicht angehörten, in verpönten Spielhallen (Pachinko) arbeiteten oder sich in Mafiabanden (Yakuza) organisierten. Ihr hartes Schicksal lässt sich am Beispiel von Softbank-Gründer Son Masayoshi (*1957) illustrieren, hinter Yanai Tadashi von der Textilkette Uniqlo der reichste Japaner.

Son entstammt einer *Zainichi-kankoku-Familie*, die in einem illegal errichteten Holzhaus direkt an einer grossen Bahn-Linie nahe Fukuoka lebte. Seine Eltern sammelten Essensreste ein und fütterten damit ihre Hühner und Schweine. Die Familie Son trug nach aussen hin den japanischen Nachnamen Yasumoto, um ihre ethnische Herkunft zu verbergen. Dennoch mobbten japanische Kinder den jungen Masayoshi. Als der 16-Jährige in die USA flog, übrigens auf Anregung eines japanischen Förderers, musste er sich bei der Ausreisekontrolle am Schalter für Ausländer anstellen. Denn seine Familie war lediglich «in Japan ansässig» *(zainichi)* – und besass keine japanische Nationalität. Als Son sich einige Jahre später an der Universität Berkeley in die japanische Arzttochter Ōno Masami verliebte, hätte er seinen koreanischen Nachnamen bei einer Heirat in Japan zwangsweise verloren. Das Gesetz schreibt nämlich vor, dass diese Koreaner einen japanischen Namen annehmen müssen, wenn sie japanischer Staatsbürger werden wollen. In dieser Lage bewies seine Auserwählte ihre Liebe, änderte ihren Namen in Son und heiratete ihn. Dadurch konnte er seinen koreanischen Familiennamen ausnahmsweise behalten und trotzdem japanischer Staatsbürger werden. Inzwischen diskriminiert der Staat die verbliebenen 400 000 Nachkommen dieser Koreaner

K

viel weniger als früher. Sie müssen ihre Fingerabdrücke nicht mehr abgeben und dürfen an staatlichen Universitäten studieren. Aber sie haben weiter keinen Zugang zum öffentlichen Dienst und können ihr Wahlrecht nur eingeschränkt ausüben. Über 90 Prozent verwenden japanische Nachnamen, damit sie zum Beispiel eine Wohnung vermietet bekommen. Das anhaltende Misstrauen hängt auch damit zusammen, dass sich ein Grossteil der verbliebenen *zainichi chōsenjin* offen zu Nordkorea und den Kim-Herrschern bekennt. In ihren eigenen Schulen verehren ihre Kinder den Führer, und sie beweisen mit Spenden ihre naive Loyalität zu dem Regime in Pjöngjang, das sich seinerseits durch grosse Feindlichkeit gegen Japan auszeichnet.

Krähen からす
Auf den kleinen Grundstücken der Einfamilienhäuser und in den engen Strassen der Wohnviertel fehlt der Platz für Abfalltonnen. Wenn die Müllabfuhr kommt, stellen die Japaner daher ihren Abfall in Tüten an Sammelplätze auf den Strassen, jeweils an verschiedenen Wochentagen sortiert nach Wiederverwertbarem wie Glas und Papier, Sondermüll wie Batterien und Elektrogeräten sowie Plastik- und kompostierbarem Müll. An den Abholtagen für letzteren feiern die städtischen Krähen *(karasu)* ein Fest. Bevor die Müllabfuhr eintrifft, hacken sie mit ihren scharfen Schnäbeln die Tüten auf und picken die Essensreste heraus. Der übrige Abfall bleibt verstreut auf dem Boden liegen. Zur Abwehr breiten die Anwohner dichte Plastiknetze über den Abfalltüten aus, Städte und Gemeinden verringern die Zahl der Riesenvögel mit Fangkisten. Der Biologe Naoki Takahashi identifizierte 40 «Wörter» der Krähensprache und lockte die Vögel mit «falschen» Botschaften erfolgreich von einer Müllsammelstelle weg. Doch die hochintelligenten Tiere lassen sich schwer austricksen und bleiben eine anhaltende Plage. Daher plädiert Takahashi inzwischen für ihre kulinarische Verwertung und hat sogar eigene Rezepte für ein Krähenkochbuch entwickelt. Er vergleicht Krähen mit Rehen und Hirschen in Europa, die ebenfalls gejagt und verzehrt würden, damit sie sich nicht zu stark vermehren. Aber auf Gerichte wie Krähengulasch entwickelten die Japaner bislang kaum Appetit.

Kuma Kengo 隈研吾
Das Ausland kennt ihn inzwischen als den Architekten des Stadions der zweiten Olympischen Spiele in Tōkyō. Dessen Holzstruktur basiert auf einer fünfstöckigen Pagode, zugleich verwendete Kuma Kengo (*1954) dafür Zedern aus allen 47 Präfekturen von Japan. Die einzige Ausnahme war das Kiefernholz aus Okinawa, dort wachsen keine Zedern. Das

K

Stadion verrät Kumas Designphilosophie von «natürlichen» Gebäuden. Damit meint er nicht nur Holz und Bambus als Basismaterialien – er hat eine generelle Abneigung gegen die von Beton dominierte moderne Architektur. «Wir haben die Schönheit des Waldes vergessen und dadurch der Gesellschaft und der Menschheit geschadet», sagte er mir. Als Beweis für seine These entwarf er verschiedene Holzgebäude ohne Nägel, Metall und Klebstoffe. Ihre Stabilität erhielten sie durch eine Verschränkung der einzelnen Balken nach der *Chidori*-Technik. In der Schweiz baute Kuma unter anderem das ArtLab der Eidgenössischen Technischen Hochschule Lausanne (EPFL). Bei seinem Konzept für das Dach liess er sich von traditionellen Schweizer Bauernhäusern inspirieren. Für seine Erfolge bei ausländischen Wettbewerben hat Kuma eine einfache Erklärung: Seit seiner Studienzeit hätte er Gespräche mit Ausländern geführt, deswegen könne er deren Denkart gut verstehen. Trotzdem hat er den Pritzker-Preis, eine Art Nobelpreis für Architekten, bisher nicht erhalten.

Kuschelfreund ソフレ
Brauchen Sie jemanden zum Reden? Zum Einschlafen? Oder gar zum Kuscheln? Diese Bedürfnisse klingen in unseren Ohren profan und obskur zugleich. Doch in Japan lassen sich solche Dienstleistungen über das Internet problemlos buchen, auch wenn es sicher kein massenhaftes Phänomen ist. Stark gefragt scheint der Kuschelfreund zu sein, dafür gibt es sogar einen eigenen Ausdruck *(soine fure)*. Wörtlich ist das ein «Freund, neben dem man schlafen kann». Die Auftraggeber sind in der Regel männliche Angestellte, die sich nach Geborgenheit und Nähe sehnen. Die Frauen, die dies gegen Geld anbieten, fühlen sich im öffentlichen Raum sicherer als in einer privaten Wohnung, daher entstanden in einigen Grossstädten Kuschelcafés *(soine ya)*. Für umgerechnet 50, 60 Franken in der Stunde legen sich die Männer in einem separaten Zimmer neben eine Frau, um sich zu entspannen. Anschauen, anfassen, umarmen und küssen kostet in der Regel jeweils extra, Sex ist (gesetzlich) verboten. Meines Erachtens spiegeln sich in diesen Diensten neben der Einsamkeit des Einzelnen in einer durchgetakteten Gesellschaft auch spezifisch japanische Umstände wider. Verallgemeinernd könnte man sagen, dass jüngere Japaner an einer festen Beziehung wenig interessiert sind. Ihre sexuelle Begierde scheint oft eher schwach zu sein. Das verursacht ein schwieriges Dilemma. In ihrem Umfeld gäbe es sicher einige Menschen, denen sie näherkommen und die ihre Bedürfnisse nach Vertrautheit erfüllen könnten. Aber zwischen-

K

menschliche Beziehungen in Japan beruhen stärker als bei uns auf dem Prinzip von Geben und Nehmen (Geschenke). Daher findet es manch ein Japaner einfacher, für eine Dienstleistung zu bezahlen, als sich in das komplizierte Gestrüpp gegenseitiger Verpflichtungen zu begeben oder einen Freund um einen Gefallen zu bitten – zumal sich für viele die bezahlte Dienstleistung letztlich genauso echt anfühlt.

Kyōto 京都
«Selbst wenn ich in Kyōto bin, den Kuckuck hörend, sehne ich mich nach Kyōto», seufzte Haiku-Dichter Bashō Matsuo schon vor über 300 Jahren. Seine Nostalgie für die alte Kaiserstadt spüren Westler bis heute. Vor ihrem geistigen Auge erscheinen tief vertraute Klischeebilder: die Sonne über dem Goldenen Tempel und seinem stillen Teich, ein lichtdurchfluteter Bambushain, ein Mönch mit Harke in einem Steingarten, eine weiss geschminkte *maiko* (Geisha) im Kimono in einer Gasse aus ziegelgedeckten Holzhäusern. In der grausamen Wirklichkeit sind solch romantische Bilder schwer zu finden. Das Gesicht von Kyōto sieht genauso charakterlos aus wie das von jeder anderen Millionenstadt in Japan. Sicher, die Tempel, Schreine, Paläste und Gärten beeindrucken tief. Aber sobald man diese Inseln der Ästhetik am Stadtrand verlässt, ertrinkt man in einem Meer urbaner Hässlichkeit – kastenförmige Apartmenthäuser, Stromkabel- und Telefondraht-Spaghetti über den Strassen, zubetonierte Flussläufe. Die Beweise für diese Behauptung: Nach chinesischem Vorbild ist Kyōto als rasterförmiges Strassengitter auf einer Ebene zwischen den Vorbergen im Norden, Westen und Osten angelegt. Im allgegenwärtigen Blick auf die umgebenden Hügelketten wurzelt die Schönheit der Stadt. Aber ihre Verwaltung zerstörte die einmalige Kulisse mutwillig – erst durch den Kyōto Tower (1964), dann das Kyōto Hotel am Rathaus (1994) und schliesslich den Neubau des Bahnhofs (1998). Der Japanologe Alex Kerr brandmarkte den Kyōto Tower als «Pfahl durch das Herz der Stadt». Der 131 Meter hohe Fernsehturm aus Beton sollte die alte Kaiserstadt in die Moderne hieven wie einst der Eifelturm die französische Hauptstadt Paris. Stattdessen verschandelt er das Stadtbild. Das 60 Meter hohe Kyōto Hotel, heute Teil der Kette Ōkura, blockiert – wie von Kritikern befürchtet – den Blick auf die Berge. Und der fast 500 Meter lange Betonriegel des postmodernen Bahnhofsgebäudes zerteilt Kyōto brutal in eine nördliche und eine südliche Hälfte. Über ein Jahrtausend prägten flache Wohnhäuser aus Holz das Stadtbild. Diese *machiya* (wörtlich: Stadtviertelhaus), meist im Besitz von Händlerfamilien, heissen wegen ihrer langge-

K

streckten Bauweise «Schlafzimmer für Aale», bestehend aus einem tragenden Balkengerüst sowie Erdwänden, Schiebetüren, Holzfenstern und Ziegeldächern. Typisches Kennzeichen sind die hölzernen Gitter an der Vorderfront. Ihre luftige Konstruktion macht den notorisch schwülen Sommer von Kyōto erträglich. Im Zuge des Wirtschaftswunders verschwanden die *machiya* als Symbole einer vermeintlichen Rückständigkeit von Japan. Alt bedeutete schmutzig, dunkel, arm und unbequem, kein Bewohner erwog eine Renovierung, kein Stadtplaner bremste die rasante Zerstörung. Die Zahl der *machiya* schrumpfte bis 2017 auf 40 000, im Schnitt fallen den Abrissbaggern immer noch zwei Gebäude täglich zum Opfer. Zum Glück für die über 50 Millionen Touristen jährlich erlebt Kyōto seit den 1990er Jahren eine Gegenbewegung. Als Boutiquen, Cafés, Restaurants, Galerien und Pensionen fanden *machiya* neue Verwendung, darunter Läden von Hublot, Leica, Issey Miyake oder Hard Rock und Starbucks Café. Der Immobilienhändler Linshi aus China erwarb 120 alte Häuser für Geschäfte mit Produkten für chinesische Kyōto-Besuchern. Neubauten, darunter eine städtische Müllverbrennungsanlage, greifen Stilelemente der *machiya* wie überhängende Dachfirsten auf. Die Stadtverwaltung verschärfte die Bauvorschriften, damit die Blickachsen auf die Hügelketten frei bleiben oder es wieder werden. All dies tröstet wenig – das Kyōto (westlicher) Träume existiert leider (fast) nicht mehr.

L

LDP 自民党
Nur zwei Mal seit 1955 hatten die Japaner von der Liberaldemokratischen Partei *(jimintō)* die Nase voll: von Mitte 1993 bis Anfang 1996 und von 2009 bis 2012. Aber jedes Mal kehrten die Wähler reumütig zur LDP zurück, weil sie sich nach Ordnung und Stabilität sehnten. Mit der Ausnahme von knapp sechs Jahren regiert also seit über 60 Jahren dieselbe Partei. Das weckt Zweifel, ob die Demokratie in Japan wirklich funktioniert. Tatsache ist: Solange die Wirtschaft florierte, scheuten die Japaner das Risiko eines Wechsels. Nur als sich die LDP durch Skandale selbst diskreditierte, gaben sie der Opposition eine Chance. Die *jimintō* entstand 1955 durch die Fusion zweier Parteien und hält sich an der Macht, indem sie über aktuell sieben Fraktionen ein breites Spektrum an Personen und Inhalten abdeckt. Sie leistet einerseits wie eine sozialdemokratische Partei staatliche Unterstützung für die Unter- und Mittelschicht. Andererseits trat sie wie eine konservative Partei für Sicherheit und Ordnung ein. Nach einem bekannten Bonmot ist die LDP jedoch weder liberal noch demokratisch. Ein «eisernes Dreieck» aus Top-Beamten, Gross- und Finanzindustrie sowie konservativen Medien hält jede Kritik an der Partei klein. Ihre Macht basiert auf einem Wahlsystem, bei dem ländliche Bezirke mit wenig Bevölkerung genauso viele Abgeordnete stellen wie städtische Regionen mit weit mehr Bewohnern. Konsequent setzte die *jimintō* einen Schattenhaushalt, der sich aus den Einlagen der Post speiste, dafür ein, um in ländlichen Regionen Brücken, Dämme, Strassen und Freizeitparks zu bauen. Die Projekte schufen viele Arbeitsplätze bei den lokalen Baufirmen. Dafür erhielt die LDP die Stimmen der Landbevölkerung und von den Unternehmen hohe Spenden. Diesem Perpetuum mobile der Macht ging jedoch mit dem Ende der Blasenwirtschaft und durch die hohe Staatsverschuldung der Treibstoff aus. Das «55er-System» schien am Ende, 2009 übernahm die Demokratische Partei *(minshutō)* die Regierung. Doch zwei ihrer drei Premierminister gehörten ursprünglich zur LDP. Und schon Ende 2012 kehrte die Dauerregierungspartei an die Macht zurück und behielt sie auch, während sich die Demokratische Partei als ihr erfolgreichster Gegner 2016 auflöste ...

leere Häuser 空き家
Zu den häufigen Schlagzeilen über Japan gehört die hohe Zahl an verlassenen Häusern. Darin spiegelt sich angeblich die alternde Gesellschaft wider. Tatsächlich sind 8,5 Millionen Häuser in Japan verfallen. Das sind fast 14 Prozent aller Gebäude. Viele davon werden bereits zum Verschenken angeboten. Solche Nachrichten führen in die Irre:

L

Die Zahl der Japaner sank zwischen 2013 und 2018 um über 800 000, während die Menge der leeren Häuser *(akiya)* nur um 260 000 wuchs und zugleich 1,6 Millionen neue Häuser entstanden. Landflucht und Bevölkerungsschwund scheiden als Ursachen für den Leerstand also aus. Zudem zählen die Statistiker Ferienhäuser und zum Verkauf stehende Gebäude mit. Der wahre Hintergrund ist komplexer. Verglichen mit der Schweiz, haben japanische Häuser aufgrund der harten Klimawechsel zwischen trockenkalten Wintern und feuchtheissen Sommern, des verbreiteten Einsatzes von Plastik und der ständigen Verschärfung von Erdbeben-Vorschriften eine vergleichsweise geringe Lebensdauer. Steuerlich gesehen, ist ein Privathaus nach 25 Jahren abgeschrieben, danach zählt für Bank und Fiskus nur der Wert des Grundstücks. Eine Nutzung darüber hinaus rechnet sich kaum. Jedoch ist die Grundsteuer für Immobilienbesitzer viel niedriger, solange das Grundstück bebaut ist, ob das Gebäude nun bewohnt ist oder nicht. Daher verschandeln viele Besitzer lieber die Nachbarschaft, als mehr Steuern und den Abriss zu zahlen.

Lehrer 先生

Die Kehrseite des guten Abschneidens von japanischen Schülern bei internationalen Vergleichstests ist eine extrem hohe Arbeitsbelastung für die Lehrer *(sensei)*. Bei einer Umfrage des Bildungsministeriums kam heraus, dass 60 Prozent der Lehrer von Mittelschulen und 30 Prozent jener von Grundschulen durchschnittlich mehr als 80 Überstunden im Monat leisten. Dafür bezahlen viele Unterrichtende mit einem Burnout und manche mit ihrem Leben (karōshi). Zudem nimmt Mobbing (ijime) unter ihnen zu, offenbar eine Folge von zu viel Frust und Stress. Im Schnitt leisten sie mehr als drei Überstunden täglich. Das liegt vor allem an den äusseren Umständen: An allen Schulen in Japan wird ganztags unterrichtet, dazu kommen viele Veranstaltungen an den Wochenenden und in den Ferien. Die Aufsichtspflicht sowie die Leitung der vielen Sportarbeitsgemeinschaften verursachen ebenfalls Mehrarbeit. Zunehmend setzen sich die Lehrer auch mit übergriffigen Helikoptereltern auseinander, die in Japan übrigens Monstereltern heissen. Vor allem fehlt eine Bremse für die exzessiven Überstunden, da die Schulen sie nicht bezahlen müssen. Stattdessen erhalten die Lehrer einen pauschalen Gehaltsaufschlag von 4 Prozent. Mehrmals sind Reformvorschläge auf den Tisch gekommen, darunter flexiblere Arbeitszeiten und weniger Verwaltungsaufgaben für Lehrer. Aber passiert ist wenig. Das Bildungsministerium hält sogar an seinem Plan fest, die Zahl der Lehrerstellen bis 2030 um 40 000 zu verringern. Doch bleibt es bei dieser

L

Überarbeitung, werden sich für diesen Beruf ohnehin immer weniger junge Leute entscheiden.

Leuchtstab 誘導棒
Früher machte ich gerne den Witz, dass jeder dritte japanische Mann schon mit Schutzhelm, Megafon und Leuchtstab *(yūdōbō)* auf die Welt komme. Die schiere Masse solchermassen ausgerüsteter Werktätiger auf Bürgersteigen, Parkplätzen und Strassen verblüffte mich. Viele ihrer Tätigkeiten erschienen mir zudem überflüssig: An einer kaputten Rolltreppe im Bahnhof steht ein Mann mit Megafon, der sich ständig entschuldigt und dazu auffordert, die normale Treppe zu nehmen. Am Zebrastreifen zwischen einem Parkplatz und einem Supermarkt stoppt ein Leuchtstabhalter die Autos, die sowieso für Fussgänger halten. Aber nach einiger Zeit erkannte ich in dem auffälligen Outfit eine der vielen Uniformen, die das öffentliche Erscheinungsbild prägen. Und die sinnlosen Aufgaben sind oft dem Servicegedanken geschuldet: Der Kunde soll sich umsorgt fühlen (omotenashi). Die meisten dieser Jobs gehen jedoch auf das Konto staatlicher Vorschriften. An jeder Strassenbaustelle und jeder Baustellenausfahrt müssen nämlich Einweiser stehen und den Verkehr regulieren, um Unfälle zu vermeiden. Leuchtstab und Helm legitimieren diese Arbeiter. Seit diesen Einsichten mache ich mich über sie nicht mehr lustig.

LGBT エルジービーティー
Den Rückstand bei der Akzeptanz von LGBT-Menschen holt Japan seit einigen Jahren im Eiltempo auf. Inzwischen bekennen sich Bürgermeister und Parlamentsabgeordnete offen zu ihrer Homosexualität, ohne dass die Wähler sich von ihnen abwenden, ebenso wenig wie von lesbischen Frauen. Japaner sind konservativ, aber nicht verklemmt. Der christliche Moralkodex schlug in Japan nie Wurzeln. Shintō, Buddhismus und Konfuzianismus lehnen Homosexualität nicht ab. Gleichgeschlechtliche Liebe verstösst gegen kein Gesetz, es gibt kein Verbot und keine Strafe. Eine ähnliche Bestrafung, wie Paragraf 175 in Deutschland bis 1994 vorsah, existierte in Japan nur kurzzeitig. Ab 1872 mussten Männer für Analsex 90 Tage ins Gefängnis. Aber schon 1880 strich das Parlament den Absatz wieder aus dem Strafgesetzbuch. Die «progressive» Einstellung hatte tiefe Wurzeln. Belege für männliche Homosexualität lassen sich bis in Japans Antike zurückverfolgen. Als «schmutzige Wesen» durften Frauen «heilige» Orte wie Berge, Schreine und Tempel nicht betreten. Also schliefen die Mönche mit Männern. Auch unter Samurai-Kriegern und Kabuki-Schauspielern, allesamt Männer, kam es zu homosexueller Liebe. Die Populärkultur der

L

Edo-Zeit betrachtete männliche Homosexualität als normal. Minderjährige Knaben bedienten in städtischen Bordellen erwachsene Männer. Dem zügellosen Treiben setzte die «Modernisierung» der Meiji-Zeit ein Ende, nach dem verlorenen Krieg folgte eine starke Amerikanisierung. Ein Ultranationalist wie der Schriftsteller Mishima Yukio versteckte aber seine homosexuellen Neigungen. LGBT-Japaner galten als Sonderlinge, viele verliessen Japan für mehr persönliche Freiheit. Nichtsdestotrotz ist die Toleranz für Andersartigkeit ein Kennzeichen der japanischen Gesellschaft geblieben. Nur dauert die Anerkennung von LGBT-Menschen vielleicht etwas länger, weil es Japaner nicht so leichtfällt, über private Angelegenheiten offen miteinander zu sprechen. Dadurch mangelt es an Problembewusstsein. Doch das Umdenken ist weit fortgeschritten. Den Anteil an lesbischen, homosexuellen, bisexuellen und Transgender-Menschen unter den Japanern schätzen Experten auf sechs bis acht Prozent der Bevölkerung, etwa genauso hoch wie in anderen Gesellschaften.

LINE ライン

Was für Schweizer, Deutsche und Österreicher WhatsApp ist, das übernimmt in Japan der Messengerdienst LINE *(rain)*. Jeder internetaffine Japaner hat diese App auf dem Smartphone installiert, offiziell nutzen 82 Millionen Menschen in Japan sie aktiv. Die Dominanz kommt nicht ohne ironische Note daher: Schliesslich ist der App-Name englisch, und ihr Entwickler Naver sitzt in Südkorea. Die Applikation verbreitete sich nach dem Tohoku-Erdbeben im März 2011 als bequeme Alternative zu SMS und Telefonaten, seit dem Jahr 2020 gehört sie zum führenden Webportal Yahoo Japan. User können LINE in 17 Sprachen, darunter Deutsch, herunterladen. Aber eigentlich ist die App ausser in Japan nur in Thailand, Taiwan und Indonesien richtig verbreitet. Falls Sie jedoch mit Japanern kommunizieren wollen, kommen Sie an ihr nicht vorbei. Wie bei WhatsApp kann man Text- und Audionachrichten sowie Fotos und Videos verschicken und kostenlos telefonieren. Aber LINE bietet deutlich mehr: Man kann per Strichcode bargeldlos bezahlen; Geschäfte, Restaurants und Unternehmen informieren ihre User-Gruppen über aktuelle Angebote; vor allem spendiert LINE den Nutzern diese wunderbaren virtuellen Sticker, viel grösser, bunter und vielfältiger als die weltweit üblichen Emojis. Jeder Designer und jedes Unternehmen kann eigene Sets entwerfen und über LINE verkaufen oder zu Werbezwecken verschenken, was ein Universum an ausdrucksstarken Figuren erzeugt hat. WhatsApp hat versucht, das System zu kopieren, doch bisher mit wenig Erfolg.

L

Lipovitan D リポビタンD
Das Vorbild für den Energydrink Red Bull soll das Getränk Krating Daeng aus Thailand sein, was übersetzt ebenfalls «roter Stier» heisst. Diese Darstellung dürfte nur halb richtig sein. Der Thai-Muntermacher ging 1976 an den Start, erst 14 Jahre nach Lipovitan D in Japan. Damals waren die Fläschchen aus Japan schon in halb Asien zu kaufen und dem Hersteller von Krating Daeng bestimmt bekannt. Der zentrale Bestandteil von Lipo D, wie die Japaner sagen, ist die organische Säure Taurin. Produzent Taisho Pharma benutzte sie, weil ihm bekannt war, dass im Zweiten Weltkrieg Spezialkräfte von Japans Marine ihre Leistung mit Taurin aus Tintenfischen steigern durften. Jedenfalls war dieses Getränk in Japan ein sofortiger Verkaufsschlager und ist in der Heimat bis heute die Nummer eins unter den Muntermachern geblieben. Es enthält ein Gramm Taurin, Krating Daeng und Red Bull auch. Angeblich stiess der Österreicher Dietrich Mateschitz bei einem Thailandbesuch auf Krating Daeng und schmiedete dann den Plan, ein Gemeinschaftsunternehmen mit dem Thai-Hersteller T.C. Pharma zu gründen. In Japan erzählt man sich eine andere Geschichte. Laut dieser begegnete Mateschitz im Magazin «Newsweek» eine Liste der Topsteuerzahler in Japan. Dort stand Uehara Shōji als Anteilseigner von Lipo-Hersteller Taishō Pharma weit oben. Daran erkannte der Marketingexperte das Potenzial von Energydrinks, die damals allerdings noch nicht so hiessen. Inzwischen hat sich Red Bull auch in Japan etabliert. Allerdings muss es ohne Taurin auskommen – Taurin ist als medizinischer Wirkstoff eingestuft – und benutzt stattdessen 300 Milligramm Arginin. Dagegen verkauft sich Lipo D in Japan als Quasimedizin und darf daher Taurin enthalten.

M

Maglev リニアモーターカー
Ab Tempo 50 drückt mich die Beschleunigung merklich in den Sitz, rasch klettern die Ziffern der Geschwindigkeitsanzeige im Grossraumabteil nach oben. Bei Tempo 160 klappt der Zug seine Gummiräder ein und beginnt zu schweben. Die Passagiere raunen, als die Anzeige 502 Kilometer pro Stunde erreicht. Jetzt legt die Bahn in einer Sekunde 140 Meter zurück. Doch das schlanke Gefährt rast ohne Vibrationen durch seine kastenförmige Betonrinne. Am Boden so schnell wie ein Flugzeug zu sein – das ist die aufregende und einschüchternde Erfahrung meiner 42 Kilometer langen Testfahrt in Yamanashi nördlich des heiligen Berges Fuji mit der ersten Langstrecken-Magnetschwebebahn der Welt. Der Streckenabschnitt gehört zum neuen Chūō-Shinkansen zwischen Tōkyō und Ōsaka. Der bisherige Shinkansen verbindet die Metropolen entlang der Küste, die Maglev *(rinia mōtā kā)* fährt ab 2027 durch die japanischen Alpen. Das Projekt gilt als ambitioniert: Der Betreiber JR Central verzichtet für den Bau der ersten 286 Kilometer zwischen Tōkyō und Nagoya auf Staatshilfe – trotz extrem hoher Kosten von 50 Milliarden Franken, da 85 Prozent der Strecke in Tunneln verlaufen. Nur für die Verlängerung von Nagoya um 152 Kilometer nach Ōsaka bis 2037 erhält die Bahngesellschaft einen Staatskredit. Allerdings macht die neue Verbindung ökonomisch gesehen kaum Sinn: JR Central betreibt auch die Shinkansen-Linie an der Küste, macht sich also mit der Magnetbahn selbst Konkurrenz. Und dies, obwohl die Zahl der Bahnfahrer zwischen Tōkyō und Ōsaka wegen der demografischen Entwicklung bis 2045 um ein Drittel sinken soll. Nicht einmal Premiumpreise kann die Bahngesellschaft für die Fahrten verlangen: Die eingesparten 48 Minuten Reisezeit zwischen Tōkyō und Nagoya werden nämlich durch die langen Umsteigewege in andere Verkehrsmittel weitgehend aufgefressen. Daher soll die Maglevfahrt nur sechs Franken mehr kosten. JR Central begründet die neue Magnetbahn jedoch damit, dass sie die Ersatzlebensader zwischen den beiden Hauptmetropolen wäre, sollte ein Erdbeben die Küstenstrecke zerstören.

Maid-Café メイドカフェ
«Okaerinasai!» Willkommen zuhause, Meister! Die jungen Frauen am Eingang rufen die traditionelle Begrüssungsformel für den zurückkehrenden Hausherrn und tragen die Kleidung einer Dienstmagd. Weisse Schürze mit Rüschenträgern, langer schwarzer Rock, spitzenbesetzte Bluse, Haarreif mit Stoffkranz. Nicht etwa ein Film wird hier gedreht, diese Frauen arbeiten in einem Maid-Café im Tōkyōter Stadtteil Akihabara. Ihr Kostüm soll Japaner aus der Gruppe der otaku ansprechen,

schüchterne Männer, die ihre gesamte Freizeit einem Hobby widmen. Ein Besucher gerät bei seinem Cafébesuch völlig aus dem Häuschen: «Diese Kellnerinnen machen mich total an», bekennt er spontan. Allein die Tatsache, dass er mit ihnen im selben Raum sein darf, findet er toll. Das Gesicht seines Kumpels glänzt vor lauter Aufregung: «Ich geniesse diese Szene und frage mich, ob es das alles wirklich gibt.» Wo westliche Augen die Arbeitstracht eines französischen Zimmermädchens vor einhundert Jahren erkennen, sehen diese Japaner lebendig gewordene Figuren aus der Welt der Erwachsenen-Manga vor sich. Darin regen Kindfrauen in Schürzen-Uniform mit grossen Kulleraugen und drallem Busen die Fantasie der meist männlichen Leser an. Auch mancher Japanerin gefällt dieses verführerische Image des eigenen Geschlechts. «Maid» Ramune gesteht im Interview: «Ich habe früher solche Manga gelesen und hatte immer Sehnsucht danach, diese Kleidung zu tragen.» Daher fühle sie sich in diesem Outfit bei der Arbeit im Café glücklich, schön und weiblich. Ihre Kollegin Rie erzählt, wie die Mädchen vor ihrem Dienst überlegen, welches der vielen verschiedenen Kostüme, die Hunderte Franken kosten, sie anziehen sollen. «Wenn ich es dann trage, ist das so, als ob ein Schalter umgelegt wird und ich mich in eine völlig andere Person verwandele.» Trotz der Fleisch gewordenen Manga-Mädchen herrscht in einem Maid-Café keine anzügliche Atmosphäre, die Gäste dürfen sie ohnehin nicht anfassen. Vielmehr spielen alle ein Rollenspiel: Die Kunden sind die Herren und die Kellnerinnen ihre Untertanen. Die Bedienungen wähle er sorgfältig aus, berichtet mir Manager Sasaki Shunichi: «Das Wichtigste ist, dass die Frau eine beruhigende Atmosphäre ausstrahlt, damit sich die Männer im Café ausruhen können.» Bestsellerautor Murakami Haruki schrieb einmal, die Japaner lebten Tür an Tür mit anderen Welten. Auch die Maid-Cafés scheinen eine solche Welt zu sein. Darum rufen die Mädchen den weggehenden Gästen das traditionelle Abschiedswort der Maids hinterher: «Bis nachher, Meister!» *Itterasshaimase!*

man 万, 10 000

Zu meinen überraschendsten Entdeckungen in Japan hat gehört, dass man dort anders zählt. So übernahmen die Japaner aus China, in Zehntausender-Einheiten zu rechnen, während wir im Westen in Tausender-Schritten kalkulieren. Der höchste Nennwert eines Geldscheins zum Beispiel beträgt 10 000 Yen (90 Franken). Jede höhere Summe geben Japaner als ein Vielfaches von zehntausend *(man)* an. 1 Million – 100 mal 10 000 – sind also 100 *man*. 1 Milliarde wären 100 000 *man*. Aber 100 000 lässt sich in 10 mal 10 000 zerlegen, das passt nicht ins Zehntausender-System. Unser Sprung von 1000 zu 1 Million entspricht in Japan dem Sprung von 1 *man* zu 1 *oku*. Ein *oku* sind 10 000 mal 10 000 gleich 100 Millionen. 1 Milliarde sind also 10 *oku*. Die nächste Multiplikation mit 10 000 ergibt eine Zahl mit 12 Nullen. Hier überschneiden sich unsere Zahlenwelten wieder: 10 000 *oku* sind 1 Billion, in Japan heisst diese Einheit *chō*. Kommen Sie mit? Es erfordert ein ziemliches Umdenken von uns, Zahlen in 10 000er- statt 1000er-Sprüngen anzugeben. Um die Verwirrung zu komplettieren: Der Rechenunterricht meiner Kinder in der japanischen Grundschule führte zu einer weiteren interessanten Neubetrachtung. Ich hatte das Einmaleins als 1 × 1 ist 1, 2 × 1 ist 2, 3 × 1 ist 3 usw. auswendig gelernt. Japaner vertauschen die Reihenfolge von Basiszahl und Multiplikator: 1 × 1 ist 1, 1 × 2 ist 2, 1 × 3 ist 3. Das unterscheidet sich graduell vielleicht so wie Links- und Rechtsverkehr. Ich wundere mich immer wieder, dass sich kulturelle Unterschiede auf so einfachen Ebenen manifestieren können.

Manga 漫画

«One Piece», «Dragon Ball», «Golgo 13» oder «Naruto» – falls Ihnen die Titel der weltweit meistverkauften japanischen Manga nichts sagen, sind Sie in dieser speziellen Welt vermutlich nicht ganz zuhause. Wobei «japanische Manga» eine Tautologie ist, da eine gezeichnete Geschichte ausserhalb von Japan als Comic oder illustrierter Roman vermarktet wird. Wie auch immer, in ihrer Heimat gehören Manga seit den 1960er Jahren zur Popkultur. Die anfangs genannten Bestseller erreichten unvorstellbar hohe Auflagen von mehreren hundert Millionen. Zu meinen persönlichen Favoriten gehören Manga, die auf unterhaltende Weise aufklären und bilden, zum Beispiel die Krimiserie «Mitteilungen an Adolf» von Tezuka Osamu mit Figuren rings um Adolf Hitler oder die Serie «Die Tropfen Gottes» von dem Geschwisterpaar Kibayashi Yūko und Shin über die wettkampfähnliche Suche nach hochwertigen Weinen. Es gibt einige unbekannte Besonderheiten dieser gezeichneten japanischen Romane: Zum Beispiel erscheinen Manga seltsamerweise fast immer auf Schwarz-Weiss und in der Regel als Fortsetzungen in Magazinen. Erst später fasst der Verlag sie zu eigenen Büchern zusammen. Das Geschäft verläuft grundsätzlich brutal: Die Zeichner *(mangaka)* erhalten ebenso einen Hungerlohn wie die Ideengeber für die Geschichten. Wirklich Geld fliesst erst bei hohen Auflagen oder der Verfilmung. Was mich immer fasziniert hat, ist das hohe Lesetempo von Manga-Konsumenten in Japan. Wer einmal beobachtet hat, wie schnell sie auf dem Smartphone die Manga-Seiten umblättern, fragt sich sofort, ob sie wirklich sämtliche Sprechblasen gelesen haben. Offenbar kommt es ihnen mehr auf die Atmosphäre des Mangas als auf den detaillierten Inhalt an.

Marathonmönche 回峰行
Die japanischen Mönche der buddhistischen Tendai-Schule tragen den Beinamen «rennende Buddhas». Bei der Ausbildung laufen sie an 100 Tagen hintereinander an allen Heiligtümern am Berg Hiei vorbei. Bei der Ultralangversion dieser Gipfelumkreisungsaskese *(kaihōgyō)* absolviert ein Mönch in sieben Jahren 39 000 Kilometer, so viel wie 920 Marathonstrecken. Die Dauerläufe bringen den Körper an seine Grenzen und eröffnen dem Bewusstsein neue Dimensionen. «Man erkennt, dass man nur eine kleine Existenz ist, und kann alles um sich herum viel grösser sehen», erklärt Sasaki Kōchō, ein führender Mönch im Enryaku-Kloster. Im Buddhismus gebe es drei Denkweisen: die Lehre vom historischen Buddha; die Lehre, dass man selbst Buddha werden könne; und schliesslich die wichtigste, dass man vom Buddha gerettet werde. Die Tendai-Schule versuche, diese drei Denkweisen mit ihren Übungen zu verbinden. «Bei der Anstrengung, selbst ein Buddha zu werden, begreift man am Ende, dass man eigentlich von Buddha gerettet wurde, so eine Übung ist die *kaihōgyō*», doziert Sasaki. Einer der wenigen Tendai-Mönche, die diese extreme Laufaskese seit der Heian-Zeit geschafft haben, heisst Fujinami Genshin, er vollendete die Tortur 2003. Im Interview weist er die Bezeichnung Marathonmönch zurück: «Wir machen eine achtstündige geistige Übung.» Ganz in weisse Tücher gekleidet und immer nachts lief er an über 260 heiligen Orten vorbei, von Bächen zu Bäumen und Steinen, von Schreinen zu Tempeln. Dort stoppte er jeweils für ein kurzes Gebet. An den Füssen trug er selbst geflochtene Strohsandalen. «Bei jeder Runde habe ich ein Paar verbraucht, bei Regen auch mal zwei.» Als schwierigste Hürde gilt das «lebendige Begräbnis» nach der siebenhundertsten und letzten Runde. Neun Tage lang darf der Mönch weder essen, trinken, schlafen noch sich hinlegen. Der Kopf muss immer oben bleiben. Nach zwei Tagen wird die Haut rissig, nach vier bilden sich schwarze Punkte. Bei der Erinnerung daran wiegelt Fujinami ab: «Das kann doch jeder, das ist gar nichts Besonderes.» Lieber betont er, dass man nur ein Drittel der sieben *kaihōgyō*-Jahre tatsächlich laufe. In den Pausen habe er über die Wirkung der Meditation nachgedacht. Eine Veränderung habe er deutlich gespürt: «Ich habe meine Vorurteile gegenüber anderen Menschen verloren.» Über *satori* – die Erleuchtung – will der Marathonmönch nicht sprechen. Dazu könne er, ja dürfe er nichts sagen.

M

marebito まれびと, **Gastmensch**
Wer in Japan unterwegs ist, egal ob als Einheimischer oder Ausländer, ist immer wieder überrascht, wie freundlich und offen man an einem fremden Ort aufgenommen wird. Das liegt nicht etwa am Aussehen oder an der Persönlichkeit der Gäste, sondern am «*Marebito*-Glauben». Der berühmte Volkskundler Origuchi Nobuo definierte das Wort, um die Gastfreundlichkeit der Japaner verständlich zu machen. Die Schriftzeichen lassen sich als «rarer Mensch» oder «Gastmensch» lesen. Japaner glauben von alters her, dass die Vorfahren weiterleben und ihre Nachkommen vor bösen Geistern schützen. Das Totenreich und die irdische Welt sind miteinander verbunden. Das buddhistische Bon-Fest Mitte August, das dem Kontakt mit den Vorfahren dient, soll in enger Beziehung zum «*Marebito*-Glauben» stehen. Als dessen Folge wurden Reisende, die von ausserhalb kamen, respektiert und ehrenhaft behandelt. Ähnlich den Geistern sind sie Besucher aus einer anderen Welt. Ihre Aufgeschlossenheit für Gäste aus der Ferne hilft den Japanern bis heute, Fremde als Auffrischung und Belebung ihrer Gemeinschaft zu sehen. Das gilt für ausländische Grossmeister im Sumō wie den Mongolen Hakuhō oder für eingewanderte Literaturgelehrte wie den US-Amerikaner Donald Keene. Auch der verbreitete Respekt für radikale Aussenseiter in der eigenen Gesellschaft lässt sich damit erklären, dass die Japaner sie unterbewusst als göttliche Besucher betrachten.

Markt 市場
Mehr als die Hälfte aller Unternehmen weltweit, die älter als 200 Jahre sind, sind laut einer Studie der Bank of Korea japanisch, darunter die Onsen-Badehotels Nishiyama Onsen Keiunkan (seit 705) und Hoshi Ryokan (seit 718), die Sake-Brauerei Sudo Honke (seit 1141) und der Baukonzern Takenaka (seit 1610). Solche Uraltfirmen befriedigen oft wichtige menschliche Bedürfnisse – trinken, essen, erholen – oder gehören zu «Basisindustrien» wie Bau und Rüstung. Zudem begründet die Bankstudie die Langlebigkeit damit, dass die Firmen das Vertrauen von Kunden erhalten und handwerkliche Qualität liefern würden. Ein weiterer Aspekt: Der «Prozess der kreativen Zerstörung», den der österreichische Ökonom Joseph Schumpeter beschrieben hat, läuft in Japan seit der Öffnung ab 1868 langsamer ab als beispielsweise in der Schweiz. Ein reglementierender Staat hilft nicht nur bei der Geburt von neuen Industrien, er bremst auch den Niedergang von Branchen, schützt manche davon ganz vor Wettbewerb und verhindert über Steuern und Kredithilfen die schnelle Pleite von Kleinunternehmen. Die strukturellen Veränderungen sollen

sich so langsam vollziehen, dass sie die soziale Ordnung nicht gefährden. Vom Überleben der Bestangepassten à la Darwin hält man in Japan wenig, Markt *(ichiba)* und Wettbewerb vertraut man nicht. In diesem Sinne ist Japan eine «gelenkte soziale Marktwirtschaft», andere sprechen gar von Finanzkapitalismus. Aber diese alten Gewissheiten gelten weniger als früher. Der ökonomische Wandel hat sich weltweit dramatisch beschleunigt, während der einheimische Absatzmarkt durch die alternde und abnehmende Bevölkerung schrumpft. Besonders kleinen und mittleren Unternehmen fehlen die Kapitalreserven, sich daran anzupassen. So mussten der 553 Jahre alte Süsswarenhersteller Surugaya und der 465 Jahre alte Meeresfrüchtehändler Minoya Kichibee kürzlich aufgeben. Und viele Familien-Firmen, die früher Schwiegersöhne oder Aussenstehende adoptiert haben, finden keine Nachfolger mehr und müssen schliessen. Deswegen hat zum Beispiel das traditionelle Hotel Ohashiya in der Präfektur Aichi nach 360 Jahren den Betrieb eingestellt. Die Macht des Marktes hält auch in Japan verstärkt Einzug.

Masako 雅子皇后, **Kaiserin Masako**
Japans Kaiserin *(kōgō)* ist eine aussergewöhnliche Frau: Owada Masako, wie sie bürgerlich hiess, absolvierte die Elite-Universität Harvard und bestand danach als eine von wenigen Frauen die schwierige Diplomatenprüfung. Während die junge Beamtin «Internationale Beziehungen» in Oxford studierte, konfrontierten Reporter sie mit dem Gerücht, dass Kronprinz Naruhito ihr den Hof mache. An die Szene erinnert sich halb Japan bis heute. Masakos Auftreten im Blitzlichtgewitter drückte alles aus, wonach junge Frauen sich damals sehnten: Eleganz, Selbstbewusstsein, Unabhängigkeit, Karriere. Die Mehrheit der Japaner glaubte eher dem Dementi des Hofamtes. Selbst wenn der Prinz um ihre Hand anhielte, so dachten viele, sollte sie besser ablehnen. Ihr Image passte nicht zum Bild der klassischen Prinzessin. Die Frauen, die bis dahin ins Kaiserhaus eingetreten waren, entsprachen der traditionellen Art Japanerin – ruhig, vornehm, zurückhaltend, ohne Ansprüche und bereit, sich für den Ehemann zu opfern. Aber Masako hatte in verschiedenen Ländern gelebt, Freiheit geschnuppert und Selbständigkeit schätzen gelernt. Einer solchen Frau trauten die meisten Japaner nicht zu, dass sie sich in einer Ehe freiwillig zurücknähme, geschweige denn, wie im Kaiserhaus vorgeschrieben, dass sie drei Schritte hinter ihrem Gemahl ginge. Naruhito kümmerten die Einwände nicht. Er träumte von einer Liebe, die sich über Standesgrenzen, Konventionen und traditionelle Geschlechterrollen hinwegsetzte. Schliesslich überzeugte er Masako mit der Perspektive,

M

dass sie als Kronprinzessin quasi als kaiserliche Diplomatin ihrem Land dienen könnte. Doch Hofamt und Kaiserfamilie betrachteten sie in erster Linie als die Mutter des künftigen Thronfolgers. Als Masako nicht schwanger wurde, schränkte man ihre Auslandsreisen und ihre öffentlichen Auftritte ein, vermutlich auch, damit das Paar Ruhe und Zeit für eine künstliche Befruchtung fand. Zudem sahen Tennō Akihito und seine Frau Michiko ihre eigenen Anstrengungen, das Kaiserhaus populär zu machen, durch das Charisma der Kronprinzessin gefährdet. Das Ergebnis ist bekannt: Masako erkrankte nach der Geburt von Tochter Aiko an einer «Anpassungsstörung» genannten Depression und zog sich zurück. Nach einigen Jahren schwand das Mitleid: Konservative verlangten von ihr mehr Opferbereitschaft und Selbstlosigkeit. Als Kaiserin zeigt sie jedoch mehr Stamina und erfüllt ihre Aufgaben perfekt.

Maskottchen ゆるキャラ
Kumamon heisst der Superstar unter Japans Maskottchen. Der tapsige Plüschbär mit roten Backen vertritt die Präfektur Kumamoto auf der Hauptinsel Kyūshū. Wie bei allen «entspannten Charakteren» *(yuru kyara)* – so nennen die Japaner diese Wesen – steckt ein Mensch im Kostüm einer meist tier- oder pflanzenähnlichen Figur. Tausende solcher Gestalten bevölkern das Inselland und werben mit mehr oder weniger sinnvoller Symbolik für Städte, Unternehmen und Organisationen. Zum Beispiel Pipo-kun, das Maskottchen der Polizei: Seine grossen Ohren hören Bürger in Not und seine grossen Augen blicken in jeden Winkel der Gesellschaft ... Lange Zeit sollten die Maskottchen süss (kawaii) und unschuldig wirken, um die Betrachter emotional anzurühren. Als ihre Zahl ins Uferlose wuchs, wurden die Charaktere immer schräger, um Aufmerksamkeit zu erzeugen. Nach *kawaii* kam *kimo kawaii* – ekelhaft niedlich. Zu dieser Sorte gehören die schreiende Riesenbirne Funassyi (für die Stadt Funabashi), der ein Hirschgeweih tragende, glatzköpfige Sentō-kun (für die Stadt Nara) und der gespenstische Okazaemon (für die Stadt Okazaki). Als Erklärung für die Popularität der *yuru kyara* muss der Shintō-Glauben herhalten, der die Japaner überall in der belebten und unbelebten Welt Geister und Götter sehen lässt. Das Finanzministerium betrachtet die Maskottchenliebe profaner und kritisiert die Verschleuderung öffentlicher Gelder: Ihr Sinn und Zweck sei dem Publikum oftmals völlig schleierhaft.

matcha 抹茶**, Grünteepulver**
Vergessen Sie Kaffee und Energydrinks. Der beste legale Wachmacher heisst *matcha* – zwei gestrichene Teelöffel

Pulver enthalten 272 Milligramm Tein, fast doppelt so viel wie in einem starken Espresso (Tein und Koffein sind chemisch identisch). Ein Gramm *matcha*, knapp ein halber Teelöffel, wirkt so anregend wie zwei Liter Grüntee und verleiht fünf bis sechs Stunden lang Konzentration, ohne Herz und Kreislauf zu belasten. Mit Hilfe von *matcha* hielten sich schon buddhistische Mönche während ihrer langen Meditationen wach – der Mönch Eisai hatte das grüne Pulver von einem Studienaufenthalt in China im Jahr 1191 nach Japan gebracht. Bis heute bildet *matcha* die Basis für die Teezeremonie – in der dünn- *(usucha)* oder dickflüssigen Variante *(koicha)*. Letztere macht am meisten munter. Das moderne Japan verwendet es für Milchgetränke (Matcha Latte) und Süssspeisen. «*Matcha* ist der Kakao Japans und das coolste Produkt der Teewelt», meint Thomas Gromer, ein Experte für japanischen Tee. *Matcha* enthält zehn Mal so viele entzündungshemmende Antioxidantien wie normaler Grüntee, da man ja das ganze Teeblatt konsumiert. In den Wochen vor der Ernte schützen Matten die Teesträucher vor Sonnenlicht. Dadurch bilden sich in den Blättern mehr Aminosäuren, die die schädlichen freien Radikale einfangen können. Damit die Stoffe aktiv bleiben, giesst man Grüntee mit nur 80 Grad heissem Wasser auf – egal ob in Form von Blättern oder *matcha*. Und noch ein Tipp: Das Wasser in Japan ist viel weicher als in Europa, sodass der Tee dort besser schmeckt. Zuhause verwendet man daher am besten mineralarmes Wasser.

Matsushita Kōnosuke 松下幸之助
Der Nachname dieses Japaners stand lange für sein eigenes Unternehmen, bis es 2008 in Panasonic umbenannt wurde. Der Gründer Matsushita Kōnosuke (1894–1989) revolutionierte die Industrie so sehr, dass die Japaner ihn zum «Management-Gott» auserkoren. Der schmächtige Mann mit Segelohren, Sohn eines Reisbauern, rief 1918 gemeinsam mit seiner späteren Frau Mumeno und ihrem 15-jährigen Bruder Toshio in seiner 13 Quadratmeter kleinen Wohnung in Ōsaka die Firma Matsushita Electric ins Leben. Der Schwager stieg später aus und gründete die Schwesterfirma Sanyo, die Panasonic 2011 schluckte. Das Unternehmen Matsushita verlegte sich zunächst auf Lampenfassungen und Elektrostecker, dann auf Elektrogeräte für den Haushalt und mischte schliesslich in allen Branchen der Elektronik mit. Lange Zeit gehörte Panasonic bei den Patentanmeldungen zur Weltspitze. Zugleich schuf Matsushita eine der ersten «nachhaltigen» Firmen. Er führte schon 1933 eigenständige Geschäftsbereiche ein, die ihre Zahlungsverpflichtungen selbst erfüllen mussten. Dadurch erzeugte er

M

ein bis dahin unbekanntes Mass an internem Wettbewerb, schrieb John P. Kotter. Der Harvard-Professor bezeichnete Matsushita als den «erfolgreichsten Unternehmer des 20. Jahrhunderts» und Panasonic als das «wahrscheinlich effizienteste Grossunternehmen in ganz Japan». Aber Matsushita strebte stets nach einer besseren Welt. In der Weltwirtschaftskrise 1929 entliess der Unternehmenschef keinen einzigen Mitarbeiter, sondern schickte die Hälfte der Belegschaft als Verkäufer los. Wie einst Robert Bosch beim 8-Stunden-Arbeitstag in Deutschland ging Matsushita bei der Einführung der 5-Tage-Woche in Japan voran. Er hob die Löhne auf das europäische Niveau. Vor seinen Arbeitern legte er jeden Monat die Geschäftszahlen offen. Bis heute soll jeder Mitarbeiter, vom Pförtner bis zum Topmanager, Anteil an den Tätigkeiten des Unternehmens haben. Er baute auch die erste japanische Fabrik in China, nachdem ihn der damalige Führer Deng Xiaoping persönlich um Unterstützung gebeten hatte. In seiner zweiten Lebenshälfte gründete Matsushita ein «schwärmerisches Institut», das seine Privatphilosophie von «Friede und Glück durch Wohlstand» verbreitete. Immer noch beginnen die Mitarbeiter ihren Arbeitstag mit den sieben Prinzipien von Matsushita und der Firmenhymne «Die Zukunft beginnt in unserem Traum».

Matsutake 松茸**, Pilz**
Zu den kulinarischen Höhepunkten des Herbstes in Japan gehören Matsutake, wörtlich Kiefernpilze. Sie schmecken nicht annähernd so intensiv wie schwarze Trüffel und lassen sich in der Küche auch nicht vielseitig verwenden. Aber viele Japaner schätzen sie weit mehr als die Knollen aus dem Perigord. Ein nachvollziehbarer Grund ist ihr einmaliger Duft nach süssem Zimt und Walderde. Vor allem werden Matsutake jedoch als Delikatesse mit mythologischer Qualität verehrt: Die Pilze standen nämlich vermutlich schon vor über 3000 Jahren bei den Urahnen der Japaner auf den Speisetafeln. Die tiefe Beziehung erklärt die astronomischen Preise. Sind Matsutake an den Wurzeln von japanischen Rotkiefern in der Region Nagano oder Kyōto gewachsen und ihre Kappen über langen Stielen phallusartig fest geschlossen, kosten sie im Grosshandel bis zu 2000 Franken das Kilogramm. Werden die gleichen Kiefernpilze aus China, Korea oder den USA importiert, fällt der Preis gleich um den Faktor 20 bis 30, obwohl Kenner zugeben, dass sie nicht schlechter schmecken. Daher stammen 99 Prozent des japanischen Konsums aus dem Ausland. Ihre Liebhaber geniessen Matsutake in einer dezent-klaren Brühe (dashi) mit einem winzigen Stück Yuzu-Schale, kleingeschnitten mit Reis gekocht, im Tontopf gedämpft oder als Ganzes gegrillt. Die

Saison für japanische Matsutake dauert wenige Wochen im Oktober und November, eine kommerzielle Zucht ist nie gelungen. Das hält natürlich den Mythos erst recht wach.

Meiji-Zeit 明治時代
Die Zeit der «aufgeklärten Herrschaft» *(meiji)* begann 1868 mit der «Meiji-Restauration», also der Wiederherstellung eines alten Zustands. Denn indem der Kaiser zurück ins Zentrum der Macht wanderte, sprang Japan vom 19. ins 12. Jahrhundert, in eine Zeit mit einem politisch mächtigen Tennō und ohne Shōgune. Doch in Wirklichkeit ging es 1868 radikal vorwärts statt rückwärts, Japan blies zur Revolution statt Restauration. Eine Gruppe von Samurai führte nach preussischem Vorbild die konstitutionelle Monarchie mit dem Tennō als aktivem Herrscher ein und schuf die erste Demokratie in Asien mit einem gewählten Parlament, Gewaltenteilung und Bürgerrechten. Die neuen Machthaber krempelten auch die Gesellschaft komplett um. Die vier Stände – Samurai, Bauern, Handwerker und Kaufleute – verschwanden samt ihren Privilegien ersatzlos. Eine allgemeine Schulpflicht ermöglichte eine rasante Industrialisierung. Als die Meiji-Zeit 1912 mit dem Tod von Tennō Mutsuhito – dem «Meiji-Kaiser» – endete, hatte Japan trotz jahrhundertelanger Abschottung den Wissensrückstand auf den Westen aufgeholt und erstmals seinen Herrschaftsbereich durch die Griffe nach Okinawa, Hokkaidō, Taiwan und Nordostchina erweitert, 1905 hatte es sogar die Grossmacht Russland in zahlreichen Seeschlachten besiegt. Jene dramatischen 44 Meiji-Umbruchjahre haben Japan nach Ansicht des deutschen Historikers Torsten Weber bis ins 21. Jahrhundert hinein geprägt: Vor allem liberale Japaner spüren grossen Stolz auf ihre Demokratie und lehnen daher Notstandsgesetze ab. Auch das Überlegenheitsgefühl gegenüber China und dem restlichen Asien, das während der Meiji-Zeit durch die schnelle Entwicklung zu einer imperialen Macht entstanden ist, blitzt immer mal wieder auf. Japans Elite sieht sich auf der gleichen Stufe wie der Westen und hadert daher mit dem Aufstieg Chinas an seiner Seite. Doch Führung und Volk sehnen sich damals wie heute auch danach, dass sie in ihren Leistungen vom Westen anerkannt werden. Dieser Wunsch nach Bestätigung erklärt etwa die nationale Kraftanstrengung, die Olympischen Sommerspiele 2020 perfekt auszutragen.

meiwaku 迷惑**, Belästigung**
Das Prinzip, andere Leute nicht zu stören oder zu belästigen, ist in Japan ein universelles moralisches Gesetz. Zu seiner Beachtung wird jeder Japaner erzogen. Die Belästigung *(meiwaku)* hat viele Formen: Spam-Mail heisst in Ja-

pan *Meiwaku*-Mail. Zu den schlimmsten *Meiwaku*-Verhaltensweisen im Zug gehört laut einer Umfrage unter Pendlern, einen Rucksack oder eine Umhängetasche zu tragen – das nimmt im vollen Zug unnötig Platz weg. Im Mehrfamilienhaus flüstert man auf dem Flur und öffnet Tür und Briefkasten leise. Kein Mieter veranstaltet eine Party bis tief in die Nacht. Man bereitet anderen Menschen keine Unannehmlichkeiten, indem man sich selbst unsichtbar macht – das ist das eiserne Gesetz der Gesellschaft und ihre Tugend und Qual zugleich. Blicke und Gedanken anderer bilden den Massstab des eigenen Handelns und schränken den persönlichen Spielraum ein. Zum Beispiel nehmen Arbeitnehmer weder Babyurlaub noch Urlaubstage, um ihre Kollegen nicht unter Mehrarbeit leiden zu lassen. Selbst wenn Japaner in Schwierigkeiten geraten, bitten sie andere nicht gern um Hilfe. Wer *meiwaku* vermeidet, isoliert sich also letztlich selbst – bis hin zu einer traurigen Konsequenz: Mehrere zehntausend Japaner sterben jedes Jahr einsam in ihrer Wohnung. Es gab den Fall, dass ein Vater sein Hikikomori-Kind tötete, weil er einen Amoklauf fürchtete, die grösstmögliche Belästigung von anderen Menschen. Andererseits sagten mir Ausländer, mehr als einen Japaner könne man nicht als Freund haben. Denn ist das *Meiwaku*-Tabu erst einmal gebrochen, lehnt sich ein Japaner viel enger an jemand anderen an als im Westen üblich. So oder so: Die japanische Gesellschaft leidet offensichtlich unter ihrer stärksten moralischen Maxime und müsste sich selbst gegenüber dringend toleranter werden.

METI 経済産業省, Wirtschaftsministerium
Wie ein Phönix stieg Japan aus der Asche des verlorenen Zweiten Weltkrieges. Die Blaupause dafür stammte von Friedrich List. Der deutsche Ökonom (1789–1846) riet Ländern, die aufholen wollten, ihre einheimische Industrie vor dem globalen Wettbewerb durch Zölle so lange zu schützen, bis die Unternehmen stark genug für den Freihandel wären. Auf dem Binnenmarkt sollte der Staat ein modernes Verkehrsnetz schaffen und zusammen mit der Wirtschaft Innovationen fördern. Nach diesem Muster agierte das 1949 gegründete «Ministerium für Internationalen Handel und Industrie», kurz MITI, auf Japanisch zu *keisan shō* verkürzt. Es verstand sich als Kommandozentrale für den Wiederaufbau von Japan. In fast planwirtschaftlicher Manier zogen die Beamten Zollmauern für wichtige Branchen hoch und steuerten den Aufbau von favorisierten Industrien wie Stahl und Halbleitern («Reis der Industrie»), Auto und Elektrotechnik. Die Fahrzeughersteller zum Beispiel mussten immer mehr Teile

selbst herstellen, statt sie zu importieren. Zugleich verschaffte das MITI ausgewählten Unternehmen Zugang zu günstigen Krediten und fremden Währungen und schränkte den Wettbewerb ein, um das Kapital effizienter zu nutzen. Die bekannteste MITI-Initiative war – ganz nach dem Rezept von List – der 1976 geformte, staatlich-private Verbund für die Entwicklung von integrierten Schaltkreisen. Dadurch stieg die japanische Halbleiterindustrie zur Weltmacht auf. Die MITI-Beamten förderten auch die Entstehung einer Atomindustrie und siedelten die Aufsichtsbehörde sicherheitshalber in ihrem eigenen Ministerium an. Erst ab den 1990er Jahren untergrub die Internationalisierung der Volkswirtschaft die Macht der Ministerialbeamten. 2001 erfolgte die Umbenennung in «Ministerium für Wirtschaft, Handel und Industrie» mit dem Akronym METI, auch um sich vom Stil der Vorgängerinstitution zu distanzieren. Doch das METI fördert neue Wirtschaftszweige weiterhin mit Subventionen und Vorschriften, etwa Wasserstoff als Energieträger und die regenerative Medizin. Allerdings ist seine Macht nur noch schwach, denn die Zeit der klassischen Industriepolitik ist abgelaufen.

Miyamoto Musashi 宮本武蔵
Die zahlreichen Übersetzungen des Romans «Musashi» von Eiji Yoshikawa (1892–1962) verwandelten den Schwertkämpfer Miyamoto Musashi (1582–1645) in eine Ikone des mittelalterlichen Japans. Das Buch basiert auf der historischen Figur, deren Leben die dramatischen Veränderungen der damaligen Zeit widerspiegelte. Jahrhundertelang war Japan in regionale Fürstentümer zerfallen, die sich aufs Blut bekämpften, dann ordnete der Shōgun Tokugawa Ieyasu am Anfang des 17. Jahrhundert die Gesellschaft in eine neue Feudalstruktur und schottete die Inselnation für mehr als drei Jahrhunderte vom Ausland ab. Ungeachtet der Schilderung im Roman von Yoshikawa lässt sich jedoch nicht belegen, dass der damals 18-jährige, schon lange am Schwert ausgebildete Miyamoto an der entscheidenden Schlacht von Sekigahara am 21. Oktober 1600, die Tokugawa die Vormacht einbrachte, selbst teilnahm. Aber das schmälert seine Bedeutung nicht. Schon als 24-Jähriger begründete Miyamoto eine eigene Lehre des Schwertkampfes. Bis zum Alter von 29 Jahren gewann er über 60 Duelle, wobei er häufig mit zwei Schwertern kämpfte. Das dafür geprägte Wort *nitōryū* benutzen Japaner für jemanden, der zwei Talente hat, zum Beispiel einen Baseball-Spieler, der sowohl werfen als auch schlagen kann. Im Dienste verschiedener Adeliger *(daimyō)* und auch als herrenloser Samurai *(rōnin)* perfektionierte er seine Kriegskunst, danach widmete er sich der Malerei. Die-

M

sem Lebensweg vom Kämpfer zum Künstler bringen Japaner viel Respekt entgegen. Seine Autobiografie «Das Buch der fünf Ringe» *(gorin no sho)* bleibt weiter lesenswert: Das Werk lehrt Manager oder auch Kampfpiloten, wie Selbstdisziplin, Strategie und Taktik den Ausgang von Duellen und Machtkämpfen entscheiden.

moe 萌え**, Vernarrtheit**
Die automatischen Verschlüsse der Kameras klicken und klicken. Die Objektive sind auf Lilian gerichtet, eine junge Japanerin, die sich im Licht von mehreren Scheinwerfern auf einem plüschigen Sofa räkelt. In ihrem pinkfarbenen, ärmellosen Minikleid erfüllt sie die Wünsche der neun jungen Männer hinter den Kameralinsen: Sie steht und sitzt, legt die Hände in den Schoss, wirft den Kopf zurück, zieht einen Schmollmund und blickt schmachtend in jede einzelne Kamera. Den Fotografen rinnt der Schweiss von der Stirn, auf ihren Shirts wachsen Schwitzflecken. Nicht nur wegen der Hitze der Scheinwerfer – für diese Männer ist die intime Nähe zu dem Starlet ein besonderer Moment. Jeder hat umgerechnet 70 Franken bezahlt, um eine Stunde lang Fotos von seinem Idol *(aidoru)* zu machen. *Moe* heisst diese Vernarrtheit auf Japanisch. Ein Fan namens Jin Akihito sagt, er mache heute tausend Fotos von ihr: «Ich beschäftige mich jeden Tag zwei, drei Stunden lang mit meinem Idol Lilian.» Der 28-Jährige arbeitet für ein Software-Unternehmen und wohnt bei den Eltern. Seitdem er im Internet ein paar Fotos von Lilian entdeckt hat, gehört er zu ihren grössten Fans. «Sie ist niedlich, und ich komme sehr nah an sie heran, weil sie noch nicht so berühmt ist», erklärt er. Niedlich (kawaii) sein ist in Japan ohnehin Frauenpflicht, aber für verklemmte Männer (otaku) ist dieser Faktor besonders wichtig. Deshalb mögen Lilians Fans es am liebsten, wenn sie das kleine süsse Mädchen spielt. Also verkleidet sie sich für sie als Puppe mit Rüschenrock und Riesenschleifen an Kopf und Brust – oder als Katze, dann trägt sie Höschen, einen BH aus weissem Fell und steckt sich zwei Katzenohren ins Haar. Akihito hat bisher an sieben Fotoshootings seiner Angebeteten teilgenommen. Dennoch leugnet er jedes sexuelle Interesse: «Für mich ist sie keine Frau, für die ich Zuneigung empfinde, sondern mehr wie eine kleine Schwester, die ich beschützen möchte.» Auch Lilian meidet jeden Anschein von Schmuddeligkeit und sieht sich nicht als Objekt von Sexfantasien. Die Fotoshootings sind für sie ein Mittel, um ausserhalb der extremen Fanwelt bekannt zu werden. Dafür hat Lilian eine DVD produziert, eine CD mit eigenen Songs aufgenommen und ein Fotoalbum herausgegeben, sie moderiert auch eine Radiosendung. «In den U-Bahnen hängen immer die Werbepla-

M

kate für die Wochen- und Monatsmagazine, darauf möchte ich eines Tages mein Foto sehen», sagt sie. Zufrieden packen die jungen Männer an diesem Sonntagnachmittag ihre schweren Kameras ein. Akihito gesteht, Lilian ersetze ihm die Freundin: «Ich brauche so viel Geld und Zeit für sie, dass für eine andere Frau nichts mehr übrigbleibt.»

monozukuri ものづくり
In einem Smartphone stecken Hunderte winziger elektronischer Bauteile wie Drosselspulen, Dioden, Sensoren und Filter. Je kleiner und leistungsfähiger sie sind, desto wahrscheinlicher sind sie «Made in Japan». Ein Kondensator mit 100 Schichten Keramik von Murata Manufacturing ist kleiner als ein Sandkorn. Ein anderes Beispiel: Ein Farbdrucker von Epson spritzt zwischen 20 000 und 30 000 Mal pro Sekunde aus jeder seiner mehreren hundert Einzeldüsen winzige Tintentröpfchen. Ein Vorgang dauert nur fünf Mikrosekunden. Solche Höchstleistungen erklären Japaner mit ihrer besonders hoch entwickelten Fertigungskunst, ihrem Drang zur Perfektion und ihrer Liebe zum Detail, zusammenfassend *monozukuri* genannt, eine Wortschöpfung aus «Sachen» *(mono)* und «Herstellen» *(tsukuru)*. «Monozukuri ist der Geist der Arbeiter, exzellente Produkte zu machen, sowie die Fähigkeit, die Prozesse und Systeme der Fertigung ständig zu verbessern», erklärt der Topmanager Shiga Toshiyuki. Der langjährige Nissan-Präsident sieht darin eine Stärke von Japan (kaizen). Mit dem hohen Fertigungsknowhow gleicht das Inselland seine Rohstoffarmut aus. Die Ursprünge liegen in traditionellen Handwerkskünsten vom Schwertschmieden über das Seidenweben und -färben bis zum Lackieren von Holzwaren. Toyota und andere Unternehmen verdanken ihre hohe Produktionsqualität oft Spitzenhandwerkern, die sie wie im Deutschen Meister nennen. Auch in vielen Kleinfabriken stellen erfahrene Handwerker auf oft uralten Maschinen auf unglaublich präzise Weise Teile her. Aber die Detailverliebtheit kann auch ein Hemmschuh sein. Statt Produkte aufwändig selbst zu entwickeln, haben ab den 1990er Jahren Koreaner und später Chinesen billig eingekaufte Standardbauteile zusammengesteckt, fertig war der Fernseher, der Computer oder das Mobiltelefon. Der Mehrwert von *monozukuri* war dahin, sodass sich viele Gerätehersteller in Japan in Zulieferer von Bauteilen verwandelten.

mottainai もったいない**, keine Verschwendung**
Eine Schale Reis wird bis zum letzten Korn leergegessen. Das war eine der ersten Lektionen, die ich im Umgang mit Japanern lernte. Auf meine Frage nach dem Warum erhielt ich zwei Antworten: Erstens erzürne übriggelasse-

M

ner Reis die Götter, die *kami* (Shintō), und zweitens sei es *mottainai*, eine unnötige Verschwendung. Die genaue Übersetzung ist nicht so einfach, weil sich das Wort auf Dinge wie auf Handlungen beziehen kann. Als empörter Ausruf bedeutet *mottainai* «Was für eine Verschwendung!», als moralische Aussage «Verachte nicht, was noch einen Wert hat» und als Hinweis auf unsere begrenzten Ressourcen im übertragenen Sinne von Nachhaltigkeit und Umweltschutz «verringern, wiedergebrauchen, wiedervertreten, reparieren». Der Geist des *mottainai* steckt etwa hinter dem Siegeszug von Bookoff, einer 1990 gegründeten Ladenkette für den An- und Verkauf von gebrauchten Büchern, Manga und Filmen. Das Konzept von *muda* (unnötiger Abfall) ist ein Schlüsselbegriff im Toyota-Produktionssystem. Die Leidenschaft, mit der Japaner ihren Abfall sortieren, spiegelt wohl ebenfalls ihre Wertschätzung für die Dinge des Alltags wider. Aufgrund des *Mottainai*-Denkens nutzen die Menschen ihre Sachen möglichst lange und werfen sie nicht gerne weg. Daher platzen viele Häuser und Wohnungen regelrecht aus allen Nähten, was wiederum den Bedarf für Aufräumberater wie Kondō Marie (Konmari) erklärt.

Muji 無印良品
Bei dieser Marke denken viele Japaner an Braun und Weiss, die dominierenden Farben der Muji-Waren und -Geschäfte. Die ursprüngliche Idee war disruptiv: Als in den 1980er Jahren alle Japaner perfekte Produkte verlangten, bot Muji das Gegenteil an, etwa zerfledderte statt runde Shiitake-Pilze, und setzte auf Minimalismus, Naturstoffe und Abfallvermeidung. «Ohne den Bleichprozess für Zellstoff wird Papier hellbeige statt hellweiss», nennt Muji ein Beispiel für die eigene Denkweise und verwendet das Papier für Aufkleber und Verpackungen. Der Name ist die Kurzform von *mujirushi ryōhin*, zu Deutsch «markenlose Qualitätsware». Das Sortiment umfasst längst keine Lebensmittel mehr, dafür Schreibwaren, Kosmetik, Haushaltsgeräte und Möbel. Das Credo von einfachen, preiswerten, aber hochwertigen und langlebigen Waren mit japanischer Designästhetik überzeugt bis heute viele Kunden, die in über 800 Filialen in 25 Ländern einkaufen können, darunter in der Schweiz. Vier Jahrzehnte nach der Gründung unter dem Dach der Seiyu-Supermärkte zählt Muji zu den 20 weltweit bekanntesten Marken aus Japan. Mit dem Thema Nachhaltigkeit liegen die Kaufhäuser voll im Trend. Jedoch kopieren chinesische Unternehmen inzwischen das japanische Erfolgsrezept und bringen Muji mit Dumpingpreisen in Bedrängnis. Als Antwort stellt die Muji-Mutter Ryōhin Keikaku einen Teil ihrer Waren in Niedriglohnländern her und passt das Angebot stär-

ker an den lokalen Geschmack an. Zugleich unterhält Muji auch Hotels mit vielen eigenen Möbeln und Waren. Zum Hotel im Einkaufsviertel Ginza in Tōkyō gehören eine Verkaufsfiliale, ein Supermarkt und eine Bar – natürlich alles in Braun- und Weisstönen.

Murakami Haruki 村上春樹

Immer noch steht er gegen vier, halb fünf Uhr morgens auf, trinkt einen Kaffee, schreibt maximal zweieinhalb Seiten, nachmittags geht er lange laufen – so sieht der Tagesablauf von Murakami Haruki (*1949) aus. Sein magischer Realismus hat ihn zum meistgelesenen japanischen Schriftsteller der Gegenwart gemacht. Mit den Helden seiner Romane können Leser mühelos in surrealistische Welten samt Fabelwesen und Geistern eintauchen. Er sei ein meisterhafter Reiseführer, meinte der Intellektuelle Uchida Tatsuru: «Ehe man sich's versieht, ist man an die merkwürdigsten Orte gekommen.» Murakami wohnt mit seiner Frau in Ōiso in Kanagawa südwestlich von Tōkyō und unterhält ein Büro im Tōkyōter Stadtviertel Aoyama. Er ist ein bedächtiger Mann, der häufig einen kleinen Moment lang nach den richtigen Worten sucht. Auf meine Frage, warum seine Bücher besonders im deutschsprachigen Raum populär seien, hat er keine Erklärung, «abgesehen von dem idealistischen Standpunkt, den ich seit der Zeit der Studentenunruhen vertrete». Die Helden seiner Geschichten seien oft Aussenseiter, weil er selbst nie zum Establishment gehört habe. Gegen Systeme, die den Menschen die Luft abschnürten, müsse man kämpfen. «Die Tendenz, solche Systeme zu errichten, ist in Japan besonders stark, aber es gibt sie in der ganzen Welt. Ein Grund, warum ich in anderen Ländern gelesen werde, ist vielleicht die Tatsache, dass ich gegen solche Dinge schreibe.» Als ich einwende, seine Botschaften seien ungewöhnlich leise, antwortete Murakami: «Als Individuum muss ich mich ständig entscheiden, aber ein Schriftsteller sollte beobachten, nicht urteilen.» Dank seines Fleisses entstehen fast jährlich neue Werke, aber der dauerlaufende Bestsellerautor denkt inzwischen auch an sein Vermächtnis: Sein persönliches Archiv hat er bereits seiner Alma Mater, der Universität Waseda in Tōkyō, versprochen.

Murakami Takashi 村上隆

Viele Europäer tun sich mit Japans erfolgreichstem Gegenwartskünstler schwer, weil er die Grenze zwischen Hoch- und Profankultur verwischt. Er habe aus Kunst, Kult, Klasse, Konsum und Kapital einen einzigartigen Markenzopf geflochten, meinte etwa die Tageszeitung «Die Welt». Mangels eines Marktes für moderne Kunst im eigenen Land beschloss Murakami Takashi (*1962), die

Subkultur der otaku künstlerisch zu verarbeiten und damit ins Ausland zu gehen. Die quietschbunten Werke auf Basis von Manga und Anime machten ihn zum «japanischen Andy Warhol». Murakami selbst nannte die Installations- und Performancekünstler Martin Kippenberger und Mike Kelley als seine Vorbilder. Die Liebhaber der Hochkultur schockte er, als er innerhalb einer Soloausstellung in Frankfurt einen Louis-Vuitton-Shop eröffnete. Die Kritiker zuhause wiederum verachten ihn als «Broker, der die japanische Kultur ins Ausland verkauft». Am Rande von Tōkyō betreibt er das Unternehmen Kaikai Kiki mit Café, Merchandising, Galerien und Kunstproduktion und gibt 240 Menschen Arbeit. Seine 40 Malassistenten verdienen das nötige Geld für sein Lieblingsprojekt, die 15-teilige Animeserie «6 Hearts Princess», produziert im eigenen Filmstudio. Mit dieser «für Japaner höchsten Kunstform», so Murakami, möchte der Popart-Superstar das heimatliche Publikum doch noch von seinen Fähigkeiten überzeugen, jedoch bisher vergeblich.

Musse-Bildung ゆとり教育
Als Japan in den 1980er Jahren zur zweitgrössten Wirtschaftsmacht der Welt geworden war, gerieten die extremen Arbeitszeiten der Arbeitnehmer samt den endlosen Lernstunden der Schüler in das internationale Rampenlicht. Als Reaktion auf die ausländische Kritik führte die Regierung die Fünftagewoche sowohl für Unternehmen als auch für Schulen ein. Zuvor hatten sich schon die japanischen Lehrer gegen die Tendenz zum übermässigen Pauken gewandt. Der neue Lehrplan verringerte ab 1992 den Umfang des Unterrichtsstoffs und die Zahl der Schulstunden. In den ersten zwei Klassen der Grundschule zum Beispiel fielen die Fächer Naturwissenschaften und Sozialkunde weg. Die Schulen schafften den Samstagsunterricht ab. Die Ziele der Reform waren mehr «Musse» und «geistiger Freiraum» *(yutori)* für die Schüler, sodass die Presse mit einem Schuss Ironie von der Musse-Erziehung *(yutori kyōiku)* sprach. Die absehbare Folge liess nicht lange auf sich warten: In den PISA-Studien im Auftrag der OECD von 2003 und 2007 fielen die Leistungen der japanischen Schüler ins Mittelfeld zurück. Vor allem die plötzliche Schwäche in Mathematik und Naturwissenschaften bereitete Beamten, Eltern und Lehrern Sorge. Denn die Universitäten senkten ihre Anforderungen für die Eingangsprüfungen nicht (Prüfungshölle). Darauf verordnete der damalige Premierminister Abe Shinzō dem Schulsystem eine «Regeneration» und propagierte die «Ent-Musse-Bildung». Die Reform der Reform hat nicht nur den Umfang von Stoff und Unterricht erhöht. Die Schulen setzen sich nun eige-

ne Lernziele und lassen sich von Eltern und Schülern bewerten. Einmal jährlich prüfen die Behörden mit einem landesweiten Einheitstest für alle Schüler das aktuelle Niveau der erworbenen Fähigkeiten. Lehrer verbessern ihren Unterricht, Schulen und Eltern achten mehr auf angewandtes Denken als auf Auswendiglernen. Alle ziehen für eine bessere Bildung an einem Strang. In der Folge stieg Japan in der PISA-Rangliste zurück in die Oberliga. Doch die Universitäten bleiben unzufrieden: Die Studenten sind ihnen für die digitale und globale Arbeitswelt der Zukunft nicht kreativ genug und sprechen zu schlecht Englisch. Die Eingangstests sollen solche Fähigkeiten stärker abfragen, was wiederum die Schulen dazu zwingt, weniger auf Pauken und mehr auf aktives Lernen zu setzen: Ab 2020 üben die Grundschüler zum Beispiel zunächst das Sprechen von Englisch, Grammatik und Vokabeln folgen später. Das Schreiben von Computerprogrammen steht nun fest im Lehrplan. Die Oberschüler können mehr Fächer auswählen und sie stärker auf ihr späteres Studium ausrichten. Aber viele Eltern und Schüler befürchten, dass der andere Aufgabenstil der Eingangsprüfungen eine objektive Bewertung erschwert und Ungerechtigkeiten verursacht. Und als Folge von weniger Pauken schneidet Japan bei PISA wieder schlechter ab.

N

Nadeshiko なでしこ**, Frauenideal**
Dieses Wort verbreitete sich in Europa, als die japanische Nationalmannschaft der Frauen die Fussballweltmeisterschaft 2011 gewann. Die Ironie des Namens erschloss sich jedoch den meisten ausländischen Sportreportern nicht: Der Begriff leitet sich von *Yamato Nadeshiko* ab und meint die traditionelle Tugendhaftigkeit einer jungen Japanerin, die so gar nicht zum modernen Bild einer Fussballerin passen will. *Yamato* mit den Städten Nara und Kyōto nannte man einst Japans Kernland, *Nadeshiko* sind Prachtnelken. Das Ideal dieser weiblichen «Blumen» sah so aus: helle Haut, schwarze Haare, anmutig, fein geschminkt, willensstark, zurückhaltend, dezent verführerisch, opferbereit und dreifach gehorsam – als Tochter dem Vater, als Ehefrau dem Ehemann und als Mutter dem Sohn gegenüber. Wer in diesen Eigenschaften die Wesenszüge der Madama Butterfly von Giacomo Puccini oder der Geisha von Arthur Golden wiedererkennt, begreift sofort, dass die klassische *Nadeshiko* genau unserem westlichen Bild von «der Japanerin» entspricht. Daher war die Verblüffung über die ungeschminkten, teilweise burschikosen und beinharten *Nadeshiko*-Fussballerinnen, die erst Deutschland und im Finale die USA besiegten, im Westen vielleicht noch grösser als in Japan.

Name 名前
Auf den Visitenkarten von Japanern, die mit Ausländern zu tun haben, steht auf einer Seite der Vor- und Familienname *(namae)* in der westlichen und auf der anderen Seite in der japanischen Reihenfolge, also der Nachname zuerst. Die Zweiteilung stammt aus der Meiji-Zeit, als Japan sich möglichst schnell an den Westen anpassen wollte. Dafür benutzten die Reformer um Fukuzawa Yukichi die Parole «Asien verlassen, Europa beitreten» *(datsu-a, nyū-ō)*. Bis Ende 2019 stand daher in übersetzten offiziellen Dokumenten der Familienname hinter dem Vornamen, doch 2020 änderte Japan diese Praxis, nun steht der Nachname vorn, so wie es auch in China, Korea und Vietnam üblich ist. Als Folge des Konfuzianismus halten diese Länder den Familien-Bezug und die Gemeinschaft für wichtiger als den Vornamen und den Einzelnen. Japanische Kinder sprechen sich in der Regel schon ab der siebten Klasse gegenseitig mit dem Nachnamen an. Die Abkehr von der westlichen Reihenfolge sehe ich nicht als ein Anzeichen für einen Gegentrend unter dem Slogan «Europa verlassen, Asien beitreten» *(datsu-ō, nyū-a)*. Die neue Namensstruktur ist einfach authentischer und dürfte sich mittelfristig international durchsetzen, daher benutzen wir sie auch in diesem Kulturführer.

N

Naruhito 徳仁天皇
In seinem Buch «Die Themse und ich» über seine Zeit in Oxford erzählt Naruhito, damals Kronprinz, wie der Türsteher einer Diskothek ihn wegen seiner Jeans abgewiesen hat. Doch die schönen Erinnerungen überwiegen eindeutig, bezeichnet er diese zwei Studienjahre doch als die «beste Zeit seines Lebens». Damals habe er gelernt, für sich selbst zu denken. Seinen Eigensinn bewies der damalige Kronprinz dann, als er unbedingt Owada Masako heiraten wollte. Die im Ausland ausgebildete Karrierediplomatin passte überhaupt nicht in das konservative Bild des Kaiserhauses. Daher wollten die Hof-Beamten die Verbindung nicht, auch Masako lehnte den Antrag zunächst ab. Aber der Kronprinz setzte seinen Willen durch. So modern wie Naruhito – ein Tennō hat keinen Nachnamen – war noch kein Kaiser: Als Erster wuchs der 1960 Geborene im Elternhaus statt mit Amme und unter Erziehern auf. Als Erster studierte er im Ausland, machte einen höheren Studienabschluss und ehelichte eine berufstätige Bürgerliche. Er spielt Bratsche, joggt, wandert und geht mit dem normalen Volk ganz entspannt um. Sogar Selfies mit Passanten liess er zu, als er noch Kronprinz war. Der Tennō, inthronisiert im Oktober 2019, setzt den volksnahen Stil seines Vaters Akihito fort, also «Freude und Schmerzen mit dem Volk von Herz zu Herz teilen», wie Naruhito es selbst formulierte. Zu seinen persönlichen Anliegen zählen die Förderung der Toleranz in einer zunehmend diversen Gesellschaft sowie der Wasserschutz, damit beschäftigte er sich schon in Oxford. Allerdings sind dem Kaiser politische Aussagen verboten. Das setzt seinen Aktivitäten enge Grenzen. Sein Handicap ist die Loyalität zu Kaiserin Masako. Ihr Herz gewann er mit dem Versprechen, sie lebenslang zu beschützen. Als sie nach der Jahrtausendwende an einer Depression erkrankte, weil sie unbedingt einen Thronfolger gebären sollte, kritisierte er «Bestrebungen, Masakos Karriere und Persönlichkeit zu verleugnen». Indem er den Hofkonflikt öffentlich austrug, brach er ein Tabu. Sein Erfolg als Kaiser dürfte davon abhängen, wie sehr Masako ihn in seiner Arbeit unterstützen kann. Eine andere Sorge des Kaisers gilt der Tochter Aiko, die damit klarkommen muss, dass sie wegen der männlichen Thronfolge als Frau nur zweite Wahl ist.

Nationalhymne 君が代
«Eure Herrschaft währe tausend Generationen, achttausend Generationen, bis ein Steinchen zum Felsen wird, auf dem Moos spriesst» – die anmutige Poesie der japanischen Nationalhymne (*kimi ga yo*, wörtlich: kaiserliche Herrschaft) erschien bereits im Jahr 905 in einer der ersten Gedichtanthologien.

N

Die Melodie dazu komponierten zwei Hofmusiker im langsamen, skalenreichen *Gagaku*-Stil, als der neue Nationalstaat 1880 eine Hymne brauchte. Für westliche Ohren klingt das Lied damals wie heute recht schräg, da die vom preussischen Militärmusiker Franz Eckert gesetzten Instrumente die japanischen Töne nicht identisch wiedergeben können. Als Folge des Kaiserlichen Erziehungsedikts, das die moralische Bildung betonte, mussten die Grundschüler ab 1893 die Hymne an Nationalfeiertagen singen. Bald war sie bei staatlichen Zeremonien und Sportveranstaltungen zu hören. Nach dem verlorenen Zweiten Weltkrieg entstand das Dilemma, dass die in der Hymne beschworene ewige Kaiserherrschaft nicht mehr bestand. Die Verfassung von 1946 machte das Volk anstelle des Kaisers zum höchsten Souverän und degradierte ihn von der «göttlichen Verkörperung des Staates Japan» zum «Symbol des Staates und der Einheit des Volkes». Liberale und Pazifisten lehnten die Hymne ebenso wie die Flagge mit dem roten Sonnenpunkt auf weissem Grund *(hinomaru)* als Symbole des Militarismus ab. Noch mehr empören sie sich über die Flagge mit den roten Sonnenstrahlen *(kyokujitsuki)*, die die japanische Marine verwendet. Allen Widerständen zum Trotz erklärte das Parlament die *kimigayo* 1999 jedoch wieder zur offiziellen Nationalhymne. Der damalige Premierminister Obuchi Keizō interpretierte ihren Text zu einer «Bitte für anhaltenden Wohlstand und Frieden in unserem Land» um. Aber Lied und Flagge bleiben kontrovers. Manche Lehrer verweigern weiter das angeordnete Mitsingen und Aufstehen während der Aufführung der Hymne und des Hissens der Flagge bei Schulzeremonien. Zur Strafe kürzte manche Schulbehörde ihr Gehalt, was die Gerichte teilweise immer noch beschäftigt.

nattō 納豆
Die verschleimten Bohnen sehen unappetitlich aus und ziehen klebrige Fäden bis zum Mund – *nattō* spaltet die kulinarischen Gemüter wie kaum ein anderes japanisches Lebensmittel. Ich weiss nicht, wie oft mich Japaner schon gefragt haben, ob ich *nattō* esse. Sein Genuss scheint der ultimative Test zu sein, ob sich ein Ausländer auf das Land einlässt. Dabei meidet auch manch ein Einheimischer die fermentierten gekochten Sojabohnen, die man in ihrer Styroporschale so lange in einer mitgelieferten Sosse verrührt, bis sich ein ockerfarbener Schleimbrei bildet. Man isst *nattō* vor allem auf oder im Reis und in Misosuppe. Die Japaner verzehren diese Speise seit über tausend Jahren. Während der Edo-Zeit boten fliegende Verkäufer ihr *nattō* schon morgens auf der Strasse feil. Daher galt es lange als

altmodisch. Aber seit einigen Jahren boomt der Konsum. Das heutige Produkt besteht aus kleineren Bohnen und stinkt nicht mehr wie getragene Socken. Gourmets loben den Umami-Geschmack, der beim Fermentieren mit einer in Stroh lebenden Bakterie entsteht. Vor allem fördern die Schleimbohnen erwiesenermassen Gesundheit, Langlebigkeit und Schönheit. *Nattō* enthält viele pflanzliche Proteine, die meisten K-Vitamine, die in einem Lebensmittel vorkommen, mehr entzündungshemmende Isoflavone als in Sojabohnen sowie verdauungsfördernde Ballaststoffe. Daher stärkt es die Knochen, verdünnt das Blut und beugt Thrombosen und Schlaganfällen vor. Es verbessert die Verdauung, lindert die Beschwerden während der Menopause, unterdrückt Allergien und verschönert die Haut, ohne dick zu machen. In einem Wort: *Nattō* überzeugt als wahres Superfood. Dennoch hat es mich anfangs einige Überwindung gekostet, diese spezielle Speise zu essen.

nemawashi 根回し**, Konsensbildung**
Wie Entscheidungen fallen, ist immer auch eine Frage der Kultur. Die Japaner brauchen dafür, zumindest auf der Ebene der Wirtschaft, mehr Personen und mehr Zeit als wir im Westen. Aus eigener Erfahrung kann ich berichten, dass es tatsächlich deutlich länger dauert, bis ich in Japan die Zusage für ein Interview von einem Unternehmen bekomme, als wenn ich mit Schweizern verhandle. Allerdings muss dies keine Frage der Kultur sein. Warum sollte ein japanisches Unternehmen seine Zeit mit einem europäischen Journalisten verschwenden, wenn es dort keine wirtschaftlichen Interessen hat? Andererseits haben sich Schweizer, deutsche und österreichische Manager in Japan übereinstimmend bei mir darüber beklagt, welche ausserordentliche Geduld sie aufbringen müssten, bis ein Geschäftsabschluss in Japan zustande komme. Die Konsensbildung, *nemawashi,* wörtlich: die Erde um eine Pflanze vor ihrer Verpflanzung aufgraben, zieht sich in die Länge, weil alle Beteiligten hinter dem Beschluss stehen sollen. Deshalb werden auch die Vorgesetzten frühzeitig eingebunden. Kommt dazu, dass die einzelnen Mitglieder einer Gruppe ihre Meinung nicht allzu klar äussern, damit sie später nicht persönlich verantwortlich sind, falls die Sache schiefgeht. Die Methode *nemawashi* erklärt, warum die Justiz keine Einzelperson für die Atomkatastrophe von Fukushima verantwortlich machte. Der Stromversorger Tepco hatte im Konsens mit der Atomaufsichtsbehörde entschieden, das Tsunami-Risiko für das AKW Fukushima Nummer 1 zu ignorieren. Aber es gibt auch eine positive Seite dieses Prozesses: Wenn einmal eine Entscheidung gefallen ist, dann ziehen

alle an einem Strang, weil jeder weiss, worauf es ankommt. Dagegen setzen westliche Unternehmen eine Strategie oft weniger effizient um, weil der Chef im Alleingang die Richtung vorgibt und ihn deswegen einige Mitarbeiter bremsen und boykottieren.

Neujahr お正月
Woran erkennt man den wichtigsten Feiertag in Japan? Dass niemand arbeitet, was wirklich nur zu Neujahr *(oshōgatsu)* passiert. Sogar die Supermärkte schliessen für ein bis zwei Tage. Aber falls Sie jetzt an Fondue, Feuerwerk und Party denken, liegen Sie falsch. Die Japaner begehen den Jahreswechsel beschaulich und bereiten ihn gründlich vor. Los geht es mit einem Hausputz *(susharai),* vor allem der Eingangsbereich *(genkan)* muss glücksbringend sauber sein. Demselben Zweck dient das Gesteck, das bei vielen Japanern spätestens am 30. Dezember an der Haus- oder Wohnungstür hängt. Zudem schicken Familien eine individuell gestaltete Neujahrskarte *(nengajō)* an Bekannte und Freunde, ebenso Unternehmen an ihre Kunden. Die Post reserviert extra einen der beiden Einwurfschlitze in ihren Briefkästen für die Karten und liefert sie schon am 1. Januar aus. Am Vorabend von Neujahr essen viele Japaner als letzte Mahlzeit Soba-Nudeln, die Glück und ein langes Leben verheissen. Danach schaut halb Japan die TV-Sendung Kohaku, um Mitternacht erklingen von den Tempeln her 108 Glockenschläge. Am Neujahrstag verzehren die Japaner im Kreis ihrer Familie spezielle Speisen, die in einem Kasten, ähnlich wie eine Bentō-Box, arrangiert sind. Die 15 bis 20 Bestandteile von *osechi ryōri* symbolisieren gehegte Hoffnungen für das neue Jahr. Heringsrogen zum Beispiel garantiert gesunden Nachwuchs. Die Gerichte sind häufig aufwändig in der Zubereitung und daher teuer, sodass ein einzelner Kasten für eine Kleinfamilie – als fertig zubereitetes Set gekauft – umgerechnet 200 Franken kosten kann. Immerhin reicht der Inhalt für mehrere Tage. Die Kinder freuen sich auf das Neujahrsgeld *(otoshidama)* von Eltern und Grosseltern, oft ein 5000- oder 10 000-Yen-Schein (45 oder 90 Franken). Als erste gemeinsame Aktion im neuen Jahr besuchen Familien und Paare einen Shintō-Schrein, meist am 1. oder 2. Januar. Bei diesem *hatsumōde* heisst es geduldig sein, die Schlangen vor beliebten Schreinen sind sehr lang. Es kann leicht eine Stunde und mehr dauern, bis man neben vielen anderen endlich vor den Göttern steht, ein – wiederum glücksbringendes – 5-Yen-Stück in den Sammelbehälter wirft, in die Hände klatscht, sich verbeugt und mit einem kurzen Gebet um göttlichen Beistand für Angehörige und sich selbst im neuen Jahr bittet. Die Japaner markieren den Jahreswechsel auch sprachlich. Vor

N

Neujahr sagen sie *yoi otoshi o* (ein gutes neues Jahr), nach Neujahr *akemashite omedetō gozaimasu* (das neue Jahr ist da, herzlichen Glückwunsch). Ab dem 1. Januar zelebrieren die Menschen jedes erste Erlebnis mit der Vorsilbe *hatsu*. Die Geschäfte zum Beispiel bieten zum Erstverkauf *(hatsuuri)* mit Restwaren gefüllte Glückstüten *(fukubukuro)* zum Schnäppchenpreis an, deren Inhalt der Kunde nicht sehen kann. Einige Japaner geniessen den ersten Sonnenaufgang *(hatsushinode)*, andere achten auf ihren ersten Traum *(hatsuyume)*, und manche Paare läuten das neue Jahr mit ihrem ersten Sex *(hatsusekusu)* ein.

nihonron 日本論, Japandiskurs
Woher kommen wir? Wer sind wir? Was ist Japan? Die Suche nach Antworten auf solche Fragen ist ein japanischer Volkssport. In vielen Buchläden findet sich ein ganzes Regal voll mit Werken zu diesem keineswegs rein akademischen «Diskurs über das Wesen von Japan(ern)» *(nihonron, nihonjinron)*. Sein Fokus liegt auf Eigenschaften und Charakterzügen, durch die sich Japan und die Japaner von anderen Ländern und Völkern in Ethnie und Kultur unterscheiden, etwa durch ihr Denken in Gruppen, ihre Nähe zur Natur, ihre nonverbale Kommunikation, ihre eigentümliche Sprache und ihre vermeintlichen körperlichen Besonderheiten. So behauptete der Forscher Tsunoda Tadanobu, Japaner benutzten die rechte Gehirnhälfte stärker als westliche Menschen. Dadurch seien sie gefühlvoller, intuitiver, sozialer und ästhetisch empfindsamer. Die Regierung schützte sich mit solchem exzeptionalistischen Denken vor ausländischen Waren. Ein Importverbot für französische Skier in den achtziger Jahren begründete sie damit, dass sie für den speziellen Schnee in Japan ungeeignet seien. Ein damaliger Agrarminister lehnte die Einfuhr von mehr US-Rindfleisch ab: Der Darm von Japanern sei länger und könne daher nur wenig Rindfleisch verdauen. Das Fernsehen lässt in Japan lebende Ausländer gerne über Land und Leute lästern, um den Japanern einen Spiegel vorzuhalten. Ihre Kritik inszeniert man aber so geschickt, dass die Zuschauer eher über die seltsamen Ausländer lachen, als dass sie sich angegriffen und minderwertig fühlen würden. Soziologen beschreiben die ewige Beschäftigung mit der eigenen Identität als eine «zivile Religion». Andere Experten betonen die normative Funktion der Debatte, den Zusammenhalt der Japaner durch einen überzogenen Nationalismus zu stärken. Ein Beispiel lieferte der 1940 geborene stockkonservative Politiker Asō Tarō, Expremierminister und lange Finanzminister: «Eine Nation, eine Zivilisation, eine Sprache, eine Kultur und eine Rasse – nur Japan hat diese Kennzei-

chen», behauptete er 2005. Die steigende Zahl von Ausländern und Kindern aus Mischehen erschwert es den Einheimischen jedoch zunehmend, sich klar von den «Anderen» abzugrenzen.

Nikkei 日経
In vielen Japanberichten kommt diese Abkürzung vor, aber wofür steht Nikkei eigentlich? Zum einen für «*Nihon Keizai Shimbun*», wörtlich: Wirtschaftszeitung für Japan, die grösste Tageszeitung für Finanzen und Wirtschaft (Zeitungen). Mit 2,7 Millionen täglicher Auflage ist sie eine Pflichtlektüre für jeden Angestellten mit Karriereambitionen. Seit 2015 besitzt der Verlag auch die britische Tageszeitung «Financial Times». Zum anderen stehen die sechs Buchstaben für *Nikkei Heika Kabuka,* den weltweit bekanntesten Aktienindex der Tōkyōter Börse. Er hat sich die zweifelhafte Auszeichnung verdient, der Index mit dem längsten Bärenmarkt der Börsengeschichte zu sein. Der Nikkei 225 hat nämlich als einziges grosses Aktienbarometer weltweit seinen historischen Rekord von Ende 1989 nie wieder erreicht. Die Namensgleichheit ist natürlich kein Zufall: Der Verlag legte den Index auf und verdient mit der Lizenzierung von Namen und Börsendaten einiges Geld. Allerdings orientieren sich institutionelle Investoren in Japan und im Ausland lieber am deutlich breiter gefassten Topix. Denn dem Nikkei 225 liegen die Aktienpreise seiner Firmenmitglieder zugrunde. Das bedeutet: Ein kleines Unternehmen mit einem hohen Aktienpreis erhält mehr Gewicht im Index als ein grosses Unternehmen mit einem niedrigen Kursniveau. Wegen dieses Prinzips machen die fünf teuersten Aktien – Fast Retailing, Softbank, Fanuc, KDDI und Tokyo Electron – fast ein Viertel des Gesamtpreises aus. Dagegen steht Toyota, Japans umsatz- und gewinnstärkstes Unternehmen, nur für rund ein Prozent vom Nikkei. Anders gesagt: Der Nikkei bildet die japanische Wirtschaft stark verzerrt ab. Noch eine Besserwisser-Info: Wegen der Preisbasierung kalkuliert der Nikkei-Verlag seinen Index natürlich in Yen. Aber diese Tatsache fällt in den täglichen Börsenmeldungen aus Japan stets unter den Tisch.

Ninja 忍者
Japans mittelalterliche Schattenkrieger gehören zu den populären Mythen der Gegenwart. Nur langsam nähern sich Forscher ihrem historischen Kern. Aber Waffen deuten auf ihr ursprüngliches Denken: Die Metallkralle zum Beispiel stoppte ein Schwert mitten im Schlag, dann rammte sie ein Ninja in die Schwerthand des Gegners und drehte sie, sodass er zu Boden ging. Die «Verborgenen» (*shinobi*) wollten also nicht immer töten. «Ein Ninja will zuallererst überleben, während die Samurai einen

Weg in den Tod suchen», erläutert Hatsumi Masaaki. Der 1931 geborene Japaner mit schütterem, lila gefärbtem Haupthaar ist der bekannteste Ninja der Welt. Hatsumi begründete die Kampfkunst *bujinkan,* die die Lehren mehrerer Ninja-Schulen vereinigt. 50 000 *Bujinkan*-Lehrer bildete er aus. Auch im hohen Alter führte er seine Kunst selbst vor und beeindruckte seine meist ausländischen Schüler mit starker Präsenz und hoher Körperspannung. Aber ihm missfiel das Zerrbild von schwarz vermummten Gestalten mit übermenschlichen Fähigkeiten, die wie im James-Bond-Film «Man lebt nur zweimal» lautlos durch mondlose Nächte schleichen und mit raffinierten Waffen morden. Über die Ninja kursiert viel irreführende Propaganda, weil sie sich in Geheimbünden organisiert haben. Ihre Künste haben sie innerhalb von angeblich nur 49 Familienclans überliefert, von denen heute noch drei existieren sollen – die Kōka, die Iga und die Togakure. Vor einigen Jahren entdeckten Forscher der Universität Mie in einem jahrhundertealten Dokument einen Ninja-Eid. Darin schwor ein Kämpfer aus den Bergen von Kyōto, sein Wissen niemals weiterzugeben und «nicht für Diebstahl» zu missbrauchen. Das düstere Ninja-Bild beruht womöglich auf einem Missverständnis. «Die Historiker ihrer Zeit beschrieben sie als Kriminelle und Attentäter, weil sie sich der Militärdiktatur widersetzten», erläutert der Experte Stefan Imhof. Takao Yoshiki von der Universität Mie beschreibt die Schattenkrieger noch profaner: «Diese Staatsdiener gewährleisten Sicherheit und sammelten Informationen.» Trotzdem schlachtete die Präfektur Aichi den Mythos aus und stellte eine Ninja-Brigade auf. Ihre schwarz kostümierten Kämpfer führten akrobatische Tricks einschliesslich Salto rückwärts vor, warfen Eisensterne und posierten mit Touristen für Selfies. Davon hätte der Ninja Sandayū Momochi, im Mittelalter ein berühmter Leiter der Iga-Schule, wenig gehalten: «Ein Ninja beschützt mit seinen Techniken sein Land, seine Führer und seine Familie und befriedigt keine persönlichen Wünsche.»

Nippon Kaigi 日本会議
Als die Aichi Triennale 2019 im Rahmen einer Sonderschau die Skulptur «Mädchen des Friedens» des Künstlerpaares Kim Seo-Kyung und Kim Eun-Sung sowie andere japankritische Werke zeigte, überschwemmte eine Flut von Protestanrufen das Kunstfestival. Das sitzende Mädchen erinnerte an die koreanischen Zwangsprostituierten, die «Trostfrauen», in den Bordellen der Kaisertruppen während des Zweiten Weltkrieges (Koreaner in Japan). Nach der Androhung eines Brandanschlags musste die Sonderschau schliessen. Der

N

Telefonterror sei gut organisiert gewesen, berichtete Triennale-Leiter Tsuda Daisuke. Viele Anrufer hätten vorbereitete Texte abgelesen, hätten seine Mitarbeiter berichtet. Zu solchen Aktionen ist in Japan nur die Organisation Nippon Kaigi (Japan-Konferenz) fähig. Die neokonservative Sammelbewegung setzt sich gemäss ihren eigenen Worten für die «Wiederherstellung eines schönen Japans und den Aufbau einer stolzen Nation» ein. Das bedeutet: Die von der US-Besatzungsmacht festgelegte Nachkriegsordnung soll weg, Nippon Kaigi will zurück zur Politik, Gesellschaft und Verfassung der Meiji-Zeit. Ein weiblicher Tennō kommt für diese Ultrakonservativen genauso wenig in Frage wie die Homosexuellenehe. Zunächst konzentrierte sich die Organisation über ihre zahlreichen Ableger und Graswurzelgruppen auf die Erziehung der Jugend zu mehr Patriotismus. Einer ihrer Erfolge ist ein neues Schulfach Moralerziehung, ein anderer, dass die Schulbücher die Kriegsgräuel der Kaiserarmee inzwischen weitgehend unterschlagen. Der Fokus in jüngerer Zeit liegt darauf, die Rolle von Japan im Zweiten Weltkrieg zu beschönigen. Seitdem stehen Historiker, Journalisten und Künstler unter grossem Druck, Japan positiv darzustellen. Zwangsarbeiter zum Beispiel sollen «Kriegszeitarbeiter» heissen. Die 2016 gegründete Unterorganisation «Historical Awareness Research Committee» führt «Geschichtskriege», so ein Buchtitel der konservativen Zeitung «Sankei», gegen angeblich falsche und übertriebene Darstellungen der Kriegsgräuel. Die Trostfrauen zum Beispiel hätten sich freiwillig prostituiert. Das Massaker von Nanking reden die Revisionisten ebenfalls herunter. Dieses extreme Denken reicht tief in Parlament und Regierung hinein. Über ein Drittel der Parlamentsabgeordneten und über die Hälfte des Kabinetts gehören der Japan-Konferenz an. «Nippon Kaigi lenkt die Politik in Japan», meint Tawara Yoshifumi von der Bürgerinitiative «Children and Textbooks Japan Network 21» für Schulbücher ohne Geschichtsfälschung. So strich Bildungsminister Hagiuda Kōichi der Triennale unter Hinweis auf den Protest gegen die Trostfrauenskulptur nachträglich die zugesagte Finanzhilfe von 700 000 Franken. Auch Hagiuda ist ein langjähriges Mitglied von Nippon Kaigi.

O

Obst 果物
Im berühmten Obstladen Sembikiya im Tōkyōter Einkaufsviertel Nihonbashi kostet eine Packung mit zehn einzelnen Kirschen umgerechnet 30 Franken. Das Geschäftsmodell: Obst *(kudamono)* dient in Japan nicht als Nahrungsmittel, sondern als luxuriöser Geschenkartikel. Mangels Anbaufläche setzen die Bauern so extrem wie nirgendwo sonst auf Klasse statt auf Masse. Von einer Melonenranke zum Beispiel schneiden sie alle Fruchtkeime bis auf einen weg, damit diese eine Melone möglichst gross, süss und saftig wird. Die Mengen an Licht, Wasser und Luftfeuchtigkeit werden genau kontrolliert. Nach der Ernte messen Sensoren den Zuckergehalt. Ein Prachtexemplar von 1,5 Kilogramm mit einem gleichmässigen Netzschalenmuster gibt es bei Sembikiya für 240 Franken. Nashi-Birnen wickelt man während des Reifens am Baum bis zu drei Mal in Papier ein, um Insekten und Regen abzuwehren und eine makellose glatte Schale zu bekommen. Reflektierende Silberfolie unter Kirschbäumen, deren Zweige auf eine gleich hohe Ebene gebunden sind, sorgt dafür, dass die süssen Juwelen rundherum rot werden. Die Mangos der Spitzenmarke «Ei der Sonne» auf der Hauptinsel Kyushu bleiben so lange am Baum hängen, bis sie mit der perfekten Reife von selbst in ein aufgespanntes Netz fallen. Für eine einzelne 80 Gramm schwere *Bijinhime*-Riesenerdbeere sind 440 Franken zu berappen. Die Taktik der Rarität nutzen auch die Produzenten der Weintraubensorte Ruby Roman, von denen jährlich nur 2400 Bündel auf den Markt kommen. Eine Traube mit 20 rubinrot leuchtenden Beeren geht für 880 Franken über den Ladentisch. Kein Wunder, dass es in Japan Banden gibt, die solche Fruchtdiamanten gezielt vom Baum oder aus dem Gewächshaus stehlen.

oishii おいしい, **lecker**
Die meisten von uns Mitteleuropäern können sich nur schwer vorstellen, dass die tägliche Nahrungsaufnahme im Zentrum unseres Lebens steht. Seien wir ehrlich: Essen bedeutet für uns im Wesentlichen die Aufnahme von Kalorien. Wenn es dazu noch schmeckt, umso besser. Aber in Japan scheint es mir umgekehrt zu sein: Zuerst muss es schmecken, das Sattwerden ist ein unerfreulicher Nebeneffekt, da man dann nicht mehr weiter geniessen kann. Ausländische Nahrungsverkäufer lernen in Japan als Erstes, die Portionsgrösse ihrer Waren zu verringern, weil die Japaner lieber verschiedene kleine Sachen probieren. Kein Wort drückt dieses Lebensgefühl so perfekt aus wie *oishii* (lecker), kaum ein Wort kommt im Alltag häufiger vor. Eine Gaumenfreude kann Japaner mit (fast) allem versöhnen. Eine Freundin sagte mir einmal, sie wolle bis zum Tode keine ihrer drei täg-

O

lichen Mahlzeiten auslassen und stets auf leckeren Geschmack achten, damit sie ihr Leben im wahrsten Wortsinn auskoste. Ihr Denken ist keineswegs extrem: Die Mittagspause zum Beispiel ist dem Japaner heilig. Zwischen 12 und 13 Uhr verschickt niemand eine Mail, dann sind nämlich alle Büroarbeiter «zu Tisch». Ein Japaner isst auch nicht beim Gehen – nicht nur wegen guter Manieren, sondern das Essen ist so wichtig, dass man es nicht nebenher erledigen möchte. Allein wegen der Aussicht und der Neugier auf eine *oishii* Mahlzeit stellen sich Japaner lange in eine Schlange, zum Beispiel vor frisch eröffneten Restaurants – vielleicht wird man ja kulinarisch überrascht, und das auch noch zum günstigen Einführungspreis – oder vor «Geheimtipps» aus dem Fernsehen und dem Internet. Qualität, Regionalität und Saisonalität der Lebensmittel und Gerichte haben einen fast kultischen Stellenwert. Sicher, die Japaner lieben auch Fastfood, keine Einkaufsstrasse kommt ohne eine Burgerbude aus. Aber selbst diese Anbieter lassen sich ständig kulinarisch Neues einfallen, um die Gaumen ihrer Kunden zu kitzeln.

Okinawa 沖縄
Von frühmorgens bis tief in die Nacht starten und landen Kampf- und Transportflugzeuge in Kadena, insgesamt 70 000 Mal im Jahr. «Wir wünschen uns nichts mehr, als dass dieser unglaubliche Lärm endlich abnimmt», meint bei meinem Besuch der Bürgermeister der Gemeinde mit 14 000 Einwohnern seufzend. Über ihren Wohnhäusern verläuft die östliche Flugschneise der grössten US-Luftwaffenbasis in Asien mit fast 18 000 Soldaten. Kadena teilt sein Lärmschicksal mit der Stadt Ginovan – dort starten und landen die Militärmaschinen des US-Stützpunktes Futenma sogar mitten im Zentrum. Insgesamt nehmen die USA ein Fünftel von Okinawa in Beschlag, de facto nutzen sie die nur 100 Kilometer lange und 15 Kilometer schmale Insel als einen gigantischen Flugzeugträger. Ausser durch den lautstarken Luftverkehr sorgen US-Militärangehörige durch Verkehrsunfälle, Schlägereien, Einbrüche, Vergewaltigungen und Morde an Okinawa-Bewohnern immer wieder für negative Schlagzeilen, Ärger und Wut. Daher empören sich die Menschen seit langem über die ungleiche Lastenverteilung, da die Hälfte der 54 000 US-Soldaten in Japan auf ihrer kleinen Insel stationiert ist. Durch die starke Präsenz wirken sie wie eine Besatzungsmacht, obwohl die Insel 1972 an Japan zurückging. Zudem quält viele Einwohner die Erinnerung an die einzige und dazu sehr blutige Weltkriegsschlacht auf japanischem Territorium. Dabei starben 1945 über 200 000 Zivilisten, 90 Prozent von Okinawa lagen in Schutt und Asche.

O

Aufgrund des grossen lokalen Grolls vereinbarten die Regierungen in Tōkyō und Washington bereits vor zwei Jahrzehnten, die Luftwaffenbasis Futenma in das Camp Schwab, einen weiteren Stützpunkt des US-Marinekorps, zu integrieren. Die Ausbau- und Verlegungskosten von bis zu 18 Milliarden Franken will Japan zahlen; für die Regierung sind die Truppen ein Faustpfand dafür, dass die USA ihr Versprechen halten, Japan im Kriegsfall zu verteidigen. Doch der Umzug der Basis Futenma innerhalb von Okinawa bedeutet, dass der Fluglärm nicht abnimmt, sondern nur eine andere Region terrorisiert. Als Folge von politischen Querelen, gerichtlichen Klagen und technischen Problemen verzögert sich das Vorhaben inzwischen bis Anfang der 2030er Jahre. Ab 2024 sollen auch immerhin 4800 US-Soldaten zur US-Pazifikinsel Guam abziehen. Aber wenn die Bewohner von Okinawa das Sagen hätten, müsste das amerikanische Militär ganz von ihrer wunderschönen Insel verschwinden.

omiyage お土産, **Mitbringsel**
So wie wir aus einem Urlaub, zumindest früher, Postkarten an Bekannte und Freunde verschickt haben, so bringt die Mehrzahl der Japaner von einer Reise ein Souvenir für Familie, Freunde und Kollegen mit. Der Ursprung dieser Sitte stammt aus einer Zeit, als ein Dorfmitglied im Namen und mit dem Geld seiner Mitbürger eine Reise zu einem Tempel antrat, um göttlichen Beistand für die Gemeinschaft zu erbitten. Zum Dank und als Beweis, dass man dort tatsächlich gewesen war, erhielten die Zurückgebliebenen ein Mitbringsel *(omiyage)*, meist eine Süssigkeit des Gotteshauses oder aus der Region, zu der es gehörte. Diese Tradition existiert immer noch, sodass viele Geschäfte an beliebten Ausflugzielen die für die Region typischen, meist süssen Leckereien feilbieten. Zum Beispiel bringe ich jedes Mal, wenn ich das Atomkraftwerk Fukushima Daiichi besuche, meinen japanischen Freunden eine Packung der typischen, nach Milch schmeckenden Minikuchen aus der Region *(mamadōru)* mit. Heutzutage hat sich die Tradition des Mitbringens jedoch in ein lästiges Ritual verwandelt. Viele Reisende fühlen sich dazu genötigt, aber wollen nur wenig Geld ausgeben. Schliesslich handelt es sich nur um eine soziale Geste, wirklich schmecken muss das *omiyage* also nicht. Aber falls Sie sich einmal gefragt haben, wer in Flughäfen all die Essenssouvenirs kauft, gehen Sie ruhig davon aus, dass darunter viele Japaner sind – sie handeln unter grossem sozialem Zwang.

omotenashi おもてなし, **Premium-Service**
Der Verkäufer im Geschäft, der den eintretenden Kunden mit «Willkommen» *(irasshaimase)* begrüsst. Der Zusteller,

O

der das Paket im Laufschritt zur Haustür trägt. Der Taxifahrer, der die hintere Fahrgasttür per Knopfdruck öffnet. Die Putzfrauen der Shinkansen-Züge, die sich nach getaner Arbeit auf dem Bahnsteig aufreihen und vor den Reisenden verbeugen. Die Kekse, die in der Schachtel einzeln abgepackt liegen. Die automatische Warndurchsage, dass die Rolltreppenfahrt gleich zu Ende gehe – *omotenashi* hat viele Gesichter. Reiseführer übersetzen das Wort gerne mit Gastfreundschaft. Doch das kulturelle Konzept reicht tiefer – bis zurück zur Teezeremonie – und bestimmt die prinzipielle Beziehung zwischen Gast und Gastgeber sowie zwischen Kunde und Dienstleister in Japan. *Omotenashi* meint einen qualitativ hochwertigen Service, der die Erwartungen der Kunden nicht nur voraussahnt, sondern gar übertrifft. Neben der üblichen Freundlichkeit und Rücksichtnahme zeigt sich *omotenashi* in durchdachten Details, die erst bei genauerem Hinschauen auffallen: Das Stofftuch zum Händereinigen, das ein Restaurant dem Gast als Erstes reicht, kommt im kalten Winter angewärmt und im heissen Sommer gekühlt. Oder die Banken stellen neben jeden Geld-Automaten einen Ständer, damit der Kunde seinen nassen Schirm abstellen kann. Die Schweizer kennen das Sprichwort «Der Kunde ist König», wir wissen, dass diese Zeiten lange vorbei sind. Die Japaner sagen «Der Kunde ist Gott» und meinen das wirklich. Ihre Zuwendung zum Kunden kommt von Herzen und wirkt selten gespielt. Das macht den Alltag in Japan angenehm. Für die Dienstleister gilt das weniger. Der enorme Aufwand für einen Premium-Service senkt die Produktivität und treibt die Kosten in die Höhe. Und durch lebenslange Verwöhnung werden manche Kunden extrem pingelig und nerven mit ihren Beschwerden. Und ein «Dankeschön» oder ein Trinkgeld dürfen die Dienstleister schon gar nicht erwarten.

Ōmu-Sekte オウム真理教
Der 20. März 1995 war der Tag, an dem der Massenterror nach Japan kam. Die Anschläge auf wahllose Opfer ereigneten sich gegen 8 Uhr morgens in Zügen von drei Tōkyōter U-Bahn-Linien, die sich in der zentralen Umsteigestation im Regierungsbezirk Kasumigaseki kreuzten: Der Terror sollte das Herz von Japan treffen. Fünf Mitglieder der Endzeitsekte Ōmu Shinrikyō – «Höchste Wahrheit» – öffneten in den dicht besetzten Waggons mit den scharf gefeilten Spitzen ihrer Regenschirme ihre Tüten mit insgesamt viereinhalb Liter Sarin. 13 Menschen starben durch das austretende Nervengas, einer davon lag mehr als ein Jahrzehnt im Koma. Es gab rund 6000 Verletzte. Einer Frau verklebte das Giftgas die Kontaktlinsen, die Ärzte mussten ihr die Augen herausoperieren. Die Aufarbeitung dieses Terroran-

schlags dauerte 23 Jahre. Im Juli 2018 vollstreckte der Staat die verhängten Todesstrafen gegen den halbblinden Sektengründer Shoko Asahara und zwölf seiner engen Vertrauten. Trotz des sieben Jahre langen Prozesses gegen den selbsternannten Guru blieben seine Motive im Dunkeln. Die übrige Schar von wenigen Dutzend Ōmu-Anhängern sagte sich von ihrem Führer los und benannte sich in Aleph um. Die Polizei überwacht sie nach wie vor scharf. Doch die Zäsur war geschehen: Viele Japaner verloren 1995 dauerhaft ihr Vertrauen in einen Staat, der sie vor dem Terror nicht geschützt hatte. Die Überlebenden und die Angehörigen der Opfer erkämpften sich einen Anspruch auf staatliche Entschädigung. Aber viele verzichteten dann dennoch aus Angst vor sozialer Ausgrenzung auf das Geld. Die japanische Gesellschaft isoliert nämlich lieber die Opfer, als in den Spiegel zu schauen. Nur wenige Intellektuelle wie der Schriftsteller Murakami Haruki fragten laut, warum überhaupt Tausende junger und hochgebildeter Japaner zur Ōmu-Sekte gelaufen waren. Offenbar hatten sie sich nach einer Alternative zu einer rigiden Gesellschaft gesehnt, die in den achtziger Jahren um das Goldene Kalb von Aktien und Immobilien getanzt war (Blasenwirtschaft). Mit dem Chemieangriff verschwanden zumindest auf einen Schlag alle Arroganz und Hybris jener Zeit.

One Piece ワンピース, **Manga**
Wenn japanische Frauen von «One Piece» *(wan pīsu)* sprechen, meinen sie ein einteiliges Kleid. Ganz anders junge Männer, die dabei sofort an das erfolgreichste Manga der Welt denken. Allerdings bevorzugen sie es cooler und sprechen von *wan pī*. 460 Millionen Stück seiner Serie hat Autor und Zeichner Oda Eiichirō (*1975) verkauft, davon 390 Millionen in Japan. Das sind mehr Exemplare als die übrigen neun Titel in der ewigen Top-Ten-Liste der Manga-Bestseller zusammen. «One Piece» zählt zum Genre der Shōnen-Manga für männliche Jugendliche und erscheint seit 1997 als Fortsetzungsgeschichte im Manga-Wochenmagazin «Shōnen Jump». Die Episoden wurden zu bisher 95 Sammelbänden zusammengefasst (Stand Ende 2019). Die Handlung ist übersichtlich: Der junge Pirat Monkey D. Luffy umsegelt mit seiner Strohhutbande eine fiktive Welt und besteht viele Kämpfe mit mächtigen Gegnern, um schliesslich den Schatz des verstorbenen Piratenkönigs Gold Roger – das «One Piece» – zu finden und dessen Nachfolge anzutreten. Ob es zu diesem Happy End kommt, werden wir jedoch erst gegen Mitte der 2020er Jahre erfahren, wenn die Geschichte abgeschlossen sein soll. Die deutsch-japanische Zeichentrickserie «Wickie und die starken Männer» habe ihn zu seinem Manga inspiriert, erzähl-

O

te Oda. Auch der Manga-Klassiker «Dragon Ball» habe Pate gestanden. Im Zeichenstil liess sich der Mangaka auch vom US-Cartoon «Tom und Jerry» beeinflussen. Der Grund für den Dauererfolg dürfte jedoch woanders liegen: Über die spannenden Abenteuer hinaus übt die Piratensaga auch Gesellschaftskritik und setzt sich intensiv mit Moral und Philosophie auseinander. Oda stellt Krieg, Sklaverei und Rassismus dar und greift Elemente der globalen Kulturgeschichte von den Dichtungen Homers über arabische Mythen bis zu US-Rappern auf. Das Verhältnis der Geschlechter beleuchtet die Serie aber kaum: Nur zwei der zehn Mitglieder der Strohhutbande sind weiblich. Ein Grund mehr, dass junge Japanerinnen lieber zu «Hana Yori Dango» greifen, mit einer Auflage von über 60 Millionen das erfolgreichste der Shōjo-Manga, die für Mädchen gedacht sind. Der Titel bedeutet «Lieber Jungs als Blumen» und spielt auf ein Sprichwort an, wonach sich einfache Leute die ästhetischen Ideale der Reichen nicht leisten können. In dem Manga geht es nämlich um ein armes Mädchen, das auf eine Schule für wohlhabende Kinder kommt. Man sieht: Manga-Bestseller verfolgen durchaus inhaltlich höhere Ansprüche.

Onsen 温泉**, Thermalbad**
«Noch der abgebrühteste Verächter alles Japanischen wird weich wie der glühende Verehrer, wenn er zum ersten Mal bis zum Hals eintaucht», schrieb mein Zeitungskollege Uwe Schmitt über die heissen Quellen *(onsen)* im Land. Diese Becken mit Thermalwasser befinden sich in öffentlichen Badeanstalten oder unter dem Dach eines meist traditionell eingerichteten Hotels *(ryokan)*, fast immer baden Männlein und Weiblein getrennt, die Aussenbecken von Blicken abgeschirmt. Das heisse Wasser kommt tief aus dem Untergrund und wird auf für die menschliche Haut erträgliche Temperaturen von bis zu 45 Grad Celsius heruntergekühlt. Die Hitze ist oft vulkanischen Ursprungs, dann färben Spurenelemente das Wasser und erhöhen die positive Wirkung für Haut und Körper. Früher sagten die Japaner: «Ein Bad ist das Paradies» *(ofuro wa tengoku)*. Damals hatten viele zuhause keine Badewanne, heute gönnen sie sich diesen Luxus täglich, wenn auch mit erhitztem Leitungswasser. Die in eine Nasszelle integrierte Standardwanne lässt das Wasser zur vorprogrammierten Zeit ein und hält die Temperatur durch Nachheizen aufs Grad genau. Nach dem Abendessen steigen die Mitglieder einer Familie hintereinander in das heisse Wasser, zuvor schrubbt sich vor der Wanne jeder mit Seife ab. Genauso geht es in einem *onsen* zu, sonst wäre die gemeinsame Wassernutzung eine Schweinerei. Darin spiegelt sich auch das japanische Prinzip

O

wider, dass innerhalb und ausserhalb der Wanne zwei streng getrennte Welten sind (uchi-soto). Wer sich dann mindestens 15 bis 20 Minuten im heissen Badewasser entspannt, schläft anschliessend gut und tief. Zudem vertreiben die Japaner auf diese Weise im Winter die Kälte aus ihren Knochen.

Nichts scheint mir typischer für die japanische Lebensart zu sein als dieses abendliche Entspannungsritual, schon die Säuglinge kommen mit in die Wanne. Daher ist jeder Japaner tief enttäuscht, wenn sein Hotelzimmer im Ausland nur eine Dusche hat. Wer Deutsche als «Waldmenschen» und Schweizer als «Bergmenschen» betrachtet, der muss Japaner als «Wassermenschen» bezeichnen.

Ōsaka 大阪

Auf dem Globus und der Landkarte sieht Japan so aus, als ob es sich von Norden nach Süden erstreckt. Aber seine Bewohner teilen ihr Land seit langem in Osten und Westen ein. In diese Richtungen erstreckt sich nämlich die zentrale und grösste Hauptinsel Honshū, an deren tausend Kilometer langen Pazifikküste die meisten Einwohner leben. Die Nordinsel Hokkaidō und das südliche Okinawa kamen erst viel später dazu. Der Osten von Honshū ist die Region Kantō mit der heutigen Hauptstadt Tōkyō; das Gebiet im Westen heisst Kansai, mit der ehemaligen Kaiserstadt Kyōto sowie der Handels- und Wirtschaftshochburg Ōsaka und ihrer Nachbarin Kōbe als Zentren. Kansai dominierte Japan in den eintausend Jahren bis zum 16. Jahrhundert, auf diesem Gebiet liegt die historische Yamato-Provinz mit den Exhauptstädten Azuka, Fujiwarakyo, Nara und Kyōto. Seit der Reichseinigung Anfang des 17. Jahrhunderts wird Japan von Kantō aus regiert (Edo-Zeit). In der Lebensart unterscheiden sich die zwei Regionen so ähnlich wie Preussen und Bayern. In Tōkyō und Kantō spricht man formales Hoch-Japanisch und geht steif miteinander um; in Ōsaka und Kansai parliert man in rauen Dialekten namens Kinki- und Ōsaka-ben, die Menschen nehmen kein Blatt vor den Mund. Aus japanischer Sicht sind bürokratische Langweiler in Kantō und spontane Lebenskünstler in Kansai zuhause. Als Beweis dienen die Comedians in nationalen TV-Kanälen, die oft aus Ōsaka kommen und im Lokaldialekt Witze machen. Auch fällt einem bei Ōsaka sofort der Begriff *kuidaore* ein, von mir übersetzt als «Essen bis zum Platzen». Gemeint ist die Liebe dieser Millionenstadt zu deftigen Gerichten wie Eierkuchen mit Gemüse *(okonomiyaki),* im Teig gebackener Krake *(tabuddki)* und einer Brühe mit dicken Nudeln und gebratenem Tōfu *(kitsune udon).* Dafür strömen Einheimische wie Touristen ins Zentrumsviertel Dōtonbori. Nichtsdestotrotz hat

O

Tōkyō den Machtkampf mit Ōsaka klar gewonnen. Selbst klassische Kansai-Gewächse wie Matsushita und Sharp beugten sich dem Diktat des Zentralismus und lagerten einen Teil ihrer Führung in der Hauptstadt aus. Trotzdem halten sich die Bewohner von Ōsaka für die besseren Japaner.

otaku オタク**, Maniac**
Tabuchi Ryō lebt fürs Videospielen. Bei einem Erdbeben würden ihn seine 1200 Game-Disketten, 5000 Manga-Hefte und 3000 Musik-CDs begraben, so hoch stapeln sie sich an den Wänden seines Einzimmerapartments in Tōkyō. Tabuchi ist ein Gamer-*Otaku,* ein *otaku* für Videospiele. Das Wort bedeutet eigentlich «mein Zuhause», aber bezeichnet junge Männer, die ihre ganze Freizeit einem Hobby widmen. Sie gelten als verklemmte, übergewichtige Stubenhocker, die in Manga-Comics und Anime-Zeichentrickfilme abtauchen, dazu eigene Geschichten schreiben, sich als ihre Lieblingsfigur verkleiden (Cosplay) und junge Mädchen anhimmeln. Und all dies, weil sie mit «richtigen» Frauen nichts anzufangen wissen. Doch Tabuchi wischt diese Beschreibung vom Tisch: «Als *otaku* bin ich extrem ehrgeizig und voller Hingabe, also ziehe ich mich im Winter in meiner kalten Wohnung aus und spiele nackt weiter, damit ich konzentriert bleibe.» Die breite Masse in Japan erfuhr von diesem Phänomen erstmals 1989, als ein *otaku* namens Miyazaki Tsutomu vier Mädchen im Alter von vier bis sieben Jahren tötete, die Leichen missbrauchte und teilweise verzehrte. Danach schwang in dem Wort *otaku* die Bedeutung eines seelisch kranken, menschenscheuen Sonderlings und potenziellen Serienmörders mit. Aber im ersten Jahrzehnt nach der Jahrtausendwende kippte die Wahrnehmung in das Gegenteil um. Die Hausanzüge der *otaku* aus unförmigem Sweatshirt und grauer Schlabberhose waren plötzlich Kult, der verklemmte Jungmann ohne sexuelle Erfahrung bevölkerte Bücher und TV-Serien. Die Spinner waren plötzlich Trendsetter. Die Regierung entdeckte Anime und Manga als Exportartikel und vermarktete sie im Ausland unter dem Slogan «Cool Japan». Diese positive Perspektive ermöglichte es einem *otaku,* sich öffentlich zu zeigen. So manch ein Geschäft im Tōkyōter Stadtviertel Akibahara spezialisiert sich auf ihre Bedürfnisse wie das Sammeln von Filmfiguren. Als Dienstmädchen verkleidete junge Frauen bedienen sie in Maid-Cafés, andere Frauen nutzen ihre *Otaku*-Fans als Sprungbrett für eine Karriere in die Schauspielerei (moe). Aus westlicher Perspektive bleibt die Welt der *otaku* jedoch eine Subkultur, die ihresgleichen sucht.

P

Pachinko パチンコ
«Mordkammern» nennen sich die illegalen Kasinos in Japan, die gezielt Superreiche ausnehmen. Dort ist das Glücksspiel im wahrsten Sinn des Wortes abgekartet: Dealer, Gäste und Personal gehören allesamt zur japanischen Mafia, zur Yakuza. Hostessen in nahen Bars lotsen vermögende Gäste zu den versteckten Spieltischen, meist für Blackjack oder Oicho-Kabu, die japanische Version von Baccara. Einer solchen elaborierten Betrugsoperation fiel der Chef des Papierherstellers Daio zum Opfer. Ikawa Mototaka verspielte in illegalen Hinterzimmern und in Kasinos im Ausland zig Millionen Franken. Dafür wanderte er ins Gefängnis – er hatte sich das Spielgeld von den eigenen Tochterfirmen besorgt. Die Anekdote überraschte Kenner nicht: Japan ist der grösste Glücksspielmarkt der Welt – dank legaler Sportwetten, Lotterien und Spiel-Automaten. Eigentlich sind Glücksspiele mit Gewinnmöglichkeit gesetzlich verboten. Trotzdem stehen Tausende von Spielhallen mit Pachinko- und Pachislot-Automaten rings um die Bahnhöfe auf dem Nachhauseweg. Der gesetzliche Trick: Das Ganze wird als Unterhaltung definiert, da es offiziell nur Sachgewinne gibt – die man aber nebenan in Geld umtauschen kann. Und wie passen staatlich organisierte Lotterien, Boots- und Pferderennen zum Verbot? Sie finden im öffentlichen Interesse statt – Teile der Einnahmen fliessen in die Staatskasse. Pachislot ähnelt westlichen Daddel-Maschinen, Pachinko gleicht Flipper-Automaten: Sie sollen mehr Kugeln ausspucken, als die Spieler hineinschiessen. Die Software muss dafür sorgen, dass ein Spieler nur wenig Geld je Minute verlieren kann. Zudem sind die gewonnenen Kugeln über ein Drittel weniger wert als die abgeschossenen Bälle, sodass man nur wenig gewinnt. Das spiegelt die gesellschaftliche Mentalität wider – kleiner Einsatz, kleines Risiko. Doch eine Million Japaner gilt als Pachinko-süchtig. Schon zur Öffnung am frühen Morgen stehen selbsternannte «Profis» vor den Hallen Schlange, um als Erste an die vermeintlich «besten» Automaten zu gelangen.

Parasiten-Singles パラサイトシングル
In den Häusern in meiner Nachbarschaft wohnen überraschend viele erwachsene Kinder noch bei ihren Eltern. Einige studieren an einer der zahlreichen Universitäten in Tōkyō und sparen die hohen Mietkosten einer eigenen Wohnung. Andere sind schon berufstätig und verlassen am frühen Morgen in Bürokleidung das elterliche Heim. Für diese Leute erfand der Soziologe Yamada Masahiro 1999 die Bezeichnung Parasiten-Singles *(parasaito shinguru)*. Die Beschreibung richtete sich vor allem gegen junge Frauen, die sich von der gesparten Miete Reisen und Hand-

taschen leisteten, statt zu heiraten und selbst eine Familie zu gründen. Bei diesem Zerrbild fiel jedoch unter den Tisch, dass viele dieser Frauen mit ihrer Erwerbsarbeit zu wenig für eine eigene Wohnung verdienen. Aus diesem ökonomischen Grund leben übrigens auch viele junge Männer noch bei den Eltern.

pawahara パワハラ**, Untergebene quälen**
Die Japaner haben einen ausgeprägten Sinn für sozial nicht akzeptables Benehmen. Dafür japanisierten sie das englische Wort Harassment und verkürzten es zu *hara*. Kulturforscher zählen mehrere Dutzend Varianten: Los ging es mit *sekuhara* (Abkürzung von Sexual Harassment = sexuelle Belästigung). Es folgten *matahara* (Maternity Harassment = Schikanen am Arbeitsplatz gegen schwangere Frauen und Mütter mit Babys, weil sie früher nach Hause gehen wollen) und *patahara* (Paternity Harassment = Mobbing von Männern, die Vaterschaftsurlaub nehmen). Aber es entstanden auch die Wortschöpfungen *morahara* (Moral Harassment = erzwungenes Beibringen von moralischen Werten), *kasuhara* (Customer Harassment = Kunden, die mit einer Anfrage immer wieder eine Hotline anrufen) und *sōhara* (Social Media Harassment, wenn man sich gezwungen fühlt, auf Freundschaftsanfragen auf Facebook einzugehen oder Follower auf Twitter von jemandem zu werden). In diesem Kontext wuchs das Bewusstsein für den Machtmissbrauch von Vorgesetzten gegenüber Untergebenen. Solche Schikanen laufen unter dem Sammelbegriff *pawahara* (Power Harassment). Die hohe Sensibilität für unangemessenes Verhalten ist für Westler schwer nachzuvollziehen. Die Schweizer Höflichkeit kommt Nippons Idealen relativ nahe, während das direkte Benehmen von vielen Deutschen in japanischen Augen oft als aggressiv und unverschämt wahrgenommen wird. Tatsache ist: Die Zahl der förmlichen Beschwerden von Arbeitnehmern über ihre Vorgesetzten steigt stark. Das Arbeitsministerium schürt das Bewusstsein für *powerhara* per Youtube-Videos mit nachgestellten Schikaneszenen. Schon die Frage eines Chefs nach dem Beziehungsstatus kann die Privatsphäre verletzen. Ein Gesetz zwingt die Unternehmen, solchen Vorfällen nachzugehen. Die Rebellion der Arbeitnehmer hat zwei wichtige Gründe. Erstens betrachten jüngere Japaner ihr Unternehmen nicht mehr als ihre Familie. Früher durfte ein Vorgesetzter seine Untergebenen behandeln wie der strenge Vater seine Kinder. Das akzeptieren die heutigen Mitarbeiter nicht mehr. Zweitens haben sich die Machtverhältnisse gedreht. Wegen der alternden und schrumpfenden Bevölkerung herrscht in Japan ein grosser Personalmangel. Wollen die Unternehmen ihre Mitarbeiter nicht verlieren, müssen sie sie besser behandeln.

P

Pazifismus 平和主義
In Artikel 9 der Verfassung «verzichtet das japanische Volk für alle Zeiten auf den Krieg». Umfragen zufolge möchte die Mehrheit der Japaner an diesem Pazifismus *(heiwa shugi)* festhalten, während Nationalisten wie Abe Shinzō den Artikel ändern wollen. Jedoch ist dies gar nicht notwendig: Schon 1954 legte die Regierung Artikel 9 so aus, dass Japan sich gegen einen Angreifer verteidigen darf, und gründete die «Selbstverteidigungsstreitkräfte» *(jieitai)*. 2015 räumte sich Japan das «Recht auf kollektive Selbstverteidigung» ein. Nun darf es an der Seite von Verbündeten kämpfen, ohne direkt angegriffen worden zu sein. Sogar Waffensysteme mit offensiven Fähigkeiten sind inzwischen erlaubt. Mit diesem neuen Kurs hadern vor allem ältere Japaner, allerdings weniger aufgrund der Einsicht, dass der «pazifische Krieg» zwischen 1937 und 1945 im Namen des Gottkaisers und im Glauben an die eigene rassische Überlegenheit falsch oder gar verbrecherisch war. Eher hängen viele einem passiven Pazifismus an, gefüttert vom Trauma der Atombomben auf Hiroshima und Nagasaki und von der Erfahrung einer ausländischen Besatzungsmacht. Man wünscht sich ein Japan, das ohne Gewaltmittel respektiert wird. Diese Sehnsucht erklärt womöglich auch, warum so viele Japaner die Neutralität der Schweiz als vorbildlich bewundern.

Pendeln 通勤
Im nationalen Durchschnitt benötigen Japaner laut Arbeitsministerium 80 Minuten von ihrem Wohngebäude bis zum Arbeitsplatz, im Grossraum Tōkyō sind es gemäss der Umfrage eines Immobilienmaklers 58. Zum Vergleich die Schweiz: Dort dauert die Anfahrt zum Job 31 Minuten. Der Unterschied erklärt sich damit, dass die Grundstückspreise zwischen Zentrum und Peripherie in Japan mit der Entfernung langsamer fallen als in der Schweiz. Ein Japaner muss also eine grössere Distanz hinnehmen, um sich ein Haus im «Grünen» leisten zu können. Als in den 1980er Jahren die Preise von Grund und Boden explodierten, verlängerten sich auch die Pendelzeiten, weil bezahlbare Bauflächen nun noch weiter draussen lagen. Wer damals trotzdem kaufte, blieb oft das ganze Arbeitsleben zum Pendeln *(tsūkin)* verdammt. Denn die Blase platzte, und die Grundstückswerte gingen in den Keller. Die Hauskäufer sassen nun auf Krediten, die den Wert ihrer Immobilie weit überstiegen. Daher konnten sie nicht mehr verkaufen und näher ans Zentrum ziehen. Übrigens, die Hälfte der Japaner pendelt mit der Bahn, die Hälfte der Schweizer mit dem Auto. Ein Grund für den Unterschied: Mit dem Zug kommt man in japanischen Städten schneller ans Ziel. Und: Die meisten Unternehmen erstatten die kompletten Fahrtkosten zum Arbeitsplatz. Diese Gross-

zügigkeit macht das längere Pendeln vielleicht ein bisschen erträglicher.

Pflichtschokolade 義理チョコ
In den Wochen vor dem 14. Februar bauen alle Kaufhäuser und Supermärkte Sonderstände mit Schokolade in allen Preiskategorien auf. Aber der japanische Valentinstag ist eine einseitige Angelegenheit – die Frauen kaufen das Geschenk, die Männer erhalten es. In den Büros hat sich der Brauch zum sozialen Muss entwickelt. Daher lassen sich die Frauen diese Pflichtschokolade *(giri choko)* pro Kopf höchstens vier, fünf Franken kosten. Schliesslich sollen sie jedem Kollegen etwas Süsses auf den Schreibtisch legen, das geht ins Geld. Einige Office-Ladys, wie die Bürohilfskräfte traditionell heissen, nutzen ihre Bringschuld dazu, einen launischen Vorgesetzten abzustrafen. Ihre Rache ist im wahrsten Sinne des Wortes süss. Denn für den Chef ist es ziemlich peinlich, wenn sein Schreibtisch am 14. Februar fast leer bleibt, während beliebte Kollegen in Schokolade ertrinken. Manch eine Mitarbeiterin, so erzählt man sich, zeigt ihrem Chef ihre Verachtung, indem sie ihre (anonyme) Schokogabe zerbröselt. Sind die Pralinen jedoch aufwändig verziert, von einer teuren Marke und hübsch verpackt, handelt es sich garantiert um Favoritenschokolade *(honmei choko)* für den wahren Auserwählten. Ursprünglich machte diese wortlose Möglichkeit, das Gefühl der Zuneigung auszudrücken, den Valentinstag in Japan populär. «Früher war es für Frauen peinlich, ihre Liebe zu zeigen, dafür mussten sie schon sehr mutig sein», erzählte mir eine ältere Angestellte. Für das erhaltene Präsent können sich die Männer am 14. März, dem White Day *(howaito dē)*, revanchieren, passend zur Bezeichnung des Tages mit weisser Schokolade. Nicht alle Frauen müssen aber einen Monat lang warten. Manche Männer geben schon am Valentinstag ein süsses Gegengeschenk *(gyaku choko)*. Zumindest in einigen Fällen lässt sich dieser Bruch der Konvention als zarter Hinweis verstehen, dass dieser Mann an einer Frau stärker interessiert ist.

Plastik プラスチック
Der Einsatz von Kunststoff scheint in Japan keine Grenzen zu kennen. Obst und Gemüse liegen einzeln in Folie verpackt im Supermarkt, Plastiknetze rund um empfindliche Waren wie Pfirsiche verhindern Druckstellen. Als Schutz gegen austretende Feuchtigkeit stecken die Kassierer alle gekühlten und flüssigen Produkte in eine weitere dünne Tüte. Bei Regen stehen am Eingang grosser Geschäfte Vorrichtungen, damit die Kunden ihren nassen Schirm in eine dünne Plastikhülle schieben können. So bleibt der Ladenboden trocken, aber beim Rausgehen wirft man den Tropf-

schutz gleich wieder weg. Solche Gewohnheiten hängen möglicherweise mit einem speziellen Empfinden von Schönheit und Sauberkeit zusammen (kirei). Infolgedessen verbraucht Japan hinter den USA weltweit die meisten Einwegverpackungen aus Kunststoff. Ein Wirtschaftsprofessor der Universität Ōsaka schätzt den Jahreskonsum allein an Plastiktüten auf 240 Stück pro Kopf, das wären 30 Milliarden im Jahr. Lange Zeit redeten sich die Behörden mit der hohen Recyclingquote von über 50 Prozent heraus – alle Japaner sammeln ihre Plastikabfälle in der eigentlich unpassenden Kategorie «nicht brennbarer Abfall» *(moenai gomi)* –, doch die vermeintliche «Wiederverwertung» fand vor allem im Ausland statt. Erst als China die Importe verbot, handelte die japanische Regierung, förderte biologisch abbaubare Kunststoffe und machte Plastiktüten gebührenpflichtig. Aber die Liebe der Japaner zum Plastik dürfte damit nicht enden – der Mindestpreis für die Tüte an der Kasse ist nur 1 Yen (1 Rappen).

Plastikessen 食品サンプル
Was unternimmt der Betreiber eines Restaurants, wenn er keine Speisekarte hat? Er lässt die attraktivsten Gerichte originalgetreu nachbilden und stellt sie ins Schaufenster. So geschah es im Japan der 1920er Jahre – und so geschieht es bei Restaurants im Preisbereich zwischen 10 und 20 Franken immer noch.

Die meisten davon bieten entweder Tellergerichte wie Spaghetti oder Bentō-Boxen an. Zunächst hatten die Modelleure gefärbtes Paraffin benutzt. Später wechselten sie zu Weich-PVC. So verblassen die Farben durch das Sonnenlicht nicht mehr. Der Materialwechsel ist für die Restaurantbetreiber einerseits gut, weil PVC ewig hält, und andererseits schlecht, weil sie ihre Gerichte nicht mehr ändern können. Die Nachbildung eines einzelnen Tellergerichts kann nämlich bis zu 1000 Franken kosten. So gut wie alle Presseberichte über das Plastikessen *(shokuhin sampuru)* schildern die schwierige Aufgabe der Modelleure, eine spezifische Mahlzeit naturgetreu nachzubilden. Aber den wahren Stress erleben die Köche des Restaurants, die die Gerichte genauso auf den Teller bringen müssen, wie sie im Schaufenster zu sehen sind, um die Erwartungen der Kunden nicht zu enttäuschen. Das scheint mir die grössere Herausforderung an eine Handwerkskunst zu sein.

Playstation プレイステーション
Wer hätte das gedacht: Der Walkman des 21. Jahrhunderts heisst Playstation *(purei sutēshon,* abgekürzt *puresute).* Zumindest gilt das für den Hersteller Sony: Ihm spült das Geschäft rings um die Spielekonsole innerhalb der einst viel breiter aufgestellten Elektroniksparte im Jahr 2020 mittlerweile zwei Fünftel

der Einnahmen und mehr als die Hälfte des Gewinns in die Kasse. Nach ihrer Geburt Ende 1994 kam im Schnitt alle sechs Jahre eine neue Playstation auf den Markt. Die erste PS verdankte ihre Existenz einem Streit zwischen Sony und Nintendo über eine Kooperation für Spiele auf CD-ROM. Darauf beschloss Sony, die Konsole selbst zu entwickeln. Es sollte eigentlich nur ein Übergangsgerät sein, bis der normale Computer zum Unterhaltungszentrum mit Filmen, Büchern und Spielen geworden wäre, erzählte mir der «Vater der Playstation», Ken Kutaragi. Dann entdeckte Sony, dass es mehr videospielende Erwachsene gab als gedacht. Die Playstation 2 sollte mit ihrem DVD-Laufwerk die Entertainment-Plattform im Wohnzimmer werden und kam auf einen Rekordabsatz von 155 Millionen Stück. Gekauft wurde sie jedoch vor allem, weil sie billiger als ein reiner DVD-Spieler war. Die Nummer 3 schaffte «nur» noch 87 Millionen Stück – sie war wegen eines selbstentwickelten Prozessors zu teuer; es gab zu wenig Spiele, und mit der Xbox von Microsoft erhielt Sony erstmals einen ebenbürtigen Konkurrenten. Bei der Playstation 4 ging wieder alles glatt – Sony passte die Technik an die Bedürfnisse der Spieleentwickler an. Die Version 5 dürfte jedoch die letzte ihrer Art sein. Im Verlauf der 2020er Jahre wird wohl das Internet in den Ländern mit den meisten Playstation-Kunden nämlich so schnell sein, dass sich die Videospiele von riesigen Datenzentren direkt auf den heimischen Fernseher streamen lassen. Dann sind Konsolen überflüssig. Schon 2019 stieg Google in dieses Geschäft ein, andere Streaming-Anbieter ausserhalb der klassischen Spielebranche folgten. Die Tage der Playstation sind definitiv gezählt.

Pokémon ポケモン
Taschenmonster ohne Ende – ein Hollywoodfilm mit dem vermenschlichten «Meisterdetektiv» Pikachū, 21 japanische Zeichentrickfilme und mehr als 1000 TV-Episoden bereichern seit Februar 1996 die Welt von Kindern und Erwachsenen. Die Pokémon – kurz für «Pocket Monster» – sind so bekannt wie Mickey Mouse und Harry Potter, obwohl es sich um rein digitale Kreationen handelt. Das Erfolgsrezept dieser Videospiele ist ziemlich schlicht: Die Spieler fangen die tierähnlichen Wesen ein, trainieren sie und lassen sie in einer Arena gegeneinander kämpfen. Der Trainer findet möglichst alle Monster einer Region, um der beste Wettkämpfer in diesem Gebiet zu werden. Die quietschbunte Welt der Pokémon, von anfangs 151 auf weit über 800 bis Ende 2019 angewachsen, verbreitete sich über Sammelkarten, die das Taschengeld zahlloser Kinder aufzehrten, in der ganzen Welt. Die Vorgeschichte erklärt den weltweiten Hype um Pokémon GO ab

P

2016. Mit dieser Smartphone-App lassen sich virtuelle Taschenmonster finden, die bei eingeschalteter Kamera live in das Bild eingeblendet werden. Der Favorit der User bei diesem ersten weltweit erfolgreichen Spiel mit «erweiterter Realität» ist natürlich Pikachū, eine knallgelbe Mischung aus Maus und Eichhörnchen, unwiderstehlich niedlich mit seinen Apfelbäckchen, Knopfaugen und dem blitzförmigen Schwanz. Heute ist Pokémon eine der erfolgreichsten digitalen Marken der Welt. The Pokémon Company, die Gemeinschaftsfirma von Nintendo und den Spieleschmieden Game Freak und Creatures, beziffert den Weltmarkt auf über 48 Milliarden Euro, dank Lizenzen für Merchandising von Bettwäsche über Poster bis zu Schreibheften. Damit ist der Siegeszug der Monster sicher nicht beendet – bisher haben die putzigen Tierchen vom Gameboy bis zum Smartphone jede technische Evolution überlebt.

Pornografie ポルノ
Die meisten Japankorrespondenten legen ihren Schwerpunkt auf eines von drei Themengebieten, die auf Englisch jeweils mit dem Buchstaben E anfangen: Exoticism, also die skurrilen Verhaltensweisen der Insulaner, etwa Männer, die ein weibliches Hologramm lieben, oder Frauen, die sich selbst heiraten. Der Meister dieses Feldes ist die Nachrichtenagentur afp. Dann Economics, also Berichte über Konjunktur, Unternehmen, Finanzen und Wirtschaftspolitik. Und schliesslich Eroticism, also japanische Besonderheiten von Sex und Liebe. Zum Beispiel die Love-Hotels mit Zimmern, die aussehen wie ein Klassenraum, eine Gefängniszelle oder ein Bahnabteil. Das Restaurant mit Spiegelboden, damit die Gäste die Höschen unter den Miniröcken der Kellnerinnen sehen können. Die Aktfotos von Araki Nobuyoshi, die im *Shibari*-Stil verschnürte Frauen zeigen. Die Schulmädchen, die ihre gebrauchten Slips und ihre Freizeit an Männer verkaufen (JK Business). Die uferlosen Pornofilme mit Mädchen im Lolita- oder Maid-Outfit, Vergewaltigungen in Zügen, Tentakelmonster, Massenorgien mit Hunderten von Teilnehmern, kopulierenden 80-Jährigen und so weiter. Die Zensur verlangt das Verpixeln von Genitalien in frei zugänglichen Medien, etwa im Internet. Aber Japans Geschichte kennt nur wenige Tabus und fast keine Scham im Umgang mit der Sexualität. Die Rotlichtviertel der Edo-Zeit waren ein einziger Sündenpfuhl, dort kauften sich Männer jede Spielart von Sex, auch mit Knaben. Die erotischen Shunga-Holzschnitte zelebrierten komplizierte Stellungen. Heute blättern Männer im vollen Zug ungeniert in pornografischen Manga. In der Nähe von Bahnhöfen offerieren «Soapland» genannte Etablissements Massagen und alle möglichen

anderen Körperdienste. Ausser Geschlechtsverkehr, dessen Verkauf ist verboten. Jedes Jahr feiert die Pornobranche ihre weiblichen Stars in einer Fernsehshow und zeichnet sie mit Preisen aus. Die dunkle Seite der Milliardenindustrie ist weniger bekannt: Skrupellose Agenten versprechen jungen Frauen eine Karriere als Schauspielerin und überreden sie zu erotischen Fotos, um sie damit zu erpressen und zum Sex vor der Kamera zu zwingen. Das Frauenbild ist archaisch – die Darstellerinnen sind kindlich-schüchtern, unterwürfig, dienstbereit und leicht zu missbrauchen. Die allgegenwärtige Pornografie *(poruno)* passt nicht so recht zu den Berichten aus der Abteilung Exotik über die sexlose Gesellschaft in Japan (Grasfresser). Darin steckt jedoch kein Widerspruch: Die japanischen Dienstleister sind lediglich Meister darin, zur ganzen Vielfalt menschlicher Bedürfnisse die massgeschneiderten Angebote zu liefern.

Presseklubs 記者クラブ
Als ausländischer Reporter und Korrespondent möchte ich die Wirklichkeit in Japan für meine Hörer und Leser abbilden, erklären und einordnen. Mich treibt dabei unser westlicher Anspruch, dass die Medien als «vierte Gewalt» agieren und die Herrschenden kontrollieren. Dagegen verstehen japanische Journalisten ihre Arbeit eher als das Verteilen von Fakten und Informationen. Ein «Kommentar» in einer japanischen Zeitung enthält selten eine eindeutige Meinung, sondern fasst lediglich den Informationsstand zusammen. Eine Ursache sind die hohen Auflagen. Wer wie die Zeitung «Yomiuri» über zwölf Millionen Exemplare am Tag verteilt, vergrätzt durch eine starke Meinung einen Teil ihrer breiten Leserschaft. Die andere Ursache sind die Presseklubs *(kisha kurabu)*. Der Premierminister, jedes Ministerium, jede Präfektur und jede wichtige öffentliche Institution vom Kaiserlichen Hofamt bis zu den Staatsanwaltschaften der Metropolen unterhält solche Klubs und verteilt darüber Informationen exklusiv an die grossen Blätter «Yomiuri», «Asahi», «Mainichi» und «Nikkei», die zwei Nachrichtenagenturen Kyōdō und Jiji sowie einige Fernsehsender. Andere japanische Medien erhalten keinen Zugang. Bei 850 dieser Presseklubs bedeutet das, dass der Staat ziemlich effektiv kontrollieren kann, welche Informationen die Bürger erreichen. «Das System untergräbt die Unabhängigkeit der Medien», kritisierte der UN-Berichterstatter für Meinungsfreiheit, David Kaye. Die jeweils zugelassenen Journalisten arbeiten innerhalb «ihrer» Institution in eigenen Räumen und besuchen bis zu zwei exklusive Briefings täglich. Niemand ist so gut informiert wie sie, aber was sie davon berichten, sprechen sie

vorher mit den Vertretern dieser Institution genau ab. Wer sich nicht daran hält, muss damit rechnen, aus dem Klub geworfen zu werden. Daher sehen die Schlagzeilen und die Inhalte der grossen Zeitungen eintönig gleich aus. Die US-Agenturen Associated Press und Reuters gehören zu den gesetzten Mitgliedern wichtiger Presseklubs, eine Folge des verlorenen Zweiten Weltkrieges. Theoretisch könnten auch andere ausländische Journalisten Mitglied von einem Presseklub werden, aber die Bedingung lautet, dass sie dort ständig anwesend sein müssen. Das heisst, die Klubs geben sich formal offen, aber de facto ist ihre Tür zu. Als Ausländer darf ich zwar an einer Klubpressekonferenz auf Antrag teilnehmen, aber Fragen zu stellen ist mir verboten. Zu den wenigen Ausnahmen von dieser Regel gehören Pressekonferenzen des Premierministers und des Notenbankgouverneurs. Aber das scheint mir doch eher ein Feigenblatt für eine eingeschränkte Pressefreiheit zu sein.

Problemjahr 2040 年問題
Den Höhepunkt der demografischen Krise in Japan erwarten die Bevölkerungsforscher in rund zwei Jahrzehnten. Denn 2040 erreichen die Angehörigen der zweiten Babyboomer-Generation, die zwischen 1972 und 1974 auf die Welt kamen, das klassische Rentenalter. Darunter sind Hunderttausende von Leidtragenden des Eiszeit-Arbeitsmarktes der 1990er Jahre. Aufgrund einer lebenslangen prekären Beschäftigungssituation konnten sie kein Geld sparen und zahlten nur wenig in die Rentenkasse ein, sodass sie viel finanzielle Hilfe vom Staat brauchen. Das Albtraum-Szenario für das Problemjahr 2040 *(2040nen mondai)* sieht so aus: Mehr als jeder dritte Japaner ist älter als 65 Jahre. Gleichzeitig sterben 1,6 Millionen, ein Rekord. Es wird also noch viel mehr «Leichenhotels» als jetzt geben. In ihren gekühlten Zimmern warten die aufgebahrten Toten darauf, dass im Krematorium ein Platz für ihre Verbrennung frei wird. Der Demografieexperte Kaneko Ryuichi von der Meiji-Universität spricht von einer «Massentod-Gesellschaft», in der sich alles um die Alten drehen wird. Der Grund ist die «ergraute Demokratie»: 2040 werden knapp 42 Prozent der Wähler über 65 Jahre und 24 Prozent über 75 Jahre alt sein. Gegen ihre Interessen lässt sich keine Politik mehr machen, die Anliegen von Jungen und Familien bleiben auf der Strecke. Kindergärten und Schulen verfallen, stattdessen entstehen Altersheime. Der Staat muss sich um Millionen Demenzkranke und Pflegebedürftige ohne Angehörige kümmern. Ländliche Regionen verkommen, die Japaner ziehen in die Städte mit ihren Ärzten, Krankenhäusern und ambulanten Pflegediensten. Die Gesundheits-

versorgung und die Renten für die Alten fressen die Steuereinnahmen auf. Zwar sind die ersten Gegenmassnahmen ergriffen: Die Japaner sollen möglichst bis 70 arbeiten und damit länger Steuern und Sozialabgaben entrichten. Im Ausland werden Pflegekräfte angeworben. Aber das ändert nichts daran, dass in Japan ein soziales Experiment stattfindet, das in der Geschichte der Menschheit einzigartig ist.

Prüfungshölle 試験地獄
Japanische Schüler strengen sich beim Lernen viel mehr an und wissen auch viel mehr als europäische Schüler. Sorry, das ist eine Tatsache. In Japans «bildungsbewusster» Gesellschaft *(gakureki shakai)* werden die besten Studienplätze und damit die vielversprechendsten Jobs nämlich weniger über persönliche Beziehungen und die soziale Herkunft vergeben, sondern über standardisierte Eingangsprüfungen zu Universitäten, unter denen es eine Rangordnung gibt. So kann es theoretisch jeder, der fleissig und intelligent ist, nach oben schaffen. In der Praxis hat dieses an sich egalitäre Auswahlsystem seine Tücken: Bei gleichem Lerneifer und gleicher Schlauheit wachsen die Erfolgschancen eines Kindes, wenn seine Eltern genug Geld haben. Denn die Privatschulen verlangen hohe Gebühren. Dazu kommen die teuren Paukschulen (juku). Laut einer offiziellen Erhebung summieren sich die Kosten in den drei Jahren vor der staatlichen Universitätseintrittsprüfung im Schnitt auf 22 000 Franken. Daher mieten viele Familien nur eine kleine Wohnung und verzichten auf Reisen. Womit wir bei der Prüfungshölle *(shiken jigoku)* wären. Das Wort beschreibt den Endspurt der Zwölftklässler, die für den nationalen Eingangstest der staatlichen Hochschulen Mitte Januar sowie die Aufnahmeprüfungen von privaten Universitäten zwischen Januar und März monatelang rund um die Uhr büffeln. Nur eine hohe Punktzahl im Zentraltest ermöglicht die Teilnahme an den anschliessenden Zugangsprüfungen für staatliche (und damit kostengünstige) Topinstitute wie die Universität Tōkyō *(tōdai)* und die Universität Kyōto *(kyōdai)*. Wer dort studieren darf, den nimmt ein Ministerium oder ein Unternehmen wie Toyota mit Kusshand. Leider durchlebt ein Grossteil der Kinder vorher noch mehr Prüfungshöllen. Viele Schüler wechseln nach sechs Jahren staatlicher Grundschule auf eine private Mittelschule. Doch diese Privatschulen sieben ebenfalls kräftig aus, daher müssen die Eintrittsbewerber viel pauken. Das nehmen sie in Kauf. Denn diese Privatschulen unterrichten den Stoff schneller, sodass die Schüler sich während der zwölften Klasse einzig auf die Uni-Eingangsprüfungen vorbereiten können. Dadurch verschaffen sie sich einen Wettbewerbsvorteil gegen-

P

über den Kindern an staatlichen Schulen. Längst hat der Prüfungsterror die Vorschüler erreicht. Private Elitegrundschulen versuchen durch ausgeklügelte Aufgaben, deren intellektuellen, sozialen und motorischen Entwicklungsstand zu bewerten. Die Kinder müssen Grössen vergleichen und Mengen verteilen, Fragen zu einer vorgelesenen Geschichte beantworten, Origami falten und unter Zeitdruck basteln. Alle diese Fähigkeiten haben sie vorher lange geübt. Dazu kommen Interviews mit dem Kind – und den Eltern. Sind beide berufstätig oder nicht selbst akademisch gebildet, sieht es düster aus. Wenn japanische Schulabsolventen endlich im Hörsaal der Universität sitzen, dann haben sie das Lernen so satt, dass sie fast gar nichts mehr tun – schliesslich legt der Rang ihrer Universität bereits fest, bei welchen Unternehmen sie welche Jobs erhalten können. Anstrengen lohnt sich also nicht mehr. Dadurch schmilzt der Lernvorsprung vor europäischen Kindern, den die meisten Japaner beim Schulabschluss haben, bald dahin.

purikura プリクラ, **Fotobox**
Was treibt junge Japaner in Zeiten von Instagram in eine Spielhalle, um kleine Fotos zum Aufkleben zu schiessen? Sie wollen zusammen Spass erleben und eine gemeinsame Erinnerung schaffen, statt einsam mit ihrer Snapchat-App zu spielen. Das ist das Erfolgsgeheimnis der *Purikura*-Automaten – bis heute. Junge Paare bei einem Date oder Gruppen von jungen Mädchen beim Abhängen drängeln sich in die Fotobox und ergötzen sich vor dem Kameraauge an lustigen Gesten und schrägen Gesichtern. Die Aufnahmen bearbeiten sie an einem Bildschirm mit Stickern, handschriftlichen Kommentaren, Filtern und Effekten. Eine rückwärts laufende Uhr sorgt für Extraspass. In verschiedenen Grössen sofort ausgedruckt, lassen sich die Fotos in Tagebücher, Sammelalben und sonst wohin kleben. *Purikura*, eine Kurzform von *purinto kurabu*, steht für «Print Club Machine», einen Automaten von Atlus aus dem Jahr 1995. Die Geräte sollten mehr Mädchen in die Spielhallen locken und verbreiteten sich rasch, als die Popgruppe SMAP eigene *Purikura*-Bilder an ihre Fans verteilte. Heutige Maschinen unterscheiden sich durch das kreative Basisdesign der Fotos und verschönern ihre Nutzer durch grössere Augen, längere Beine, glänzendere Haare und weissere Haut (bihaku). Die neuesten Fotoboxen drehen Kurzvideos und schicken die fertig bearbeiteten Aufnahmen ans Smartphone zum digitalen Teilen über soziale Medien. Dabei vergisst man allzu leicht, dass *purikura* der analoge Vorläufer von Snapchat ist.

Q

Quarzuhr クォーツ時計
Seit über fünfzig Jahren dauert der Krieg der Uhren zwischen Japan und der Schweiz nun schon an. 1967 entwickelten Ingenieure am Centre Electronique Horloger in Neuchâtel die erste Armbanduhr mit einem Quarzkristall statt einer Unruh als Zeitgeber. Doch die erste kommerzielle Quarzuhr *(kwōtsu dokei)* brachte zwei Jahre später Seikō aus Japan auf den Markt, ebenso die Quarzuhr mit einer Bildschirmanzeige aus Flüssigkeitskristallen, die 1973 folgte. Diese Billiguhren eroberten die Welt. Bis 1978 halbierte sich der Weltmarktanteil der Schweizer, 30 000 Jobs gingen verloren. Die Elektronikindustrie in Japan trieb den technischen Fortschritt weiter voran. Seikō erfand die Quarzuhr, die ihre Energie durch die Armbewegung erzeugt. Es folgte der «Spring Drive»: Dabei steuert der Quarzkristall eine Feder, die das Uhrwerk antreibt. Casio eroberte die Welt mit der stossfesten G-Shock im Urethangehäuse. Doch die Schweiz holte wieder auf und gewann die entscheidenden Schlachten. Die Swatchuhr verwandelte den Zeitmesser in ein Modeaccessoire am Handgelenk, während die edle Mechanikuhr mit Tradition und Stil auftrumpfte und ihrem Träger mehr Status und Prestige verschaffte. Damit entkam die Schweiz dem Diktat der funktionalen Hochtechnologie zum Niedrigpreis. Selbst japanische Sammler schätzen nichts so sehr wie mechanische Uhren aus der Schweiz. Zum Beispiel ging mehr als die Hälfte aller Simplicity-Uhren des berühmten Schweizer Uhrmachers Philippe Dufour nach Japan. In einem Manga verkörperte Dufour die hohe Schweizer Kunst der Uhrenherstellung. Inzwischen wendet Seikō das Schweizer Erfolgsrezept selbst an. Das japanische Unternehmen hat mehrere Schweizer Uhrenmarken aufgekauft, die eigene Traditionsmarke Grand Seiko ausgelagert und mitten in das Schweizer Luxussegment hineinplatziert. Die japanischen Meisterhandwerker sind nämlich den Schweizern auch auf dem Feld der mechanischen Uhren mindestens ebenbürtig.

R

Rāmen ラーメン
Das beliebteste Essen der Japaner ist eine Schüssel heisser Brühe voller Weizennudeln, garniert mit Gemüse, Seetang, Fleischscheiben und einem gekochten halben Ei. Sushi ist fein, teuer und verwöhnt Gourmets. *Rāmen* dagegen ist herzhaft, günstig und wärmt die Seele von jedermann. Allein in Tōkyō gibt es 5000 solcher Suppenküchen. Zuhause lässt sich eine Instant-Version mit Brühekonzentrat schnell zubereiten. Im Laden kommen diese Nudeln auf den Punkt gegart ruckzuck schon für weniger als 10 Franken lecker dampfend auf den Tisch. Die Grundbrühe, entstanden durch stundenlanges Auskochen vor allem von Schweine- und Hühnerteilen und Gemüse, würzt der Koch in die vom Kunden gewünschte Geschmacksrichtung – meist mit Sojasosse *(shoyu rāmen)*, Sojabohnen-Paste *(miso rāmen)* oder Salz *(shio rāmen)*. Die Nudeln bestehen aus Weizen, Salz und Wasser. In guten Läden sind sie natürlich selbst gemacht. Jedoch existiert eine endlose Zahl von kulinarischen Varianten wie *tantanmen* (mit Sesam und Chili-Öl) und *tanmen* (salzige Brühe mit gebratenem Schweinefleisch und Gemüse). Spezialitäten wie *Hakata Rāmen* (mit Schweineknochenbrühe) und *Sapporo Rāmen* (reichhaltige *miso rāmen)* verbreiteten sich landesweit. Zu den jungen Trends gehört das Tunken der Nudeln in eine Extraschale Brühe *(tsukemen)*. Das Gericht kam in der Meiji-Zeit durch chinesische Einwanderer nach Japan. Aus ihren «Lamian» (chinesisch für handgezogene Nudeln) wurden «Rāmen». Der Boom begann nach dem Zweiten Weltkrieg, als die Nation unter Mangel-Ernährung litt. Das von den US-Besatzern importierte Weizenmehl lieferte den Grundstoff für Garküchen mit *Rāmen*-Suppen, auch verbreitet durch Japaner, die aus China zurückkehrten. Die Vermehrung auf heute 34 000 Läden hat wirtschaftliche Gründe. Die Miete ist wegen der kleinen Ladenfläche niedrig – alle sitzen an der Theke; der Umsatz ist hoch, weil die Kunden die Nudeln sofort herunterschlingen, damit sie nicht weich werden, und dann gehen; der Koch bedient selbst und spart so Personal. Kräftiges Schlürfen kühlt die heisse Brühe auf den Nudeln rasch ab, die vielen Fette und Öle lassen sich so auch besser schmecken. Wer wie ich das Schlürfen nicht schon als Kind geübt hat, dem fehlt allerdings die richtige Technik. Daher verlasse ich einen *Rāmen*-Laden meistens mit ein, zwei Spritzern auf dem Hemd.

Rechtsextreme 右翼
Jahrelang kurvten sie mit schwarzen Bussen durch die Innenstädte von Tōkyō und Ōsaka, schwenkten die Reichsflagge mit der aufgehenden Sonne und terrorisierten über ihre Megaphone die diplomatische Vertretung von China und die

Wohnviertel von Koreanern mit rassistischen Parolen. *Uyoku* lautet der Sammelbegriff für diese geschätzt mehrere zehntausend Rechtsextremisten. Als Ikone verehren sie den Schriftsteller Mishima Yukio, der sich 1970 nach einem gescheiterten Putschversuch spektakulär den Bauch aufschlitzte (Selbstmord). Inspiriert von der Ideologie dieser «Ultranationalisten», begingen teilweise geistig verwirrte Einzeltäter mehrere Attentate gegen liberale Intellektuelle und Politiker. Dennoch durften die Extremisten in ihren Bussen in ohrenbetäubender Lautstärke sogar an der berühmten Strassenkreuzung von Shibuya ihre Hetzreden halten. Ein beteiligter Aktivist versicherte mir, sie richteten sich nur gegen die asiatischen Nachbarn. Der Gouverneur von Tōkyō war zu jener Zeit der nationalistische Schriftsteller Ishihara Shintarō, bekannt als Koautor des Pamphlets «Das Japan, das Nein sagen kann», der mit den Anliegen der *uyoku* sympathisierte. Als die Journalistin Kobayashi Yōko und ich eine Biografie der damaligen Kronprinzessin Masako auf Deutsch veröffentlichten, berichteten in Berlin stationierte japanische Korrespondenten nach Japan, dass unser Buch das Kaiserpaar für sein Verhalten gegenüber ihrer Schwiegertochter kritisiere. Daraufhin fuhren die *Uyoku*-Busse tagelang an der deutschen Botschaft in Tōkyō vorbei und beschallten sie mit dem Spruch «Nieder mit Deutschland». Dies, weil ich zu der Zeit als Ostasienkorrespondent für den öffentlich-rechtlichen Rundfunk in Deutschland arbeitete, den die extrem kaisertreuen Ultras mit der deutschen Regierung gleichsetzten. Die *Uyoku*-Busse verschwanden erst aus den Strassen, als Japan sich für Auslandstouristen öffnete und auf Millionen von Chinesen und Koreanern als Besucher hoffte. Dafür aber musste der laute Chauvinismus verstummen.

Regensschirm 傘

Von ihrer Reise nach Europa berichten manche Japaner erstaunt, dass Regenschirme dort weniger in Gebrauch seien. Diese interessante Beobachtung bestätigt die Redewendung «Du bist doch nicht aus Zucker», die man in Deutschland zu hören bekommt, wenn man bei Regen nach einem Schirm fragt. Japaner sind definitiv aus Zucker – ohne Schirm *(kasa)* geht es nicht. Der kulturelle Unterschied lässt sich schon daran erkennen, dass die Wettervorhersage in Japan einen aufgespannten Schirm als Regensymbol benutzt, aber in Deutschland und der Schweiz eine tropfende Wolke. Die möglichen Erklärungen: In Japan schauert es oft sehr heftig; allein während der Regenzeit *(tsuyu)* im Juni und Juli fällt so viel Niederschlag wie in Berlin das ganze Jahr über. Japaner tragen kaum regenfeste Sachen und mögen den Geruch von nasser Kleidung am Körper nicht. Viele Frauen sind geschminkt und wollen ihr Makeup vor den Wassertropfen schützen. Diese Umstände führen dazu, dass Japaner im Jahr 130 Millionen neue Schirme kaufen. Davon sind 80 Millionen «Einwegschirme». Bei einem unerwarteten Schauer laufen viele schnell in den nächsten Minisupermarkt (Konbini) und holen sich für vier bis fünf Franken einen neuen Regenschutz. Die Schauspielerin Scarlett Johansson machte diese Billigware aus durchsichtigem Vinyl und mit weissem Haltegriff bei ihrem Auftritt in dem Hollywoodstreifen «Lost in Translation» weltweit bekannt. Was der Film nicht zeigt: Die meisten dieser Schirme halten nur wenige Stunden, weil sie nicht einmal eine kräftige Windböe überstehen, und enden bald im Abfalleimer. Die geringe Lebensdauer und der niedrige Preis erklären meines Erachtens auch, warum viele Japaner Regenschirme für Allgemeingut halten. Fast niemand findet etwas dabei, sich bei einem plötzlichen Guss aus dem Ständer vor einem Laden oder Restaurant den nächsten Billigschirm zu greifen. Sie sehen sowieso alle gleich aus, sodass sich der wahre Besitzer gar nicht feststellen liesse.

Reinigung お清め
Im Christentum kommt das Neugeborene mit der Ursünde auf die Welt, während seines Lebens verstösst der Mensch dann gegen göttliche Gesetze und lädt weitere Schuld auf sich. Dieses abendländische Konzept ist Japanern fremd. Aber im Shintō-Glauben finden sich ähnliche Gedanken. Danach sammelt ein Mensch während seines Alltagslebens und durch unschickliche Taten gegen seine Mitmenschen «Schmutz» (kegare) an. Aber den kann der Gläubige ganz pragmatisch und schnell mit Wasser abspülen oder mit einem Papierbesen wegwedeln. Vor dem Schrein-Besuch und dem Gebet giessen sich fromme Japaner daher mit einer kleinen Kelle etwas Wasser über die Hände und spülen sich kurz den Mund aus. Mit diesen Körperteilen lässt sich nämlich am einfachsten Böses tun – schlagen, stehlen oder lügen. Ausser Wasser benutzt man im Shintō Salz für eine rituelle Reinigung (okiyome). Vor dem Kampf werfen Sumō-Ringer daher Salz in den Ring, der Stoff gilt als Essenz der Erdkräfte. Auch nach einer Geburt, einem Todesfall oder der Menstruation säubern sich die Gläubigen rituell. Die japanische Version des Frühjahrsputzes findet schon kurz vor Silvester statt, damit man ohne den Schmutz des alten Jahres neu anfangen kann. Diese echte Reinigung soll ebenso Glück bringen wie ein stets sauber gehaltener Eingangsbereich.

Reis 米
Jedes Jahr im Mai zieht der Tennō seine Gummistiefel an und pflanzt eigenhän-

dig einige grüne Setzlinge in das bewässerte, 240 Quadratmeter grosse Reisfeld auf dem Gelände des Kaiserpalastes von Tōkyō. Vier Monate später nimmt der Kaiser dann die Kurzsichel in die Hand und schneidet 100 Büschel hochgewachsene Ähren ab, die er im November seinen Ahnen und den Göttern des Himmels und der Erde in seinem eigenen Shintō-Schrein opfert. Das Pflanzen und Ernten von Reis erleben alle Grundschüler als Pflichtunterricht. Oft dürfen die Eltern mit ihren Kindern aufs Land fahren. Mit Grausen erinnere ich mich daran, wie ich mit nackten Füssen im Schlamm herumwatete, die kleinen Reispflanzen mühsam im Boden befestigte und aus dem Feld herauskam mit lauter Egeln, die an meinen Waden saugten ... Wie wichtig den Japanern der Reis *(gohan)* ist, zeigt sich auch darin, dass sie in jedem dritten Shintō-Schrein zur Gottheit Inari beten können. Deren Statuen haben Fuchsgestalt. Früher gab es nämlich kaum Katzen in Japan. Also sollten Füchse die Aufgabe übernehmen, die Kleintiere zu verjagen, die sich am geernteten Reis satt essen wollten. Von der Fuchsgöttin der Naturreligion ergibt sich die Verbindung zum Tennō, ist er doch auch der oberste Shintō-Priester. Die weit verbreitete Theorie, wonach der Reisanbau das typisch japanische Gruppendenken verursachte, überzeugte mich nie. Die Argumentation geht so: Alle Dorfbewohner mussten die Bewässerungskanäle für ihre Reisfelder gemeinsam unterhalten, was sie als Gruppe zusammenschweisste. Aber erstens arbeiteten nicht alle Japaner als Reisbauern – was ist mit den Fischern und den Gemüsezüchtern?! Und zweitens bauen auch andere asiatische Länder ihren Reis auf Nassfeldern an, ohne die Gruppe höher zu bewerten als sich selbst. Reis und nationale Identität waren ebenfalls nicht immer verbunden. Vor dem Zweiten Weltkrieg importierte Japan viel Reis aus Asien, erst danach schützten Importzölle von fast 800 Prozent die eigenen Bauern. Das erklärt die Mondpreise für japanischen Reis sowie die Überzeugung vieler Japaner, ihr Reis sei unübertroffen. In Wirklichkeit kann kein Japaner herausschmecken, ob eine japanische Sorte wie *koshihikari* in Australien, Kalifornien oder zuhause gewachsen ist. Auch das symbolische Pflanzen und Ernten von Reis im Kaiserhaus hat keine lange Tradition: Damit begann erst der Meiji-Kaiser.

Reisepass パスポート
Japaner können in 190 Länder einreisen, ohne vorher ein Visum beantragen zu müssen. Kein anderer Reisepass *(pasupōto)* bietet mehr – Schweizer brauchen in 184 Ländern kein vorheriges Visum. Aber nur 30 Millionen Japaner besitzen einen gültigen Reisepass. Die Quote von knapp 24 Prozent der Ein-

wohner ist die niedrigste unter den grossen Industrieländern. Auch die Zahl der jährlichen Auslandsreisen von 18 bis 19 Millionen ist nicht besonders hoch. Darin sind nämlich auch Geschäfts- und Mehrfachreisende enthalten, sodass die Zahl der Japaner, die jährlich ins Ausland fahren, deutlich unter 10 Millionen liegen dürfte. Die Touristen zieht es am meisten nach Südkorea, Taiwan, Thailand und Hawaii, also in nahe gelegene Zielorte, die auf Japaner eingestellt sind. Der geringe Drang, das Ausland aufzusuchen, könnte sich damit erklären lassen, dass sich die meisten Japaner auf ihren Inseln am wohlsten und am sichersten fühlen. Ausserdem sollte man die geringe Zahl an Urlaubstagen als Hürde nicht vergessen. Zusätzlich dürfte die mangelnde Fähigkeit, Englisch zu sprechen, einige Reisewillige abschrecken. Sie können sich also über jeden Japaner freuen, der Ihnen in der Schweiz begegnet. Es handelt sich um einen Vertreter einer ziemlich kleinen Minderheit.

Reiwa 令和, Ära seit 2019
Die Regierungsdevise *(nengō)* von Kaiser Naruhito, der am 1. Mai 2019 seinem abgedankten Vater Akihito folgte, sorgte für einige Aufregung. Die zwei Schriftzeichen für Reiwa bedeuten im modernen Japanisch vor allem «Ordnung» und «Befehl». Deshalb mutmassten Beobachter nationalistische und konservative Motive bei der Auswahl, zumal man dafür erstmals eine japanische Quelle benutzte. Reiwa stammte aus einem Gedicht über die Pflaumenblüte in der ältesten japanischen Lyriksammlung aus dem 8. Jahrhundert, während man die vorigen 247 Namen für die Amtsperiode eines Kaisers alter Literatur aus China entnommen hatte. Doch die offizielle Übersetzung von Reiwa lautet «(wunder)schöne Harmonie» (wa). «Es wird eine Kultur geboren und genährt, bei der die Herzen der Menschen auf schöne Weise zusammenkommen», erläuterte Regierungschef Abe Shinzō. Der Gedanke, der offenbar dahintersteckte: Statt an eine schwach werdende Nation mit immer mehr Alten und immer kleinerer Bevölkerung zu denken, sollen die Japaner mit Optimismus nach vorn blicken. Diese Vision scheidet die Geister: Für die einen führen die hohen Staatsschulden, die steigenden Sozialausgaben und die schrumpfende Bevölkerung in den Niedergang. Die anderen betrachten Japan als Vorbild für die Bewältigung des demografischen Wandels. Meiner Ansicht nach besteht in der Reiwa-Zeit zumindest für die Jüngeren wenig Anlass, Trübsal zu blasen. Weil Arbeitskräfte knapp sind, müssen die Unternehmen um ihre Mitarbeiter buhlen. Die Machtverhältnisse kehren sich zugunsten der Arbeitnehmer um: Die Arbeitgeber werben mit einer Festanstellung statt mit Zeitar-

beit, mit mehr Lohn und weniger Überstunden. Das würde die Mittelschicht stärken. Dagegen sagen die Schwarzseher vorher, Japan würden irgendwann die Arbeitskräfte ausgehen. Da wäre ich nicht so sicher: Die Beschäftigtenquote der Erwerbsbevölkerung von 78 Prozent liegt deutlich unter den 84 Prozent der Schweiz. Es gibt also noch Spielraum nach oben. Zudem wandern neuerdings ausländische Arbeitskräfte ein. Daher hoffe ich – zumindest für Arbeitswelt und Gesellschaft – tatsächlich auf «schöne Harmonie».

Roboter ロボット
Ob Asimo (Honda), Kirobo (Toyota), Aibo (Sony), Pepper (Softbank) oder EMIEW (Hitachi) – viele Grossunternehmen entwickeln mit hohem Aufwand ihren eigenen, meist humanoiden Roboter *(robotto)*. Damit gehen viele Japaner relativ unbefangen um und scheinen oft zu vergessen, dass es sich um Maschinen handelt. Journalisten erklären dieses Verhalten gerne damit, dass gemäss dem Shintō-Glauben auch Sachen ein göttliches Wesen haben können. Schon in der spätmittelalterlichen Edo-Zeit waren mechanische Puppen *(karakuri ningyō)* populär. Eine überzeugendere Deutung für die Beliebtheit von Robotern liefert meiner Ansicht nach die rasante Modernisierung während der Meiji-Zeit in der zweiten Hälfte des 19. Jahrhunderts. Damals studierten die Japaner westliche Technologien, wandten sie selbst an und verbesserten sie, zum Beispiel die Eisen-Bahnen. Dabei stieg Japan innerhalb weniger Jahrzehnte zur Weltmacht auf. Seitdem treiben Staat und Unternehmen mit hohem Aufwand den technischen Fortschritt voran, weil sie darin die Basis für wirtschaftliche Stärke sehen (monozukuri). Der Drang zu innovativen Hochleistungen spiegelt sich besonders in der Robotik wider, da sich hier die japanischen Domänen Elektronik und Mechanik verbinden. Und die entspannte Beziehung zu den menschenähnlichen Maschinen entspringt eher der Popkultur. Die Manga-Figur Astro Boy *(tetsuwan atomu)* aus den 1950er und 1960er Jahren kämpft als kindlicher Superheld für Frieden und Gerechtigkeit und begründete ein Manga-Genre mit Robotern als Hauptpersonen. Japanische Entwickler wie der Kiribo-Erfinder Takahashi Tomotaka fassten ihren Berufswunsch nach dem begeisterten Lesen von Astro-Boy-Manga. Dass ihre Roboter wie niedliche Kinder aussehen, ist also kein Zufall – das Design orientiert sich am Manga-Stil.

Rutsch(bahn)gesellschaft すべり台社会
Meine Begegnung mit Obdachlosen in einem Park am Fluss Sumida im Osten von Tōkyō werde ich nie vergessen: Einige Dutzend Menschen haben sich dort in Hütten aus Kartons und blauen

Plastik-Planen verkrochen. Die mit den Planen verschnürten und dadurch winddichten Schlafkabinen sehen wie eine Installation vom Verpackungskünstler Christo aus. Von Verwahrlosung keine Spur: Die Notunterkünfte sind aufgeräumt und sauber. Viele Zeltbewohner, neujapanisch *hōmuresu* genannt, ziehen sogar ihre Schuhe am Zelteingang aus. Im hinteren Bereich das Schlafzimmer, rechts eine kleine Küche.

«Setzen Sie sich, hier ist sozusagen das Wohnzimmer», mit diesen Worten bittet mich Yanaka Tadaaki herein, dann schildert er mir den Teufelskreislauf der Obdachlosigkeit: «Wir sind keine Verbrecher, wir wollen arbeiten, aber wer keinen festen Wohnsitz hat und nicht versichert ist, der bekommt keine Anstellung.» Der 53-Jährige führte früher die familieneigene Firma, die mit Schrott handelte. Das Unternehmen ging pleite, zwei Scheidungen brachten Yanaka um seine Ersparnisse. Er macht sich keine Illusionen, so schnell komme er hier nicht wieder weg. «Japan hat starke und schwache Seiten und stärkere und schwächere Menschen», sagt er. «Würde Japan auch die Schwachen achten, dann wäre die Gesellschaft bestimmt nicht so geworden.» Tatsächlich weist Japan knapp hinter den USA die höchste Armutsrate unter den OECD-Staaten auf. Mehr als 15 Prozent der Bevölkerung verdienen weniger als die Hälfte des Durchschnittseinkommens. Viele der 3,5 Millionen Kinder aus diesen armen Familien stillen ihren beissenden Hunger mit kostenlosen Mahlzeiten, die in Cafeterien, von Städten und Gemeinden organisiert, ausgegeben werden. Ansonsten bleibt die Armut so gut wie unsichtbar. Man findet fast keine Elendsviertel, die meisten Obdachlosen sind weder alkoholabhängig noch geistig verwirrt. Die verbreitete Armut steht in krassem Widerspruch zum vorbildlichen Verhalten der meisten Mitglieder der Gesellschaft. Fast 78 Prozent der Japaner im erwerbsfähigen Alter arbeiten, in den USA sind es bloss 71 Prozent. Japaner konsumieren so gut wie keine Drogen und geraten nur selten mit dem Gesetz in Konflikt. Auf 100 000 Einwohner kommen nur 0,3 Morde, vier Mal weniger als in Deutschland. Fast alle Kinder werden in eine Ehe hineingeboren, alleinerziehende Mütter führen weniger als 2 Prozent der Haushalte. Anders gesagt: Die klassischen Ursachen von Armut existieren in Japan nicht. Wenn trotzdem so viele Menschen nicht genug zum Leben haben, dann liegt dies zum einen am riesigen Niedriglohnsektor. Fast 40 Prozent der Japaner verdingen sich als schlecht bezahlte Zeitarbeiter und Teilzeitkräfte. Zum anderen kann von einem Sozialstaat in Japan keine Rede sein. Bedürftige erhalten nur geringe und zeitlich begrenzte Hilfen, dann überlassen die Behörden sie sich selbst.

Die Japaner sprechen von einer «Rutsch(bahn)gesellschaft» *(suberidai shakai):* Wer einmal nach unten gerutscht ist, kommt nicht wieder hoch. In den Krisenjahren nach der Jahrtausendwende haben manche Opfer noch dagegen protestiert, inzwischen bleiben sie stumm.

Ryōma Sakamoto 坂本 龍馬
Er gehört zu den drei historischen Figuren, die die Japaner des 21. Jahrhunderts am meisten bewundern – Shōgun Tokugawa Ieyasu (1543–1616), Militärbefehlshaber Oda Nobunaga (1534–1582) und eben der Modernisierer Ryōma Sakamoto (1836–1867). Sein Leben dauerte nur 31 Jahre, trotzdem zieht er die Japaner bis heute in seinen Bann, weil er gleichzeitig das alte und neue, das traditionelle und moderne Japan verkörpert. Ein gerahmtes Ölporträt von ihm in Lebensgrösse steht im Büro des Milliardärs Son Masayoshi, der ihn schon als Kind zu seinem Vorbild kürte. Gerade Japanerinnen mögen Ryōma, begründete er doch die Sitte der Hochzeitsreise in Japan. Als er einmal in einem Gasthaus übernachtete und die Polizei im Anmarsch war, warnte ihn eine junge Frau splitternackt, da sie gerade in der Badewanne gesessen hatte. Bald darauf heirateten die beiden, und sie unternahmen eine dreimonatige Reise zu heissen Quellen, damit er sich von einer Kampfverletzung erholen konnte. Ryōma, Sohn einer wohlhabenden Familie aus Tosa auf der Hauptinsel Shikoku, war ein Schwertmeister, der nie jemanden tötete, und ein Revoluzzer, der auf Diplomatie setzte. Hinter den Kulissen schmiedete er den entscheidenden Bund der zwei verfeindeten Clane Chōshū (in der Präfektur Yamaguchi) und Satsuma (in der Präfektur Kagoshima). Ihre Allianz beendete 1867/68 die jahrhundertelange Herrschaft der Shōgune. Das Transportunternehmen für Schiffe, das er kurz vor seinem Tod durch ein Attentat gründete, zählt zu den Vorläufern der Mitsubishi-Gruppe. Sein programmatischer Satz «Ich werde Japan aufräumen» motivierte moderne Politiker von links bis rechts, weil Ryōma die Standesunterschiede abschaffen und alle Japaner gleichstellen wollte. Und nicht zuletzt schuf sein 8-Punkte-Plan für ein modernes Japan die Grundlage für den Nationalstaat (Meiji-Zeit). Sein Leben lieferte Stoff für Filme, Manga und Romane. Mein Tipp: Wenn Sie als Ausländer den Namen Ryōma Sakamoto kennen und nennen, wird Ihnen jeder Japaner Respekt zollen.

S

Sake 酒

Fangen wir mit etwas Besserwisserei an: Sake enthält zwar so viel Alkohol wie ein starker Rotwein, aber wird gebraut wie Bier. Beim Wein stammt der Zucker für die alkoholische Gärung aus den Trauben; bei Sake wird zuerst die Stärke im Reis-Korn zu Zucker aufgeschlossen. Genau genommen handelt es sich also um Reisbier, nicht um Reiswein. Das Besondere daran: Mehr als Wein und Bier verstärkt Sake den fünften Geschmackssinn und passt daher hervorragend zu japanischen Speisen, die tendenziell mehr umami schmecken als westliche Gerichte. In einer zuckrigen Variante *(mirin)* kommt Sake auch direkt in die Basisbrühe (dashi). Aber: «Sake lässt sich mit jeder Art von Küche kombinieren», erzählte mir Charly Iten, der einzige Master Sake Sommelier der Schweiz. Auch zu Gerichten wie Raclette, Schweinefilet im Blätterteig und Apfeltorte finde sich ein passender Sake, wie bei Wein gebe es süsse und fruchtige, trockene und vollmundige Varianten. Je höher die auf der Flasche angegebene Reispolierrate sei, desto aromatischer, komplexer und raffinierter schmecke der Sake. 50 Prozent zum Beispiel bedeuten, dass die Brauerei die Hälfte des Reiskorns verwendet hat. Der Schweizer Kenner empfiehlt, hochwertigen Sake nicht zu heiss zu trinken, auch nicht im Winter, da starkes Erhitzen die delikaten, flüchtigen Duftstoffe auflöst. Daher verwenden die Restaurants beim heiss servierten Reiswein äh Reisbier preisgünstigen Tischsake *(futsushū)*, der rund 70 Prozent der japanischen Jahresproduktion ausmacht. Für den westlichen Anfänger empfiehlt der Sommelier einen Premium-Sake von einem der sechs Haupttypen *honjōzō, ginjō, daiginjō, junmai, junmai ginjō* und *junmai daiginjō*. In Japan ist Sake übrigens nicht mehr das Nationalgetränk, da es nur noch 5 Prozent des Alkoholkonsums ausmacht, 1980 waren es noch 40 Prozent.

salarīman サラリーマン, **Büroarbeiter**

Aus den Bahnhöfen schwappen jeden Morgen endlose Wellen von männlichen Pendlern in dunklen Anzügen in die Strassen – die *salarīman*. Die Wortschöpfung aus den 1930er Jahren bezeichnet Büroangestellte, die ihr Arbeitsleben samt Freizeit ganz in den Dienst eines Unternehmens oder einer Behörde stellen. Mit ihrer uferlosen Bereitschaft zu Überstunden und ihrer bedingungslosen Loyalität zum Arbeitgeber schufen sie das japanische Wirtschaftswunder. Lange Zeit fürchtete der Westen sie als «Samurai mit Aktentasche». Der Ire Niall Murtagh, der 15 Jahre als *salarīman* für den Mitsubishi-Konzern gearbeitet hat, vergleicht sie lieber mit Ameisen: «Kleine Wesen, die hin und her huschen, unausgesprochenen Befehlen folgen, riesige Lasten tragen und keine Zeit für Pausen haben.»

Aber die schwere Rezession der 1990er Jahre zerstörte den Mythos. Die zwei Säulen der *Salarīman*-Existenz gerieten ins Wanken: die Garantie einer lebenslangen Beschäftigung und das Senioritätsprinzip, also steigendes Gehalt und höhere Position mit zunehmendem Alter. Kleine Firmen entliessen ihre Büroarbeiter, Konzerne schoben sie unter Gehaltskürzung an Tochterfirmen ab. Der Beruf des *salarīman* war nicht mehr das Nonplusultra. So arbeiten nun fast 40 Prozent der Japaner als Zeitarbeiter und Selbständige. Dennoch wünschen sich viele junge Japaner (und ihre Eltern) genau wie früher, dass ein Grossunternehmen sie nach der Schule oder Universität als Büroarbeiter übernimmt und bis zur Rente behält. «Dort gibt es immer noch die besten Karriere- und Gehaltschancen», sagt mir Murtagh. Dafür zahlen die Mitarbeiter besonders in Traditionsunternehmen einen hohen Preis. Ein Handbuch voller Vorschriften regelt das Miteinander. Zum Beispiel hänge bei Mitsubishi der Winkel der Verbeugung vom Dienstgrad des zu Grüssenden ab und bei einer Konferenz sitze die rangniedrigste Person immer an der Tür, berichtet der Ire. In der Kantine müssten die Mitarbeiter je eine Portion Gemüse, Reis, Fisch oder Fleisch sowie Obst nehmen. Die Vorschrift dient ihrer Gesundheit, aber entmündigt auch. Mitsubishi halte seine *salarīman* wie Sklaven, meinte Murtagh, aber umsorge sie auch wie Eltern ihre Kinder. Jedoch kämen damit selbst moderne Japaner klar: «Sie müssen viele Regeln einhalten, aber sie vergleichen dieses Leben damit, dass sie weiter zur Schule gehen, aber nun dafür bezahlt werden.»

Schamkultur 恥の文化
Die Völkerkundlerin Ruth Benedict bewertete Japan in ihrer Studie «Chrysantheme und Schwert» von 1946 als eine Schamkultur *(haji no bunka)*. Eine äussere Instanz, also die Gruppe oder Gesellschaft, sanktioniere individuelles Fehlverhalten und beschäme den Einzelnen. Dagegen hätten Angehörige einer Schuldkultur *(tsumi no bunka)*, wie sie in europäischen Gesellschaften vorherrsche, die Fehlererkennung über ihr Gewissen verinnerlicht und fühlten sich auch ohne Druck von aussen schuldig. Als eine Ursache dafür nennen Soziologen das christliche Konzept der Sünde, die ein Schuldgefühl hervorrufe. Die Unterscheidung zwischen Scham- und Schuldkultur klingt interessant und überzeugend. Jedoch passt die gesellschaftliche Realität nur bedingt in dieses Schema. Das Konzept der Ehre als Anlass für Duelle im mittelalterlichen Europa zum Beispiel wäre genauso ein Fall von Schamkultur wie die Selbsttötungen von westlichen Jugendlichen, die sich im Internet an den Pranger gestellt fühlen. Auch Westler können in ihrer Gruppe das Gesicht

verlieren und sich für ihren Fehler in Grund und Boden schämen. Meiner Ansicht nach trifft die Analyse von Benedict auf das heutige Japan bei weitem nicht so eindeutig zu, wie es möglicherweise kurz nach dem Zweiten Weltkrieg der Fall war. Die damaligen Japaner waren viel gleichförmiger sozialisiert als die jetzigen Generationen. In der Bevölkerung hat sich seitdem ein breites Spektrum von sozialen Einstellungen entwickelt, sodass Fehlverhalten nicht mehr so klar definiert ist wie früher. Und Missetäter erhalten inzwischen auch dann eine neue Chance, wenn sie sich nicht geschämt haben. So gelang dem populären Anti-Establishment-Unternehmer Horie Takafumi nach 21 Monaten Gefängnis, wo er wegen Verstössen gegen das Wertpapiergesetz sass, ein respektiertes Comeback als Gründer und Finanzier mehrerer Jungunternehmen, ohne dass er sich jemals schuldig bekannt hatte. Im Gegenteil, er kämpfte bis zum höchsten Gericht gegen seine Verurteilung. Der populäre Hinweis in der westlichen Presse auf eine angebliche Schamkultur, die eine öffentliche Entschuldigung verlange, beschreibt nur einen Teil einer viel komplexeren sozialen Wirklichkeit.

Schlaf 睡眠
Überall schlafende Japaner. Auf der Parkbank, in der U-Bahn, im Café. Angestellte legen ihr müdes Haupt auf den Schreibtisch, Schüler dämmern, den Kopf auf ihren Pulten, Abgeordnete dösen im Parlament, Manager begeben sich während Konferenzen ins Reich der Träume. Sogar Piloten und Lokführer nicken am Steuer ein. Das Phänomen wurzelt in chronischem Schlafmangel. Gemäss offiziellen Daten kommt die Hälfte der 40-jährigen Japaner auf weniger als sechs Stunden Schlaf *(suimin)* pro Nacht. Einer anderen Umfrage zufolge geht die Mehrheit erst nach 1 Uhr nachts ins Bett, muss aber wegen der weiten Entfernungen zum Arbeitsplatz ziemlich früh wieder raus. Daher holen sie bei jeder sich bietenden Gelegenheit eine Mütze eines speziellen Schlafes nach, der *inemuri* heisst. Die Schriftzeichen bedeuten «anwesend sein» und «Schlaf». Gemeint ist: Solange ich nicht aus meiner sozialen Rolle falle, darf ich öffentlich einnicken. Dösen und dämmern in der normalen Sitzposition oder im Stehen an der Halteschlaufe der S-Bahn sind erlaubt, Füsse auf dem Tisch und schnarchen nicht. Verständlich, klagen viele über schlechte Schlafqualität. Deswegen bieten Kaufhäuser in einer eigenen Abteilung Einschlafhilfen an: bananenförmige «Umarmungskissen», Augenmasken mit kühlendem Gel – und Massagesessel. Dort kommen viele Angestellte in der Mittagspause vorbei und lassen sich von den Probesesseln sanft in einen kurzen Erholungsschlaf massieren.

S

Schminken 化粧
Ungeschminkte Frauen sieht man in der japanischen Öffentlichkeit eher selten. Zu den guten Manieren gehört es nämlich, sich ausserhalb seiner vier Wände mit gepflegtem Gesicht zu zeigen. Daher betreiben viele Frauen grossen Geld- und Zeitaufwand für Kosmetik: Erst waschen sie ihr Gesicht, dann tragen sie eine Lotion auf, danach Essenzen, gefolgt von Creme und schliesslich einer Milchlotion. Für Augen und Lippen verwenden sie Extramittel. Diese japanische Layering-Methode für eine gesunde und schöne Haut breitet sich inzwischen auch in Europa aus. Das Prinzip gilt ebenfalls fürs Schminken *(keshō)*: Zunächst Sonnencreme gegen Pigmentflecke (bihaku), dann eine flüssige Grundierung plus eine pulverige oder feste Foundation-Schicht, dazu Mascara für die Wimpern. Beim Abschminken reinigen die Frauen das Gesicht mit mildem Seifenschaum und tragen pflegende Cremes und Lotionen auf. Manche Frau, die zuhause nicht zum Schminken kommt, holt diese Arbeit vor aller Augen in U- und S-Bahn nach. Und wenn frau die Wohnung oder das Haus nur kurz verlässt, versteckt sie ihr ungeschminktes Gesicht gerne mal hinter einer Maske.

Schnee 雪
Als Bewohner der Metropole Tōkyō geniesse ich das milde Winterklima mit blauem Himmel, trockener Luft und sehr wenigen Tagen mit Schnee *(yuki)*. Dabei vergesse ich leicht, dass es während dieser Zeit im nördlichen Japan im Überfluss schneit. Fünf bis sechs Meter weisse Pracht sind in vielen Dörfern und Städten in den japanischen Alpen und im Norden des Archipels der normale Alltag. In einer einzigen Nacht fallen schnell 50 bis 60 Zentimeter. Googeln Sie mal die atemberaubenden Schneewände *(yuki no ōtani)* auf der Strasse entlang der Alpenroute zwischen Tateyama und Ōmachi in bis zu 2400 Meter Höhe, erzeugt von Baggern und Schneefräsen. Und Wintersportler aus allen Ländern zieht es nach Niseko in Hokkaidō mit seinem einmalig pulvrig-leichten Tiefschnee, dem beliebtesten und besten von 500 Skigebieten des Landes. Dieses Erlebnis vermarktet Japan mit dem Kürzel JaPow für «Japan Powder Snow» und lockt damit Freerider aus der ganzen Welt an.

Schrein oder Tempel 寺か神社か
Sie können sich folgende Faustformel merken: Den Buddhismus empfinden Japaner eher als intellektuell und als Weg ins Jenseits, den Shintō aufs Diesseits orientiert und als Helfer gegen böse Geister. Die Buddhisten beten in Tempeln *(tera)*, die Shintōisten in Schreinen *(jinja)*. Die meisten Japaner sind beides, je nachdem. Zum Beispiel heiraten sie im Schrein und gedenken der

Verstorbenen im Tempel. Wegen ihrer langen Koexistenz überschneiden sich die zwei Religionen. Die sieben Glücksgötter waren einst buddhistisch, heute zählen sie zu den Shintō-Göttern. Trotzdem sind die Unterschiede nicht schwer zu erkennen: Bei einem Schrein trennt ein knallrotes Eingangstor *(torii)* die irdische von der sakralen Welt, häufig stehen in der Nähe dekorative, übrigens leere, Sake-Fässer, gespendet von Brauereien als Lohn für Gebete um Wohlstand. Schutzgötter und Himmelskönige bewachen die Eingänge der Tempel. Die Schreine erinnern an Lagerhäuser mit spitzem Giebeldach, die Tempel an chinesische Pagoden, in ihrem Inneren stehen Buddhastatuen. Die Shintō-Priester tragen eine weite Robe mit hohem Hut, buddhistische Mönche ein graues oder oranges Gewand. Am Schrein klatscht man in die Hände, um die Götter zu wecken. Im Tempel zündet man Räucherstäbchen an und fächert sich den Rauch zu. Seine Glocke wird bei Zeremonien mit einem Holzhammer geschlagen. Sowohl Schreine als auch Tempel verkaufen Glücksbringer – darunter Beutelchen aus Seidenbrokat mit einem Gebet auf Papier *(omamori)*, etwa fürs Kinderkriegen und Examenbestehen, oder bedruckte Holztäfelchen *(ema)*. Die Vorderseite zeigt meist das aktuelle Zeichen des Tierkreiskalenders. Auf der Rückseite notiert der Gläubige mit einem Stift seine Vorsätze und Wünsche fürs neue Jahr.

Schuhe 靴
Ausländern fällt es schwer, am Eingang von Hotels und Restaurants in Japan die Schuhe *(kutsu)* auszuziehen. In Socken oder den (fast immer zu kleinen) bereitgestellten Pantoffeln fühlen wir uns unsicher und unwohl. Japaner bleiben entspannt. Schon im Kindergarten lassen sie die Strassenschuhe am Eingang stehen, in der eigenen Wohnung sowieso. Deswegen vermeiden viele Japaner Schuhe mit Schnürsenkeln oder treten die Schuhe hinten so herunter, dass sie ohne Bücken schnell hinein- und herausschlüpfen können. Bei meinem ersten Umzug in Japan beobachtete ich verblüfft, wie die Packer selbst mit schweren Möbeln in der Hand am Eingang ihre Schuhe an- und auszogen. Denn Japaner unterscheiden strikt zwischen drinnen und draussen *(uchi-soto)*, eine Stufe markiert die Grenze zwischen beiden Welten. In einem Privathaus wird der Gast erst durch die Tür gebeten *(o-hairi kudasai)*, auf einer kleinen Fläche dahinter streift er die Schuhe ab. Dann fordert ihn der Gastgeber von der Wortbedeutung her auf, vom Eingang *(genkan)* auf den höher gelegenen Innenbereich zu «steigen» *(o-agari kudasai)*. Auch die Extraschuhe in vielen Toiletten basieren auf dem Prinzip von *uchi-soto*. Früher waren nämlich

S

Plumpsklos verbreitet, die zwar oft ins Haus integriert waren, aber letztlich zum Draussen gehörten.

Schwarzfirma ブラック企業
Wer in Japan arbeitet, hört bald einmal den Begriff Schwarzfirma *(burakku kigyō* oder *burakku gaisha)*. Gemeint ist ein ausbeuterisches Unternehmen mit miserablen Arbeitsbedingungen. Dazu führt das Arbeitsministerium eine interne Liste mit mehreren tausend Unternehmen. Unter den Auswahlkriterien sind eine hohe Kündigungsquote sowie eine grosse Zahl an unbezahlten Überstunden. Besonders gerne beuten solche Unternehmen junge Leute aus. Zum Beispiel stellt eine Schwarzfirma gezielt mehr Universitätsabsolventen ein, als sie benötigt, und zwingt sie unter vielen Schikanen zu so harter Arbeit, dass einige von sich aus kündigen. Diese miese Praxis verursacht einen Makel in ihrem Lebenslauf und vermasselt ihnen dadurch leicht die Karriere. Seit 2012 stellt eine Gruppe von Anwälten, Journalisten und Gewerkschaftern die schlimmsten Übeltäter an den Pranger (blackcorpaward.blogspot.com) und lässt online über die «Schwarzfirma des Jahres» abstimmen. Die Billigrestaurantkette Watami zum Beispiel erhielt die «Auszeichnung» dafür, dass sie eine 26-jährige Angestellte zu 140 Überstunden in einem Monat gezwungen und in den Selbstmord getrieben hatte (karōshi). Dennoch dauerte es acht Jahre, bis Watami den Eltern schliesslich eine Entschädigung zahlte.

Schweiz スイス
Nach der Niederlage im Zweiten Weltkrieg 1945 sahen Teile von Japans Elite die Neutralität der Schweiz *(suisu)* als eine Alternative, wie sich das eigene Land in der Welt positionieren konnte, zumal US-Besatzungschef Douglas MacArthur Japan als «die Schweiz von Ostasien» bezeichnete. Es dauerte jedoch Jahrzehnte, bis diese Intellektuellen begriffen, dass die Schweiz durchaus bewaffnet war und eine Zivilverteidigung praktizierte. Nichtsdestotrotz betrachten noch immer viele gebildete Japaner die Schweiz wegen ihrer Neutralität als ein «ideales» Land. Auch sagen mir Japaner immer wieder, dass sie sich innerhalb von Europa mit den Schweizern am meisten wesensverwandt fühlten. Dabei spielt das romantische Bild der Schweizer Berge als Heimat des naturverbundenen Mädchens Heidi vermutlich eine wichtige Rolle. Der in Japan recht bekannte Schweizer Kurt Kübli passt in dieses Klischee. Als buddhistischer Mönch Kurt Gensō führt er Touristen über den Tempelberg Kōya. Jedoch hat sich die Vorstellung von der Schweiz laut dem Publizisten und Japankenner Roger Mottini aufgrund der Schweizer Spitzenpositionen in Ranglisten für Wettbewerbsfähigkeit, Glück

S

und Lebensqualität deutlich gewandelt. Ein japanischer Bestseller von 2016, «Das Land, das der Schweiz, der reichsten Nation der Welt, am ähnlichsten ist», zählte als Gemeinsamkeiten Arbeitsethos, Sauberkeit, Bildungsniveau, eine auf Export und Technologien ausgerichtete Wirtschaft und die starke Agrarlobby auf. Der «Nikkei»-Journalist Isoyama Tomoyuki arbeitete 2006 in dem Buch «Das Geheimnis der Schweiz, des Königreichs der Marken» heraus, dass die Schweiz in Erscheinungsbild und Markenimage ein Vorbild für Japan sein könne. Laut Mottini erreicht die intellektuelle Debatte zur Schweiz inzwischen eine breite japanische Öffentlichkeit. Der Schweizer Autor führt diese Entwicklung auf die Sorge um die Zukunftsfähigkeit von Japan sowie auf Zweifel an den Fähigkeiten der Berufspolitiker zurück.

seiza 正座**, Japan-Sitz**
Ich möchte nicht diskriminierend klingen, aber vielen ausländischen Besuchern fällt auf, wie verbreitet O-Beine in Japan sind. Bei Frauen springt dies eher ins Auge, weil sie meistens Röcke tragen. Die wahrscheinliche Ursache dürfte die japanische Tradition des Fersensitzes ab früher Kindheit sein. Die Kinder sitzen auf ihren Unterschenkeln, die Füsse nach hinten gestreckt, die grosse Zehe vom rechten über der gleichen Zehe vom linken Fuss. Diese Haltung drückt die Beine über das Becken auseinander, wodurch sich O-Beine ausbilden können. In der *Seiza*-Haltung sass man früher auf den Tatami-Matten in den Wohnungen und Häusern, bei Zeremonien im Tempel und beim rituellen Selbstmord. *Seiza* bedeutet wörtlich denn auch «richtiges Sitzen». Noch in der Sengoku-Zeit (1467–1600) waren Stühle in Japan gänzlich unbekannt, alle sassen ebenerdig auf dem Boden. Auch wer den Lotussitz beim Zen nicht mag, darf auf die *Seiza*-Position ausweichen. Nach einiger Zeit beginnen die Beine jedoch zu schmerzen. Deswegen zwangen manche Eltern ihre Kinder dazu, zur Strafe länger in dieser Position zu sitzen. Die Erziehungsmassnahme war offenbar so verbreitet, dass sie als eine Form von Kindesmissbrauch verboten wurde. Alle Strafen, die körperliche Schmerzen verursachen, sind Eltern seit 2019 gesetzlich untersagt. Vielleicht führt diese Vorschrift auch dazu, dass O-Beine seltener werden.

Selbstmord 自殺
Entgegen dem verbreiteten Klischee liegt Japan bei Selbsttötungen *(jisatsu)* im weltweiten Vergleich nur im oberen Mittelfeld. Die russische Suizidquote je 100 000 Einwohner war 2016 fast doppelt so hoch und die südkoreanische um fast die Hälfte höher. Wenn man noch die höhere Lebenserwartung berücksichtigt, sind die Zahlen nicht be-

S

sonders auffällig. Dessen ungeachtet begegnet einem das Thema hierzulande regelmässig, weil sich die Sterbewilligen oft vor einen Zug werfen und dadurch Verspätungen verursachen. Früher schickten die Bahn-Gesellschaften den tief trauernden Angehörigen eine brutal nüchterne Rechnung für den verursachten Schaden. Zum Glück ergreifen die Betreiber inzwischen andere Mittel, um die Gefährdung des Zugverkehrs abzuwenden. Zum einen tauchen sie die Bahnsteige von Bahnhöfen, an denen es viele Selbstmorde gab, in blaues LED-Licht. Dadurch sank die Zahl der Suizide um fast drei Viertel – das blaue Licht verringert den Blutdruck und damit den Drang, sich vor einen Zug zu werfen. Zum anderen haben viele Bahnsteige 1,20 Meter hohe Absperrungen erhalten, die einen Selbstmörder abschrecken. Allein der grösste Bahnbetreiber JR East lässt sich diese Sicherheitsmassnahme für jeden seiner 243 Bahnhöfe im Grossraum Tōkyō umgerechnet fast 18 Millionen Franken kosten. Anders als in der Schweiz oder in Deutschland ist dies technisch möglich, weil sich die Türen der standardisierten Züge immer an der derselben Stelle öffnen. Eine kulturspezifische Ursache möchte ich nicht verschweigen: Während das Christentum den Suizid als Sünde verbietet, stellen japanische Romane und andere schöne Künste den Tod durch die eigene Hand als nobel dar. Werke wie das «Handbuch für den perfekten Freitod», das die Selbsttötung nahe dem Berg Fuji als «ideal» empfiehlt, liegen in Buchhandlungen offen auf. «Die Japaner empfinden den Freitod nicht grundsätzlich als etwas Schlechtes», meinte der Psychiater Miyamoto Masao. «Er gehört zur japanischen Ästhetik.» *Seppuku*, im Westen *harakiri* (= Bauchschneiden) genannt, entwickelte sich im 12. Jahrhundert als ein Ritual der Samurai. Für die Kriegerkaste wäre es eine Schande gewesen, im Fall eines Todesurteils tatsächlich hingerichtet zu werden. Daher erlaubte man den Samurai, sich selbst zu töten. Der Krieger schnitt sich mit dem Kurzschwert die Bauchdecke auf und liess sich den Kopf abschlagen. Aus der archaischen Selbstbestrafung entwickelte sich die Selbsttötung zu einer radikalen Gewissensentscheidung oder als ehrenhafter Protest. Für den letzten berühmten Fall von *harakiri* sorgte der rechtsnationale Schriftsteller Mishima Yukio vor rund 50 Jahren. Heutzutage betrachtet die Gesellschaft einen Suizid nüchterner. Die Zeitungen beleuchten zum Beispiel das Leid und den Schmerz der Hinterbliebenen, Sterbewillige können sich an Hotlines wenden. Staatlich unterstützte Aufklärung und Beratung sollen die Suizidquote von 16,7 je 100 000 Einwohner im Jahr 2018 auf 13 im Jahr 2025 drücken. Zum Vergleich: Die

Schweizer Quote von 2016 belief sich auf 17,2 Selbstmorde pro 100 000 Einwohner.

Selbstverantwortung 自己責任
Als militante Aufständische im Irak 2004 fünf freiwillige Helfer aus Japan als Geiseln nahmen, um den Abzug von 550 japanischen Soldaten zu erzwingen, holte die Tōkyōter Regierung sie nach der Freilassung nach Hause. Mehrere Politiker, darunter Premier Koizumi Junichirō, betonten die Selbstverantwortung *(jiko sekinin)* der Entführten, die entgegen offiziellem Rat in einem Gefahrengebiet gearbeitet hatten. Daher mussten sie sich an den Kosten für ihre Rückführung beteiligen. Die Diskussion flammte 2015 erneut auf, als radikale Islamisten zwei japanische Journalisten hinrichteten. Die Selbstverantwortung gehörte schon immer zur Sozialmoral: Ein Japaner nimmt die Konsequenzen seines Handelns auf sich und belästigt mit seinem Schicksal keine anderen Menschen (meiwaku). Umgekehrt lassen sich die Interessen des Einzelnen nur schwer gegen die Obrigkeiten durchsetzen. Zum Beispiel scheitern zwei von drei Entschädigungsklagen von Karōshi-Opfern. Anders als in Europa sind Anspruchsdenken und Vollkaskomentalität nicht verbreitet. Deswegen klaffen im sozialen Netz grosse Löcher, und viele Arme betrachten ihr Schicksal als selbstverschuldet.

Sexlosigkeit セックスレス
Seit Jahren schneiden die Japaner bei internationalen Vergleichen der sexuellen Aktivität auffällig schlecht ab. Laut einer alten, nicht repräsentativen Onlineumfrage des weltgrössten Kondomherstellers schlafen Japaner nur knapp ein Mal in der Woche miteinander, während US-Amerikaner fast alle drei Tage intim werden. Bei mir wecken diese Daten den Verdacht, dass die einen untertreiben und die anderen aufschneiden. Westliche Korrespondenten zitieren gern offizielle Studien, wonach bis zu 47 Prozent der Paare ohne Sex *(sekkusu resu)* leben. Allerdings fragten die Forscher danach, ob die Paare «im vergangenen Monat» Sex hatten oder nicht. Wer selbst länger verheiratet ist, sieht schnell ein, dass die Japaner möglicherweise kein Sonderfall sind. Tatsächlich beobachten Soziologen in vielen Industriestaaten eine «Sexrezession». Nicht zu leugnen ist: Die Zahl der Love-Hotels *(labu hoteru)*, in denen sich Paare stundenweise einmieten können, sinkt seit Jahren. Aber das liegt nicht unbedingt an nachlassender Lust. Heutzutage leben mehr Japaner in einer eigenen Wohnung. Meine persönlichen Befragungen von Freunden ergeben ein differenziertes Bild. Erstens sehen viele Japanerinnen ihre Ehepflicht erfüllt, sobald sie ein Kind bekommen haben. Nach der Geburt fällt der Sex oft aus, zumal das Paar lange mit dem Nach-

wuchs in der Mitte auf dem futon schläft. Die räumliche Trennung vom Kleinkind erfolgt viel später als in Europa. Zweitens betrachten sich japanische Paare weniger als geschlechtliche Partner und mehr als vertraute Familien-Mitglieder. Im Westen soll die Liebe dem Leben einen Sinn geben. Das sehen Japaner pragmatischer. Den Satz «Ich liebe dich» *(aishiteru)* vermeiden sie; mehr als «Ich mag dich» *(suki)* kommt keinem über die Lippen. Fast niemand über 30 hält öffentlich Händchen und gibt sich ein Küsschen. Der seltene Körperkontakt dämpft das Begehren. Japanische Männer hätten sich in «Pflanzen- oder Grasfresser» *(sōshoku danshi)* verwandelt und ihr Interesse am anderen Geschlecht verloren, berichten westliche Medien und berufen sich dabei auf japanische Studien. So ergab eine Auswertung der Universität Tōkyō von sieben seriösen Umfragen unter jeweils 11 000 bis 18 000 Menschen, dass fast ein Zehntel der Männer zwischen 35 und 39 noch Jungfrau sei. Daraus folgert mancher westliche Berichterstatter, dass japanische Männer Avatare und andere virtuelle Charaktere gegenüber «lebendigen» Frauen bevorzugen. Doch die Forscher haben eine mögliche Erklärung für die sexuelle Abstinenz gleich mitgeliefert: Männer mit geringem Einkommen seien bis zu 20 Mal häufiger Jungfrauen als wohlhabende Geschlechtsgenossen. Daraus schliesse ich: Japaner gehen mit Liebe wirklich viel rationaler um als wir Westler.

shibusa 渋さ**, dezente Eleganz**
Als die ersten Europäer im Mittelalter nach Japan kamen, staunten sie über die Schönheit vieler Alltagsgegenstände – Porzellan, Keramik, Körbe, Stoffe, Holztruhen, Tische, Reisstrohmatten, Papierwände. Dazu passt die berühmte Anekdote, wonach im 16. und 17. Jahrhundert einige Exporteure ihre Lackwaren und andere Kunstgegenstände für den Auslandsversand in Holzblockdrucke einwickelten. Schon das Verpackungspapier war also künstlerisch wertvoll, was den Japanern aber gar nicht auffiel. Sie reflektierten erst über ihre spezifische Ästhetik, als Europäer und Amerikaner sie offen dafür bewunderten. Ein Schlüsselkonzept dürfte die «dezente Eleganz» sein. Ihre Wurzeln liegen in der Naturnähe des Shintō-Glaubens und im Zen-Buddhismus mit seinem Fokus auf Schlichtheit. Ein zweites Konzept ist die «verhüllte Schönheit», die Teemeister Sen no Rikyū mit dem Begriffspaar *wabi-sabi* beschrieb, das wäre zum Beispiel ein bemooster Felsen. Der Betrachter spürt eine verborgene Anziehung und einen speziellen Geist, den das wahre Schöne ausstrahlt, *myō* genannt. *Yūgen* wiederum bezeichnet das Rätselhafte und Dunkle unter der Oberfläche, das zu einer perfekten Harmonie (wa) beiträgt. Leider lässt

sich diese klassische Ästhetik im heutigen Japan nur noch schwer finden. Stattdessen entwickelte sich die Niedlichkeit zum neuen Schönheitsideal. Japan ertrinke in einem Meer von Figuren mit grossen und runden Babyaugen, klagt der Japanologe Alex Kerr. Als Ursache für die Kawaii-Kultur identifizierte er die starke Verbreitung von Manga-Büchern ab den 1970er Jahren. Auch die hässlichen Formen und Materialien von Fertighäusern deuten darauf hin, dass viele Japaner ihren so lange kultivierten Sinn für Schönheit langsam zu verlieren drohen.

Shibusawa Eiichi 渋沢 栄一
Die Japaner verehren ihn als den «Vater des Kapitalismus», doch sein Mantra lautete *Rongo to soroban*, übersetzt: die Aussprüche von Konfuzius plus der japanische Abakus. Shibusawa Eiichi (1840-1931) wollte also anspruchsvolle Moral und Ethik mit dem Gewinnstreben der Privatwirtschaft verbinden. Dieser Anspruch kennzeichnete sein Leben. Am Anfang seiner Karriere arbeitete der Bauernsohn für einen Zweig der Tokugawa-Sippe, 1867 reiste er mit dem jüngeren Bruder des letzten Shōgun zur Pariser Weltausstellung. Sechs Jahre später hob er, damals noch Beamter im Finanzministerium, die erste japanische Bank aus der Taufe und übernahm auch gleich deren Leitung. Über die Dai-ichi Ginkō, eine Vorläuferin der heutigen Finanzgruppe Mizuho, versorgte er fast 500 junge Unternehmen mit Kapital, darunter neue Eisenbahngesellschaften und das Imperial Hotel in Tōkyō, andere unterstützte er mit Rat und Tat. Jedoch weigerte sich Shibusawa, kontrollierende Anteile der Mitglieder dieser Unternehmensgruppe (keiretsu) zu halten, und versagte sich damit grossen persönlichen Reichtum. Ähnlich philanthropisch rief er Hunderte Einrichtungen wie die Industrie- und Handelskammer, die Börse, Universitäten, Privatschulen und Hilfsorganisationen ins Leben. Auch setzte sich Shibusawa für den grenzüberschreitenden Handel ein und praktizierte im Rentenalter mit den USA eine private Diplomatie. In ihren Nachrufen bezeichnete die US-Presse ihn voller Respekt als «Japan's Old Man». Ab 2024 schmückt sein Porträt die 10 000-Yen-Banknote – eine angemessene Anerkennung für diese extrem einflussreiche Unternehmerpersönlichkeit.

Shibuya 渋谷
Die Tōkyōter Kreuzung der weltweit trendigsten Teenagerzone ist berühmt, weil bei Grün Hunderte Menschen gleichzeitig in alle Richtungen losgehen, ohne dass sie zusammenstossen. Dazu erklingt eine ohrenbetäubende Kakophonie von Werbespots und Popsong-Trailern, die auf gewaltigen Videotafeln an den Fassaden flimmern.

S

Nachts taucht uferlose Neonreklame die Kreuzung in ein grellbuntes Licht. Das Chaos lässt sich aus den umgebenden Hochhäusern gut beobachten und fotografieren, daher ist die Starbucks-Filiale mit der Fensterfront zur Kreuzung die meistbesuchte in ganz Japan. Viele Shibuya-Besucher verabreden sich bei der Bronzefigur des treuen Hundes Hachikō, der sein 1925 verstorbenes Herrchen noch zehn Jahre lang vergeblich von der Bahn abholen wollte. Damals gab es nur eine Haltestelle für die zweigleisige Strassenbahn; inzwischen steigen im Bahnhof Shibuya jeden Tag 1,1 Millionen Menschen ein und aus, nur in Shinjuku, drei Halte weiter nördlich, sind es weltweit mehr. Von der Kreuzung im Bahnhofswesten strömen ab dem Nachmittag einheimische Schüler und Studenten sowie ausländische Touristen zu Tausenden in teilweise autofreie Strassen voller Geschäfte, Restaurants, Bars oder Karaoke-Boxen und zelebrieren die Konsumgesellschaft. Das Geld der meisten jungen Leute reicht nur für billigen Ramsch und unleckeres Fastfood, aber das eigentliche Shibuya-Erlebnis, das gegenseitige Beobachten und die Selfies in der Masse, kostet ja nichts. Die schmuddelige Seite von Tōkyōs bekanntestem Stadtteil bilden männliche Vermittler, die hübschen, naiven und gerissenen Mädchen eine Karriere als Model und Schauspielerin versprechen, wenn sie sich vor der Kamera ausziehen, oder sie dafür anwerben, dass sie ihre Zeit mit älteren Männern verbringen (JK-Business). Dazu passend vermieten Love-Hotels auf einem der Hügel des Viertels Stundenzimmer. Immerhin konnte die Stadtverwaltung bisher verhindern, dass Shibuya zum Rotlichtviertel verkümmerte.

Shinkansen 新幹線

Die Mutter aller Hochgeschwindigkeit-Bahnen gehört zu Japan wie Kirschblüten (hanami) und Sushi. Wenn die windschnittigen Züge mit ihren langen Schnauzen wie metallene Schlangen in den Bahnhof gleiten, schlägt das Herz jedes Reisenden fasziniert höher – und das seit der Inbetriebnahme 1964. Ihre Entwicklung zählte zu den kühnsten Vorhaben der Nachkriegszeit und beruhte auf harter ökonomischer Logik: In einem Land, in dem der grösste Teil der Bevölkerung in einem schmalen Korridor am Pazifik lebt, leisten Eisenbahnen als Transportmittel mehr als Autos und Flugzeuge. Daher errichte der Staat ein separates Netz mit oft neuen Bahnhöfen. Shinkansen bedeutet wörtlich «neue Hauptstrecke». Wegen des Platzmangels in den Städten verlaufen die Betontrassen oft auf Stelzen über anderen Gleisen. Deren Züge stören den Betrieb nicht. Durch eine ausgeklügelte Elektronik halten die Shinkansen auch bei Tempo 320 den Sicherheitsabstand ein. Ab 2030 steigt das Tempo gar auf bis zu 360 Stundenkilometer. Das getrennte Netz erklärt die legendäre Pünktlichkeit: Die durchschnittliche Verspätung betrug auf der meistbefahrenen, 553 Kilometer langen Strecke zwischen Tōkyō und Ōsaka im Jahr 2017 nur 42 Sekunden. Sicherheit geht vor: Alle zehn Tage vermessen mit Computern vollgepackte Kontrollzüge (Spitzname «Doktor Yellow») bei Tempo 270 die Gleise. Zwischen Mitternacht und 6 Uhr früh werden die Doppeltrassen ausgebessert. Beim einzigen tödlichen Zwischenfall wurde ein Passagier in der Tür eingeklemmt und mitgeschleift. Nur zwei Mal entgleisten Züge. Beim Mega-Erdbeben 2011 lösten seismische Sensoren Notbremsungen aus. Alle Züge standen, bevor die schwersten Erschütterungen die Gleise trafen. Shinkansen fahren ohnehin de facto vollautomatisch: Als ein Fahrer einmal einnickte, hielt der Zug selbständig im nächsten Bahnhof an. Das Kalkül der Planer ging auf: Heute finden 30 Prozent des Individualverkehrs auf Schienen statt. Die fünf Bahnhöfe mit den weltweit meisten Passagieren befinden sich alle in Japan. Weit abgeschlagen folgt die Eisenbahnnation Schweiz mit 17,5 Prozent. Deutschland steht mit 9 Prozent Bahnanteil auf dem neunten Rang. Jedoch fordern die aufwändige Bauweise und die hohen Bodenpreise ihren Tribut: Die Strecken sind so teuer, dass die Staatsbahn 1987 pleiteging. Bei der Privatisierung wanderten die Schulden zum Staat. Und der Komfort ist mickrig – schlichte Ausstattung, schmale Sitze, enge Gänge, wenig Platz für Koffer (weil viele Japaner ihr Gepäck separat vorausschicken). Steckdosen an jedem Platz und WLAN gibt es erst seit 2020. Im Vergleich zu den Nobelzügen der Schweizerischen Bundesbahnen ist der Shinkansen eine spartanische, gedopte S-Bahn.

Shintō 神道

Kamiyo, das «Zeitalter der Götter»: So nennt man in Japan die Zeit, in der die *kami* im Universum herrschten. Neben Göttern versteht man darunter auch Naturgeister und spirituelle Wesen. Die Japaner glauben, dass in allen Erscheinungen der Natur Kräfte wohnen, die das Schicksal der Menschen beeinflussen. In der Wissenschaft wird dies als Animismus bezeichnet. In Japan heisst dieser Glaube *Shintō* – Weg der Götter – und ist uralt. Lange vor der christlichen Zeitenwende errichteten die Vorfahren der Japaner in ihren Siedlungen einen Platz für Feste und Rituale. Dort opferten sie den Naturgeistern Rehe, Wildschweine oder Vögel. Tonfiguren von schwangeren Frauen und mächtigen Penissen belegen, dass ihnen die damaligen Inselmenschen lebenserzeugende Kräfte zuschrieben. Für Animisten kann alles göttlich sein:

nebst den Göttern der Legenden lebende wie tote Menschen, Tiere, Pflanzen, Berge und Steine, also belebte wie unbelebte Natur. Es gibt keine Grenzlinie: Auch Stofftiere und Spielekonsolen können göttlich sein. Diese Vorstellung spiegelt sich in dem Ausdruck «acht Millionen Götter» *(yaoyorozu no kami)* wider, der eigentlich Myriaden von Göttern bedeutet. Verglichen mit dem Gott des Christentums ist ihre Macht allerdings bescheiden. Der Hauptunterschied zu den Menschen liegt laut dem Schriftsteller Orikuchi Shinobu (1887–1953) darin, dass *kami* über mehr Seelenstärke verfügen. Dafür stehen sie den einfachen Menschen viel näher als den Christen ihr Gott. Die Japaner, die in Shintō-Konventionen leben, versuchen durch Riten, Gebete, Volksfeste und Ahnenverehrung Verbindung zu den Göttern und Geistern der Verstorbenen aufzunehmen, damit ihnen diese nichts Böses antun und Wünsche erfüllen helfen. Sollten sie früher vor allem für eine gute Ernte sorgen, segnen *Shintō*-Priester heute Baugrundstücke und Neuwagen. Im Schrein und am Ahnenaltar bringt der Gläubige der spirituellen Welt ein Opfer dar. Er wirft Münzen in einen Holzkasten und weckt die Götter mit Händeklatschen. Oder er überreicht den Zweig eines Sakaki-Baums, der mit Papierstreifen geschmückt ist, als Symbol für Geld oder eine andere Spende. Die immergrüne Pflanze verbindet in der Shintō-Mystik Himmel und Erde. Diese Volksfrömmigkeit interpretierte der bekannte Religionssoziologe Inoue Nobutaka jedoch so, dass moderne Japaner Shintō gar nicht als Religion, sondern als traditionelle Bräuche und Sitten erleben. Die Zahl der wirklichen Gläubigen liegt laut Inoue Untersuchungen zufolge nur im niedrigen einstelligen Prozentbereich. Doch warum entwickelte sich dieser Naturglaube, der weder einen Gründer noch Doktrinen und heilige Schriften kennt und bis heute lebendig ist, ausgerechnet in Japan? Forscher verweisen auf die unbändigen Naturkräfte, denen die Japaner ausgeliefert sind: Keine Region der Welt hat so viele Quellen des Schreckens zu bieten wie Japan. Erdbeben, Tsunamis, Taifune, Überschwemmungen und Vulkanausbrüche ereignen sich ohne Vorwarnung. Selbst die moderne Technik hat daran wenig geändert. Da hilft eben nur das Beten zu den *kami*.

shokupan 食パン, Weissbrot
Von wegen, Japaner sind Reisesser. Schon seit über einem Jahrzehnt geben die Haushalte für Brot mehr Geld aus als für Reis. Das kommt nicht von ungefähr: Die meisten der 60 000 japanischen Bäckereien (im Brotland Deutschland sind es nur 45 000) backen frisch. Industrieteig zum Aufbacken genügt Nippons Leckermäulern nicht

(oishii). Jedoch liegt kaum Dunkel- und Körnerbrot im Regal. Japaner mögen fluffiges Weissbrot ohne feste Kante. Dieses *shokupan* («Brot zum Essen») genannte Kastenbrot verspricht das ideale Beissgefühl, lautmalerisch mit *fuafua* beschrieben. In oft dicke Scheiben geschnitten, verzehrt man es als Toast und Sandwich. Den Siegeszug von *shokupan* erklärt Yamaguchi Atsushi von der Weissbrotbäckerei Nishikawa im Tōkyōter Einkaufsviertel Ginza mit den ähnlichen Aromen von Brot und Reis: «Beides schmeckt durch die gezielte Extraktion von Kohlenhydraten süss.» Einer Kundin, die vor der Bäckerei Schlange steht, fällt ebenfalls ein Vergleich ein: «Wir Japaner achten sehr auf leckeren Reis, genauso gehen wir mit *shokupan* um.» Der Weissbrotboom löste einen technischen Wettlauf aus. Japaner toasteten Brot gewöhnlich in einem kleinen Multifunktionsofen für 60, 70 Franken. Dann kam 2016 der Dampftoaster von Balmuda für 220 Franken, der einen Hausfrauentrick für altes Brot nachahmt: Durch Zugabe von Wasserdampf trocknet das Weissbrot beim Erhitzen weniger aus. Der goldgelbe Toast schmeckt aussen knusprig (lautmalerisch: *karikari*) und innen nachgiebig weich *(fuafua)*. Mitsubishi Electric konterte drei Jahre später mit dem «Bread Oven» für 280 Franken. Ein hermetisch abdichtender Deckel konserviert mehr Brotfeuchte und steigert die vorgelatinierte Stärke. «Der Toast schmeckt 40 Prozent frischer als direkt aus dem Backofen», behauptete Vertriebsmann Higuchi Hiroaki. Eine Smartphone-App liefert Dutzende Rezepte, etwa für French Toast und Pizza Toast. Das Gerät kann sogar ein rohes Ei auf dem Toast garen. Die Vielseitigkeit von schnellen Brotmahlzeiten ist ein Grund mehr, warum der traditionelle Reis ins Hintertreffen geraten ist.

shūkatsu 就活, Bewerbung um Erstanstellung

Ein Jahr vor ihrem Bachelor-Abschluss beginnen alle Studenten in Japan damit, sich bei zahlreichen Grossunternehmen um eine Traineestelle zu bewerben. *Shūkatsu* heisst diese kollektive Suche nach dem Einstiegsjob in die Arbeitswelt, die es weltweit in dieser Form nur in Japan gibt. Dafür schwänzen alle Studenten ihre Seminare und Vorlesungen und nehmen an speziellen Bewerbungsveranstaltungen teil. Stellen Sie sich eine Messehalle mit einer schwarzen, uniformen Masse von Studenten vor, die sich vor Firmenständen drängeln. Schwarz und uniform, weil alle den gleichen, vorgeschriebenen Bewerbungsanzug tragen, den «Recruit Suit». Die Frauen ziehen sich ein Kostüm mit knielangem Rock, weissem Blazer und halbhohen Pumps an, die Männer einen Anzug mit weissem Hemd. Alle Haare sind pechschwarz, färben ist tabu, und

S

in den ebenfalls schwarzen Aktentaschen liegen die nach Schema F vorbereiteten Lebensläufe in einer Plastik-Hülle. Dann stellen die Personaler in halboffenen Kabinen dieselben Fragen: «Was ist Ihr Traum?» – «Was sind Ihre Stärken und Schwächen?» Worauf die Studenten ihre auswendig gelernten Antworten abspulen. In Japan bewirbt man sich um die Mitgliedschaft in einem Unternehmen, nicht um einen konkreten Anfängerjob. Begehrte Konzerne von Ajinomoto über Mitsubishi bis Toyota bilden ihre Trainees nämlich zu Generalisten aus. Bis zu zehn Jahre lang rotieren die «Neuen» durch alle Abteilungen, danach können sie alles und nichts. Dafür kennen sie das Unternehmen in- und auswendig. Die Anfänger werden von Anfang an entweder als Angestellte (salarīman) oder als künftige Manager mit Aufstiegsmöglichkeiten eingeteilt. Was bei der Auswahl zählt, ist in erster Linie die absolvierte Universität, für die es eine landesweite Rangliste gibt. Dadurch weiss jeder Bewerber schon vorher, bei welchem Unternehmen er oder sie überhaupt eine Chance auf eine Einstellung hat. Seit 1953 läuft das jährliche Auswahlverfahren in diesem Stil, zumindest für die 1600 Mitgliedsunternehmen der japanischen Wirtschaftsföderation Keidanren. Diese Lobbygruppe hat allerdings wegen des starken Mangels an Arbeitskräften ihre Empfehlung aufgehoben, dass ihre Mitglieder erst ein Jahr im Voraus neue Studenten anwerben dürfen. Dennoch dürfte sich das eigentliche Verfahren nicht ändern. Nur ist der Startpunkt für die Auswahl der nächsten Angestelltenkohorte weiter nach vorne gerückt, weil einige Unternehmen ihre Neuen jetzt noch früher rekrutieren.

SMAP スマップ
Japans beliebteste Boygroup wird oft mit den Beatles, den Backstreet Boys und Take That verglichen. Solche Bands aus jungen Männern halten sich meist nur ein paar Jahre, dann gehen die talentierteren Mitglieder eigene Wege. Doch die fünf SMAP-Sänger standen seit Teenagerzeiten gemeinsam 25 Jahre im Rampenlicht. Kusanagi Tsuyoshi, Inagaki Gorō, Kimura Takuya, Katori Shingo und Nakai Masahiro – diese Namen kennen die meisten Japaner. Ihr Ohrwurm «Die einzige Blume der Welt» *(sekai ni hitotsu dake no hana)* von 2003 wurde zur heimlichen Nationalhymne. Ich habe bei Schulveranstaltungen selbst erlebt, wie alle Kinder und Eltern den Text auswendig mitsangen. Aber SMAP *(sumappu)* war nicht nur eine Band, die 35 Millionen Singles und Alben verkaufte: Die Gruppe moderierte viele Jahre lang eine eigene Fernseh-Sendung, ihre Mitglieder spielten in TV-Serien mit, traten in Spiel- und Talkshows auf und hielten in Werbespots für fast jedes Produkt ihr Gesicht hin. Ihr Erfolg galt

S

lange als Ergebnis von harter Arbeit und perfekter Harmonie (wa). Dies war eine kalkuliert erzeugte Illusion. In Wirklichkeit konnten sich die Künstler nicht mehr riechen. Doch erst Ende 2016 löste sich SMAP auf. Das verzögerte Aus ist auf die Knebelverträge in Japans Unterhaltungsbranche zurückzuführen. Agenturen wie Johny & Associates stellen die Bands zusammen, wählen die Songs aus und bestimmen das Image bis ins Detail. Sie kassieren auch das meiste Geld. Letztlich waren die fünf SMAP-Männer nur extrem erfolgreiche Angestellte.

Soba そば**, Buchweizennudeln**
Kalte Nudeln in eine kalte Sosse tunken und laut schlürfend herunterschlingen? Und danach das Kochwasser der Nudeln trinken? So etwas können sich auch nur Japaner ausdenken ... Aber glauben Sie mir: Die meisten Japaner essen Soba für ihr Leben gern. Von Kindesbeinen an kommen diese Nudeln auf den Tisch. Soba-Buden findet man fast überall. «Bei Soba spüre ich bescheidene Einfachheit und glückliche Stille», schwärmte mir ein Soba-Fan vor. Tatsächlich handelt es sich um die einzigen Nudeln, die Japan selbst erfunden hat. Der Teig besteht aus dem Mehl der Früchte von Buchweizen *(soba)* sowie Wasser und etwas Ei, für ein besseres Kaugefühl mischt man bis zu 20 Prozent «echten» Weizen dazu. Ein gutes Soba-Restaurant bereitet den Nudelteig frisch zu, rollt ihn aus und schneidet ihn in Streifen von einem Millimeter. Nach kurzem Kochen kommen die gräulichen Nudeln kalt abgeschreckt auf einem Stück geflochtener Bambusmatte auf den Tisch. Die Gäste wählen zwischen verschiedenen Tunken und Beilagen. Die härteste Zeit für Soba-Restaurants sind die Tage vor Silvester. Dann bereiten sie Hunderte Portionen von «Jahreswechselnudeln» *(toshi koshi soba)* vor. Die meisten Japaner vertilgen diese Buchweizen-Spaghetti als letzte Mahlzeit des Jahres am späten Abend des 31. Dezembers – mit tiefer symbolischer Bedeutung: Soba reissen schneller als andere Nudeln und stehen daher für die schnelle Trennung von den schlechten Seiten des abgelaufenen Jahres. Und wer seine Soba nicht komplett aufisst, hat im neuen Jahr kein glückliches Händchen für Geld.

Society 5.0 ソサエティ5.0
Traditionell entwerfen Japans Grossunternehmen und der Staat langfristige Zukunftsvisionen, an denen sich die Bürger und Belegschaften orientieren sollen. Zwei extreme Beispiele: Der Milliardär Son Masayoshi schrieb für sein Unternehmen Softbank einen 300-Jahre-Geschäftsplan, und die Regierung wollte früher bis 2100 einen nuklearen Brennstoffkreislauf aufbauen. Die jüngste Vision heisst Society 5.0. Das

S

Schlagwort steht für eine Gesellschaft, in der Automatisierung und Vernetzung den Menschen das Leben erleichtern, sowie für autonome Autos, Drohnen, intelligente Haushaltsgeräte und maschinelle Pflege. Die Ziffer 5 steht für die fünfte Entwicklungsstufe nach der Subsistenz-, Agrar-, Industrie- und Informationsgesellschaft. Mit seiner Vision verfolgt der Staat zwei Ziele: Erstens sollen die Unternehmen weg von der reinen Warenproduktion kommen und umfassendere Anwendungen und Lösungen entwickeln. Daher geht der japanische Ansatz in der Wahl des Schlagwortes ausdrücklich über das deutsche Konzept der Industrie 4.0 hinaus, das sich auf die Digitalisierung der Liefer- und Produktionsketten beschränkt. Zweitens soll der technologische Fortschritt den Mangel an Arbeitskräften wettmachen und so den nationalen Wohlstand erhalten und mehren. Angesichts der alternden und schrumpfenden Bevölkerung klingen diese Absichten etwas vermessen. Aber gerade wegen der Demografie stossen künstliche Intelligenz und Roboter in Japan auf weniger Vorbehalte, sie könnten sich so schneller ausbreiten und dadurch dem Land einen Wettbewerbsvorteil verschaffen. Jedoch verzichtet die Regierung wohlweislich auf ein Zieljahr für die Verwirklichung der fünften Evolutionsstufe. Die bisherigen Technologien sind davon jedenfalls noch weit entfernt.

Soja(bohne) 大豆
Im Westen denken wir bei Soja an Salatöl, salzige Sosse und vielleicht Tierfutter – in Japan existiert eine ganze Welt rings um Soja *(daizu)*. Grosse Sojabohnen züchteten die Japaner nachweislich schon vor unvorstellbaren 7000 Jahren, vermutlich länger, als sie Reis kultivieren. Daran werden Sie denken, wenn Sie demnächst mal gekochte, in Salz gewendete Sojabohnen *(edamame)* in der Kneipe zum Bier bestellen, Sojasosse *(shōyu)* in die Schale für Ihr Sushi giessen, rohes Gemüse in Misopaste tunken, Tōfu für Ihren Salat schneiden, Sojajoghurt ins Müsli rühren oder in einem Magazin vom gesund-ekligen nattō lesen. Die Sojasosse kam im 6. Jahrhundert mit dem Buddhismus aus China nach Japan und enthielt lediglich fermentierte Sojabohnen, Salz und Wasser. Aber schon damals verbesserten die Japaner, was aus dem Ausland zu ihnen kam. Bald fügten sie den gleichen Anteil Weizen hinzu, «brauten» das Gemisch länger und experimentierten damit. Zig Varianten in Aroma und Farbe entstanden. Die jeweilige Rezeptur blieb das Geheimnis von kleinen Manufakturen, bis der wirtschaftliche Druck zu stark wurde: Ende 1917 schlossen sich acht Familien-Unternehmen zum Vorläufer des weltberühmten Herstellers Kikkoman zusammen, um ihr Handwerk industriell zu betreiben. Weit weniger vertraut als Sojasosse

S

bleibt westlichen Ausländern der Gebrauch von Miso. Die Paste entsteht durch Fermentierung von gedämpften Sojabohnen sowie Reis und Gerste mit *Kōji*-Schimmelpilzen. Ausser als Dip für rohe Möhren, Gurken und Sellerie lässt sich Miso in unserer Küche schwer verwenden. In Japan bestimmt dieses Sojaprodukt den Charakter einer Misosuppe *(miso shiru)*, einer Brühe (dashi) voller bissfestem Gemüse, gekochtem Fleisch oder Meeresfrüchten, in der man einige Löffel Miso auflöst. Es gibt auch Rāmen und andere Nudelsuppen mit Misobeimischung. Aber Achtung: Aufkochen zerstört den typischen Geschmack. Bleibt der Tōfu als typisch japanisches Sojaprodukt, das aus Sojamilch so entsteht wie Quark aus Kuhmilch. Die (übrigens vegane) Tempelküche *(shōjin ryōri)* basiert auf dieser Zutat. Falls Sie es bis nach Japan schaffen, bestellen Sie in der Kneipe *(izakaya)* den Tōfu auf der Speisekarte. Der Geschmack wird Sie überraschen, gar nicht zu vergleichen mit der weissen Wabbelmasse, die in Europa im Regal liegt. Die Hausfrauen servieren Tōfu meist in Würfelform mit kleingeschnittenem Lauch *(negi)* und Bonitoflocken *(katsuo bushi)*, als Zutat in der Misosuppe oder mit gebratenem Hackfleisch im Chinastil *(mābō dōfu)*.

Sōka Gakkai 公明党
Was haben der Schauspieler Orlando Bloom, der Jazzer Herbie Hancock und der Fussballer Robert Baggio gemeinsam? Sie gehören der Sōka Gakkai an. In Japan ist diese «Studiengesellschaft zur Schaffung von Werten» mit 8,3 Millionen Haushalten eindeutig die grösste und mächtigste unter den «neuen Religionen». Dazu kommen 1,7 Millionen Mitglieder im Ausland. Der 1930 gegründete Laienbund ist seit den 1960er Jahren unter ihrem charismatischen Präsidenten Ikeda Daisaku zu einer Massenbewegung herangewachsen, die über die Partei Neue Kōmei auch im Parlament vertreten ist. Diese «Partei für saubere Politik» propagiert eine «buddhistische Demokratie» mit sozialer Wohlfahrt, in der jeder Einzelne sein Glück machen kann. Die Anhänger von Sōka Gakkai glauben an den Nichiren-Buddhismus als einzig wahre Religion, der alleinige Kultgegenstand ist ein Mandala von Nichiren (1222–1282) auf dem Hausaltar. Schon durch das Zitieren der Worte «Gepriesen sei das Lotossūtra» soll die Erleuchtung jedes Einzelnen im Diesseits möglich sein. Die Gläubigen müssen neue Mitglieder rekrutieren, sich zu internen Gesprächsrunden über persönliche Sorgen treffen und regelmässig zu ihrem Haupttempel am Fusse des Berges Fuji pilgern. Die Sōka Gakkai betreibt Kindergärten, Schulen und eine Universität. Ihre Tageszeitung mit einer Auflage von 5,5 Millionen berichtet vor allem über eigene Aktivitäten und die Auftritte des «lebenden Buddha» Ikeda.

S

Wegen ihrer straffen hierarchischen Organisation und ihres Anspruchs auf Absolutheit misstrauen viele Japaner der Sōka Gakkai, zumal ihre Partei Neue Kōmei sich seit 1999 als Partner an den Regierungen der dominanten Liberaldemokratischen Partei (LDP) beteiligt. Bei Wahlen mobilisiert Sōka Gakkai ihre Anhänger dafür, für die Kōmei-Kandidaten zu stimmen. In Wahlkreisen ohne Kōmeitō sollen sie den Kandidaten der LDP unterstützen, dadurch profitieren auch die Liberaldemokraten von dieser Wahlmaschine. Der Japanologe Axel Klein von der Universität Duisburg vergleicht das Verhältnis zwischen Sōka Gakkai und Kōmei-Partei mit der Unterstützung von katholischen Priestern in vielen Teilen Europas oder evangelikalen Aktivisten in den USA bestimmter Parteien. Für eine «Gehirnwäsche» der Gläubigen habe er jedoch keine Hinweise gefunden, betont er. Vielmehr habe sich die Neue Kōmeitō (das «tō» steht für Partei) zu einer normalen Massenpartei entwickelt. Ihr politischer Einfluss bleibt jedoch begrenzt. «Deren Politiker verhandeln hart, aber verlieren oft», meint der US-Politologe Steven Reed. Zu ihren «Erfolgen» zählt eine niedrigere Umsatzsteuer von 8 statt 10 Prozent für Waren des täglichen Bedarfs.

Sommerferien 夏休み
Lernen in den Sommerferien *(natsu yasumi)*? Ganz normal in Japan. Schon die Grundschüler haben während der mit vier Wochen relativ kurzen Ferien im August eine lange To-do-Liste abzuhaken – täglich etwas in ein Tagebuch eintragen, Übungsbücher für Japanisch und Rechnen durcharbeiten und einen Aufsatz über ein selbst ausgewähltes Buch verfassen. Ausserdem soll jeder etwas in Haushalt oder Natur erforschen und darüber einen Bericht schreiben, zum Beispiel aus Abfall eine Rakete basteln oder verschiedene Lebensmittel verschimmeln lassen. Schulferien in Japan sind also keineswegs schulfrei. Noch unerfreulicher wird diese Zeit für Mittel- und Oberschüler, die mit vielen «echten» Hausaufgaben eingedeckt werden. Natürlich schieben nicht wenige Kinder diese Belastungen so lange wie möglich vor sich her, nur um in den letzten Ferientagen ihren Rückstand mit allen Mitteln aufzuholen. Am Ende helfen viele Eltern heimlich mit, damit die Kinder ihr Pensum rechtzeitig schaffen. Übrigens: Viele Familien verreisen in den Sommerferien nicht. Die Väter haben nur im August während des Ahnenfestes *(obon)* eine Woche frei, dann fahren viele Japaner in ihre Heimatorte, daher sind Flüge und Hotels richtig teuer. Also sieht das typische Ferienbild einer jungen Familie, die sich das Verreisen zu Höchstpreisen nicht leisten kann oder will, so aus: Der Vater schläft, die Mutter jammert, und das Kind langweilt sich.

Son Masayoshi 孫正義
Der Gründer der Softbank Group sorgt immer wieder für Schlagzeilen in der internationalen Wirtschaftspresse. Mit milliardenschweren Kapitalhilfen für Technologie-Start-ups treibt der Koreaner mit japanischem Pass die nächste Stufe der Informationsrevolution voran. Seine Vision einer Welt voller Algorithmen und Roboter verstört: Die «Metallarbeiter» würden uns ein Luxusleben ermöglichen, sagt Masayoshi Son voraus. Bis 2040 soll sich Softbank an 5000 Unternehmen beteiligen und noch 300 Jahre lang wachsen. «Ich denke halt gerne gross», erklärt Son, der als Sohn bitterarmer Zainichi-Koreaner 1957 in Kyushu geboren wurde. Seine extremen Visionen provozierten schon immer Unglauben. Als Son 1981 Softbank als Software-Händler gründete, entwarf er einen 50-Jahre-Plan, obwohl er noch keinen Kunden hatte. Er sagte seinen beiden Teilzeitmitarbeitern, er werde in fünf Jahren zig Millionen Dollar Umsatz machen, da kündigten beide. Doch 19 Jahre später war Son, wenn auch nur drei Tage lang, mit 70 Milliarden Dollar netto der reichste Mensch der Welt – dank Beteiligungen von Softbank am damals führenden Internetportal Yahoo und an anderen Dotcom-Firmen. Als die Internetblase platzte, schrumpfte sein Vermögen um 98 Prozent. Doch Son übernahm Vodafone Japan und verwandelte Softbank in einen Mobilfunkbetreiber. 2018 vollzog sein Unternehmen eine erneute Metamorphose, es wurde zu einer Beteiligungsgesellschaft, das junge Technologieunternehmen finanzierte. Rückblickend lässt sich erkennen, wie bei ihm der Hase läuft: Son investiert jeweils frühzeitig in schnell wachsende Jungunternehmen eines technologischen Paradigmenwechsels – erst in das stationäre, dann das mobile Internet und zuletzt in künstliche Intelligenz. Welches Start-up er mit Kapital unterstützt, überlässt er allein seinem Bauchgefühl. «Yoda sagt: Höre die Macht», erklärt der Star-Wars-Fan seine Anlagemethode. Er achte auf die Vision, die Leidenschaft und das Durchhaltevermögens des Gründers. «Seine Augen müssen leuchten, der Geschäftsplan kommt an zweiter Stelle.» Daher entscheidet er über eine Investition oft schon nach der ersten Begegnung, jedoch nicht immer mit Erfolg. Den besten Riecher bewies er bei Jack Ma, dem Gründer von Alibaba in China. Die in zwei Tranchen investierten 120 Millionen Dollar vermehrten sich in 15 Jahren um das Tausendfache auf 120 Milliarden Dollar.

sontaku 忖度**, Mutmassung**
Das Wort des Jahres 2017 in Japan steht stellvertretend für die japanische Fähigkeit, sich in jemand anderen hineinzuversetzen, dessen Wünsche zu erah-

S

nen und diese ohne Rücksprache umzusetzen. In der Form von vorauseilendem Gehorsam kann *sontaku* verheerende Folgen haben. Als der englische König Henry II. im 14. Jahrhundert laut beklagte, dass ihn niemand von «diesem nervigen Priester» befreie, machten sich vier Ritter auf den Weg und ermordeten den Erzbischof von Canterbury, den damaligen Widersacher des Herrschers. Im Japan des 21. Jahrhunderts haben Beamte ohne klare Anweisung von oben zahlreiche Papiere manipuliert oder vernichtet, die Premierminister Abe Shinzō in Korruptionsfällen hätten belasten können. *Sontaku* beschreibt die Absicht von Untergebenen, dem Vorgesetzten bestmöglich zu dienen, sicher auch mit der heimlichen Hoffnung auf Belohnung. Doch man würde Japan nicht gerecht, wenn man die Fähigkeit zu *sontaku* allein negativ sieht. Vorausschauendes Denken bildet auch die Grundlage der berühmten Gastfreundlichkeit (omotenashi): Der Gastgeber bietet einen Service an, von dem der Gast nicht einmal weiss, dass er diesen gerne hätte. So war es auch mit dem iPhone von Apple: Erst wussten wir nicht, dass wir es brauchen, aber nun können wir nicht mehr zum einfachen Mobiltelefon zurück. So geht es mir in Japan häufig: Viele Details im Alltag sind so angenehm und bequem, dass ich mir nicht mehr vorstellen kann, wie ich jemals ohne sie ausgekommen bin, zum Beispiel die Lieferung von Paketen zu einem vorherbestimmten Zeitfenster an die Haustür. Daher sehe ich die Fähigkeit zu *sontaku* als einen wichtigen Soft Skill, auch wenn es manchmal nach hinten losgehen kann.

soroban そろばん**, Abakus**
Wenn sich in Japan etwas bewährt hat, wird es nicht so schnell abgeschafft. Zum Beispiel der japanische Abakus. In der dritten und vierten Klasse erlernen Grundschüler immer noch das Prinzip des *soroban*. Viele Kinder machen danach in 6500 privaten *Soroban*-Schulen weiter und erklimmen nach dem Prinzip der *dan,* der Meistergrade im Kampfsport, bis zu zehn Könnerstufen. Bei Wettkämpfen kalkulieren die Besten der Besten mit dem *soroban* Zahlen mit bis zu sechzehn Ziffern in weniger als zwei Sekunden. Der *Soroban*-Verband spricht von einem grundlegenden Lernprozess, wenn Zahlen visualisiert und mit Fingerbewegungen verknüpft werden. Zudem verbindet der *soroban* die Kinder mit einem Element traditioneller japanischer Kultur und ermöglicht jungen Rechenfreaks, ihr besonderes Talent zu entwickeln und dafür Anerkennung zu bekommen.

Staatsschulden 国債
Es ist nicht lange her, dass in Japan die grösste Schuldenbombe der Welt tickte. Als 1990 die Blasenwirtschaft platzte,

schraubte der Staat seine Ausgaben viele Jahre stark nach oben, um die Konjunktur am Laufen zu halten. Inzwischen schuldet Japan je nach Berechnung seinen Gläubigern bis zum Zweieinhalbfachen des Bruttoinlandsproduktes. Und die Spirale dreht sich weiter, weil der Staat jedes Jahr mehr ausgibt, als er an Steuern einnimmt. Da die Bevölkerung altert und schrumpft, müsste Japan nach Adam Riese längst eine Staatspleite erlebt haben. Diese Logik hat mich bisher nicht überzeugt. Nur Japans Staat schreibt rote Zahlen, während Bürger und Unternehmen riesige Ersparnisse im In- und Ausland anhäufen. Japan besitzt das höchste Auslandsvermögen aller Staaten. Unterm Strich sieht die nationale Kassenlage daher nicht unsolide aus. Zudem stieg die Schuldenquote dank des Wachstums während der Amtszeit von Premier Abe Shinzō nicht mehr an. Der lange geübte Vergleich mit dem bankrotten Griechenland ist an den Haaren herbeigezogen. De facto hat die Bank of Japan die brennende Lunte an der Schuldenbombe ausgetreten. Seit dem Frühjahr 2013 kauft sie Staatsanleihen für jährlich bis zu 80 Billionen Yen (700 Milliarden Franken). Dadurch wanderte fast die Hälfte der Staatsanleihen von der privaten in die öffentliche Hand (Stand 2020). Diese «Sterilisierung» der Schulden *(kokusai)* verhindert eine Finanzierungskrise: Japans Staat steht über die Bank of Japan bei sich selbst in der Kreide. Zugleich hält die Notenbank am Anleihemarkt die Zinsen niedrig, sodass neue Schulden wenig kosten. Solange die Japaner ihrer Währung vertrauen, kann dieses Spiel ziemlich lange weitergehen.

Steuermarke 収入印紙
Wie heftig der Inselstaat manchmal mit dem 21. Jahrhundert hadert, beweist seine Liebe zu Stempel- und Steuermarken *(shūnyū inshi)*. Während mitteleuropäische Länder sie bis auf wenige Ausnahmen abschaffen haben, gibt das Finanzministerium in Tōkyō aktuell noch 19 Marken zwischen 200 Yen (1,90 Franken) und 100 000 Yen (9300 Franken) heraus. Das ist schon ein Fortschritt: Bis Juli 2018 gab es auch noch 12 Marken für Beträge zwischen 1 und 120 Yen. Zum Beispiel erfordert eine offizielle Quittung ab 50 000 Yen (460 Franken) im Einzelhandel und von Restaurants von Staats wegen eine Steuermarke von mindestens 200 Yen. Unternehmen müssen auf ihre Papierverträge ebenfalls Marken kleben. So sind bei einer Vertragssumme über 1 Milliarde Yen (9,3 Millionen Franken) sechs Marken à 100 000 Yen (5500 Franken) fällig. Der altmodische Einzug von Gebühren erklärt sich damit, dass der japanische Staat traditionell relativ wenig direkte Steuern einnimmt. Der Markenverkauf sichert dem Finanzamt Einnahmen, die

ihm womöglich sonst entgingen. Daher wären digitale Verträge, etwa über eine Blockchain, eine attraktive Alternative. Aber das Finanzministerium scheint davon nichts zu halten und hat lieber neue Marken herausgegeben, die sich aufgrund von Metallstreifen schwerer fälschen lassen.

Strommasten 電柱
Was ist der grösste Unterschied zwischen japanischen und Schweizer Strassen? Mir fällt da zuerst das Wirrwarr aus zahllosen Stromkabeln und dicken Transformatoren an hässlichen Betonmasten ein. In den Grossstädten der meisten Industrieländer liegen Stromkabel fast ausnahmslos unter der Erde. In Tōkyō ist dies nur in 8 Prozent der Strassen der Fall. In ganz Japan verschandeln unvorstellbare 35 Millionen Strommasten *(denchū)* die urbane Landschaft. Beim Wiederaufbau der niedergebrannten Städte nach dem Zweiten Weltkrieg sparte man sich die teuren unterirdischen Kabel, seitdem hält man aus Kostengründen an den Strommasten fest, obwohl sie die Strassen noch schmaler machen. Doch die Rechnung erhält Japan bei Katastrophen. Bei Erdbeben und Taifunen stürzen die Strommasten schnell um. Die Versorgung mit Elektrizität bricht deswegen meist zusammen, zudem drohen tödliche Stromschläge, vor allem bei Feuchtigkeit. Längst haben die Behörden eingesehen, dass es sich um einen Irrweg handelt. Aber eine ganze Industrie lebt von der oberirdischen Verkabelung, die Hersteller der Betonmasten genauso wie die Serviceunternehmen mit den Kranwagen. Und eine Verlegung in den Boden kostet pro Kilometer bis zu 5 Millionen Franken. Ein Grund: Die Wasserwerke, Gasversorger und Telefongesellschaften haben ohne Absprache untereinander ihre eigenen Kabel in den Untergrund gelegt, der Aufwand für ein weiteres Kabel im Boden ist entsprechend gross. Daher gehe ich nicht davon aus, dass ich ein Japan ohne oberirdische Stromkabel noch erleben werde – falls es überhaupt jemals dazu kommt.

Sūdoku 数独
Weltweit bringen Zeitungen heute die Zahlenrätsel aus neun Quadraten zu jeweils neun Feldern, die mit den Ziffern 1 bis 9 zu füllen sind. In jeder Spalte, jeder Zeile und jedem Neunerblock darf eine Zahl nur jeweils ein Mal vorkommen. Dieser Zeitvertreib macht süchtig und hat sich deswegen ab Mitte der achtziger Jahre in Japan und ab 2004 weltweit wie ein Virus verbreitet: Die leeren Gitterfelder schreien förmlich danach, ausgefüllt zu werden. Und anders als ein Kreuzworträtsel lässt sich jedes *Sūdoku* eindeutig lösen, wenn mindestens 17 Zahlen vorgegeben sind. Die japanische Abkürzung von *sūji wa*

dokushin ni kagiru steht für «Zahlen, die alleine stehen». Gotō Yoshifumi vom Nikoli-Rätselverlag, zugleich der Leiter des japanischen *Sūdoku*-Verbandes, erklärte mir die Faszination damit, dass die Spieler ihre Leistung steigern können. Anfänger bräuchten zwei Stunden, Geübte zwanzig Minuten und Profis nur zwei Minuten. Die Idee dafür fand der Rätselverlag in einem kleinen New Yorker Magazin. Von dort lässt sich eine Linie zu den lateinischen Quadraten ziehen, die der Schweizer Mathematiker Leonhard Euler im 18. Jahrhundert entwickelte. Diese gingen wiederum auf die magischen Quadrate der Antike zurück, die sich bis zu Lo Shu verfolgen lassen, einem uralten chinesischen Diagramm. Die Bezeichnung *Sūdoku* gibt den Zahlenrätseln jedenfalls einen extra geheimnisvollen Anstrich. Die meisten Rätsel entwirft längst eine Software. Doch die japanischen Nikoli-Autoren beteuern, wirklich gute *Sūdoku* entstünden nur per Hand.

Sugihara Chiune 杉原 千畝
Als einziger Japaner steht er auf der israelischen Liste der über 27 000 «Gerechten der Völker», die Juden beim Überleben halfen. Als Vizekonsul (und De-facto-Spion) in Litauen hatte Sugihara Chiune im Juli und August 1940 Tausende von Transitvisa für Juden und ihre Familien ausgestellt. Der fliessend Russisch sprechende Japaner handelte auch aus, dass die Juden Fahrkarten für die Transsibirische Eisenbahn kaufen konnten. Dadurch reiste eine unbekannte Zahl von Verfolgten nach Japan aus und entkam der deutschen Tötungsmaschinerie von SS und Gestapo. Deswegen nennt man Sughihara auch den «japanischen Schindler». Der deutsche Unternehmer Oskar Schindler hatte jüdische KZ-Häftlinge in seinem eigenen Betrieb im heutigen Polen als Zwangsarbeiter beschäftigt und sie so vor der Ermordung in den Vernichtungslagern der Nationalsozialisten bewahrt. Um den humanitären Einsatz von Sughihara ranken sich einige Mythen. Das japanische Aussenministerium erlaubte seinen Diplomaten durchaus das Ausstellen von Transitvisa an Juden. Allerdings sollten sie ein Visum eines Drittlandes besitzen und über genug finanzielle Mittel verfügen, damit sie bei ihrem Transit durch Japan keine Kosten verursachten. Die jüdischen Flüchtlinge standen Schlange vor seinem Konsulat, und schon bald kümmerte sich Sugihara nicht mehr um diese Vorgaben. Seine Entlassung aus dem Staatsdienst 1947 war jedoch wohl keine Strafe für sein eigenmächtiges Handeln in Litauen, damals liess die US-Besatzungsmacht fast alle Kriegsdiplomaten auf die Strasse setzen. «Über meine Visa wurde gar nicht geredet, daher dachte ich, niemand habe bemerkt, wie viele ich tatsächlich aus-

gestellt hatte», erinnerte sich Sugihara noch Jahrzehnte später. Die japanische Regierung nahm im Zweiten Weltkrieg trotz ihrer «Achsenallianz» mit Hitler-Deutschland eine weitgehend neutrale Haltung gegenüber Juden ein und erliess keine rassistischen Bestimmungen nach deutschem Muster. Die Führung sah die Japaner selbst als benachteiligte Gruppe an und setzte sich für eine Gleichberechtigung aller Rassen ein. Auch fehlte in Japan ein historisch gewachsener Antisemitismus. Die deutsche Behauptung, ein Antinazi sei automatisch ein Antijapaner, fand in Tōkyō ebenso wenig Gehör wie die deutsche Forderung um 1941, die in Shanghai gestrandeten jüdischen Flüchtlinge zu töten. Sie mussten jedoch in einem ausgewiesenen Stadtgebiet wohnen. Nach dem Krieg verblieben nur wenige Juden in Japan. Heute existieren lediglich kleine Gemeinden in Tōkyō und Kōbe.

Sumō 相撲
Ringen zählt zu den frühesten Sportarten des Menschen, aber Aufzeichnungen vom Sumō tauchen erst um das Jahr 500 herum auf. Diese japanische Variante des Ringens ist also recht jung, aber dafür umso spezieller: Erstens entstand Sumō als professioneller Kampfsport während der Edo-Zeit innerhalb der Shintō-Schreine. Das erklärt religiöses Brauchtum wie das «Reinigen» des Kampfplatzes mit Salz und das Verbannen von Frauen aus dem Ring, weil sie wegen ihrer Monatsblutung «unrein» sind. Zweitens betrachten viele Japaner Sumō als ein Nationalsymbol, wobei diese Sichtweise erst am Ende des 19. Jahrhunderts entstand. Drittens treten die Kämpfer *(rikishi, sumōtori)* nicht in Gewichtsklassen gegeneinander an. Das verschafft schweren und zugleich beweglichen Ringern einen Vorteil. Viertens erhalten Ausländer kaum Zugang. Die 46 Ställe *(heya)*, die den Sport unterrichten, dürfen nur je einen Ausländer aufnehmen, der Stallleiter muss ein Japaner sein. Der Mongole Hakuhō (*1985), der erfolgreichste Grossmeister *(yokozuna)* aller Zeiten, nahm extra die japanische Nationalität an, um selbst einen Stall führen zu dürfen. Trotz der Beschränkungen dominieren seit etwa zwanzig Jahren Mongolen das Sumō – sie haben oft erst das mongolische Ringen praktiziert, besitzen eine ähnliche Körperstatur wie Japaner und hungern aufgrund ihrer meist ärmlichen Herkunft nach Erfolg. Ohnehin sind sie oft psychisch stark, sonst würden sie das harte Training, die Sprach- und Kulturbarriere und die strikte Hierarchie in den Ställen kaum ertragen. Die meisten Japaner kommen mit dem Siegeszug der Mongolen klar, solange ihre Grossmeister genug «Würde» *(hinkaku)* zeigen. Daran scheiterte der flegelhafte *yokozuna* Asashōryū (*1980), der sich betrunken raufte und daher

S

seine Karriere im Februar 2010 beenden musste. Sein Nachfolger Hakuhō benahm sich dagegen meistens vorbildlich und blieb geachtet.

Super Mario スーパーマリオ
Die populärste Videospielfigur der Welt kommt aus Japan, sieht aber gar nicht japanisch aus. Stattdessen kommt Super Mario *(sūpā mario)* als schnauzbärtiger, kurzbeiniger, dicklicher Klempner mit blauer Latzhose, rotem Hemd und roter Schirmmütze daher, der ein paar italienische Brocken murmelt. Inzwischen hat allerdings Nintendo, das Unternehmen hinter Mario, erklärt, er sei kein Klempner. Miyamoto Shigeru, vom Magazin «IGN» zum weltbesten Spieleentwickler gekürt, habe sich seine Schöpfung nämlich als Hausmeister vorgestellt. Seinen Ruhm begründete Miyamoto mit dem Spiel «Donkey Kong» für Arcade-Automaten. Dessen Figur Jumpman – ein Zimmermann – entwickelte er unter dem Titel Super Mario Bros. zu einer separaten Jump-'n'Run-Reihe weiter und verschaffte Nintendo damit ab 1985 den ersten Welterfolg. Das Aussehen dieser Figur erklärt sich durch die körnigen Bildschirme zur Zeit seiner Geburt. Aufgrund der geringen Pixelzahl liess sich ein Schnauzbart besser darstellen als ein Mund, dank der Mütze brauchten beim Laufen und Springen die Haare nicht zu wehen, die Latzhose verlieh dem Körper eine Kontur. Lange Zeit brauchte man für die Mario-Games eine Konsole von Nintendo, inzwischen laufen einige Spiele mit angepasster Steuerung auf dem Smartphone. Zig Millionen lassen Mario fahren und rennen. Das macht ihn zum erfolgreichsten Spielefranchise der Geschichte. Zum Dank beförderte ihn der Hersteller aus Kyōto zum Firmen-Maskottchen, trotz seines ausländischen Aussehens.

Sushi 寿司
Die bekannteste japanische Speise besteht aus Meeresfrüchten, die auf länglichen Bällchen aus Essigreis liegen. Dieses *nigiri* genannte Sushi (Japanisch mit scharfem S gesprochen) entstand im 18. Jahrhundert in Edo, dem Vorläufer von Tōkyō, um frisch gefangenen Meeresfisch in den Restaurants in Hafennähe zu verkaufen. Weit verbreitet hat sich Sushi in Japan dank geschlossener Kühlketten erst nach dem Zweiten Weltkrieg. Heute ist die ganze Welt damit vertraut. Was nicht jeder weiss: Viele Japaner essen Sushi mit der Hand, nicht mit Stäbchen, und stecken das ganze Stück auf einmal in den Mund, gerne umgedreht, damit der Fisch die Zunge zuerst berührt. Nur der Belag – nicht der Reis – wird mit Soja-Sosse in einem flachen Schälchen benetzt. (Hier gebe ich den besserwisserischen Hinweis: Bitte keine unverdünnte Sojasosse nehmen, die ist zu salzig.) Darin

S

rührt man auch keinen japanischen Meerrettich *(wasabi)* – die passende Menge fügt der Sushi-Koch selbst hinzu. Der Fisch muss nicht roh sein, manche Stücke sind eingelegt, gekocht, gegrillt oder gebraten. Bei einer *Nigiri*-Platte beginnen Japaner meist mit dem gerollten Omelett und arbeiten sich von den hellen zu den dunklen Fischen vor. Den Abschluss bildet nicht selten das fetteste Stück, das häufig vom Thunfischbauch stammt. Dazu trinkt man einen speziellen grünen Tee, frisch gezapftes Bier oder Sake. Wenig Geld kosten *kaiten zushi*, auf einem Band zirkulierende Sushi, dafür setzt man nämlich preisgünstige Fischsorten aus der Tiefkühltruhe ein. Je frischer und hochwertiger die Meeresfrüchte, desto teurer wird es also für den Gast – aber auch umso leckerer (oishii).

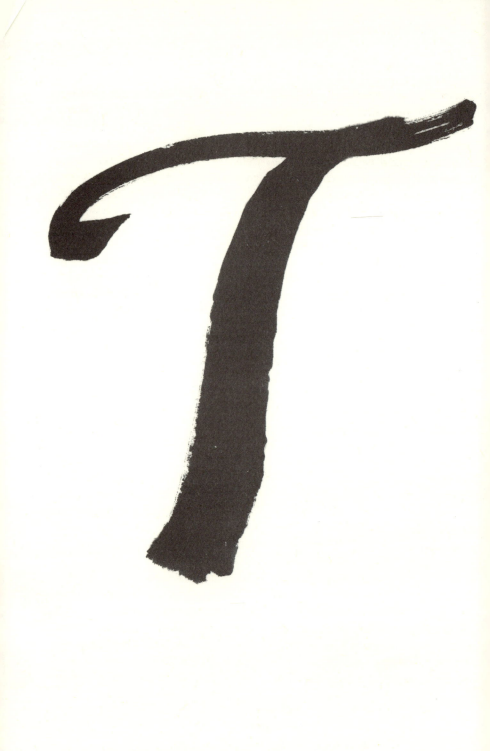

T

Tanizaki Junichirō 谷崎潤一郎
Wer japanische Ästhetik verstehen möchte, findet irgendwann zu Tanizaki Junichirō (1886–1965). Während sein Antipode Fukuzawa Yukichi (1835–1901) die positiven Folgen der Aufklärung für Japan pries, beklagte Tanizaki den Kulturverlust durch die Öffnung und Verwestlichung während der Meiji-Zeit. In seinem Essay «Lob des Schattens» (1933) schreibt er, in keinem Land ausser den USA leuchteten so viele elektrische Lampen wie in Japan. Jedoch liege der eigentliche Reiz der «reinen» Ästhetik im Zusammenspiel von Licht und Schatten. Das gelte etwa für Keramik, Lackwaren, Nō-Theater und das Raumgefühl in Wohnhäusern. «Wie ein phosphoreszierender Stein, der im Dunkeln glänzt, aber bei Tageshelle jeglichen Reiz als Juwel verliert, so gibt es ohne Schattenwirkung keine Schönheit.» Sein literarischer Ruhm gründet auf dem Hauptwerk «Die Schwestern Makioka» (1943–1948), das Porträt einer Handwerker-Familie aus Ōsaka im Umfang eines Tolstoi-Romans. Aber sein Schatten-Essay wühlt Japaninteressierte heute mehr auf. Den Grund sehe ich in der unendlichen Suche des Westens nach dem «wahren» Japan hinter der modernen Fassade. Diese Sehnsucht treibt Tanizaki mit seinen Sätzen über den Besuch einer Hocktoilette auf die Spitze: «Ein *Tatami*-Zimmer ist so weit in Ordnung, aber es ist das Design der Toilette, das den Geist und die Seele wirklich beruhigt. Sich in das schwache Leuchten des vom *shōji* [Schiebewand mit Papierbespannung] reflektierten Lichtes zu hocken, einem meditativen Zustand hinzugeben oder aus dem Fenster auf die Gartenlandschaft zu blicken, ist ein Gefühl, das sich unmöglich beschreiben lässt.» Aus heutiger Sicht klingen viele Aussagen und Beobachtungen von Tanizaki politisch unkorrekt, rechtskonservativ, auch sexistisch. Er war das Produkt einer Zeit, in der widersprüchliche ausländische Gedanken und Ideen Japan überschwemmten. Während das Land in Faschismus und Militarismus abdriftete, ergründete Tanizaki seine kulturellen Wurzeln. Trotzdem haben mir seine Essays geholfen, Japan besser zu verstehen, zum Beispiel «Liebe und Sinnlichkeit» (1931), der die zurückhaltende Begegnung der Geschlechter analysiert, oder «Lob der Meisterschaft» (1933) über die künstlerische Leistung von Kabuki-Schauspielern. Sein Werk bleibt für Kulturinteressierte relevant.

Taschengeld お小遣い
Zu den wenig bekannten Leiden eines männlichen Büroangestellten (salarīman) gehört die Tatsache, dass seine Ehefrau das Zepter der häuslichen Finanzen schwingt. Der Mann bringt das Geld nach Hause, aber die Frau verwaltet es

für die Familie]. Die unangenehme Folge für ihn: Sie steckt ihm nur ein kleines Taschengeld *(kozukai)* zu, an den Rest seines Geldes kommt er nicht mehr, ohne dass seine Frau es bemerkt. Von dem Taschengeld soll der Mann sein Mittagessen bezahlen, Zigaretten kaufen und die Kosten seines Hobbys bestreiten. Laut der jährlichen Umfrage der Shinsei Bank beläuft sich dieses Taschengeld auf rund 37 000 Yen (340 Franken) monatlich. Gönnen wir ihm jeweils 7.50 Franken für den Lunch, bleiben ihm für seine übrigen Vergnügen 185 Franken übrig. Die Absicht der Frauen? Der Mann soll so wenig Geld in der Hosentasche haben, dass er eine potenzielle Geliebte weder bewirten noch ins Love-Hotel einladen kann. Die Ehefrau wiederum nutzt ihren Zugang zum Geld zum Sparen von Bargeld für die Familie im Schrank *(tansu yokin)* und zum klammheimlichen Anlegen eines Notgroschens für sich selbst *(hesokuri)*, zum Beispiel in einer leeren Vase oder zwischen der Unterwäsche. Die nationale Gesamtsumme schätzt man auf die Hälfte des im Umlauf seienden Bargeldes. In ihrer schwarzen Kasse liegen je nach Ehedauer 15 000 bis 40 000 Franken. Die Frauen finanzieren damit private Extraausgaben wie Diätsalon und Handtaschen und sparen vorausschauend: Gemeinschaftskonten gibt es nämlich nicht, das Konto lautet auf den Namen des Ehemanns.

Nach einer Trennung behielte er das Geld für sich, Unterhalt für die Ehefrau zu zahlen, ist unüblich. Also sichert sie sich lieber schon vorher ab. Sowohl *kozukai* als auch *hesokuri* befinden sich allerdings auf dem Rückzug, weil mehr und mehr Ehepaare Doppelverdiener sind. Dadurch verfügt jeder Partner über ein eigenes Konto.

Taschenmesser ポケットナイフ
Auch Japaner kennen und mögen das berühmte Schweizer Armeemesser mit dem weissen Nationalkreuz auf dem roten Griff. Dennoch zögern viele, ein solches Taschenmesser *(poketto naifu)* in Japan selbst zu erwerben, weil sie sich durch ein Anti-Messer-Gesetz verunsichert fühlen, berichtete mir die frühere Chefin von Victorinox Japan, Tanaka Mamiko. Tatsächlich darf man in Japan kein Messer mit einer Klingenlänge von über acht Zentimetern bei sich zu tragen, es sei denn, dafür gibt es eine überzeugende Begründung. Mehr als fünfzehn Zentimeter Klinge erfordern eine offizielle Sondergenehmigung. Die Wurzeln liegen in der Edo-Zeit, als nur Samurai ein todbringendes Langschwert tragen durften. Ein Schweizer Messer in der Hosentasche ist also in Japan nur legal, wenn die Klinge kürzer als acht Zentimeter ist. Aus diesem Grund bietet Victorinix in Japan bloss ein kleines Sortiment von Schweizer Taschenmessern an.

T

Tattoos タトゥー
Bei meinem ersten Interview mit einem japanischen Gangster fand ich erst am Schluss den Mut, ihn nach seinen Tätowierungen zu fragen. Tatsächlich knöpfte er sein Hemd auf und entblösste einen knallbunten Drachen mit mehreren Köpfen, der sich von den Oberarmen über Brust und Rücken bis zum Gesäss schlängelte. Die grossflächigen Tattoos *(tatū)* verglich er mit einer Uniform, die man nie wieder ablegen kann. «Das Tätowieren macht den reinen Körper schmutzig», erklärte der Yakuza-Mann. Durch das Aufbringen der Körperbilder verabschiedet man sich für immer von der zivilen Welt. Dem normalen Japaner flössen die Tattoos daher grosse Angst ein. Ausserdem demonstrieren die Zeichnungen Männlichkeit und Härte. «Ich beweise, dass ich stark bin und stundenlang grosse Schmerzen aushalten kann.» Der Ursprung der Sitte liegt weit zurück. Laut der «Modernen Enzyklopädie für Yakuza» veränderte die Regierung 1720 die Strafen für einige Kapitalverbrechen. Statt die Nase oder ein Ohr abzuschneiden, um die Täter zu brandmarken, tätowierte man sie, meist auf den Arm. In der Region Hiroshima erhielt der Verbrecher eine Linie auf der Stirn, bei der zweiten Tat eine Linie nach links unten. Nach mehreren Straftaten entstand das Schriftzeichen für Hund (犬). Damit war er für immer gebrandmarkt.

Später drehten die Gangster den Spiess um. Mit ihren Tattoos verschafften sie sich gegenüber anderen Yakuza Respekt und liessen sich Tiere mit mythischer Kraft wie Drachen, koi, Löwen und Tiger auf die Haut zeichnen. Der Zeichenstil – *irezumi* – borgte viele Motive von den Blockdrucken von Utagawa Kuniyoshi. Moderne Gangster verzichten auf die Bilder. Als meist inoffizielle Mitglieder ihrer Gang bleiben sie untätowiert. Die Banden sehen auch von der früher üblichen Strafe ab, dass sich Untergebene für Fehler ein Fingerglied abschneiden. Damit fallen sie heutzutage in ihren zivilen Berufen zu sehr auf, was zum Beispiel Geldwäsche erschweren würde. Dennoch dürfen tätowierte Japaner immer noch keine öffentlichen Schwimmbäder und private Badehotels benutzen. Das gilt oft auch für tätowierte Ausländer.

Teezeremonie 茶道
Fast jeder Tourist in Japan gönnt sich die Teilnahme an einer Teezeremonie (wörtlich: Weg des Tees, *sadō* oder *chanoyu*), die überall angeboten wird. Der Formalismus und Minimalismus des Rituals, dessen Ablauf auf den berühmten Teemeister Sen no Rikyū (1522–1591) zurückgeht, beeindruckt viele Ausländer. Kanno Hachirō, ein befreundeter Maler, bereitet mir in einem mit Reisstrohmatten *(tatami)* ausgelegten Eckzimmer in seinem Haus nach die-

sem Ritual stets einen Grüntee zu, wenn ich ihn in Tochigi besuche. Dann spüre ich jedes Mal die Prinzipien Harmonie, Respekt, Reinheit und Stille, die gemäss Meister Rikyū die Beziehungen zwischen Gast, Gastgeber und Teesachen kennzeichnen sollen. Das Platzieren von Geschirr und Geräten, das Aufschäumen des Teepulvers, das Weiterdrehen der Trinkschale bei jedem Schluck, die kleine Süssigkeit und der bittere Teegeschmack halten meine Gedanken im Hier und Jetzt. Das Ritual um die Zubereitung und den Genuss von Tee erlebe ich als Kontrapunkt zur allgegenwärtigen Dauerablenkung. Die Teephilosophie wirkt sich bis heute auf den japanischen Alltag aus und prägt viele menschliche Umgangsformen vom Austausch der Visitenkarten über den Ablauf einer Mahlzeit bis zu den Ritualen von Hochzeit und Bestattung. Sie helfen den Menschen beim Fokussieren und geben ihnen Halt und Sicherheit. Meiner Meinung nach tragen diese Minimeditationen erheblich zu der speziellen Atmosphäre in Japan bei und sind für den positiven Japaneindruck vieler Touristen mitverantwortlich.

Tennō 天皇**, Kaiser**
Japans Kaiser eröffnet das Parlament, ernennt den Regierungschef, empfängt Staatsgäste, hält Reden und besucht andere Länder. Darin unterscheidet sich der *Tennō Heika* – Seine Kaiserliche Majestät – nicht von konstitutionellen Monarchen wie Queen Elizabeth. Doch in der Geschichte hatten Japans Kaiser vor allem religiöse und zeremonielle Aufgaben und blieben in ihrem Palast in Kyōto hinter dem Chrysanthemenvorhang meist unsichtbar. Die wahren Machthaber waren Regenten, Fürsten und Militärs. Rückblende: Im 5. Jahrhundert dehnte ein Kleinstaat namens Wa seine Macht durch Eroberungskriege über das japanische Kernland aus und beherrschte das Gebiet von der südlichen Insel Kyūshū bis zur Kantō-Region um das heutige Tōkyō. Ihr Herrscher trug den Titel *okimi*, Grosskönig, er war der Vorfahre der Tennōs. Er hatte nicht nur die oberste religiöse Autorität inne, sondern riss auch die politische und militärische Macht an sich. Er schaffte es, sein Reich zu stabilisieren und das Amt weiterzuvererben. Damit begann die Geschichte der Tennō-Familie. Im 7. Jahrhundert entstand schliesslich erstmals in der Geschichte Japans nach chinesischem Vorbild ein Staat mit einem einheitlichen Verwaltungsapparat. Der Tennō, nun himmlischer Herrscher, repräsentierte als sichtbare und gegenwärtige Gottheit die höchste Autorität, er war ein Priesterkönig, ausgestattet mit absoluter Macht und dem Eigentumsrecht an Volk und Land. Um diese Macht glaubwürdig abzusichern, wurden im 8. Jahrhundert die Geschichtsbücher «Kojiki»

T

(Aufzeichnungen alter Begebenheiten) und «Nihonshoki» (Aufzeichnungen Japans) in Auftrag gegeben. Die Geschichte des Landes sollte ganz und gar im Zeichen des Kaisers stehen. Daher datieren die beiden Werke den Beginn der Ahnenlinie ins Zeitalter der Götter, die Japan geschaffen hatten. Amaterasu, die Sonnengöttin, wurde zur Ahnherrin der kaiserlichen Familie erklärt, der Ise-Schrein an der Ostküste der Halbinsel Kii zu ihrem Stammsitz gemacht. Die Chrysantheme auf dem kaiserlichen Siegel und dem Thron symbolisiert die Sonne. Der Tennō verband also die Menschen und die Götter. Trotz dieser Rechtfertigung verlor der Tennō bereits im 9. Jahrhundert seine politische und militärische Macht an adlige Clans und später an die Shōgune, die obersten Heerführer. Das ursprüngliche Vorbild der Tennōs waren vermutlich Chinas Kaiser. Sie handelten im Auftrag des Himmels, konnten jedoch ihr himmlisches Mandat verlieren. Damit liessen sich ganze Dynastiewechsel rechtfertigen. In Japan hingegen war der Herrschaftsauftrag göttlich, ein Umsturz nicht vorgesehen. Während sich Chinas Kaiser einen der grössten Paläste der Welt von märchenhafter Pracht bauen liessen, lebte der japanische Tennō in klösterlicher Askese, vom Volk streng abgeschieden. Die Japaner zogen ihr Schwert nicht gegen den Tennō, weil dieser die meiste Zeit kein weltlicher Herrscher war: Die faktischen Regenten, auch die Gewaltherrscher, waren auf den Thron angewiesen, um ihre weltliche Macht zu begründen. Deshalb liessen die Clanführer und Shōgune den Tennō als ideelles und religiöses Oberhaupt des Landes jeweils am Leben. In der Folge wirkt das Kaiserhaus heute oft wie aus der Zeit gefallen. So erbt ein Tennō bei der «Inthronisierung» die Regalien Schwert, Krummjuwelen und Spiegel. Doch niemand, nicht einmal der Tennō selbst, hat die Throninsignien jemals aus ihren Schutzhüllen geholt und angeschaut – dazu ist der Inhalt zu heilig. Noch absurder: Das Schwert ist die Nachbildung einer Nachbildung, die Tennō Antoku 1185 mit ins Meer nahm, er ertrank bei einer Seeschlacht. Der Spiegel verlässt seinen Platz im Ise-Schrein nie. Ein Stellvertreterspiegel in einem Shintō-Schrein im Kaiserhaus wandert durch das rituelle Gebet eines Gesandten in den Besitz des Tennō. Nach dem Zweiten Weltkrieg verboten die US-Besatzer Shintō als Staatsreligion. Doch die von ihnen aufgezwungene Nachkriegsverfassung erkennt den Kaiser als «Symbol von Staat und nationaler Einheit» an, obwohl er der Oberpriester im Shintō geblieben ist. Die Inthronisierung besteht aus vielen religiösen Zeremonien, aber die Kosten zahlt der Staat – der Widerspruch erklärt sich aus der enormen Bedeutung des Tennō für Japan.

T

Todesstrafe 死刑
So paradox wie Japan geht kein Land mit der Todesstrafe *(shikei)* um. Statt Hinrichtungen öffentlich zu machen, um potenzielle Gewalttäter abzuschrecken, finden sie im Verborgenen statt. Das Justizministerium berichtet die Vollstreckung nur kurz an die Presse. Kein Aussenstehender hat jemals eine Exekution beobachtet, ein einziges Mal durften Parlamentsabgeordnete eine leere Todeskammer besuchen. Gehängt wird stets, wenn das Parlament Sitzungspause hat. So konnte das Justizministerium bisher jede Diskussion über die Todesstrafe vermeiden – zuhause wie im Ausland, obwohl Japan als einzige OECD-Nation aktiv an der Praxis festhält, in den USA sind es nur einige Bundesstaaten. «Die Regierung will nicht abschrecken, sondern dem Volk demonstrieren, dass sie Recht und Ordnung aufrechterhält», erläuterte mir Teranaka Makoto, damals Generalsekretär von Amnesty International Japan, das amtliche Denken. Seine Interpretation könnte auch erklären, warum der Staat die zum Tode Verurteilten besonders grausam behandelt. Die Insassen der Todestrakte dürfen nicht miteinander sprechen, nicht fernsehen und keinen Hobbys nachgehen. Besuch ist nur von direkten Angehörigen erlaubt, jedes Gespräch wird überwacht, jeder Brief zensiert. Allein auf knapp sieben Quadratmetern eingepfercht, die Deckenlampe niemals ausgeschaltet, viele Zellen sind ohne Tageslicht, ertragen die Gefangenen ihre Isolation oft nur mit Hilfe von Schlaf-Tabletten. «Körperlich leben sie, sozial sind sie schon tot», sagte mir die Ordensschwester Hasegawa Takako, die sich um einen Insassen kümmerte. Viele Verurteilte warten Jahrzehnte auf die Vollstreckung. Dabei wissen sie nie, wann der Henker kommt, weil die Wärter sie erst unmittelbar vor der Exekution informieren. Dadurch leben sie in ständiger Angst, dass der nächste Tag ihr letzter ist. «Nur samstags atmen sie durch, weil sonntags nicht hingerichtet wird», berichtet Oda Kiyokazu, Exvizepräsident des Rechtsanwaltsverbandes JFBA. Die Angehörigen erhalten erst nach der Vollstreckung eine Benachrichtigung über den Vollzug, verbunden mit der Aufforderung «Holen Sie den Leichnam ab» und einer Frage: «Wollen Sie den Körper unversehrt oder schon eingeäschert?»

Tokugawa Ieyasu 徳川家康
Jeder kennt die drei Affen, die «nichts [Böses] hören, nichts [Böses] sehen, nichts [Böses] sagen» *(minai, kikanai, iwanai)*. In Japan versteht man dies so, dass man über Schlechtes am besten hinwegsieht. Der Spruch geht auf Konfuzius zurück, die Verbindung zu Affen entstand durch das Wortspiel zwischen dem altjapanischen *zaru* (Verneinung) und *saru* (Affe). Weniger bekannt ist,

T

dass die drei Affen als geschnitzte Holzfiguren seit 400 Jahren einen Pferdestall in Japans berühmtestem Schrein bewachen. Dieser sogenannte Tōshōgū in der Stadt Nikkō zwei Autostunden nördlich der Hauptstadt Tōkyō ist das Mausoleum von Tokugawa Ieyasu (1543–1616), das zwischen dem 17. und 19. Jahrhundert die Macht seiner Nachkommen festigte. Als Gottheit Tōshō liess sich Tokugawa nämlich dort posthum in einem eigenen Shintō-Schrein verehren. Japans beliebteste historische Figur gelangte als der Shōgun des gleichnamigen Romans von James Clavell zu internationalem Ruhm. Zusammen mit Oda Nobunaga und Hideyoshi Toyotomi beendete er die «Zeit der streitenden Reiche» *(sengoku jidai)* und schwang sich dann zum Alleinherrscher auf. Damit begann die Edo-Zeit. 250 Jahre lang beherrschte seine Familie das Land. Schon vor der entscheidenden Schlacht von Sekigahara im Jahr 1600 hatte der Begründer dieser Clan-Diktatur das kleine Fischerdorf Edo (Tōkyō) zu seiner Basis gewählt, das nun zu einer Grossstadt aufblühte und der Epoche ihren Namen gab. Seinen Aufstieg verdankte Tokugawa politischer Weitsicht, geschickten Intrigen und skrupelloser Härte. Zum Beispiel tötete er seine Hauptfrau und zwang seinen ältesten Sohn zum Selbstmord, weil er die beiden verdächtigte, sich mit einem Gegner verschworen zu haben. Bekennende Christen liess er kreuzigen und verbrennen. Von der Weisheit der drei Affen hielt dieser japanische Machiavelli wenig.

Tōkyō 東京

Wo liegt in Japan das Zentrum von Industrie, Handel, Bildung, Verkehr, Kultur, Essen, Finanzen, Verwaltung oder Politik? Die Antwort lautet immer gleich. Wobei nie so ganz klar ist, wovon man eigentlich spricht – vom «zentralen» Tōkyō der 23 Bezirke (9,3 Millionen Einwohner), von der gleichnamigen Präfektur (14 Millionen) oder von der Metropolregion inklusive Yokohama, Kawasaki, Kanagawa, Chiba und Saitama (38 Millionen), dem riesigsten urbanen Ballungsgebiet der Welt, und dies seit dem 18. Jahrhundert, damals allerdings mit einer Million Einwohner. Dennoch ist diese Megastadt recht jung: Sie entstand erst vor 400 Jahren, als der Ahnherr der Tokugawa-Sippe das Fischerdorf Edo am gleichnamigen Fluss zu seiner Hauptstadt erklärte. Es lag in Japans flächenmässig grösster Ebene namens Kantō, sodass sich die Stadt immer mehr ausdehnen konnte. Noch jünger ist der Name. Der Kaiser (Tennō) taufte Edo um, als er 1868 seinen Wohnsitz von Kyōto dorthin verlegte. Tōkyō bedeutet «östliche Hauptstadt» und sollte eine versöhnliche Geste an Kyōto sein, was «westliche Hauptstadt» heisst. Rein geografisch gesehen wäre

T

«zentrale Hauptstadt» ehrlich gewesen, weil sie in der Mitte der Hauptinsel Honshū liegt. Schon in der Edo-Zeit sammeln sich dort Händler, Beamte, Politiker, Künstler und Gelehrte um Geld und Macht. In der Meiji-Zeit zog die neue Hauptstadt dann immer mehr Institutionen von Gesellschaft, Wirtschaft und Staat an sich. Seit dem Zweiten Weltkrieg hat sich die Zentralisierung in einem solchen Ausmass fortgesetzt, dass ein Kantō-Erdbeben mit der gleichen Stärke wie jenes vom 1. September 1923 mit damals 100 000 Opfern ausser der Hauptstadt das übrige Japan gleich mit lahmlegen würde. Und wie ist Tōkyō so? Auf jeden Fall ziemlich hässlich, weil sich arbeiten, einkaufen, produzieren und wohnen oft mischen und die Gestaltung der Gebäude frei ist. Und extrem funktionstüchtig: Strassen, Parks, Luft und Wasser sind sauber; Wohnraum ausreichend vorhanden und bezahlbar; der Nahverkehr läuft hocheffizient. Alle mit der Urbanisierung verbundenen Probleme seien in Tōkyō besser gelöst als anderswo, schrieb der Japanologe Florian Coulmas. Abgesehen vielleicht von den chaotischen Adressen, deren Nummern nach Bezirken und Blöcken nicht immer logisch vergeben werden, möchte ich hinzufügen. Für eine Weltstadt ist Tōkyō allerdings wenig weltstädtisch. Manche Viertel ähneln Dörfern, dort laufen Bürger abends noch Patrouille und schlagen Holzstäbe aneinander, um Gesindel zu vertreiben. Auch kann eine Stadt, die einen Chauvinisten, Rassisten und Frauenfeind – den Schriftsteller Ishihara Shintarō – zwischen 1989 und 2012 vier Mal in Folge zum Gouverneur wählte, eigentlich nicht viele Kosmopoliten beherbergen. Ganz gut, hat die Planung der Olympischen Spiele 2020 dieser Megalopolis ein bisschen mehr Weltoffenheit verordnet.

Toyota トヨタ
Als ich Japans renommiertestes Unternehmen erstmals um eine Fabrikbesichtigung bat, setzte mich der Pressesprecher sanft unter Druck, damit ich mir vorher einen Vortrag über das Toyota-Produktionssystem (TPS) anhörte. Ich stimmte zu, aber neu erschien mir der Inhalt nicht. Was in Japan der Toyota-Weg heisst, nennt sich im Westen nämlich seit den 1990er Jahren Lean Production, die schlanke Fertigung. Erst als ich diese Methode in der Motomachi-Fabrik bei Nagoya live erlebte, begriff ich den Unterschied. «Das TPS ist der beste Weg für uns, es ist unsere Religion», brachte der Toyota-Manager Umeki Daigo mein Gefühl auf den Punkt. Erstes Gebot: Just in time. Toyota lagert fast nichts, die benötigten Teile kommen erst in die Fabrik, wenn zahlreiche drei- bis fünfköpfige Teams das zugehörige Auto montieren, also fahren manche Zulieferer bis zu sieben Mal

täglich vor. Wie viele Teile nötig sind, wird über *kanban* genannte Materialbegleitkarten gesteuert. Bei der Montage hält sich ein Werker im Schnitt nur etwas mehr als eine Minute mit jedem Fahrzeug auf und macht in rascher Abfolge möglichst einfache Handgriffe. Damit eng verbunden ist das Prinzip, nichts zu verschwenden *(muda)*. Dafür wringt Toyota die sprichwörtlich trockenen Handtücher aus. Zum Beispiel gebrauchen die Mitarbeiter einen Bleistift mit Hilfe einer Verlängerungshülse bis zum letzten Millimeter. Gebot Nummer zwei: Qualitätsdenken. Sobald ein Werker einen Fehler bemerkt, zieht er eine Reissleine, eine Melodie ertönt, Lampen leuchten rot auf. Kann er das Problem mit seinem Gruppenleiter innerhalb der Taktzeit nicht lösen, hält er die Montagestrasse komplett an, bis es behoben ist. Dadurch werden Schwierigkeiten dort angezeigt und behandelt, wo sie entstehen. Toyota «baut Qualität in den Prozess ein» *(hinshitsu no tsukurikomi)*. Trotzdem bleibt das Band während einer Schicht nur insgesamt zwischen fünf und fünfzehn Minuten stehen. Mit solchen längst legendären Methoden spurtete der Autobauer an seinen Rivalen vorbei. Aber das Toyota-Produktionssystem wurzelt viel tiefer. Erstens strebt das Unternehmen seit seiner Gründung danach, immer besser zu werden (*kaizen*). Führungskräfte haben eine Grundhaltung der «angespannten Wachsamkeit», der Toyota-Jargon für «Krisenbewusstsein» *(kikikan)*. Dies lässt sie die Nähe zu Mitarbeitern und Prozessen suchen *(genchi genbutsu)*, was die angestrebte Optimierung fördert. Zweitens arbeitet die Belegschaft mit einem langfristigen Ziel vor Augen. Derzeit ist es die Wandlung von einem Autobauer zu einem Anbieter von Mobilität. Drittens glaubt Toyota an die Fähigkeiten seiner Mitarbeiter, die man fördert und fordert (Achtung der Menschlichkeit, *ningensei sonchō*). Daher verlangt die Führung oft eigentlich Unerreichbares von ihnen, zum Beispiel einen Hybridmotor in vier Jahren zur Serienreife zu entwickeln. Der Unternehmensberater Roman Ditzer, einer der besten TPS-Kenner, beschreibt einen fiktiven «Herrn Toyota» als «recht konservative Person mit unerschütterlichen Grundüberzeugungen. Von der Berufsausbildung und -ethik her wäre diese Person ein Handwerker mit hohem Anspruch an die eigene Arbeit sowie die seiner Kollegen. Dazu kämen unternehmerische Weitsicht und Geschick in geschäftlichen Dingen.» Durch die globale Verbreitung des Toyota-Produktionssystems kehrte sich nach Ansicht von Ditzer der bisherige Wissenstransfer von West nach Ost in der Managementlehre erstmals um.

T

Twitter ツイッター
Über 37 Millionen Japaner nutzen diesen Mikro-Blogging-Dienst, relativ zur Bevölkerung steht Japan damit an der Weltspitze. Ebenso einzigartig: Twitter *(tsuittā)* ist beliebter als Facebook. Der Hauptgrund: Der eine Dienst erlaubt Pseudonyme, der andere verlangt Klarnamen. Auch das Konzept des Tweetens, in Japan manchmal mit Murmeln übersetzt, kommt dort besser an. Twitter gibt vielen Japanern die Möglichkeit, ihre Meinung zu «murmeln», ohne dafür mit ihrem Gesicht und ihrem Namen geradestehen zu müssen. Und dies, obwohl Hate-Speech in Japan viel weniger verbreitet ist als woanders. Auf sozialen Medien geht es überwiegend zivilisiert zu. Ein zweiter Grund für den Twitter-Erfolg: Auf Japanisch lässt sich wegen der Schrift (Kanji) in 140 Zeichen, das Limit gilt in Japan noch, mehr Inhalt übermitteln als auf Englisch oder Deutsch. Der Durchbruch für den Dienst kam, ähnlich wie für den Messenger-Dienst LINE, nach dem Erdbeben im März 2011. Über Tweets erfuhren die Menschen von den Zuständen in den vom Tsunami überschwemmten Gebieten und im AKW Fukushima, während die etablierten Massenmedien die Wahrheit teilweise verschwiegen. Seitdem gilt Twitter als ein Medium für die Wahrheit. Ein dritter Faktor ist technischer Natur: Wegen der hohen Bandbreite in den Metropolen lassen sich die auf Twitter beliebten Kurzvideos unterwegs problemlos betrachten. Als einziger Konkurrent, zumindest was die Zahl der Nutzer betrifft, zeichnet sich Instagram ab. Dennoch dürfte Twitter das wichtigste Kommunikationstool für jüngere Japaner bleiben.

U

Überstunden 残業

In jedem Minisupermarkt (Konbini) steht ein Sortiment von flüssigen Muntermachern mit Vitaminen, Koffein oder Taurin. Damit halten sich Büroarbeiter (salarīman) während ihrer vielen Überstunden *(zangyō)* wach. Für diese extreme Arbeitskultur ist Japan schon lange bekannt. «Sind Sie bereit, 24 Stunden lang zu arbeiten?», lautete in den 1980er Jahren der Werbespruch für ein Aufputschgetränk mit dem bezeichnenden Namen Regain, damals schuftete ein Angestellter im Schnitt über 2100 Stunden im Jahr. Jedoch geriet Japan unter internationalen Druck, weil sich andere Industrieländer durch die anschwellende Exportflut aus Nippon bedroht fühlten. Das Arbeitsnormengesetz von 1988 verkürzte darauf die Wochenarbeitszeit von 48 auf 40 Stunden, grosse Unternehmen mussten die Fünftagewoche einführen. In der Folge ging die Arbeitszeit zurück und pendelte sich bei 1700 Stunden jährlich ein, etwa 100 Stunden mehr als in der Schweiz. Also alles im Lot? Von wegen. Inzwischen rackern zumindest die Festangestellten wieder über 2000 Arbeitsstunden jährlich. Der Anteil von Zeitarbeitern ist binnen drei Jahrzehnten nämlich auf fast 40 Prozent gestiegen. Sie dürfen keine Überstunden machen, sodass die Mehrarbeit an den Festangestellten hängen bleibt. Zugleich unterschlägt die offizielle Statistik die hohe Zahl von Service-Überstunden *(sābisu zangyō)*. Der sarkastisch gemeinte Ausdruck bezeichnet erzwungene, unbezahlte Extraarbeit. Die Arbeitgeber müssen nämlich für eine Überstunde 25 bis 50 Prozent Zuschlag zahlen und vermeiden diese Sonderkosten durch gemeine Tricks. So müssen sich die Beschäftigten über ihre Stechkarte abmelden, aber im Büro bleiben. Oder sie erhalten von vornherein nur wenige Überstunden bezahlt. Brauchen sie für ihre Arbeit länger als genehmigt, ist das ihr Problem. Oder man schickt sie mit der Restarbeit nach Hause und lässt sie dort ohne Entlohnung weiterarbeiten. Zwar kontrolliert die Arbeitsaufsicht in Stichproben, aber kommt bei fünf Millionen Unternehmen natürlich nicht hinterher. Immerhin kursieren Warnlisten mit solchen «Schwarzfirmen» *(burakku kigyō)*, um der Ausbeutung zu entgehen. Japanische Studenten träumen laut einer Umfrage nicht davon, viel Geld zu verdienen, sondern von einem Arbeitgeber, der keine unbezahlten Überstunden erzwingt. Nach jahrzehntelangem Ringen haben sich Arbeitgeber und Gewerkschaften mit der Regierung schliesslich auf eine gesetzliche Begrenzung der Überstunden geeinigt. Seit April 2019 dürfen Unternehmen nur maximal 720 Überstunden im Jahr verlangen, also 60 Stunden monatlich. Zwar darf diese Zahl in einem Zeitraum zwischen zwei und sechs Monaten im

U

Schnitt auf bis zu 80 wachsen (was der Schwelle zu karōshi, dem Tod durch Überarbeitung, entspricht), aber mehr als sechs Monate im Jahr dürfen es maximal 45 werden. Das Bonbon im Gesetz: Die Unternehmen sind verantwortlich dafür, dass die Mitarbeiter mindestens 5 ihrer im Schnitt 18,5 Urlaubstage im Jahr tatsächlich nehmen. Aber rechnen Sie selbst: Trotz des Gesetzes sind bei einer Fünftagewoche weiter zwei bis vier Überstunden täglich möglich – Service-Überstunden nicht mitgerechnet. Das Paradies für Arbeitnehmer sieht sicher anders aus.

uchi-soto 内 - 外, drinnen-draussen
Das Begriffspaar gehört zu den besten Schlüsseln zum Verständnis von Japan: *Uchi* beschreibt die Gruppe, der ich mich zugehörig fühle – meine Familie, meine Schule, meine Universität, meine Abteilung in der Firma, mein Land. *Soto* meint alle Menschen ausserhalb dieser Gruppe, inklusive Ausländern. Japaner teilen die Welt ständig in *uchi* und *soto* ein und passen ihre Sprache sofort daran an. Im Drinnen wählen sie je nach Alter und Stellung der anderen Person vor allem mit Hilfe verschiedener Verbformen eine von sieben Höflichkeitsstufen zwischen lockerem Du und distanziertem Sie. Bei einem Kontakt mit dem Draussen drücken Japaner – ebenfalls durch sprachliche Nuancen – Bescheidenheit bezüglich der eigenen Gruppe und Wertschätzung für den Aussenstehenden aus. Daher ist jede soziale Interaktion für Japaner eine recht anstrengende Angelegenheit. Im Alltagsleben führt das Konzept von *uchi-soto* dazu, dass man Fremde fast nie in die private Wohnung einlädt. Geschäftsleute empfangen ihre Besucher in einem Extraraum, das eigene Büro zeigen sie nicht. Noch immer irritierend finde ich, dass das Gebot von Respekt entfällt, sobald Japaner sich im Draussen ohne Gesprächspartner bewegen. Dann drängeln sie sich genauso vor wie wir Westler und lassen anderen die Tür vor der Nase zufallen. Bei einem Notfall oder Unfall bleiben sie eher unbeteiligt und gehen weiter. Daher kommt Gaffen vergleichsweise selten vor.

umami うま味, fünfter Geschmack
Die japanische Küche basiert auf dem Grundgedanken, den Eigengeschmack der Speisen herauszuarbeiten. Daher empfinden viele Europäer japanisches Essen als fade, weil nicht salzig genug. Die Japaner gehen tendenziell «sanfter» mit Speisen um, erhalten Farbe und Form von Gemüse, Fisch und Fleisch, dämpfen und grillen, statt heftig zu braten und lange zu kochen. Und statt viel zu salzen, verwenden sie lieber Zutaten, die *umami* schmecken. Das Wort bezeichnet die fünfte Geschmacksrichtung neben süss, sauer, salzig und bitter, die wir Menschen wahrnehmen

U

können. *Umami* bedeutet «schmackhaft» und «würzig». Wir benutzen dafür ein Lehnwort aus dem Japanischen, weil der Japaner Ikeda Kikunae 1909 als Erster diese fünfte Richtung benannte. Der Chemiker fand zuvor heraus, dass das Natriumsalz der Glutaminsäure diese Geschmacksempfindung hervorruft. Er patentierte es und brachte den Würzstoff zum Streuen als «Essenz des Geschmacks» *(ajinomoto)* auf den Markt. In Japan heisst das Mittel heute noch so, im Ausland ist es als MSG oder Glutamat bekannt. Auch manche westlichen Gerichte und Speisen sind besonders *umami*. Zum Beispiel enthalten getrocknete Tomaten, Parmesan-Käse, Hefeextrakt, geräucherter Lachs, Tartar und auch Muttermilch viel Glutamat. Aber die japanische Küche kann auf mehr Speisen mit diesem Charakter zurückgreifen. Dazu gehören viele Algen, Fische und Pilze. Das in Japan beliebte Trocknen, Räuchern und Fermentieren erhöht die Glutamatmenge zusätzlich. Solche Geschmacksbomben, darunter Sojasosse (fermentierte Sojabohnen) und *katsuo bushi* (getrockneter und geräucherter Bonitofisch), werden gezielt als Würzmittel eingesetzt.

ume 梅, Pflaume

Die «blauen Diamanten der Früchte» geniessen Japaner am liebsten in Salz eingelegt *(umeboshi)*, als süssen Likör *(umeshū)* und als Essig *(umezu)*. Den Likör und den Essig setzen viele gerne selbst zuhause an, in den Supermärkten liegen die grün geernteten Pflaumen *(ume)* und die nötigen Zutaten als Set bereit. Die intensiv salzig-sauren *umeboshi* verwendet man in der japanischen Küche meist als Paste *(neriume)* aus der Tube oder indem man eine ganze Salzpflaume zerdrückt. In kleiner Menge würzt man damit Reis und Salate. Inzwischen haben sich die Superfood-Qualitäten von *ume* und *umeboshi* bis nach Europa herumgesprochen. Die Pflaumen enthalten mehr Calcium, Eisen und Phosphor als jede andere Frucht. Daher eignen sie sich zum Beispiel perfekt für werdende Mütter. Im Fruchtfleisch, in den Kernen und der Haut stecken – abhängig vom Reifegrad – viele Polyphenole, die Entzündungen und Zellentartung bremsen. Solche gesundheitlichen Effekte sind für Japaner ein alter Hut. Seit Jahrhunderten dient die Salzpflaume als Heilmittel, das verrät das alte Sprichwort «Eine *umeboshi* am Tag hält 100 Krankheiten fern». Die Stadt Minabe in der Präfektur Wakayama, eines der grössten *Ume*-Anbaugebiete, liess aufgrund wissenschaftlicher Forschung zwei chemische Bestandteile der Pflaumen patentieren. Ein bestimmtes Polyphenol unterdrückt die Aktivität der Bakterie Helicobacter Pylori, die Magengeschwüre und Magenkrebs verursachen kann. Der andere patentierte Bestandteil der Frucht verlangsamt die Zuckerabsorption und damit den Anstieg des Blutzuckers nach einer Mahlzeit, was wiederum Diabetes vorbeugt. Für beide Wirkungen reicht laut Forschern der Universität Kinki eine einzige *ume(bōshi)* täglich aus.

Uniform ユニホーム
Schüler, Bauarbeiter, Postboten, Wachleute, Eisenbahner, Kassierer, Drogeristen, Verkäufer, Bankangestellte – in vielen Berufen und bei vielen Beschäftigungen müssen Japaner eine Uniform *(yunihōmu)* tragen. Dazu kommen verschiedene Pseudouniformen, also vorgeschriebene Standardoutfits für bestimmte Anlässe. Der dunkle Anzug mit weissem Hemd für Firmenangestellte (salarīman), der «Recruit Suit» für Bewerbungsgespräche (shūkatsu), die Einheitskleidung der Erziehungsmama. Japan gleicht einem Meer von Uniformen. Wie so oft handelt es sich um ein neueres Phänomen. Erst der Aufbau der Armee in der Meiji-Zeit brachte die ersten Uniformen in das japanische Stadtbild; diese «ausländische» Kleidung strahlte für die Japaner den Geist der Moderne aus, den man zum Vorbild erkoren hatte. Bald trugen Schüler und Studenten ebenfalls Uniformen, schliesslich sollten sie später in der Armee dienen. Danach breitete sich diese Einheitskleidung in andere Arbeits- und Lebensbereiche aus. Die rasche Annahme erklären Sozialwissenschaftler damit, dass die Uniform gut zum japanischen Denken in Gruppen passt. Wer die Welt in Innen und Aussen (uchi-soto) einteilt, für den klärt die Uniform rasch die Zugehörigkeit zu einer Gruppe. Und wer sie selbst trägt, fühlt und handelt als ihr Mitglied. Die Uniform definiert die soziale Rolle einer Person und verringert den individuellen Stress im komplexen Alltag der Gesellschaft. Die Studenten der 1960er Jahre rebellierten erfolgreich gegen ihre Uniform, sie verschwand aus dem Erscheinungsbild der Universitäten. Auch viele öffentliche Schulen schreiben keine Uniformen mehr vor. Das Gleichstellungsgesetz von 1986 verringerte die Zahl der Office-Ladys mit ihrer Pseudouniform in den Büros. Dennoch lassen heute fast alle Dienstleister mit Aussenkontakten ihre Mitarbeiter Uniformen tragen – als Service für die Kunden, als Werbung für die Marke und um Identität unter den Firmenangehörigen zu stiften.

Uniqlo ユニクロ
Von wegen Konsensgesellschaft! Auch in Japan gibt es starrköpfige Querdenker. Der 1949 geborene Yanai Tadashi liefert ein gutes Beispiel. Er verstiess in den 1980er Jahren gegen die in Stein gemeisselten Konventionen der dortigen Textilbranche, schaltete alle Zwischenhändler aus und produzierte seine Marke Uniqlo, eine Abkürzung für «Unique Clothing Warehouse», vom

U

Entwurf über den Stoffeinkauf und die Produktion bis zur Vermarktung komplett in Eigenregie. Zugleich zertrümmerte er den Heiligen Gral, nur in Japan zu nähen, und produzierte in Asien. Dadurch schuf Yanai ein neues Billigsegment für Textilien. Das Umdenken fiel auch den Kunden schwer. Viele versteckten das Label so gut wie möglich, wenn sie etwas von Uniqlo trugen. Die Wortschöpfung *uni-bare* beschrieb ihre Scham darüber, dass sie beim Shoppen von Kleidung sparen wollten. Yanai hat noch einen disruptiven Ansatz verfolgt: Statt auf «Fast Fashion» wie Inditex, zu der Zara gehört, und H&M setzt er auf «Slow Fashion», genannt «Life-Wear». Während die Rivalen alle zwei, drei Monate ihr Sortiment wechseln, wendet Uniqlo *(yunikuro)* für ein Produkt vom Entwurf bis zum fertigen Stück ein Jahr auf. Design, Farben und Verarbeitung sollen so zeitlos und hochwertig sein, wie dies bei einem Möbelklassiker des 20. Jahrhunderts der Fall war. Der Hersteller ignoriert Modetrends und verändert das Grundsortiment kaum. Für Abwechslung sorgen Sonderkollektionen, entworfen von renommierten Designern wie Jil Sander und Ines de la Fressange. «Die Uniqlo-Revolution besteht darin, dass Arme und Reiche diese Kleidung tragen», schreibt Kojima Kensuke in seinem Buch «Das Uniqlo-Syndrom». An diesem Punkt setzt der Werbevertrag mit der Schweizer Tennisgrösse Roger Federer an. Angeblich 300 Millionen Franken erhält der Supersportler in den zehn Jahren bis 2028, um zunächst auf dem Tennisplatz und später als Super-VIP auf anderen Weltbühnen der Marke Uniqlo den biederen, langweiligen Touch auszutreiben. Denn Yanai will die branchenführenden Inditex und H&M immer noch überholen, obwohl er durch seine Unternehmensanteile schon lange der reichste Japaner ist. Daher zeigt der klein gewachsene Unternehmer mit seinem stoppelkurzen Grauhaar und den abstehenden Ohren bis heute viel Ungeduld mit Managern und Mitarbeitern. «Ohne Wachstum darf ein Unternehmen nicht existieren», lautet einer seiner Wahlsprüche, «Wer nicht schwimmen kann, soll untergehen» ein anderer. Sein Querdenken brachte ihm schon als Schüler den Spitznamen Yamakawa ein: Wo alle Berg *(yama)* sagten, sagte er Fluss *(kawa)*. Immerhin steht Yanai zu den eigenen Fehlern. Sein Scheitern im Obst- und Gemüsehandel arbeitete er in dem Buch «Wie man seinen Erfolg an einem Tag wegwirft» auf. Und mit dem Titel «Ein Sieg, neun Niederlagen» für seine Autobiografie bewies er Mut zur Selbstironie.

V

Verbraucherschutz 消費者保護
Was liegt wirklich auf meinem Teller? Diese Frage stellten sich vor einigen Jahren Millionen Japaner, als sie erfuhren, dass viele Angaben auf den Speisekarten namhafter Hotels falsch oder irreführend waren. «Frisch» bedeutete gefroren oder verarbeitet, der «frisch gepresste» Orangensaft kam aus der Tüte, angeblich japanische Garnelen waren importiert. Die Pressekonferenzen mit den Hotelbetreibern ähnelten Tribunalen. Als ich darüber berichtete, dachte ich: «Wie naiv kann man denn sein!» Jedoch tappen Japaner in ihrer Rolle als Konsumenten häufig im Dunkeln, Verbraucherschutz *(shōhisha hogo)* wird nicht grossgeschrieben. Der Einzelhandel zum Beispiel verkauft Obst, Gemüse oder Fisch per Stück oder per Verpackungseinheit, ohne das Gewicht anzugeben, eine Waage findet sich nicht im Laden. Die Kilogrammpreise lassen sich nicht ermitteln. Für einige «biologisch erzeugte» Lebensmittel existiert ein Markenzeichen der Agrarkooperativen, für viele andere, insbesondere verarbeitete Erzeugnisse, ist die Bezeichnung «Bio» ungeregelt. Manche Inhalts- und Fertigungsstoffe, die in Europa längst verboten sind, sind in Japan zugelassen, etwa bestimmte Weichmacher in Plastik. Ausländisches Getreide muss vor dem Import im Container mit Insektiziden besprüht werden, damit in Japan kein fremdes Ungeziefer von Bord geht. Davon wissen die Verbraucher nichts, sonst würden sie wohl nur Produkte aus japanischem Weizenmehl essen. Auch fehlt ein Sicherheitssiegel wie das europäische GS- oder CE-Prüfzeichen. Verbraucherschützer wie die Stiftung Warentest gibt es genauso wenig wie unabhängige Produktvergleiche. Die Hersteller kontrollieren sich meistens selbst. Den zuständigen Behörden fehlen nämlich die fachliche Kompetenz und das Personal dazu. Ausserdem sehen die Beamten ihre eigentliche Aufgabe darin, dass es den Unternehmen gut geht und die Wirtschaft rundläuft. Der Betrug von Kunden kommt daher meist nur durch Insiderinformanten über die Presse ans Licht. Die Verbraucher tragen durch ihre Arglosigkeit und ihre Gutgläubigkeit mit dazu bei, dass sie leichte Opfer werden. Wenn ich mir für Japan etwas wünschen dürfte, dann gehörten mehr kritische Konsumenten dazu.

Vergewaltigung 強姦
Auf dem Papier können sich Japanerinnen in ihrem Land sicher fühlen. Je 100 000 Personen geschehen nur 1,1 Vergewaltigungen *(gōkan)*, fast sieben Mal weniger als in der Schweiz. Jedoch schätzen Kriminalexperten die Dunkelziffer auf das Zwanzigfache, weil die Frauen und ihre Familien aus Scham keine Anzeige erstatten. Doch das Problembewusstsein wächst. Eine Strafre-

V

form erweiterte 2017 die Definition von Vergewaltigung von vaginalem Sex unter Zwang um analen und oralen Sex – so lässt sich auch die Vergewaltigung von Jungen und Männern verfolgen – und erhöhte die maximale Haftstrafe von drei auf fünf Jahre. Auch die Zeit des Schweigens scheint abgelaufen. Die Journalistin Ito Shiori enthüllte ihre Vergewaltigung durch einen älteren TV-Kollegen, der sie mit K.-o.-Tropfen betäubt haben soll, in einem Buch. Der Haftbefehl gegen den Mann wurde zwar plötzlich aufgehoben, offenbar auch, weil er als Autor eines Buches über Premierminister Abe Shinzō gut vernetzt war. Aber Ito liess sich davon nicht einschüchtern, verklagte ihn vor einem Zivilgericht auf Entschädigung und gewann – zu ihrer eigenen Überraschung. Unterdessen empören sich Hunderte Frauen in vielen Städten über andere, wirklichkeitsfremde Justizurteile. So hielt ein Gericht in Fukuoka einen Mann für unschuldig, der sich an einer betrunkenen Frau vergangen hatte, und ein Gericht in Nagoya sprach einen Vater frei, der seine Tochter jahrelang missbraucht hatte – der Tatbestand einer Vergewaltigung ist in Japan (wie in der Schweiz) nur erfüllt, wenn das Opfer Widerstand leistet. Erst als 19-Jährige hatte das Mädchen den Vater angezeigt, aber gegen die Übergriffe in ihrer Kindheit und Jugend wehren konnte sie sich natürlich nicht.

Verlierergruppe 負け組
Wie beim einzelnen Menschen klaffen Fremd- und Selbstbild auch bei einer Gesellschaft oft auseinander. So betrachten sich gemäss der offiziellen Jahresumfrage zur Lebenszufriedenheit knapp 93 Prozent der Japaner als Angehörige der Mittelschicht, während sich nur 5 Prozent zur Unterschicht zählen. Jedoch stieg die Armutsrate mit einem Jahreseinkommen unter 10 000 Franken seit Mitte der 1980er Jahre von 12 auf 16 Prozent, und ein Drittel der Haushalte in Japan verdient weniger als 3 Millionen Yen (28 000 Franken). Die Zahlen zeigen, dass der Wohlstand bei weitem nicht alle Schichten erreicht. Das private Vermögen in Japan ist zwar im weltweiten Vergleich besonders gleichmässig verteilt, aber das gilt nicht für die Einkommen, hier schneidet Japan schlechter ab als die drei DACH-Länder Deutschland, Österreich und die Schweiz. Die Diskrepanz zwischen Wirklichkeit und Selbsteinschätzung erklärt der Ökonom Ide Eisaku von der Universität Keio in Tōkyō mit Verdrängung. Infolgedessen fehle den Japanern die Energie, die soziale Ungleichheit zu verringern und die Gesellschaft zu verbessern. Andererseits passt das Umfrageergebnis nicht zu einer anderen Entwicklung: Schon vor der Jahrtausendwende begannen die Japaner nämlich damit, sich selbst und andere in die Gruppe der Verlierer *(make gumi)* oder der Gewin-

ner *(kachi gumi)* einzuordnen. Nach dem Krieg glaubten alle noch an den sozialen Aufstieg, die meisten erlebten ihn auch. Aber ab dem Eiszeit-Arbeitsmarkt am Anfang der 1990er Jahre begruben viele diese Hoffnung. Nun garantierten selbst eine gute Bildung und Herkunft keinen Job mehr. Die Selbstmorde aus ökonomischen Gründen schnellten in die Höhe. Doch inzwischen gibt es einen doppelten Trost: Der Anteil der Japaner, die keinen unbefristeten Vollzeitjob haben, hat den einstigen Höhepunkt von fast 40 Prozent unterschritten. Wegen des Arbeitskräftemangels stellen die Unternehmen die benötigten Leute lieber fest ein und zahlen den Jüngeren höhere Einstiegsgehälter. Nach längerer Schrumpfung beginnt die Mittelschicht also wieder zu wachsen.

Verreisen 旅行する

Bekannt ist, dass Japaner immer nur wenige Tage am Stück urlauben und diese Zeit maximal ausnutzen. Ich habe es selbst erlebt: Wenn sie spätabends auf den Malediven landen, dann absolvieren sie noch schnell ein Nachttauchen, bevor es ins Bett geht. Daher verreisen *(ryokō suru)* Japaner übrigens lieber in Gruppen, dann können sie in der gleichen Zeit mehr Sehenswürdigkeiten und Pflichterlebnisse abhaken – der Ablauf ist auf die Minute durchgetaktet, die Verkehrsmittel sind organisiert. Weniger bekannt ist die spezielle Logistik ihrer Inlandsreisen. Die meisten benutzen die Bahn und nehmen nur einen kleinen Koffer mit, denn im Shinkansen ist für Gepäck wenig Platz. Grosse Stücke bringen Kurierdienste preisgünstig und pünktlich zum Zielhotel und bei der Rückkehr zur eigenen Wohnung. Und man fährt ohne Schlafanzug, Zahnbürste, Shampoo und Rasierer weg – diese Utensilien bieten selbst Billighotels als Minimalkomfort an. Wenn Japaner in ihrem gewohnten Stil nach Europa reisen, erleben sie daher erst mal einen Kulturschock.

Visitenkarte 名刺

Wie stark die äussere Form den zwischenmenschlichen Umgang in Japan bestimmt, erleben Ausländer am ehesten beim Tauschen von Visitenkarten *(meishi)*. Die eigene Karte überreichen Japaner mit beiden Händen, und sie nehmen die Karte des Gegenübers auf die gleiche Weise entgegen. Dabei verbeugen sie sich und stellen sich mit den Standardsätzen vor: «Wir treffen uns zum ersten Mal. Ich bin XY von der Firma Z. Bitte seien Sie nett zu mir.» Beim Übergeben hält man die Karte so, dass die andere Person sie sofort lesen kann. Die empfangene *meishi* knickt man nicht, man steckt sie nicht achtlos in die Hosentasche und schreibt auch nichts darauf. Die Karte verdient diesen Respekt, da sie die Zugehörigkeit zu einer Gruppe beweist und den hierarchischen Status innerhalb der Organisation verrät. Daraus leiten die Empfänger ihr weiteres Verhalten ab (Konfuzius). Falls Sie jemals geschäftlich nach Japan reisen, sollten Sie möglichst viele Visitenkarten mitnehmen, weil man sie zu Beginn jeder Begegnung austauscht.

Vulkane 火山
An giftigen Gasen oder in dicker Asche ersticken, in glühender Lava verbrennen oder von fliegenden Felsbrocken erschlagen werden – ein ausbrechender Vulkan *(kazan)* bedroht auf vielfältige Weise menschliches Leben. Das erfuhren die Japaner erneut, als im September 2014 der zweithöchste Vulkan Ontake aus heiterem Himmel explodierte und 67 Wanderer tötete. Immerhin waren es die ersten Vulkanopfer seit 23 Jahren, obwohl alle Hauptinseln von Japan zu dem Vulkangürtel gehören, der den Pazifischen Ozean auf drei Seiten umgibt. Die Behörden beobachten 47 der insgesamt 110 aktiven «Feuerberge», so die Bedeutung der Schriftzeichen von *kazan,* ständig mit Kameras und Messgeräten, um angrenzende Gebiete möglichst schnell evakuieren zu können. Wie Erdbeben lassen sich auch Vulkanausbrüche nicht genau vorhersagen. Den Feuerberg Ontake hatten die Beamten mit der dritten von fünf Gefahrenstufen bewertet und nur einige Bereiche davon absperren lassen. Seit dem Megabeben vom März 2011 zeigen Japans Vulkane mehr Aktivität. Daher vermuten Forscher, dass die heftigen Erdstösse im Pazifik das Innere einiger Vulkane verändert haben. Ein besonderes Augenmerk gilt dem Berg Fuji. In seiner Geschichte ist Japans höchster Vulkan im Schnitt alle einhundert Jahre ausgebrochen, aber die letzte Eruption liegt schon über 300 Jahre zurück. Ein Ausbruch könnte also jederzeit bevorstehen. Daher liess der Staat die möglichen Folgen schon mal abschätzen: Die erwarteten 700 Millionen Kubikmeter Vulkanasche würden die 140 Kilometer entfernte Hauptstadt Tōkyō bis zu 30 Zentimeter hoch bedecken, alle stromerzeugenden Kraftwerke wochenlang lahmlegen und einen Schaden von umgerechnet 23 Milliarden Franken verursachen.

W

wa 和, Harmonie
Allgemein sagt man Japanern nach, man könne schwer erkennen, was sie denken. Dieses (Vor-)Urteil hat einen wahren Kern (siehe auch honne-tatemae). Während wir im Westen Kinder ermutigen, ihren Willen auszudrücken und durchzusetzen, werden Japaner von klein auf erzogen, sich zurückzunehmen und mit ihren Bedürfnissen niemand zu «belästigen» (meiwaku). In der Schule lernen die Kinder, sich *nicht* zu melden. Das oberste Gebot fürs Miteinander lautet *wa*, Harmonie. Daher weichen Japaner potenziellen Konflikten frühzeitig aus. Sie sagen nicht «Nein», sondern «Das ist schwierig» und äussern bei einem Fehler schnelles Bedauern. Sie meiden kontroverse Themen wie Politik, stellen keine tiefen persönlichen Fragen und beschweren sich nicht. In Gespräch und Schriftverkehr sorgen Standardformeln für eine entspannte und glatte Kommunikation. Zum Beispiel bedankt man sich immer für die «ständige Hilfe» des anderen, auch wenn dieser noch nie geholfen hat. Begegne ich einem Japaner zum ersten Mal, ergibt sich oft eine komische Situation: Er reicht mir die Hand, weil er sich an den Westler anpassen will, während ich mich nach all den Jahren in Japan verbeuge. Ich bin also japanischer geworden als der Japaner. Aber falls eine Situation für ihn wirklich unangenehm ist, beginnt er zu lachen oder kichern, was für mich immer noch fehlplatziert wirkt. Konflikte werden eher ausgesessen als ausgetragen. Im Streitfall am Arbeitsplatz oder in der Familie vermittelt oft eine dritte Person, um eine offene Konfrontation zu umgehen. Auch die Justiz versucht zunächst, einen zivilen Streitfall durch eine Mediation beizulegen. Ein Gerichtsverfahren mit Urteil ist immer die letzte Wahl. Daher gibt es in Japan vier Mal weniger Anwälte pro Einwohner als in der Schweiz. Natürlich beruht der Glaube an Harmonie, wenn es ums Zusammenleben geht, auf einer Illusion über den menschlichen Charakter. Die negativen Folgen sind bekannt. Im Namen von *wa* werden Mitglieder einer Gruppe gemobbt, wenn sie von der Norm abweichen. Für Aussenseiter gibt es kein Mitleid, keine Solidarität. Eine andere Konsequenz dieser Erziehung zur Unterdrückung des Selbst ist, dass Japaner ihre Aggressionen eher nach innen (Selbstmord) als nach aussen (Amoklauf) richten.

Waldbaden 森林浴
Aufgrund von Erdbeben, Vulkanen, Taifunen und Tsunamis stehen die Japaner mit der Natur eher auf Kriegsfuss. Wenn sie nach draussen gehen, dann wandern sie am liebsten Berge rauf und runter. Neuerdings gehen sie jedoch vermehrt im Wald spazieren, weil sich dies positiv auf die Gesundheit auswirken soll. Staatlich unterstützte Forscher fanden in den nuller Jahren heraus, dass beim

Einatmen der Waldluft die Zahl der natürlichen «Killerzellen» im Blut um die Hälfte zunimmt. Der Effekt auf die Testpersonen hielt einen Monat an. Als Ursachen identifizierten die Wissenschaftler bestimmte organische Substanzen in den ätherischen Ölen der Bäume, die diese abgeben, sowie die elektrisch negativ aufgeladene Waldluft. Zuvor hatte der Mediziner Miyazaki Yoshifumi 1990 bei einer vom öffentlich-rechtlichen Fernsehen finanzierten Untersuchung herausgefunden, dass ein Aufenthalt im Wald die Menge an Stresshormon im Körper verringert. Der Ausdruck Waldbaden *(shinrin yoku)* geht auf einen früheren Chef der Forstbehörde zurück, der eine neue nationale Aufgabe für den Wald suchte, als immer weniger Baumholz benutzt wurde. Also dachte sich der wackere Beamte im Jahr 1982 einen Begriff aus, der so positiv wie Sonnenbaden *(nikko yoku)* und Baden im Meer *(kaisui yoku)* klingen sollte. Auf diese Weise sollte der Wald als Erholungsgebiet attraktiv werden. Seine damalige Saat ging auf: Viele Städte und Gemeinden bewerben ihre Wälder inzwischen als geeignete Gebiete für eine kostenlose «Badetherapie» und locken damit Besucher an.

Walfang 捕鯨

Kein anderes Thema hat Japan über so lange Zeit so viele negative Schlagzeilen eingebrockt. Die Empörung erreichte ihren letzten Höhepunkt, als Japan im Juli 2019 den kommerziellen Walfang *(hogei)* wieder aufnahm. Was wie der Aufbruch in eine neue Ära des Abschlachtens aussah, war jedoch womöglich der Anfang von seinem Ende. Mit dem Austritt aus der Internationalen Walfangkommission gab Nippon nämlich die Jagd im Südpazifik vor der Antarktis sowie im Nordpazifik auf. Seitdem beschränken sich die Waljäger auf die 200 Meilen tiefe Wirtschaftszone vor den Küsten. Und die Zahl der erlaubten Abschüsse liegt unter den Fangquoten des früheren «Forschungswalfangs». Nur noch vier Hafenstädte halten die Tradition hoch – Taiji im Westen, Wadaura nahe Tōkyō, Ayukawa im Nordosten und Abashiri in Hokkaidō. Dort residieren insgesamt bloss sechs Unternehmen mit fünf Schiffen und weniger als 300 Beschäftigten. Von kommerziellem Walfang kann ohnehin keine Rede sein, denn der Staat hält diese wenigen Betriebe mit Subventionen über Wasser, damit die Tradition nicht ausstirbt. Doch es fehlen auch die Konsumenten. Im Schnitt verzehrt ein Japaner eintausend Mal mehr Fleisch von Rind und Schwein als vom Wal. Die 4000 bis 5000 Tonnen Walfleisch jährlich entsprechen nur 40 bis 50 Gramm pro Kopf der Bevölkerung. Drei Jahrzehnte lang versuchte das Fischereiministerium ohne Erfolg, Walfleisch als Nahrungsmittel populär zu machen –

W

von Youtube-Videos mit Rezepten bis zu Mittagessen in Schulen. Das einzige Motiv zum Weiterzumachen ist meiner Meinung nach «kulinarischer Nationalismus» – das stolze Japan will sich von anderen Ländern nicht vorschreiben lassen, was auf seine Teller kommt.

Walkman ウォークマン
Eigentlich wollte ich hier abgedroschene Japanstichwörter wie dieses für den über 40 Jahre alten tragbaren Kassettenspieler vermeiden. Aber der Walkman *(wōkuman)* hat im Westen eine Neubewertung des Landes ausgelöst und ist ein starkes Symbol geblieben. Vorher wussten nämlich nur wenige, dass Autos, Elektronik, Chemikalien oder Spezialstahl aus Japan international wettbewerbsfähig waren. Die Erfindung des Walkmans bewies: Die japanische Industrie konnte mehr als kopieren und verbessern, ja sie besass die visionäre Schaffenskraft, die Welt zu verändern. Sony veränderte das Geschäft mit Elektronik so radikal wie später Amazon den Buchhandel. Der Walkman bereitete mobiler und personalisierter Konsumelektronik den Weg und war rückblickend ein Vorreiter des Smartphones. Der Aufstieg von Sony verriet das Rezept für Innovation: Gründer Ibuka Masaru liess seine Ingenieure spielen; Partner Morita Akio wusste, was Verbraucher sich wünschten – so wie Jahrzehnte später der Apple-Guru Steve Jobs. Mit der Trinitron-Bildröhre verschaffte sich Sony einen Ruf als Innovator. Aber erst der Walkman brachte ab 1979 den globalen Durchbruch. 11 Jahre und 50 Millionen verkaufte Geräte später hatte Sony den Umsatz auf 25 Milliarden Dollar mehr als verachtfacht und das Musiklabel CBS Records und das Hollywoodstudio Columbia Pictures geschluckt. Danach schlitterte das Unternehmen in eine Krise. Aber die Ursachen hatten nichts mit Japan zu tun – vielmehr fiel Sony zwei Mal dem «Erfinderdilemma» zum Opfer. Mit dem Begriff beschrieb Clayton M. Christensen das Phänomen, dass ein Unternehmen sich eher an Erfolgsprodukte klammert, als sich an Markt-Veränderungen anzupassen. Auch Sonys Techniker perfektionierten lieber den Röhrenfernseher und verschliefen dabei den Wandel zum Flachbildschirm. Und die Manager der zugekauften Musiksparte in den USA verhinderten, dass ein in Japan entwickelter Walkman für digital gespeicherte Musik auf den Markt kam. Sie fürchteten nicht zu Unrecht, die Technologie werde die eigenen CD-Verkäufe kannibalisieren. Dadurch konnte Apples iPod zum Nachfolger des Walkmans werden.

Washlet ウォシュレット
Überall in Japan ist immer ein öffentliches WC in der Nähe, und dies kostenlos und stets erstaunlich sauber, selbst

in Autobahnraststätten und Bahnhöfen. Dass ich mich wegen meiner Notdurft in Japan nie sorgen muss, ist wirklich angenehm. Viele dieser Toiletten strotzen von ultrabequemer Hochtechnologie. Der Deckel öffnet sich wie von Geisterhand, sobald sich der Nutzer nähert. Nach der Sitzung spült das WC automatisch und schliesst sich. Im kalten Winter heizt die Sitzbrille auf, im Dunkeln geht ein mattes Licht an. Die modernsten Schüsseln reinigen sich mit ultraviolettem Licht selbst und neutralisieren üble Gerüche mit Ozon. Viele WCs verfügen über eine Podusche mit reinigendem Wasserstrahl. Dessen Stärke, Temperatur und Form lassen sich individuell einstellen. Danach föhnt ein Gebläse den sauberen Darmausgang trocken. Für Frauen gibt es einen Bidet-Modus. Die Neuinterpretation der Toilette heisst Washlet *(woshuretto)* und ist seit langem Standard. Aber die Bedienung überfordert die ausländischen Touristen. Daher wurden 2017 acht einheitliche Piktogramme für die wichtigsten Funktionen eingeführt. Besonders japanisch ist der Knopf für die «Geräuschprinzessin» *(otohime):* Dieses elektronisch erzeugte Geräusch einer Toilettenspülung übertönt von Plumpsen bis Pupsen alle peinlichen Laute.

Weihnachten クリスマス
Amerikanische Christmassongs, Tannenbäume, Lichterketten, Weihnachtsmänner, Geschenkpapier und rote Schleifen – die Innenstädte der japanischen Metropolen sehen im Dezember aus wie die Fussgängerzonen von Zürich, London oder New York. Aber nur die Form stimmt, nicht der Inhalt. Bloss ein Prozent der Japaner sind Christen und kennen die Bedeutung von Weihnachten *(kurisumasu)*. Es gibt auch keinen Feiertag. Frisch verliebte junge Paare feierten Weihnachten früher als «Fest der Liebe» und suchten ihren Höhepunkt im Love-Hotel. Aber die 50 Franken für zwei Stunden ungestörte Zweisamkeit konnten sich nicht alle jungen Leute leisten. Als eine weitere moderne Sitte bürgerte sich die Weihnachtstorte ein. Der Klassiker: ein Biskuiterdbeerkuchen mit schneeweisser Sahne und rubinroten Früchten. Mit Jesus hat das nichts zu tun: Zucker, Milch und Sahne waren in der Edo-Zeit elitäre Luxuswaren. Nach dem Krieg wurden sie per Weihnachtstorte zu Symbolen des Wirtschaftswunders und des damit einhergehenden Wohlstands. Ähnlich schwer im Magen liegt der zweite Neoweihnachtsklassiker. Anfang der siebziger Jahre kam Kentucky Fried Chicken, damals ein Pionier für Fastfood, auf die Idee, in Japan frittiertes Hühnchenfleisch als Weihnachtsessen zu vermarkten. Mit Erfolg: Heute stehen viele Japaner am Weihnachtsabend bei KFC für einen Karton mit frittierten Hühnchenschenkeln und -nuggets Schlange und

legen dafür, ohne mit der Wimper zu zucken, umgerechnet 20 Franken auf den Tisch. Nach dieser westlichen Kalorienbombe freuen sich viele Konsumenten auf das viel leichtere Neujahr-Mahl, das ganz und gar aus der heimischen Küche kommt.

weisse Handschuhe 白手袋
Ob Bus- oder Taxifahrer, Schaffner oder Lokführer, Aufzugsdame oder Kosmetikverkäuferin – die allgegenwärtigen weissen Handschuhe *(shiro tebukuro)* im japanischen Arbeitsalltag geben ausländischen Besuchern ein Rätsel auf. Auf jeden Fall handelt es sich um ein relativ neues Phänomen, die ersten Handschuhe im westlichen Fingerstil, damals für Hafenarbeiter, entstanden 1888 in Ōsaka. Eine mögliche Erklärung für die Verbreitung dieser Kleidung: Die Eisen-Bahn setzt seit ihren Anfangszeiten auf die Farbe Weiss, damit ihre Mitarbeiter die Handsignale auf dem Bahnsteig und aus dem Zug gegenseitig besser erkennen können. Ein weiterer Ursprung: Als Teil der in Japan beliebten Arbeit-Uniformen erzeugen die Handschuhe durch strenge Formalität und vornehme Würde eine positive Atmosphäre. Eine moderne Begründung lautet: Mit ihrer Farbe symbolisieren die Fingerlinge Sauberkeit und Keimfreiheit, zumal sie den Körperkontakt zum Kunden verhindern. Beim Besuch der Beatles 1966 in Japan erhielt die Polizei erstmals weisse Handschuhe zu ihrer Uniform. Damit wollte der Einsatzleiter seine Beamten auf ein angemessenes Verhalten hinweisen, wenn sie die wildgewordenen weiblichen Fans der britischen Band zurückdrängen mussten. Im übertragenden Sinne strahlen diese Textilien Vertrauenswürdigkeit aus, weshalb japanische Politiker sich im Wahlkampf ebenfalls weisse Handschuhe überstreifen.

Weisswein 白ワイン
Dass aus Japan auch guter Wein kommt, hat sich noch kaum herumgesprochen. Daher möchte ich dies hier unbedingt erwähnen. Denn die Winzer besitzen einen einzigartigen Aktivposten – ihre eigene, japanische Rebsorte *kōshū* eignet sich hervorragend für Weisswein *(shiro wain)*. In mehreren Dutzend Winzereien nahe dem Berg Fuji in der Präfektur Yamanashi stehen Tausende dieser Rebstöcke, Papierhütchen schützen jede einzelne Traube vor Starkregen. Dank dicker Haut und hoher Resistenz gegen Fäulnis gedeihen *Kōshū*-Trauben hervorragend im feuchtwarmen und regnerischen Klima der Region. Als Obst züchtet man die Sorte dort schon seit tausend Jahren, Weisswein wird daraus seit Ende des 19. Jahrhunderts gekeltert. Suntory, heute Japans grösster Getränkekonzern, gehörte damals zu den Pionieren. Ausländische Kenner verschmähten diese Weine lange wegen

ihrer Süsse. Aber unter dem Einfluss der wachsenden Importe von ausländischen Weinen seit den 1980er Jahren haben die japanischen Winzer sich mehr auf den internationalen Geschmack ausgerichtet und stellen heute fast nur noch trockene *Kōshū*-Weine her. Die Bandbreite reicht vom spritzigen Perlwein bis zum samtweichen Wein aus dem Eichenfass. Immer wieder erhalten *Kōshū*-Erzeugnisse ausländische Auszeichnungen und Preise. Seit 2010 darf der Traubenname im Ausland auf dem Flaschenetikett stehen. Wer Schweizer Chasselas (Gutedel) mag, dem wird auch der leichte *kōshū* aus Japan munden. Jedoch muss man dafür schon 20 Franken auf den Tisch legen. Dann hat man die Gewissheit: Japan kann mehr als Sake und Whisky.

Wetter 天気
Der Small Talk in Japan dreht sich um leckeres (*oishii*) Essen und launisches Wetter *(tenki).* Und Letzteres gibt es genug. In der Metropole Tōkyō zum Beispiel ist die Luft im Winter so trocken, dass die Haut bald Schuppen bildet. Ich mag diese Zeit als Bewohner von Tōkyō trotzdem gerne, wegen des tiefblauen Himmels und der geringen Niederschläge, das Gegenteil der deprimierend dunklen, feuchten und langen Winter in Mitteleuropa. Doch auf der westlichen, China und Russland zugewandten Seite ersticken die Menschen im Norden der grössten Hauptinsel Honshū sowie in Hokkaidō im Schnee. Auf der Pazifikseite ist meiner Meinung nach der Herbst die angenehmste Jahreszeit. Es ist kühl und trocken, weder laufen Klimaanlage, Ventilator, Heizlüfter noch Kerosin-Öfen. Im Frühjahr zerstören heftige Regenschauer viel zu früh die hübschen Kirschblüten; im Juni und Juli verwandelt die Regenzeit *(tsuyu)* die Aussenwelt in ein Dampfbad. Zwischen Mai und September halten mich über ein Dutzend Taifune mit heulenden Winden, laut prasselnden Tropfen, niedrigem Luftdruck und heftiger Schwüle vom Schlafen ab. Der Sommer im Grossraum Tōkyō ist so feuchtheiss, dass sich auf meiner Kleidung spätestens nach zehn Minuten Schwitzflecken bilden. In den Kniekehlen und an den Waden entstehen juckende Hitzepickel *(asemo),* die sich nur durch intensives Waschen mit Seife lindern lassen. Die unerträgliche Hitze in der Bucht von Tōkyō war der Grund, warum die Olympischen Sommerspiele 1964 im Oktober stattfanden. Aber das Internationale Olympische Komitee ignorierte diese historische Erfahrung und setzte die Tōkyōter Spiele 2020 vom 24. Juli bis zum 9. August an, in der garantiert unerträglichsten Zeit des Jahres. Frühe Startzeiten, Schirmhüte, Handfächer, kühle Tücher und Sprühnebel sollten bei Athleten und Zuschauern diese unangenehmen Um-

stände mildern. Doch bei einem solchen Wetter lassen sich Topleistungen nur schwer abrufen. Falls Sie mich während des japanischen Sommers auf das Wetter ansprechen, singe ich ein Loblied auf das gemässigte Klima in unseren mitteleuropäischen Breiten.

Whisky ウイスキー
Ein Geheimtipp erzeugte weltweite Schlagzeilen, als Jim Murray in seiner «Whisky-Bibel» im November 2014 erstmals einen Whisky aus Japan zur Nummer eins kürte, den «Yamazaki Sherry Cask 2013». Dann erhielt im nächsten Jahr der «Nikka Taketsuru 17 Years» bei den World Whisky Awards zum zweiten Mal hintereinander den Titel des besten Blended Malt. Darauf stieg weltweit die Nachfrage so stark an, dass die japanischen Hersteller ihren Whisky dauerhaft rationieren mussten. Also besuchte ich die älteste Brennerei, in Yamazaki nahe Kyōto 1923 errichtet, und fragte den Chefblender von Hersteller Suntory nach dem Erfolgsgeheimnis. «Japanische Natur und japanische Menschen», antwortete mir Shinji Fukuyo. «Japanisches Grundwasser hat einen subtilen, reinen Charakter, das Wasser in Schottland ist viel rauer und kräftiger.» Ebenfalls nützlich für die Herstellung des flüssigen Goldes: das hohe Temperaturgefälle zwischen Sommer und Winter. «Wir erreichen in sechs bis acht Jahren die gleiche Reife wie die Schotten in zehn bis zwölf Jahren», sagte Fukuyo. Aber wieso sprang das hochprozentige Malzgetränk aus Japan plötzlich an die internationale Spitze? Nun, mit dem Ende des Wirtschaftswunders in den 1990er Jahren ging der Konsum in Japan um drei Viertel drastisch zurück, die Hersteller fuhren ihre Produktion stark herunter. Das erklärt die jetzigen geringen Reserven, hat jedoch auch zu mehr Leistung angespornt. Viele Barbetreiber forderten neue Sorten und bessere Qualität, um die Nachfrage anzuregen. Die Brenner begannen systematisch zu forschen, testeten Getreide- und Holzsorten bei der Fermentierung, variierten die Brennblasen, experimentierten mit Fässern und Flaschen. 20 000 Proben jährlich beurteilt das Team von Chefblender Fukuyo nach dem Prinzip «riechen, schmecken, spucken». Dabei entdeckte es zum Beispiel, dass direkte Hitze durch Erdgas beim Destillieren besser für das Aroma ist als die Dampfheizung der schottischen Brennereien. Und dass man dem Gärungsprozess einen Tag länger als üblich Zeit lassen muss, damit mehr geschmacksbildende Milchsäurebakterien entstehen. Zudem mögen die meisten Japaner den rauchig-torfigen Scotch-Whisky nicht. Sie bevorzugen vielschichtige Brände, die sich mit Wasser verdünnt zu allerlei Speisen der japanischen Küche trinken lassen. Dafür brauche man einen Whis-

ky mit einem schnellen Abgang, erklärte mir Fukuyo. So sei eine ganz andere Geschmackswelt als in Schottland entstanden. «Reifes und tiefes Aroma, komplexe, fruchtige und blumige Noten – das ist japanischer Whisky!» Beim Kauf heisst es aufpassen: Aufgrund der geringen Vorräte mischen viele Brennereien ihrem Blended Whisky ausländische Ware bei – das ist legal, weil die Bezeichnung «japanischer Whisky» nicht mit der Herkunft verbunden ist, übrigens anders als bei Wein.

Winkekatze 招き猫
Eigentlich winkt die heute in halb Asien beliebte Winkekatze *(maneki neko)* gar nicht, sondern putzt sich das Gesicht. In der Edo-Zeit kündigten Katzen mit dieser Geste angeblich einen nahenden Besucher an. In Mode kamen die winkenden Miezen als Glücksbringer im 19. Jahrhundert. Als möglicher Ursprung der Figur gilt das Viertel Imado in Tōkyō. Eine Grossmutter musste ihre Katze weggeben, weil es dem Familien-Betrieb schlecht ging. Da erschien der alten Frau im Traum das Haustier und riet ihr, die Tonfigur einer Katze mit einer winkenden Hand vor ihren Laden zu stellen. Als darauf viele Kunden kamen, machte die Geschichte ihre Runde. Also fingen Geschäfte an, eine Katze als Glücksbringer zu benutzen. Das Verb *maneku* bedeutet herbeiwinken. Am Ende der Meiji-Zeit standen sie oft vor Bordellen, heute findet man sie vor vielen Restaurants. Die linke Pfote winkt Kunden herbei, die rechte Geld und Wohlstand. Accessoires wie Karpfen (koi), Murmel, Juwel und Hammer sollen die glücksbringende Wirkung verstärken. Das Schriftzeichen auf der Goldmünze am Halsband oder in der ruhenden Pfote bedeutet 10 Millionen Ryō, das entspricht heute weit über einer Milliarde Franken. In Pink soll eine Winkekatze Glück in der Liebe bringen, in Blau gegen Verkehrsunfälle helfen und in Rot eine Krankheit beseitigen.

Y

Yakuza ヤクザ

Blutige Bandenkriege mit Salven aus Maschinenpistolen auf offener Strasse in Ōsaka – zunächst in der Wirklichkeit und später in Kinofilmen – prägten das moderne Bild von der Yakuza. Gesetzestreue Japaner flüstern das Wort mit der Bedeutung «nutzlos» und «unzuverlässig» allerhöchstens, so tief sitzt ihre Furcht vor den Verbrechern, gekennzeichnet durch grossflächige Tattoos auf ihren Oberkörpern. Ihre andere Bezeichnung 893 *(ya-ku-sa)* bezieht sich auf eine wertlose Kartenkombination im Glücksspiel Oicho-Kabu, die Verbrecher haben also keinen sozialen Stellenwert. Zu den skrupellosesten Yakuzas gehörte Yoshida Yoshiyuki. Ab dem Alter von 17 Jahren arbeitete er sich mit seinem Bruder vom Aushilfsganoven zum Bandenführer hoch. Als Nummer zwei des Matsuda-Clans kontrollierte er in den 1970er Jahren den Drogen- und Waffenschmuggel in Japan. Zahlreiche Tote säumten seinen Weg. «Ich kenne viele Methoden, damit die Leichen unten bleiben, wenn man sie im Meer versenkt», erzählte er mir nicht ohne Stolz im Interview. Auf dem Höhepunkt seiner Laufbahn lieferte sich seine Bande eine Blutfehde mit den Yamaguchi-gumi, dem mächtigsten Verbrecherclan. Dessen Boss Taoka Kazuo hatte Yoshidas Bruder, den Chef des Matsuda-Clans, umbringen lassen. Darauf ordnete Yoshida einen Rachemord an. 1978 schoss der Auftragskiller dem feindlichen Clan-Chef in den Hals. Taoka überlebte, starb aber ein Jahr später. «In unserer Welt sind Stolz und sein Gesicht zu wahren sehr wichtig. Die Yamaguchi-Bande hatte uns um Geld betrogen, deshalb sind wir gegen sie zu Felde gezogen. Wir waren 100, sie mehr als 14 000. Es war der Kampf einer Ameise gegen einen Elefanten», berichtete er mir. Lange duldete die Polizei die illegalen Aktivitäten der Verbrecher, solange sie keine Gewalttaten verübten und normale Bürger nicht zu sehr litten. Die Zentralen der Banden waren bekannt, ihre Adressen standen im Telefonbuch, zudem hielten sie enge Kontakte in die Politik. Als jedoch Anfang der neunziger Jahre mehrere Fälle von Korruption ans Licht kamen, verabschiedete das Parlament ein Gesetz gegen organisierte Kriminalität, das viele Einnahmequellen der Yakuza austrocknete. Baukonzerne erhielten keine öffentlichen Aufträge mehr, falls sie Yakuza-Firmen als Subunternehmer beschäftigten. Die Polizei drängte die Gangster aus dem Geschäft mit dem Pachinko-Glücksspiel. Banken verweigerten den Bandenmitgliedern private Kredite. Die Zahl der Verbrecher schrumpfte rapide. Rivalisierende Gangs aus China, Vietnam und den Philippinen verdrängen die japanischen Platzhirsche inzwischen, vor allem im lukrativen Drogen- und Frauenhandel – beim Verbrechen ist die Globalisierung in Japan womöglich am weitesten fortgeschritten.

Yamabushi 山伏, **Bergasketen**
Sie möchten sich in einen lebenden Buddha verwandeln? Dann ziehen Sie sich ein weisses Totengewand über, wandern Sie tief ins Gebirge, blasen Sie das Muschelhorn, stellen Sie sich unter einen eiskalten Wasserfall und schreiten Sie mit blossen Füssen über glühende Asche. Mit solcher Härte gegen sich selbst wollen die Yamabushis («die, die sich in den Bergen niederlegen») in der freien Natur ihr Bewusstsein erweitern und übernatürliche Fähigkeiten erlernen. «Wir sind halb heilig und halb weltlich», sagt der bekannte Yamabushi Hoshino. Er gehört zu den übriggebliebenen Anhängern des Shugendō, eines Volksglaubens, der sich in der Heian- und Kamakura-Zeit entwickelte. Im Shugendō vermischten sich der aus China einströmende Buddhismus und Taoismus mit der japanischen Naturreligion Shintō und schamanistischen Praktiken. Zu der Tradition, auf «wirksame» Berge zu steigen, um den Ahnengöttern näher zu sein, kamen Entsagungsübungen von Bettelmönchen und Pilgern. Später bauten die Yamabushi sogar Tempel auf Berggipfel. Ihren Geist erleben heutige Touristen im Dewa-Gebirge, sechs Autostunden nördlich von Tōkyō. Auf seinen drei Bergspitzen steht jeweils ein Schrein für Geburt, Tod und Wiedergeburt. Die Meiji-Modernisierer schafften Shugendō 1872 ab. Zwar hoben die US-Besatzer das Verbot 1945 auf, aber Yamabushis blieben selten. Auch für einen Japaner verlangen sie vielleicht doch etwas zu viel Einsatz.

Yamanaka Shinya 山中 伸弥
Regenerative Therapien sollen die Medizin im 21. Jahrhundert revolutionieren. Das bedeutet: Frische Zellen ersetzen krankes und zerstörtes Gewebe, zum Beispiel in der Netzhaut von Blinden, im Rückenmark von Querschnittgelähmten und im Gehirn von an Parkinson Erkrankten. Für ihre Experimente benutzten die Wissenschaftler lange Zeit Stammzellen von menschlichen Embryonen. Aber aus ethischen Gründen schränkten viele Länder diese Forschung ein. Dann gelang es Yamanaka Shinya (*1962) und seinem Team an der Universität Kyōto 2006, gereifte Körperzellen einer Maus zurück in Stammzellen zu verwandeln. Dafür liessen die Forscher vier körpereigene Eiweissstoffe auf fertige Zellen einwirken. In der Folge lief die Entwicklungsuhr der Zellen quasi rückwärts, bis sie wieder im embryonalen Urzustand waren. Für die spektakuläre Entdeckung dieser «induzierten pluripotenten Stammzellen», kurz iPS-Zellen, erhielt Yamanaka – mit dem Briten John Gurdon – den Medizinnobelpreis 2012. Eigentlich wollte der bescheidene und freundliche Japa-

ner als orthopädischer Chirurg arbeiten, aber die Aussicht auf eine regenerative Medizin lockte ihn in die Grundlagenforschung. Seit der Nobel-Ehrung baut Yamanaka als Direktor des Zentrums für iPS-Zellforschung an der Universität Kyōto eine Zellbank für regenerative Anwendungen auf. Die genetischen Profile der ausgewählten Blutzellen passen zu möglichst vielen Menschen. Zugleich verbesserten japanische Forscher die Herstellung der iPS-Zellen und senkten dabei das Tumorrisiko. Die japanische Regierung betrachtet diese neue Medizin als nationale Aufgabe und fördert ihre klinische Anwendung. So zählt Yamanaka schon zu seinen Lebzeiten zu Japans Nationalhelden dieses Jahrhunderts.

Yamanote-Linie 山手線
Bahnhof Shibuya, 8 Uhr morgens. Wie eine klebrige Flüssigkeit ergiessen sich Hunderte Menschen aus dem eingefahrenen Zug. Für einen Moment vereinigen sie sich mit den langen Schlangen von Wartenden. Dann drängen diese selbst in die Waggons. In dem lautlosen Ansturm gehen Taschen, Regenschirme oder Schuhe verloren. Die letzten Zusteigenden drücken sich mit dem Rücken in die dichte Masse der anderen Passagiere. Nun pressen Bahn-Beamte mit ihren weissen Handschuhen Knie, Ellenbogen und Gepäck ins Innere. Die Türen schliessen sich, an den Scheiben werden Gesichter plattgedrückt. Diese Szene spielt sich in den grösseren Bahnhöfen von Japans am meisten frequentierter Bahn-Linie Yamanote (wörtlich: «Vorgebirge») jeden Morgen und Abend zu den Stosszeiten ab. Das Gedränge ist für mich als Westler so unerträglich, dass mich nicht selten der Mut zum Einsteigen verlässt. 3,5 Millionen Menschen täglich benutzen die Linie. Die ringförmige Bahnstrecke verteilt zahllose Pendler aus dem Umland in der Hauptstadt. Auf einem Doppelgleis fahren ihre Züge mit bis zu 90 Stundenkilometer alle zwei bis fünf Minuten jeweils im *(soto mawari)* und gegen *(uchi mawari)* den Uhrzeigersinn. Drei ihrer dreissig Stationen sind die meistbenutzten Bahnhöfe der Welt – Shinjuku, Shibuya und Ikebukuro. Die 200 Meter langen Züge der Yamanote-Linie sind standardisiert, damit sich die sechs Türen von jedem der elf Waggons an der gleichen Stelle auf den Bahnsteigen öffnen. Dort haben sich neue Passagiere bereits in Schlangen links und rechts von jeder Tür aufgestellt. Nach einer Minute fährt der Zug weiter. Zuvor erklingt eine kurze Warnmelodie – in jedem Bahnhof eine andere, im Bahnhof Ebisu zum Beispiel der Titelsong des Films «Der dritte Mann». Jeder Waggon hat 54 Sitzplätze und ist für 148 Passagiere zugelassen. Zu Stosszeiten erlaubt der Betreiber eine Auslastung von weit über 200 Prozent. In einer Sardi-

nenbüchse herrscht also viel mehr Komfort.

Yasukuni-Schrein 靖国神社
Zu den Schlägen einer gewaltigen Trommel schreiten Shintō-Priester eine breite Holztreppe hinauf. Dann verschwinden ihre Roben hinter lila Fahnen mit dem Chrysanthemensiegel des Kaisers – eine Szene vom jährlichen Frühlingsfest im Yasukuni-Schrein *(yasukuni jinja)*. Dort ehrt man die Seelen von 2,5 Millionen Kriegstoten als Shintō-Götter. Yasukuni bedeutet zynischerweise «friedliches Land», dabei symbolisiert der 1869 errichtete Schrein die Zeit von Militarismus und Imperialismus. Er sollte jene Menschen preisen, die für die neue Nation starben. Shintō war Staatsreligion, und der Tennō, der «himmlische Kaiser», die höchste Macht im Staate. In seinem Namen eroberten die kaiserlichen Truppen halb Asien und begingen dort Gräueltaten, darunter Massaker und medizinische Experimente an Kriegsgefangenen. Bis zum Ende des Zweiten Weltkrieges unterstand der Schrein dem Armee- und dem Marineministerium. Trotz dieser Vorgeschichte haben konservative Premierminister, so wie zuletzt Abe Shinzō und Koizumi Junichirō, den Schrein besucht. Davon fühlen sich besonders China und Süd-Korea provoziert, weil Yasukuni seit 1978 auch 14 Militärs und Politiker ehrt, die im Tōkyō-Tribunal wegen schwerster Kriegsverbrechen verurteilt wurden. In den Augen von Peking und Seoul entwerten die Schreinbesuche die wenigen selbstkritischen Aussagen von Politikern zu Japans Verantwortung für den Angriffskrieg in Asien. Dass dieses Misstrauen nicht aus der Luft gegriffen ist, zeigt die Ausstellung im Museum des Schreins. Sie rechtfertigt den Krieg als japanischen Kampf gegen westliche Kolonialmächte. Die hätten Japan den Zugang zu Rohstoffen abschneiden wollen, dagegen habe man sich gewehrt, heisst es im Museum einseitig. Man klopft sich sogar noch auf die Schultern: Nur die eigene Selbstverteidigung habe es den Ländern in Asien ermöglicht, das Joch der Kolonialherrschaft abzuschütteln. Dabei bleibt es jedoch nicht: Die Ausstellung beschönigt, verharmlost oder unterschlägt auch die Untaten der Kaisertruppen. Die Politikervisiten legitimierten dieses Geschichtsbild, meint Sven Saaler von der Sophia-Universität in Tōkyō. «Es geht ihnen um die Anerkennung eines ganz offensichtlich verzerrten Geschichtsbildes, das weder in der Wissenschaft noch der Publizistik anerkannt ist», kommentiert der Historiker. Aus diesem Grund habe seit 1975 auch kein Kaiser mehr den Schrein besucht. Alle Versuche, den Yasukuni-Streit zu entschärfen, sind gescheitert. Die Idee einer alternativen Gedenkstätte für die Kriegstoten versandete. Der Vorschlag,

Y

die «Seelen» der verurteilten Kriegsverantwortlichen wieder aus dem Schrein herauszunehmen, scheiterte am Widerstand der Priester und der Angehörigen. Letztlich fehlt Japans Konservativen entweder die Einsicht, dass ihre Schreinvisiten das Ausland provozieren, oder sie benutzen sie absichtlich, um ihre andere Sicht der Geschichte nach aussen zu verdeutlichen.

yuzu ゆず, Frucht

Den delikaten Geschmack der *yuzu* entdeckte ich in einem Schnellimbiss für Rāmen-Suppen. Ihre Basisbrühe schmeckt in der Regel entweder nach Miso, Salz oder Soja-Sosse, aber hier bot der Nudelkoch auch die Geschmacksnoten ume und *yuzu* an. Ich probierte die nach Zitrone duftende Nudelsuppe und fand sie köstlich herbsauer. Nach Farbe, Form und Grösse könnte die *yuzu* eine Kreuzung von Grapefruit und Mandarine sein, ursprünglich wuchs diese Frucht in Tibet, sie gilt heute als das Juwel unter den Zitrusfrüchten. Sie wird nur selten direkt gegessen und liegt daher kaum im Obst-Regal der Supermärkte. Aber das intensive Aroma lässt sich vielseitig verwenden. Zum Beispiel bestimmt *yuzu* den Charakter der *Ponzu*-Fleisch- und Fischsosse mit und liefert die Grundlage für die legendäre salzig-scharfe Würzpaste aus *yuzu* und Chili *(yuzu koshō)*. Schnitzer der Schale verfeinern Brühen (dashi). Auch Likör und Wein aus *yuzu* munden. Der grösste Exporteur von Saft und Essenz aus Japan ist übrigens das Schweizer Handelshaus DKSH. Seine europäischen Abnehmer aromatisieren mit *yuzu* Schokolade, mischen es Fruchtsäften bei oder verfeinern damit Seifen und Parfüme.

Z

Zeitungen 新聞

Die japanische Liebe zum Papier drückt sich in vielen Formen aus – in den Blockdrucken der Edo-Zeit, dem Washi-Papier aus Maulbeerbäumen, den zahllosen Schreibwarenläden und eben in der Fülle von gedruckten Magazinen und Zeitungen *(shinbun)*. Unglaublich, aber wahr: Die vier auflagenstärksten Blätter weltweit kommen nicht aus China, sondern alle aus Japan – die konservative «*Yomiuri Shinbun*» mit 8,4 Millionen Exemplaren in der Morgenausgabe, die liberale «*Asahi Shinbun*» mit 6 Millionen, die ebenfalls liberale «*Mainichi Shinbun*» mit 2,8 Millionen und die wirtschaftsliberale «*Nihon Keizai Shinbun*» (Nikkei) mit 2,7 Millionen. Zum Vergleich: Die «Neue Zürcher Zeitung» kommt auf 79 000 und das deutsche Boulevardblatt «Bild» auf eine Druckauflage von zwei Millionen. Der wesentliche Unterschied: Japanische Zeitungen verkaufen sich über Abonnements an der Haustür. Mit Besuchen und Werbe-Geschenken verhindern die Verkäufer die Kündigung des Abonnements. Doch das Internet fordert auch in Japan seinen Tribut: Die meisten Zeitungsleser sind über 50 Jahre alt. Die jüngeren Japaner verfolgen das Tagesgeschehen lieber auf dem Webportal Yahoo Japan, über den Messengerdienst LINE, den Mikro-Blogging-Dienst Twitter und mit Hilfe von Aggregator-Apps wie SmartNews. Unterm Strich sinkt Jahr für Jahr die Gesamtauflage, Anzeigen wandern ins Internet oder zum Fernsehen ab. Nach Ansicht von Analysten schreiben viele Blätter rote Zahlen. Die Verlage versuchen, den unvermeidlichen Niedergang mit einer zweifelhaften Onlinestrategie abzubremsen. Sämtliche Zeitungsartikel stehen hinter einer Bezahlschranke. Zugleich kostet das Digitalabo ungefähr so viel wie der Bezug der Printausgabe, oder die Leser müssen beide Versionen im Paket erwerben. So lassen sich jedoch kaum neue Abonnenten gewinnen. Selbst im papierliebenden Japan hat die Zeitung also kaum eine Zukunft.

Zen 禅

Ein Holzhaus in Nippori, einem Stadtteil im Herzen von Tōkyō. Eine Glocke läutet 40 Minuten Meditation ein. Auf dem Tatamiboden sitzen mehr als 20 Frauen und Männer schweigend auf Kissen, die Beine verschränkt, die Augen auf den Boden gerichtet. Bald schwanken manche Oberkörper wie Bäume im Wind. Ein älterer Mann schreitet an den Sitzenden entlang, einen langen Holzstab hochgehoben in der Hand. Wenn jemand allzu schläfrig aussieht, klatscht er das breite Stabende auf dessen Rücken, damit der Meditierende die Muskeln entspannen und sich neu konzentrieren kann. Zu der Geistesübung lädt Ningen Zen Kyodan, die grösste Organisation von Zen-Laien

Z

in Japan. In 16 Zentren führt sie Interessierte zum Zen-Buddhismus. Damit schwamm man in den Zeiten, als die Japaner nur für Arbeit, Geld und Konsum lebten, gegen den Strom. Aber nach dem Ende des Wirtschaftswunders besannen sich einige auf ihre Wurzeln. Zen erlebte eine Renaissance. Buddhismusbücher tauchten in den Bestsellerlisten auf. In Tempeln schrieben Angestellte buddhistische Suren, verfassten Gedichte und übten sich in der Sitzmeditation Zazen. «Zen lebt im Unterbewusstsein der Japaner, etwa in der Teezeremonie, aber erst jetzt erkennen sie, dass sie mit ihrer Sinnsuche nicht weitergekommen sind», sagte mir der Zen-Meister und Präsident der Laienorganisation, Araki Kokan. Jedoch ist das Zen-Herkunftsland Japan längst kein Mekka mehr. In Kalifornien leben heute mehr Zen-Buddhisten. Das Ausland emanzipierte sich vor allem dadurch, dass man nicht so hierarchiegläubig und traditionsbewusst denkt wie die Japaner. Aber dieser vermeintliche Makel hat sich als Vorteil entpuppt. Gerade das Festhalten am japanischen Charakter des Zens, am Beharren auf in Jahrhunderten gewachsenen Riten, zieht die Japaner inzwischen an. Sie sehen darin jene Ursprünglichkeit, die sie in den schnell wechselnden Trends der Postmoderne vermissen. «Entleert eure Gedanken, um das Sein zu erkennen», forderte einst der Zen-Meister Nanpo Shōmyō (1235–1309) – im Zeitalter des Smartphones eine echte Herausforderung.

Inhalt

A	
Abe Shinzō	8
Abenomics	9
Ainu	10
AKB48	10
Aktionäre	12
Andacht, ewige	12
Arbeitsstilreform	13
Asyl	14
Atomkraftdorf	15
Automaten	16
B	
Bahn	19
Banken	20
Baseball	21
Baumkuchen	22
Beamte	22
bentō, Essensbox	23
Bequemlichkeit	24
Bestattung	25
Bevölkerungsabnahme	26
bihaku, schönes Weiss	26
Blasenwirtschaft	27
Blumenfest	28
Blutgruppe	28
bōnenkai, Jahresendparty	29
Buddhismus	29
burakumin, Ghettoleute	30
bushidō, Samurai-Kodex	31
C	
Calpis, Laktogetränk	34
Carsharing	34
chikan, Grapscher	35
China	35
chūhai, Alkopops	36
Cosplay	37
Cup Noodle(s)	38
Curryreis	38
D	
daiku, die Neunte	41
dashi, Brühe	41
Deflation	42
Deutsch	42
Drogen	43

E	
Edo-Zeit	46
Einwanderung	47
Eiscreme	48
Eiszeit-Arbeitsmarkt	48
Empörung	49
en, Schicksalsbeziehung	49
Englisch	50
Entschuldigung	51
Erdbeben	51
Ernährung	52
Erziehungsmama	53
F	
Familie	55
Fax	55
Feministin	56
Fernsehen	57
Fertighaus	58
Fettnäpfchen	59
Finanzsozialismus	60
Fischmarkt	61
Fotografieren	62
Fugu	62
Fuji-san	63
Fukushima	63
Fukuzawa Yukichi	65
futon	66
G	
gacha, Spielzeugautomaten	68
gai(koku)jin	68
Galapagos-Syndrom	69
ganbaru, sich anstrengen	69
Geduld	70
Gefängnis	71
Geiseljustiz	71
Geisha	72
Geldschale	74
Geschenke	74
Gespenst	75
Ginko	76
Godzilla	77
Goodwill	77
Grasfresser	78

Inhalt

H	
Haare	81
hāfu, Halbjapaner	81
Halbleiter(industrie)	82
hanami, Blütenschau	83
Handtasche	84
happōshu, Billigbier	84
Heidi	85
Heisei, Ära 1989 bis 2019	86
Hello Kitty	87
hentai, Perversion	87
Heuschnupfen	88
hikikomori	88
Hiroshima	89
honne-tatemae, privat-öffentlich	91
host, Toy-Boy	91
Hunde	92
Hundertjährige	92
I	
Ich	95
ijime, Mobbing	95
ikigai, Lebenssinn	96
inaka, ländliche Gegend	97
Inamori Kazuo	97
J	
J-Alert	100
Japan AG	100
Japanglish	101
Japanisch	101
Jeans	102
JK Business	103
J-Pop	104
juku, Paukschule	104
K	
kaizen, ständige Verbesserung	107
Kamakura	107
kamikaze, Selbstmordpiloten	108
kampō, Heilkunde	108
kanji, Schriftzeichen	109
kanreki, 60. Geburtstag	110
Karaoke	111
karōshi, Tod durch Überarbeitung	111
Käse	112
Kasino	113
kata, Form	114
Katzencafé	114
kawaii, niedlich	115
Kei-Car	116
keiretsu, Firmengruppen	116
Kerosin	117
Kindesentführung	118
kirei(na), sauber	119
Kitano Takeshi	119
kiwa, Rand, Grenze	120
Kōbe-Rind	121
Kohaku, TV-Sendung	122
koi, Karpfen	122
Konbini	123
Konfuzius	124
konkatsu, Heiratsaktivität	124
Konmari	125
Korea	126
Koreaner in Japan	127
Krähen	128
Kuma Kengo	128
Kuschelfreund	129
Kyōto	130
L	
LDP	133
leere Häuser	133
Lehrer	134
Leuchtstab	135
LGBT	135
LINE	136
Lipovitan D	137
M	
Maglev	139
Maid-Café	139
man, 10 000	140
Manga	141
Marathonmönche	142
marebito, Gastmensch	143
Markt	143
Masako, Kaiserin Masako	144
Maskottchen	145
matcha, Grünteepulver	145
Matsushita Kōnosuke	146
Matsutake, Pilz	147
Meiji-Zeit	148
meiwaku, Belästigung	148

Inhalt

METI, Wirtschaftsministerium	149
Miyamoto Musashi	150
moe, Vernarrtheit	151
monozukuri	152
mottainai, keine Verschwendung	152
Muji	153
Murakami Haruki	154
Murakami Takashi	154
Musse-Bildung	155
N	
Nadeshiko, Frauenideal	158
Name	158
Naruhito	159
Nationalhymne	159
nattō	160
nemawashi, Konsensbildung	161
Neujahr	162
nihonron, Japandiskurs	163
Nikkei	164
Ninja	164
Nippon Kaigi	165
O	
Obst	168
oishii, lecker	168
Okinawa	169
omiyage, Mitbringsel	170
omotenashi, Premium-Service	170
Ōmu-Sekte	171
One Piece	172
Onsen, Thermalbad	173
Ōsaka	174
otaku, Maniac	174
P	
Pachinko	177
Parasiten-Singles	177
pawahara, Untergebene quälen	178
Pazifismus	179
Pendeln	179
Pflichtschokolade	180
Plastik	180
Plastikessen	181
Playstation	181
Pokémon	182
Pornografie	183
Presseklubs	184
Problemjahr 2040	185
Prüfungshölle	186
purikura, Fotobox	187
Q	
Quarzuhr	189
R	
Rāmen	191
Rechtsextreme	191
Regenschirm	192
Reinigung	193
Reis	193
Reisepass	194
Reiwa, Ära seit 2019	195
Roboter	196
Rutsch(bahn)gesellschaft	196
Ryōma Sakamoto	198
S	
Sake	200
salarīman, Büroarbeiter	200
Schamkultur	201
Schlaf	202
Schminken	203
Schnee	203
Schrein oder Tempel	203
Schuhe	204
Schwarzfirma	205
Schweiz	205
seiza, Japan-Sitz	206
Selbstmord	206
Selbstverantwortung	208
Sexlosigkeit	208
shibusa, dezente Eleganz	209
Shibusawa Eiichi	210
Shibuya	210
Shinkansen	211
Shintō	212
shokupan, Weissbrot	213
shūkatsu, Bewerbung um Erstanstellung	214
SMAP	215
Soba, Buchweizennudeln	216
Society 5.0	216
Soja(bohne)	217
Sōka Gakkai	218
Sommerferien	219

Inhalt

Son Masayoshi	220
sontaku, Mutmassung	220
soroban, Abakus	221
Staatsschulden	221
Steuermarke	222
Strommasten	223
Sūdoku	223
Sugihara Chiune	224
Sumō	225
Super Mario	226
Sushi	226
T	
Tanizaki Junichirō	229
Taschengeld	229
Taschenmesser	230
Tattoos	231
Teezeremonie	231
Tennō, Kaiser	232
Todesstrafe	234
Tokugawa Ieyasu	234
Tōkyō	235
Toyota	236
Twitter	237
U	
Überstunden	240
uchi-soto, drinnen-draussen	241
umami, fünfter Geschmack	241
ume, Pflaume	242
Uniform	243
Uniqlo	243
V	
Verbraucherschutz	246
Vergewaltigung	246
Verlierergruppe	247
Verreisen	248
Visitenkarte	248
Vulkane	249
W	
wa, Harmonie	251
Waldbaden	251
Walfang	252
Walkman	253
Washlet	253
Weihnachten	254
weisse Handschuhe	255
Weisswein	255
Wetter	256
Whisky	257
Winkekatze	258
Y	
Yakuza	260
Yamabushi, Bergasketen	261
Yamanaka Shinya	261
Yamanote-Linie	262
Yasukuni-Schrein	263
yuzu, Frucht	264
Z	
Zeitungen	266
Zen	266

Die USA sind überall

Arthur Honegger hat ein kurzweiliges, 300 Beiträge umfassendes Abc zu den Vereinigten Staaten verfasst. Die kurzen, prägnanten Einträge sind zum einen informativ, aber auch überraschend. Das sind Perlen in der politischen Analyse, die zu verstehen helfen, warum Amerikaner anders denken als wir Westeuropäer. Ein wertvolles Hilfsmittel und ein wirklich gelungener Kulturguide von Muhammad Ali bis Zucker, denn die Amis mögen's süss. Martin Walker, Buchmedia Magazin

ISBN: 978-3-7272-1367-0 (3. Auflage)